普通高等教育"十二五"精品教材

汽车运用工程

Qiche Yunyong Gongcheng

长安大学汽车学院　编

陈焕江　胡大伟　主编

人民交通出版社
China Communications Press

内 容 提 要

本书系统阐述了汽车运用学科的基本概念、基本规律和基本方法。其主要内容包括汽车运用效果及其影响因素、汽车的动力性、汽车的燃油经济性、汽车的行驶安全性、汽车的通过性和行驶平顺性、汽车运输组织概论、汽车使用安全与公害、汽车运行材料及合理使用、汽车在特殊条件下的合理使用、汽车技术状况的变化及更新等。

本书是由人民交通出版社汽车图书出版中心组织并支持出版的精品教材系列建设项目之一，可作为高等院校交通运输（汽车运用工程）、汽车服务工程和其他相关专业本科生的“汽车运用工程”课程的教材或教学参考用书，亦可供从事汽车技术使用、汽车运输、汽车技术管理和维修的技术人员参考。

图书在版编目(CIP)数据

汽车运用工程／陈焕江，胡大伟主编．—北京：人民交通出版社，2011.3

ISBN 978-7-114-08869-8

Ⅰ.①汽… Ⅱ.①陈…②胡… Ⅲ.①汽车工程－教材 Ⅳ.①U46

中国版本图书馆 CIP 数据核字(2011)第 013116 号

普通高等教育“十二五”精品教材

书　　名：汽车运用工程
著 作 者：陈焕江　胡大伟
责任编辑：张　兵
出版发行：人民交通出版社股份有限公司
地　　址：（100011）北京市朝阳区安定门外外馆斜街 3 号
网　　址：http://www.ccpress.com.cn
销售电话：（010）59757973
总 经 销：人民交通出版社股份有限公司发行部
经　　销：各地新华书店
印　　刷：北京市密东印刷有限公司
开　　本：787×1092　1/16
印　　张：19.75
字　　数：459 千
版　　次：2011 年 3 月　第 1 版
印　　次：2015 年 6 月　第 3 次印刷
书　　号：ISBN 978-7-114-08869-8
定　　价：38.00 元
（有印刷、装订质量问题的图书由本社负责调换）

前　言

本书是由人民交通出版社汽车图书出版中心组织并支持出版的精品教材系列建设项目之一。

随着国民经济的发展和汽车工业的技术进步，汽车运用涉及到社会生产和人民生活的各个领域和方面，对推动社会进步，促进社会主义精神文明和物质文明建设具有重要作用。

汽车运用工程是研究如何用科学的方法和手段，对汽车的技术状况进行有效管理，进而科学合理地运用车辆，以便实现汽车运用最佳效果的工程技术学科。其目的是在技术可行和使用可靠的前提下，保证汽车运输能够正常和安全的进行，而且使运行的材料消耗和劳动消耗最少，并减小汽车运用对人类生存环境的污染和危害。

汽车运用效果受到多种因素如汽车性能、汽车运用条件等的影响和制约。本书以提高汽车运用效果为主线，系统介绍了影响汽车运用效果的各种条件，研究汽车的使用性能及其影响因素，深入分析汽车技术状况的变化，探讨提高汽车运用的经济效益和社会效益的组织措施、技术措施和管理措施。

本书注重汽车运用工程的基本概念和基本理论，着力体现内容的系统性、科学性和先进性。本书可作为高等院校交通运输（汽车运用工程）和汽车服务工程等专业的“汽车运用工程”课程的教材或教学参考书，也可供从事汽车技术使用、汽车运输、汽车技术管理和维修的技术人员参考。

本书由长安大学陈焕江教授、胡大伟教授任主编。其中：第一章由胡大伟教授编写，第二、三、四、五章由陈焕江教授编写，第六章由胡卉博士、胡大伟教授编写，第七章由杨京帅副教授、胡大伟教授编写，第八章由董元虎教授编写，第九章由朱彤博士、陈焕江教授编写，第十章由肖梅副教授编写。参加编写的还有任军、邱兆文、沈小燕、陈昊等。本书配有教学课件，课件脚本由朱彤博士编写；朱彤、邱兆文、肖梅、沈小燕、陈昊完成了课件的制作。

本书编写过程中，长安大学汽车学院有关领导对本教材的出版非常关心并提供了许多帮助，许多老师提供了大量资料，提出了许多宝贵建议，编者对此深表谢意。

恳请读者对本书的内容和章节安排等提出宝贵意见，并对书中存在的错误及不当之处提出批评和修改建议，以便本书再版修订时参考。

编　者

2011 年 1 月

目　　录

第一章　汽车运用效果及其影响因素

影响汽车使用和运用效果的因素众多而且复杂。在分析汽车运用工程问题时，应全面考虑这些影响因素，将其置于所处的各种因素和运用条件之中，才能得到符合客观实际的分析结果。

第一节　汽车的运用效果

汽车的运用效果指汽车完成运输工作所带来的经济效益和社会效益，也指由于汽车出行的便捷和迅速给人们所带来的满足程度。无论是汽车设计、制造、维修技术水平的提高，还是采取技术或组织管理的手段合理运用汽车，其最终目的都是保持汽车良好的技术状况，高效率、低成本的完成运输工作，服务于社会生产和人民生活，最大程度的满足人们的出行需要。

因此，从汽车运用宏观效果来看，主要包括汽车运输生产率、汽车运输成本和汽车运输品质三大指标。

一、汽车运输生产率

汽车运输生产率指单位时间内运输车辆所完成的运输工作量。单位时间可采用小时、日、月、年等不同统计时间，运输工作量则可采用客（或货）运量或客（或货）运周转量。

1. 客运汽车运输生产率

客运汽车运输生产率指平均每单位时间内车辆所完成的客运量或旅客周转量。

客运量以人次（p）为单位，旅客周转量以人公里（p · km）为单位。因此，客运汽车运输生产率的单位为 p/h 或 p · km/h。

2. 货运汽车运输生产率

货运汽车运输生产率指平均每单位时间内车辆所完成的货运量或货物周转量。

货运量以吨（t）为单位，货物周转量以吨公里（t · km）为单位。因此，货运汽车运输生产率的单位为 t/h 或 t · km/h。

汽车运输生产率是评价汽车运用效率的重要指标。车辆的结构及性能、自然气候、道路交通、运输条件和运输组织等因素对于汽车运输过程中的时间、速度、行程、载质量等的利用程度将产生直接影响，其综合作用决定了汽车运输生产效率的高低。提高汽车运输生产率是汽车运输企业的基本任务之一。

二、汽车运输成本

汽车运输成本指完成每单位运输工作量所支付的费用。

汽车客运成本表示每完成单位人公里旅客周转量所支付的全部费用，其单位为元/p·km。

汽车货运成本表示每完成单位吨公里货物周转量所支付的全部费用，其单位为元/t·km。

汽车运输成本是评价汽车运输经营效果的综合性指标。在汽车运输生产过程中，人力和物力的节约或浪费、运输生产率的高低、运输服务品质的优劣、运输组织水平的高低和车辆维修品质的水平等，最终都将以货币形式反映到成本指标上，影响着运输成本的大小，决定着汽车运输经济效益的优劣。

因此，在保证汽车运输服务品质的前提下，不断降低运输成本，对于运输企业的生存和发展至关重要。

三、汽车运输品质

汽车运输品质包括安全、准确、迅速、经济、便利、舒适、清洁、文明服务等。

1. 安全

安全是运输生产的最基本要求之一。汽车运输安全包括运输对象安全和运输工具安全。运输对象安全指在运输过程中，在发生位置变化的同时，除了由于不可抗拒的天灾及旅客本身的机能或货物本身的性质而无法防止外，不能使旅客造成心理和生理的损伤，也不能改变货物的物理性质（如总量和件数不能减少，不能破损、变形或掺入其他杂质等）和化学性质（如不能受污染，不能腐坏变质等），包括不能改变货物的完整性。运输工具安全指汽车在运行过程中，应该保证自身及有关行人、其他交通工具及沿线交通设施的安全。

2. 准确

准确应当包括时间、空间和信息活动准确三个方面。时间上准确指按时刻表规定正点运送旅客，以及按照货物运输规程中对运到期限的规定，及时送达货物；空间上准确指运输部门必须按照旅客或货主指定的目的地准确地进行运输，不发生旅客的误乘或货物的误交付等。旅客和货物的移动，伴随着相关信息的传递活动，信息的准确对运输企业组织运输起着越来越重要的作用。

3. 迅速

迅速指旅客和货物的送达速度要快。在旅客运输中，运送速度越快，旅客在旅途中消耗的时间就越少，还能改变人们生活和工作方式。货物运输的运送速度越快，物资在运输过程中占用的时间就越短，资金周转就越快，还可以减轻货物的自然损耗，增强企业发展的活力。

4. 经济

经济是各行各业都重视的问题。由于运输行业既有公益性又有商业性，运输市场既有垄断性，又有竞争性，运输成本既有内部性又有外部性，因此，运价就成为管理部门和公众关心的焦点。采取适当的措施促进运输企业的技术进步，降低运输成本，进而可以降低运价，减轻旅客和货主的负担，更好的促进工农业生产的发展和人民生活水平的提高。

5. 便利

便利是衡量运输品质的一个不可缺少的方面。便利有狭义和广义两种含义。狭义的便利指旅客或货主在办理旅行或运输时方便、简易；广义的便利还包括运输网的四通八达、畅通无阻，旅客乘车方便或货主办理运货手续便利，在汽车客运站或货运站内旅客或货主的各种需求能够得到充分满足。

6. 舒适

对旅客运输而言，舒适是一种重要的乘车要求。在整个旅行中，旅客承受着由于车辆振动、加减速、噪声以及受活动场所限制等而引起的心理上和生理上的影响。当运输能力不足或客流高峰引起客运需求远大于供给时，还会出现车内拥挤的情况，这不仅恶化了旅行条件，降低了旅客舒适性，而且还有可能威胁旅客的人身安全。从这个意义上说，运输舒适又是运输安全的一种延伸。

7. 清洁

汽车在运输生产过程中会对环境产生很大影响。推广使用清洁能源，减少在运输活动中产生的有害污染物、降低交通噪声污染等；控制或减少散堆装货物在装卸和运输过程中的飞扬、飘逸、扩散等；发展无公害、可降解的包装材料；妥善处理旅客在旅行过程中产生的各种废弃物，实行清洁运输，是降低运输对环境污染的重要途径。

8. 文明服务

由于运输过程体现的是一种运输服务，所以文明服务是使用户满意不可缺少的内容。运输企业为旅客和货主提供文明服务，既是市场营销的需要，也是精神文明在运输工作中的体现。

汽车使用和运用效果受到多种因素的影响。汽车运用条件（包括气候条件、道路条件、运输站场条件、装卸条件等）、汽车运用技术水平（包括运输组织管理技术、汽车运行安全技术、特种货物运输技术等）、汽车使用性能（包括汽车动力性、燃料经济性、行驶安全性、使用方便性等）与运用条件的适应性等，都直接或间接作用于汽车或汽车运用过程，从而使汽车使用性能参数，如：汽车运行速度、燃料消耗、安全性、舒适性、汽车排放和噪声、汽车故障率和备件消耗等发生变化，进而影响汽车的运用效果。

第二节　汽车运用条件

汽车完成运输工作，都是在一定的外界条件下进行的。外界条件不同，汽车的使用效果也会不同。影响汽车完成运输工作的各类外界条件，称为汽车的运用条件，主要包括社会经济条件、气候条件、道路条件、汽车运输枢纽和运输场站条件、运输条件和汽车运用技术等。

一、社会经济条件

社会经济条件指一个国家的经济、社会发展水平及国家管理经济的手段和方式等因素的总和。

运输业是物质生产的一个部门，是保证社会经济活动中人员和货物的转移所必需的一个部门。

汽车运输是汽车运输业的主要生产过程，也是其他工商企业生产工艺过程的一个组成部分。汽车运输业是国家整个运输系统的一个组成部分，它是国民经济的一个部门。因此，它具备了国家社会经济制度的所有特征，并且服从于经济制度发展的基本规律。

不同社会经济条件对运输生产经营活动的方式和效果都有重要影响。计划经济时期，企业的运输生产经营活动依照“计划”进行，企业缺乏竞争和活力；在市场经济体制下，企业成为市场主体，并在国家政策的宏观调控下，在一个公平竞争的宏观环境中，独立地依法从事各项经营活动。经济体制的改革给汽车运输企业的生存和发展带来了机遇，同时也带来了挑战。

二、气候条件

我国幅员辽阔，各地气候条件差异很大。

汽车运输工作可能在春夏秋冬、风沙雨雪、晴阴昼夜、酷暑严寒、潮湿腐蚀等各种复杂气候条件下进行。其环境温度、湿度、大气压力、风速、太阳辐射热等气候要素对汽车运用有直接影响。

1. 环境温度

汽车各总成在最佳热工况范围内工作时，工作效率最佳。如发动机冷却液温度为80～90℃时，热效率最高，燃料经济性最好，零件磨损最小。因此，环境温度对汽车的运用效果有很大影响。

高温条件下，汽车发动机散热性能变差、易过热，不正常燃烧倾向增强，工作效率降低，燃料消耗增大，燃料供给系易发生气阻，从而影响发动机的正常工作。汽车电器系统过热，如蓄电池电解液蒸发过快，也会引发故障。高温促使润滑油氧化变质过程加快，黏度减小，输送压力降低，润滑脂易溶化而从密封不良的缝隙挤出，从而使相应摩擦副的磨损加剧，导致故障。高温还会导致制动液黏度下降，甚至蒸发汽化，引起制动系气阻，同时加速非金属零件的老化及变形，还会引起轮胎爆胎。

在严寒工作条件下，汽车各总成和机件技术性能急剧下降。发动机性能降低的主要表现为：低温时，汽油挥发性低，混合气形成困难；机油黏度增大，起动时曲轴旋转阻力增加；蓄电池电解液向极板的渗透能力下降，储能和电压下降。因而，发动机在低温条件下起动困难，燃油消耗增大，润滑油流动性差，润滑不良导致曲轴及轴承的严重磨损。而底盘性能降低的主要表现有：在低温条件下，由于润滑油黏度上升，还会使车辆传动系的传动效率降低、行驶阻力增大，底盘传动系总成零件的磨损加剧，油耗增多；车辆上的金属、塑料、橡胶等非金属制品变脆，以至于因脆裂、折断和收缩而失效。而且，汽车在严寒条件下工作时，由于路面冻结和积雪，容易产生车轮侧滑和空转打滑等现象，导致制动距离增加，而且风窗玻璃容易积霜、冻结，因此汽车操作困难且易于发生交通事故。

2. 湿度

湿度对发动机及其他总成的磨损速率、使用寿命和工作可靠性有很大影响。在气候干燥、风沙大时，汽车及其各总成的运动副因风沙侵入，磨料磨损严重而加剧了零件磨损速率；在雨季或气候潮湿时，如果发动机、驾驶室、车厢等的防水和泄水不良，将引起渗漏和相关零件的锈蚀，并增加因潮湿漏电而致使电器系统工作不可靠的几率。另外，大气湿度过高，还会降低发动机汽缸的充气效率，因而降低发动机的动力性和燃料经济性。

3. 大气压力

大气压力的变化会使得汽车发动机的循环充气量和点火时刻发生变化，从而影响发动机的输出功率和汽车的燃料经济性。在高原地区，由于大气压力低、空气稀薄、冷却液沸点低等，从而使发动机的混合气过浓，真空点火提前调节器失效，冷却液易沸腾，汽车气压制动系统的气压不足，最终导致汽车故障率增加。

4. 其他

另外，气象因素中的风、降水（雨、雪等）、雾和太阳辐射等因素的变化还会对车辆运行、道路条件和交通环境直接产生不良影响。这些因素通过对交通系统中的人、车、路环境四要素的相互协调关系发生作用，诱发系统中错误的发生，形成交通事故。对于公路交通而言，恶劣的天气条件更是不可抗拒的自然现象。

不同气候条件对车辆的结构和使用的要求不同。因此，应针对具体的气候和季节条件，使用相应的变形汽车或对标准型汽车进行技术改造，以提高车辆对气候的适应程度。汽车运输企业需要针对当地的气候特点，合理选购配置汽车，并制定相应的技术措施，努力克服或减小气候条件造成的各种困难，做到合理使用，以取得最佳使用效果。

三、道路条件

道路条件指由公路和城市道路的状况所决定的对汽车运行效率和交通安全产生影响的因素。

汽车运输对道路条件的基本要求是：

①充分发挥汽车的速度性能；

②保证车辆的安全行驶；

③满足最大通行能力要求；

④车辆通过方便，乘客有舒适感；

⑤车辆运行材料消耗最低，零件的损坏最小。

车辆运行速度和道路通行能力是确定道路等级、车道宽度、车道数、路面强度以及道路技术特征的依据，是道路条件的主要特征指标。

道路等级和道路养护水平是对汽车运用有主要影响的道路条件，对于汽车运行速度、行驶平顺性及装载质量利用程度也起着决定性作用。

1. 道路等级

道路等级是影响汽车运用的一切道路因素的基础，是起决定性作用的道路条件，汽车的使用效果在很大程度上取决于道路的等级。

根据交通部 JTG B 01—2003《公路工程技术标准》，依据公路交通量及其公路交通所承担的任务和性质，公路分为五个等级：高速公路、一级公路、二级公路、三级公路和四级公路。

1) 高速公路

高速公路为专供汽车分向、分车道行驶并且应全部控制出入的多车道公路。四车道高速公路应能适应将各种汽车折合成小客车的年平均日交通量25 000 ~ 55 000 辆；六车道高速公路应能适应将各种汽车折合成小客车的年平均日交通量45 000 ~ 80 000 辆；八车道高速公路应能适应将各种汽车折合成小客车的年平均日交通量60 000 ~ 100 000 辆。

2) 一级公路

一级公路为供汽车分向、分车道行驶，并可根据需要控制出入的多车道公路，一般为连接高速公路、大城市结合部、开发区经济带以及边远地区的干线公路。四车道一级公路应能适应将各种汽车折合成小客车的年平均日交通量15 000 ~ 30 000 辆；六车道一级公路应能适应将各种汽车折合成小客车的年平均日交通量25 000 ~ 55 000 辆。

3) 二级公路

二级公路为供汽车行驶的双车道公路，一般为连接中等城市的干线公路或通往大工矿区、港口的公路或交通运输繁忙的城郊公路。二级公路应能适应将各种汽车折合成小客车的年平均日交通量5 000 ~ 15 000 辆。

4) 三级公路

三级公路为主要供汽车行驶的双车道公路，一般为沟通县及城镇的集散公路。三级公路应能适应将各种车辆折合成小客车的年平均日交通量2 000 ~ 6 000 辆。

5) 四级公路

四级公路为主要供汽车行驶的双车道或单车道公路，一般为沟通乡、村等地的地方支线公路。四级公路能适应将各种车辆折合成小客车的年平均日交通量为双车道2 000 辆以下，单车道400 辆以下。

2. 公路技术特性

影响公路使用品质和车辆使用效率的公路主要技术特性有以下几方面。

①水平面内：曲线段的平曲线半径；

②纵断面内：纵坡、纵坡长度、竖曲线半径；

③横断面内：车道宽度、车道数、路肩宽度等。

汽车在弯道上曲线行驶时，受离心力作用可能会引起侧滑，汽车的操纵性恶化，乘员的舒适性降低，严重时可能翻车。平曲线半径过小时，车辆的轮胎在行驶中侧向变形增大，磨损增加，车轮滚动阻力增大，使油耗增加；曲线路段还影响驾驶员的视线，夜间行车时的光照距离也比直线段短，不利于行车安全。但是，很长的直线路段容易使驾驶员的注意力不集中而不利于安全行车。

公路纵坡使汽车运行中受到坡度阻力的影响，因此，汽车动力消耗增大，后备功率降低，燃料消耗增加。坡度大时，车辆行驶中速度差异较大。上坡时，可能使汽车上坡熄火；下坡路段，由于受重力影响，易造成车辆加速行驶，增加了驾驶员的操作难度，而且易发生下坡制动失灵，进而诱发事故；另外，竖曲线半径过小，也影响驾驶员的视距。因而，公路纵坡对交通安全有重要影响。

车道宽度、车道数和路肩宽度等技术特征影响公路的通过能力、汽车的平均技术速度、汽车行驶安全性和舒适性。

JTG B 01—2003《公路工程技术标准》对各级公路规定了相应的技术标准，如车道宽度、最小停车视线距、纵坡等，见表 1-1。

各级公路主要技术指标（JTG B 01—2003《公路工程技术标准》） 表 1-1

<table>
<tr><td colspan="3">公路等级</td><td colspan="3">高速公路</td><td colspan="3">一级公路</td><td colspan="2">二级公路</td><td colspan="2">三级公路</td><td>四级公路</td></tr>
<tr><td colspan="3">设计速度（km/h）</td><td>120</td><td>100</td><td>80</td><td>100</td><td>80</td><td>60</td><td>80</td><td>60</td><td>40</td><td>30</td><td>20</td></tr>
<tr><td colspan="3">车道宽度（m）</td><td>3.75</td><td>3.75</td><td>3.75</td><td>3.75</td><td>3.75</td><td>3.50</td><td>3.75</td><td>3.50</td><td>3.50</td><td>3.25</td><td>3.00①</td></tr>
<tr><td rowspan="4">圆曲线最小半径（m）</td><td colspan="2">一般值</td><td>1 000</td><td>700</td><td>400</td><td>700</td><td>400</td><td>200</td><td>400</td><td>200</td><td>100</td><td>65</td><td>30</td></tr>
<tr><td colspan="2">极限值</td><td>650</td><td>400</td><td>250</td><td>400</td><td>250</td><td>125</td><td>250</td><td>125</td><td>60</td><td>30</td><td>15</td></tr>
<tr><td rowspan="2">不设超高最小半径</td><td>路拱≤2.0%</td><td>5 500</td><td>4 000</td><td>2 500</td><td>4 000</td><td>2 500</td><td>1 500</td><td>2 500</td><td>1 500</td><td>600</td><td>350</td><td>150</td></tr>
<tr><td>路拱>2.0%</td><td>7 500</td><td>5 250</td><td>3 350</td><td>5 250</td><td>3 350</td><td>1 900</td><td>3 350</td><td>1 900</td><td>800</td><td>450</td><td>200</td></tr>
<tr><td colspan="2" rowspan="2">凸形竖曲线半径（m）</td><td>一般值</td><td>17 000</td><td>10 000</td><td>4 500</td><td>10 000</td><td>4 500</td><td>2 000</td><td>4 500</td><td>2 000</td><td>700</td><td>400</td><td>200</td></tr>
<tr><td>极限值</td><td>11 000</td><td>6 500</td><td>3 000</td><td>6 500</td><td>3 000</td><td>1 400</td><td>3 000</td><td>1 400</td><td>450</td><td>250</td><td>100</td></tr>
<tr><td colspan="2" rowspan="2">凸形竖曲线半径（m）</td><td>一般值</td><td>6 000</td><td>4 500</td><td>3 000</td><td>4 500</td><td>3 000</td><td>1 500</td><td>3 000</td><td>1 500</td><td>700</td><td>400</td><td>200</td></tr>
<tr><td>极限值</td><td>4 000</td><td>3 000</td><td>2 000</td><td>3 000</td><td>2 000</td><td>1 000</td><td>2 000</td><td>1 000</td><td>450</td><td>250</td><td>100</td></tr>
<tr><td colspan="3">竖曲线最小长度（m）</td><td>100</td><td>85</td><td>70</td><td>85</td><td>70</td><td>50</td><td>70</td><td>50</td><td>35</td><td>25</td><td>20</td></tr>
<tr><td colspan="3">停车视距（m）</td><td>210</td><td>160</td><td>110</td><td>160</td><td>110</td><td>75</td><td>110</td><td>75</td><td>40</td><td>30</td><td>20</td></tr>
<tr><td colspan="3">会车视距（m）</td><td></td><td></td><td></td><td></td><td></td><td></td><td>220</td><td>150</td><td>80</td><td>60</td><td>40</td></tr>
<tr><td colspan="3">超车视距（m）</td><td></td><td></td><td></td><td></td><td></td><td></td><td>550</td><td>350</td><td>200</td><td>150</td><td>100</td></tr>
<tr><td colspan="3">最大纵坡（%）</td><td>3</td><td>4</td><td>5</td><td>4</td><td>5</td><td>6</td><td>5</td><td>6</td><td>7</td><td>8</td><td>9</td></tr>
<tr><td colspan="3">最小坡长（m）</td><td>300</td><td>250</td><td>200</td><td>250</td><td>200</td><td>150</td><td>200</td><td>150</td><td>120</td><td>100</td><td>60</td></tr>
<tr><td colspan="3">汽车载荷等级</td><td colspan="3">公路—Ⅰ级</td><td colspan="3">公路—Ⅰ级</td><td colspan="2">公路—Ⅱ级</td><td colspan="2">公路—Ⅱ级</td><td>公路—Ⅱ级</td></tr>
</table>

注：①单车道时为 3.5m。

汽车运行安全性还与路面质量有关。路面要求具有足够的强度、很高的稳定性、良好的平整度以及适当的粗糙度，以保证汽车的附着条件和较小的运行阻力。

路面平整度是路面的主要使用特征，影响汽车运行速度（图 1-1）、动载荷、轮胎磨损、货物完好性及乘员舒适性，从而影响汽车利用指标和使用寿命。例如，汽车在良好路面上行驶，可达到较高车速并具有良好的燃料经济性；汽车在崎岖不平的道路上行驶，平均技术速度低，换挡和制动频繁，加剧了零件的磨损，并增加了油耗和驾驶员工作强度；路面不平也使汽车零部件受到的冲击载荷增加，加剧汽车行驶系损伤和轮胎磨损。

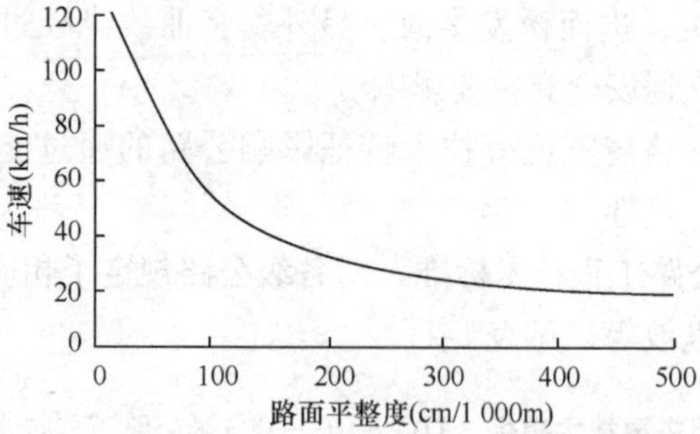

图 1-1　汽车允许行驶速度与路面平整度的关系

3. 公路养护水平

在公路建成投入使用后，其技术特性特别是路面质量、路面平整度等并不是一成不变的，而是随着公路的使用强度、使用环境的变化而变化的。因此，在使用过程中对公路提供有效的、高质量的养护，对于维持公路的技术特性特别是路面质量、路面平整度，使之适应汽车安全、高速、经济运行的要求，具有重要意义。

根据 JTG F80/1—2004《公路工程质量检验评定标准》，路面铺筑后按施工规范要求养生，在进行路面（或其他项目）质量评定时，其评分值满分为 100 分，按实测项目采用加权平均法计算。存在外观缺陷及资料不全时，应予减分。

$$分项工程得分 = \frac{\sum[检查项目得分 \times 权值]}{\sum 检查项目权值}$$

路面（或其他项目）工程质量等级评定时，其评分值不小于 75 分者为合格，小于 75 分者为不合格。

根据 JTG F80/1—2004《公路工程质量检验评定标准》，水泥混凝土面层的路面的实测项目见表 1-2。

对于水泥混凝土面层的路面，其外观鉴定项目为：

①混凝土板的断裂块数，高速公路和一级公路不得超过评定路段混凝土板总块数的 0.2%，其他公路不得超过 0.4%。不符合要求时每超过 0.1% 减 2 分。对于断裂板应采取适当措施予以处理。

②混凝土板表面的脱皮、印痕、裂纹和缺边掉角等病害现象，对于高速公路和一级公路，有上述缺陷的面积不得超过受检面积的 0.2%，其他公路不得超过 0.3%。不符合要求时每超过 0.1% 减 2 分。

对于连续配筋的混凝土路面和钢筋混凝土路面，因干缩、温缩产生的裂缝，可不减分。

③路面侧石直顺、曲线圆滑，越位 20mm 以上者，每处减 1 ~ 2 分。

④接缝填筑饱满密实，不污染路面。不符合要求时，累计长度每 100m 减 2 分。

⑤胀缝有明显缺陷时，每条减 1 ~ 2 分。

JTG F80/1—2004《公路工程质量检验评定标准》规定了各类公路路面质量评定的实测项目和外观鉴定要求。

水泥混凝土面层实测项目　　表 1-2

项次	检查项目		规定值允许偏差		检查方法和频率	权值
			高速公路	其他公路		
1	弯拉强度（MPa）		在合格标准之内		按附录 C 检查	3
2	板厚度（mm）	代表值	−5		按附录 H 检查，每 200m 每车道 2 处	3
		合格值	−10			
3	平整度	σ[1]（mm）	1.2	2.0	平整度仪：全线每车道连续检测，每 100m 计算 σ、IRI[2]	2
		IRI（m/km）	2.0	3.2		
		最大间隙 h[3]（mm）	—	5	3m 直尺：半幅车道板块每 200m 测 2 处 × 10 尺	
4	抗滑构造深度（mm）		一般路段不小于 0.7 且不大于 1.1；特殊路段不小于 0.8 且不大于 1.2	一般路段不小于 0.5 且不大于 1.0；特殊路段不小于 0.6 且不大于 1.1	铺砂法：每 200m 测 1 处	2
5	相邻板高差（mm）		2	3	抽量：每条胀缝 2 点；每 200m 抽纵、横缝各 2 条，每条 2 点	2
6	纵横缝顺直度（mm）		10		纵缝 20m 拉线，每 200m4 处；横缝沿板宽拉线，每 200m4 处	1
7	中线平面偏位（mm）		20		经纬仪：每 200m 测 4 处	1
8	路面宽度（mm）		±20		抽量：每 200m 测 4 处	1
9	纵断高程（mm）		±10	±15	水准仪：每 200m 测 4 断面	1
10	横坡（%）		±0.15	±0.25	水准仪：每 200m 测 4 断面	1

注：①表中 σ 为平整度仪测定的标准差；

②IRI 为国际平整度指数；

③h 为 3m 直尺与面层的最大间隙

四、公路运输枢纽和运输站场条件

1. 运输枢纽和运输站场

运输枢纽和运输站场是整个交通运输系统中重要的基础设施，其布局的合理性和运输站场设施、设备等的完善程度对于提高交通运输的组织化规模，对于提高交通运输系统的服务品质、运输效率和运输效益有重要影响。

运输枢纽是指在两条或两条以上运输线路的交汇、衔接处（点）形成的，具有运输组织、中转服务、装卸、仓储及其他辅助服务功能的运输设施综合体。

运输站场是从事客货集散、转运及过境的单体场所，如货运站、客运站等。运输站场是交通运输的基础设施和基层生产单位，既是组织运输的起点，又是组织运输的终点。运输枢纽一般由若干运输站场及其连接线构成。

2. 公路运输枢纽和公路运输站场

公路运输枢纽是综合运输枢纽的重要组成部分，是进行公路客、货运输作业和综合服务的集中场所，是在公路运输网络的节点上形成的旅客流、货物流及客货信息流的转换中心。

公路运输枢纽分为国家公路运输枢纽、区域（地区）性公路运输枢纽和集散性公路运输枢纽三个层次。其中：国家公路运输枢纽是位于重要节点城市的国家级公路运输中心，与国家高速公路网共同构成国家最高层次的公路运输基础设施网络，并提供与周边国家之间、区域之间、省际之间以及大中城市之间的公路客货运组织及相关服务；地区性公路运输枢纽主要提供一定区域内的公路客货运输服务，并对国家公路运输枢纽起集散作用；集散性公路运输枢纽则主要对国家公路运输枢纽和区域（地区）性公路运输枢纽起集散作用。

不同层次的公路运输枢纽间的相互联系、配合，构成了遍及全国的公路运输枢纽网络，同时与其他运输枢纽相互联系构成完整的运输枢纽系统。为逐步形成完善的交通运输网络，我国已规划了建设公路主骨架、水运主通道、港站主枢纽和交通保障支持系统的长远发展战略；为逐步形成完善的公路运输枢纽网络，我国已制定了《国家公路运输

枢纽布局规划》，并已开始实施。

3. 公路运输枢纽的构成

公路运输枢纽一般由客运站场系统、货运站场系统、通信信息服务系统、生产生活辅助服务系统等组成。

客运站场系统是组织旅客周转运输的机构，其主要任务是接纳旅客进入客运站购票、候车、上车及安全到达目的地。

货运站场系统是组织货物周转运输的机构，其主要任务是接纳货物进入运输站储存、分拣装车及安全及时地送达目的地。

通信信息服务系统使全国（或某地区）的公路运输枢纽形成网络，也使公路运输枢纽内各站场与港口运输枢纽、铁路站场和航空港有机联系，相互衔接，提供车、货配载信息服务和通信服务。对公路运输枢纽营运中所发生的各类运输信息进行传输、处理与发布使用。

生产生活辅助服务系统是公路运输枢纽提供优质服务的保障。其主要作用：为旅客、驾乘人员提供必要的食宿服务，代办报关、报检和保险，为车辆提供停放、检测、维修、加油、清洗等服务。

公路运输枢纽系统和公路运输站场系统是否完善，决定着汽车的运用效果和运输效益，影响着汽车运输服务水平的提高，也制约着汽车运用和运输服务的空间范围。

五、运输条件

运输条件指由运输对象的特点和要求所决定的影响车辆运用的各种因素。汽车运输可分为货运与客运。

1. 货物运输条件

影响汽车货物运输效果的运输条件主要有货物类别、货运量、运输距离、运输类型、

运输组织特点等。

1)货物类别

货物是指从接受承运起到送交收货人止的所有商品或物资。通常，根据汽车运输过程中的货物装卸方法、运输和保管条件以及货物运输批量对货物进行分类。

按装卸方法，货物可分为堆积、计件和灌装三类。对散装、散堆的货物，如煤炭、砂、土、碎石等，易于采用自卸汽车运输；对可计件的货物，如桶装、箱装、袋装的包装货物及无包装货物，可采用普通栏板式载货汽车、箱式载货汽车运输；对于无包装的液体货物，通常采用自卸罐车运输。

按运输和保管条件可分为普通货物和特种货物。前者指在运输过程中无特殊要求，可用普通车厢和集装箱运输的货物；后者指在运输过程中，必须采取特别措施，才能完好无损完成运输的货物。

特种货物包括长大、笨重、危险和易腐的货物。长大笨重货物指单件长度在6m及其以上的货物，或高度超过2.7m的货物，或宽度超过2.5m的货物，或质量超过4t的货物。危险货物指在运输和保管过程中，可能使人致残或破坏车辆、建筑物和道路的货物。易腐货物指在运输和保管过程中，需维持一定温度的货物。

运输特殊货物，需要选用大型或专用汽车。

2)货物运输量

按托运批量，货物运输可分为零担货物运输和整车货物运输两类。凡是一次托运货物3t以上的大批货物为整车货物，不足3t的小批货物为零担货物。需要较长时间和较多车辆，才能运完的货物为大宗货物，而短时间内或少数车辆即能全部运完的货物为小宗货物。

货物运输量对汽车运输的效率和成本有很大影响。因为运输组织方式不同，在相同条件下，大批量货物运输的运输效率高、运输成本低，而小批量零担货物运输的运输效率较低、运输成本较高。因此，应尽可能地组织大宗货物运输。同时，一般大批量货物和小批量货物的时效性不同，对货运速度和品质的要求也不同。显然，小批量货物适宜使用轻型汽车运输，而大宗货物采用大型车辆运输时经济效益高。所以，运输行业应配备不同吨位的车辆，才能合理地组织运输，提高运输经济效益。

3)货物运距

货物运距是货物由装货点至卸货点间的运输距离，一般用千米（km）作为计量单位。货物运距是重要的运输条件之一，对车辆的运用效率有很大影响，并且对车辆的结构和性能提出不同的要求。

当运距较短时，要求车辆结构能很好地适应货物装卸的要求，以缩短车辆的货物装卸作业时间。短距离货物运输不仅降低了行程利用系数和载质量利用系数，也恶化了汽车的运行工况，使汽车经常处于起步、加速、减速、停车等非稳定工况。汽车在非稳定工况下工作时，油耗增大，排放增加，汽车总成的磨损加剧，并且加大了驾驶员的工作强度。

长途运输车辆的运输生产率随着车辆的速度性能的提高和载质量的增大而显著增加(图1-2和图1-3)。因此，随着运距的增加，选用大吨位车辆运输显然是合理的选择。但是，汽车的最大轴载质量受到公路法规的限制。

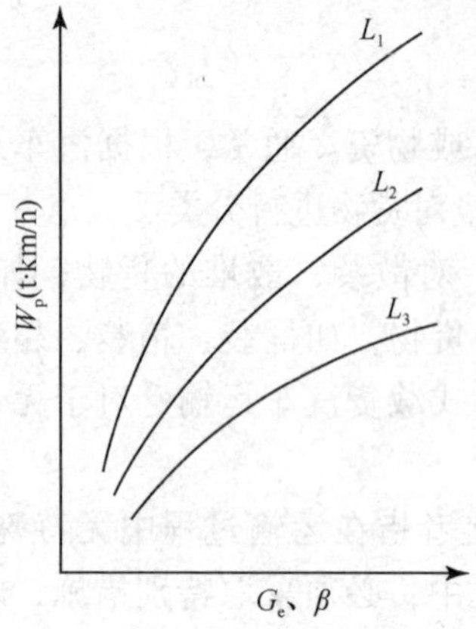

图 1-2　汽车运输生产率 W_p 与汽车载质量 G_e 和行程利用率 β 的关系（L 为货物运距，且 $L_1 > L_2 > L_3$）

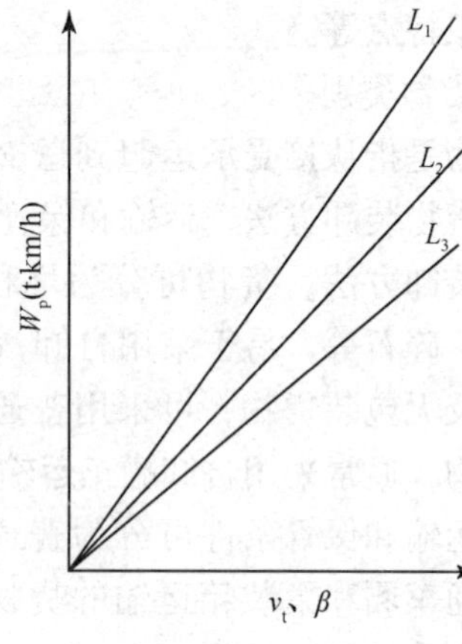

图 1-3　汽车运输生产率 W_p 与汽车技术速度 v_t 和行程利用率 β 的关系（L 为货物运距，且 $L_1 > L_2 > L_3$）

4）货物装卸条件

货物的装卸条件决定了汽车装卸作业的停歇时间、装卸货的劳动量和费用，从而影响汽车的运输生产率及运输成本。运距越短，装卸条件对运输效率的影响越明显（图 1-4）。装卸条件受货物类别、运输量、装卸点的稳定性、机械化程度以及装卸机械的类型等诸多因素的影响。

不同类别和运输量的货物要求配备相应的装卸机械，也决定了运输车辆的结构特点。如运输土、砂石、煤炭等堆积货物时，要考虑货物从铲斗卸入车箱时对汽车系统及机构的冲击载荷，并使汽车的装载质量和车箱容积与铲斗容积成适当比例，才能获得较高的装卸、运输生产率。带自动装卸机构的汽车可缩短汽车装卸作业时间，但是自动装卸机构使装卸汽车的成本增加，且载质量比相同吨位的汽车小。故只有在短距离运输时，自动装卸汽车才能发挥其优越性（图 1-5）。

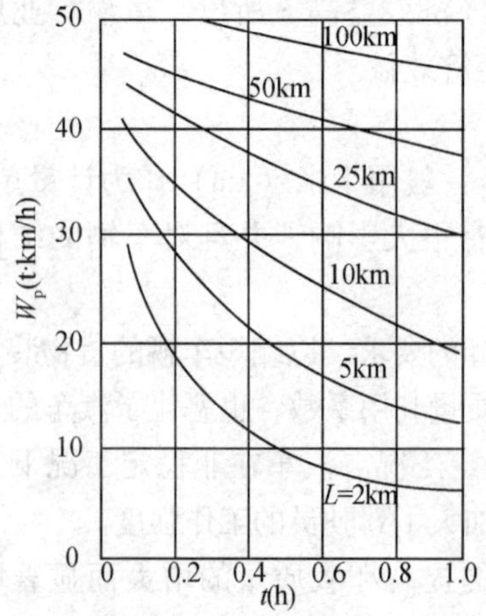

图 1-4　载质量 4t 货车的运输生产率 W_p 与每次装卸货停歇时间 t 的关系（L 为运距）

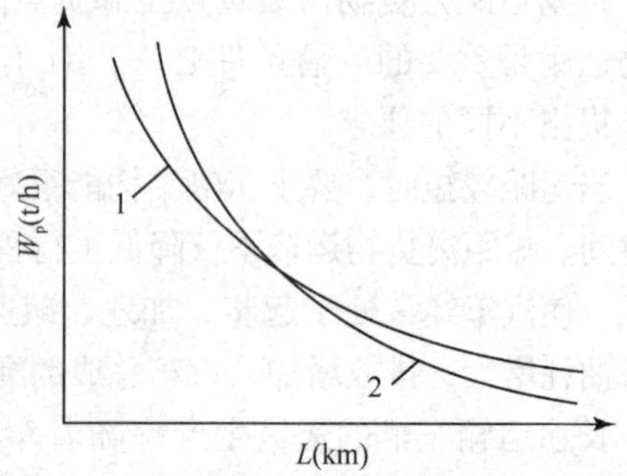

图 1-5　不同车辆的运输生产率 W_p 与运距 L 的关系
1-普通汽车；2-自卸汽车

5)货运类型和组织特点

货物运输有多种类型，如：短途货运，长途货运；城市货运，城间货运；营运货运，自用货运；分散货运，集中货运等。

自用货运指用本单位拥有的车辆完成本单位的货运任务。

分散货运指在同一汽车运输服务区内的若干汽车货运企业或有车单位各自独立地调度车辆，分散地从事货运工作。显然，以这种方式组织货物运输，车辆的利用率低，里程、载质量利用率低，从而降低了汽车运输生产率，提高了运输成本。

集中货运指汽车运输服务区内的车辆或完成某项货运任务的有关企业或单位的车辆，集中由一个机构统一调度来组织货运工作。集中货运可以提高车辆的载质量利用率和时间利用率，从而提高了运输生产率，降低了运输成本。

货运组织特点，主要是取决于所选用的货物运输路线。由于货运任务的性质和特点不同，道路条件不同，以及所用车辆类型不同，即使在相同收发货点间完成同样的货运任务，也可以采用多种不同的运行路线方案，进而产生不同的运输效益。

常用的车辆运输路线可分为：往复式、环形式和汇集式等三种。往复式运行路线指货运车辆多次重复行驶于两个货运点间的路线。环形式运行路线指将几个货运方向的运行路线依次连接所构成的封闭运输路线。车辆沿环形路线运行时，每个运次运输同一起讫点的货物。汇集式运行路线是环形式运行路线的发展，车辆由起点发车，在货运任务规定的各货运点依次进行装（卸）货，与环形式的区别是货运车辆运行路线上的每周转所完成的运量均不超过一整车货物。

2. 旅客运输条件

旅客运输分为市内客运和公路客运，各种客运应配备不同结构的客车。

市区公共汽车通常采用车厢式多站位车身，座位与站立位置之比为2∶1。为方便乘客上下车，公共汽车通道较宽，车门数目多，且车厢地板较低。有的客车为方便残疾人轮椅上下，车门踏板采用可自动升降结构。为了适应乘客高峰满载的需要，市区公共汽车要求有较高的动力性；同时，为适应城市道路交通复杂的特点，还要求汽车操纵方便。

城间客运车辆要求有较高的行驶速度和乘坐舒适性。客车座位通常宽大舒适，且椅背倾斜角度可调，车门数少，辅助设施较齐全。为了适应旅游的需要，高级旅游客车还配备卫生间、微型酒吧，并在汽车两侧下部设有较大空间的行李舱。目前，越来越舒适和环保的高档客车投入到城间客运，改变了多年来公路客运客车档次低、运行效率较差的状况。

第三节　汽车运用水平和技术条件

汽车运用水平和技术包括驾驶员操作技术、汽车维修技术、汽车运输组织管理技术、汽车运行安全技术、危险及特种货物运输技术等。

一、驾驶操作技术水平

驾驶员的汽车驾驶操作技术是一项综合性技术，汽车驾驶操作水平高低明显地影响汽车零件磨损、燃料经济性和污染物排放，进而影响汽车的运用效果。在相同的交通和道路条件下正常行驶时，操作熟练的驾驶员不仅能保证汽车的安全运行，而且能使汽车行驶的平均技术速度提高15%～20%，使汽车大修里程延长40%～50%，可节约燃料20%～30%。

汽车驾驶操作技术是由操作技能和支持基础所构成。操作技能是指汽车驾驶技能、情况观察技能、情况判断技能和要素综合技能等；支持基础包括汽车行驶理论基础、汽车维护知识基础、交通法规知识基础、运输业务知识基础和交通安全知识基础等。

二、汽车维修技术水平

汽车维修是提高和保持汽车技术状况的重要手段。提高汽车运用水平必须提高机动车辆的技术状况，以保证汽车安全、高效运行。

另一方面，汽车维修的直接费衙占汽车运输成本的15%～20%。因此，提高汽车维修品质，提高汽车运用技术水平，减少汽车使用过程中的故障率等是降低汽车运输成本的重要措施。

促进汽车维修企业的技术进步，提高汽车维修品质，是汽车运输、汽车维修等行业的重要任务。

汽车运行材料供给水平对汽车使用影响也较大。如汽车使用的燃料（汽油、柴油、代石油燃料等）、润滑剂（发动机润滑油、齿轮润滑油、自动变速器油、润滑脂等）、汽车工作液（制动液、冷却液、空调制冷剂等）等。若汽车运行材料供应水平低、品质差或使用不当，则汽车会出现早期损坏，并且会造成资源浪费和环境污染。汽车运行材料将影响到汽车的动力性、经济性、制动安全性、操作稳定性、舒适性（平顺性）、通过性、环保性（排放性）等。汽车运行材料的供给水平和合理使用是汽车技术管理的重要内容，对于汽车的使用可靠性、运用效率和成本有重要影响。

目前，我国汽车运行材料已步入标准化、系列化的发展轨道。未来燃料将呈现出汽油、柴油、天然气、液化石油气、电能、氢气、醇类、二甲醚以及生物质能（生物柴油等）等多种燃料共存的模式。润滑剂和特种液将向安全、环保、节能、长效等方向发展。

三、运输组织管理技术水平

汽车运输组织管理水平可以用载质量利用系数（货运）或载客量利用系数（客运）和里程利用率评价。显然，运输组织管理水平越高，载质（或客）量利用系数和里程利用率就越高。

汽车运输组织管理技术是在汽车运输生产和经营实践过程中发展起来的关于汽车运输资源合理配置和利用的技术。从车辆运用的角度看，包括车辆的货物配载问题，特殊货物运输条件的确定和安全运输问题；从汽车运输站场管理工作的角度看，包括汽车运输站场设施配置、运输线路确定、运输作业站台、仓库货位和装卸机械配备、运输作业流程的组织管理等问题；从汽车运输网络的运用和管理的角度看，包括汽车运输线路和过程的组织调整、动态监控，确保汽车运输系统安全、畅通、高效有序运行等问题；从汽车运输企业生产和经营的角度看，包括汽车运输市场调查、客（或货）流组织以及运输产品的设计、运输设备综合利用和汽车运输过程的优化组织等问题；从整个综合运输系统的角度看，包括各种运输方式的布局和运输协作配合等问题。提高汽车运输组织管理技术，合理利用汽车运输资源，是提高汽车运输生产率、降低运输成本，提高汽车运用效果的关键。

四、汽车运行安全技术水平

1. 机动车运行安全技术条件

为保证车辆安全行驶，运行可靠，汽车的技术状况必须符合 GB 7258—2004/XG3—2008《机动车运行安全技术条件》《国家标准第 3 号修改单》规定的技术条件要求。汽车运行安全技术条件的主要内容包括如下方面。

车辆外观整洁，装备齐全、紧固可靠，各部件应完好，并具有正常的技术性能。发动机动力性能良好，运行平稳，不得有异响。燃润料消耗正常，无漏油、漏水、漏气、漏电等现象。

底盘各总成连接牢固，无过热、无异响、性能良好，各润滑部位不缺油，钢板弹簧无断裂或错开现象，轮胎气压正常，汽车、挂车连接和防护装备齐全、可靠等。

转向轻便灵活，转向节及臂、横直拉杆及球销不得松旷，性能良好，前轮定位符合要求。

车辆制动性能符合规定，挂车与牵引车意外脱离后，挂车应能自行制动，牵引车的制动仍然有效。

客车车厢、货车驾驶室内应不进尘土，不漏雨，门窗关闭严密，开启灵活；风窗玻璃视线清晰，客车座椅齐全、整洁、牢固；货车车厢无漏洞，栏板销钩牢固、可靠。车辆的噪声及废气排放应符合有关规定。

灯具、讯号、仪表和其他电气设备应配备齐全，工作正常、可靠。

对于营运车辆，其技术状况必须满足 GB 18565—2001《营运车辆综合性能要求和检验方法》的规定。

2. 高速公路行驶安全条件

超速、疲劳驾驶等是影响高速公路行车安全的主要因素，汽车追尾是高速公路交通事故的典型形式之一。为了避免发生追尾事故，汽车应保持一定的车间距。当车速为 100km/h 时，行车间距至少应为 100m；当车速为 70km/h 时，应至少保持 70m 的车间距。在潮湿的路面上行驶时，车间距应增大 2 倍以上。当遇有大风、雨、雾或路面积雪、结冰时，应以更低的速度和更长的车间距行驶，以保证行驶安全。

高速公路行驶对车速也有限制。在高速公路上行车时，必须遵循《高速公路交通管理办法》的规定，按限速规定行车。此外，高速公路行车，驾驶员容易疲劳，长途行车（行程超过 300km）应配备 2 名以上驾驶员轮流驾驶，避免疲劳驾驶。同时，驾驶员应注意休息，一旦发觉疲劳，必须进服务区停车休息，切勿疲劳行车。

此外，汽车在高速公路上行驶，还应注意：

①严格遵守交通法规，按限速规定行驶。

②进入高速公路前，应进行汽车维护，确保车辆处于最佳状态。

③按道行驶，不准在超车道长时间行驶或骑、压车道分界线行驶。

④不得随意停车，不得在路肩行驶，不许掉头、倒车或穿越中央分隔带，不许进行试车，不许在匝道上超车和停车。

⑤遵守管理部门采取的管制措施。

合理选用轮胎对汽车在高速公路上的行车安全有很大作用。在高速公路行驶条件下，应选用子午线轮胎，并且最好选用无内胎子午线轮胎，同时应注意轮胎的花纹、速度级别、磨耗、牵引、温度标志等，区别乘用车轮胎和轻型载重车轮胎，注意载重车轮胎的层级和负荷，注意轮胎认证权威机构的认可标志。

五、汽车在特殊条件下的运用技术水平

1. 汽车在运输危险货物条件下的运用技术

汽车运载具有易爆、易燃、有毒、放射性等的危险货物时，必须符合 JT 617—2004《汽车危险货物运输规则》的规定。其主要技术条件如下：

①车辆的车厢、底板平坦良好，栏板牢固，衬垫不得使用松软易燃材料。

②运载危险货物的车辆左前方悬挂黄底黑字的“危险品”标志。

③根据所装运的危险货物的性质，车辆必须配备相应的消防器材等用具。

④车辆的行驶和停车必须严格遵守交通、消防、治安等法规的要求。

⑤必须指派熟悉车内危险货物性质的人员担任押运人员，严禁搭乘无关人员。

⑥车辆总质量超过桥梁、渡船标定的承载质量时，或车辆装载超高、超宽、超长时，均应采取安全有效措施，报请当地交通、公安主管部门批准。未经允许，不得冒险通过。

2. 汽车在拖挂运输条件下的运用技术

确定汽车列车的最大总质量时，应遵循以下原则：

①平均技术速度不低于单车的70%，最高车速不低于单车的经济车速。

②能在所遇最大坡道上用1挡起步，2挡通过；直接挡（包括超速挡）的行驶时间，不低于单车行驶时间的60%。

③以1挡起步直到换至直接挡，达到相同车速所需时间不高于单车的1倍；以直接挡在水平路面上行驶时应有一定加速能力，在平路上以直接挡中速稳定行驶时发动机负荷不大于70%。

④燃油消耗量不超过单车燃油消耗量的150%。

⑤驱动力足够，且驱动轮不打滑。

⑥比功率不小于4.8kW/t。

⑦一车一挂，具有较大牵引力的汽车可拖挂大吨位挂车。

3. 汽车在特殊使用条件下的运用技术

汽车在走合阶段，在低温、高温等气候条件下，在高原、山区等条件下以及在坏路、无路地带等特殊条件下使用时，汽车的动力性、经济性、可靠性、行驶安全性、通过性等技术性能将发生很大变化，应采取相应措施改善汽车技术状况，保障汽车安全、高效运用。

第四节　汽车使用性能指标

一、概述

汽车使用性能指在一定使用条件下汽车以最高效率工作的能力，是决定汽车运用效率和方便性的结构特性表征。

汽车运用条件复杂，运输任务繁杂，所选用车型和性能应适应使用条件，满足使用要求，以获得最佳工作效率。

目前，我国采用的汽车使用性能指标（表 1-3）主要包括汽车容载量、汽车动力性、燃料经济性、制动性、操纵稳定性、环保性、通过性、乘坐舒适性和使用方便性等。

汽车使用性能的主要指标　　表 1-3

使用性能		指标和评价参数
容量		额定装载质量（t） 单位装载质量（t/m^3） 货箱单位有效容积（m^3/t） 货箱单位面积（m^2/t） 座位数和可站立人数
使用方便性	操作方便性	每百千米平均操纵作业次数操作力（N） 驾驶员座椅可调程度 照明、灯光、视野、信号完好
	出车迅速性	汽车起动暖车时间
	乘客上下车和货物装卸方便性	车门和踏板尺寸及位置 货箱地板高度 货箱栏板可倾翻数 有无随车装卸机具
	可靠性和耐久性	大修间隔里程（km） 主要总成的大修里程（km） 可靠度,故障率(1/1 000km) 故障停车时间（h）
	维修性	维护和修理工时 每千千米维修费用 对维修设备的要求
	环保性	噪声级 CO、HC、NO_x 排放量 电波干扰
燃料经济性		最低燃料消耗量［L/(100t · km)］ 平均最低燃料消耗量（L/100km）

使用性能		指标和评价参数
速度性能		动力性 平均技术速度（km/h）
通过性、机动性		汽车最低离地间隙 接近角 离去角 纵向通过性 前后轴荷分配 轮胎花纹及尺寸 轮胎对地面单位压力 前后轮辙重合度 低速挡的动力性 驱动轴数 最小转弯半径
安全性	稳定性	纵向倾翻条件 横向倾翻条件 稳态转向特性
	制动性	制动效能 制动效能恒定性 制动时方向稳定性
乘坐舒适性	平顺性	振动频率 振动加速度及变化率 振幅
	设备完备	车身类型 空气调节指标 车内噪声指标（dB） 座椅结构

二、汽车容载量指标

汽车容载量就是指汽车能够装载货物的数量或乘坐旅客的人数。

载货汽车的实际容载量与汽车的额定装载质量、车厢尺寸、货物密度有关。其额定容载量利用程度用装载质量利用系数 q_z 评价。

$$q_z = \frac{m_v \cdot V_m}{q_0}$$

式中：q_0 ——汽车额定装载质量，t；

V_m ——汽车车厢容积，m^3；

m_v ——货物容积质量，t/m^3。

容积质量 m_v 指在自然堆积状态下，单位容积货物的质量。

装载质量利用系数 q_z 反映某种汽车车厢装满某类货物（m_v 不同）时，其额定载质量利用程度，决定该车装载何种货物时能够充分利用汽车装载能力。

比装载质量 γ_z 说明某车型装载何种货物（m_v 不同）能够装满车箱，且能使额定载质量得到充分利用。

$$\gamma_z = \frac{q_0}{V_m}$$

式中：γ_z——比装载质量，t/m^3。

常见散货的容积质量见表 1-4，某些载货汽车的比装载质量见表 1-5，某些汽车装载不同货物时的装载质量利用系数见表 1-6。

常见散货容积质量（单位：t/m^3） 表 1-4

货物种类	白菜	马铃薯	小麦	无烟煤	干土	砖	建筑用石	砂	铁条
容积质量	0.35	0.68	0.73	0.80	1.2	1.5	1.5	1.6	2.10

常见汽车比装载质量 表 1-5

车　型	额定装载质量（kg）	比装载质量（t/m^3）
EQ3092F19D	5 000	1.035
EQ3121FT4	9 900	0.795
HFC1048	1 920	0.593
CA1225P1K2L9T1	13 980	0.885
CQ3263T8F19G324	14 000	1.000

比装载质量、装载质量利用系数表征了汽车货箱结构对各种货物需要的适应能力。为充分利用货车的装载能力，装运容积质量轻的货物时，在保证货物完整的条件下，可采用适当措施增加装货高度。因此，汽车实际装载质量利用系数一般高于表 1-6 所列数值。

汽车装载质量利用系数　　表 1-6

货物名称	包装方式	EQ309	DFL3251	EQ5202	EQ3121	EQ1081	HFC1020	HFC1031
白菜	散装	0.17	0.19	0.89	0.20	0.28	0.30	0.30
马铃薯	散装	0.33	0.37	1.73	0.39	0.54	0.58	0.58
小麦	散装	0.36	0.40	1.85	0.42	0.58	0.62	0.62
无烟煤	散装	0.39	0.44	2.03	0.46	0.64	0.68	0.68
干土	散装	0.58	0.66	3.04	0.70	0.96	1.02	1.02
砖	散装	0.73	0.83	3.81	0.87	1.20	1.27	1.27
建筑用石	散装	0.73	0.83	3.81	0.87	1.20	1.27	1.27
砂	散装	0.80	0.91	4.19	0.96	1.32	1.40	1.40
铁条	束装	1.02	1.16	5.33	1.22	1.68	1.78	1.78

三、汽车质量利用指标

通常利用质量利用系数 γ_m 或整备质量利用系数 γ_b 评价汽车质量利用的优劣。

$$\gamma_m = \frac{q_0}{M}$$

$$\gamma_b = \frac{q_0}{q_b}$$

式中：M——汽车总质量，kg；

q_b——汽车整备质量，kg。

汽车整备质量指汽车完全装备好的质量。除装备有发动机、底盘、车身、电器设备和辅助设备的完整车辆，以及加足的润滑油、燃料、冷却液的质量外，还包括随车工具、备用车轮及其他备品的质量。

整备质量利用系数与汽车的部件、总成、结构的完善程度以及轻型材料的使用率有关。表明汽车主要材料的使用水平，反映了该车型的设计、制造水平等，直接影响汽车的使用经济性。运输过程中，汽车整备质量将引起非生产性油耗，加速轮胎磨损，增大发动机功率损耗。在装载质量和使用寿命相同条件下，汽车整备质量利用系数越高，其结构和制造水平就越高，使用经济性越好。

提高汽车整备质量利用系数的措施主要有：

①不断完善汽车结构和制造技术。

②利用轻型材料，特别是应用强度高、质量轻的高强度铝合金和复合塑料。

③提高汽车载质量。

汽车整备质量利用系数随装载质量的增加而提高，轻型载货汽车约 1.1，中型载货汽车约 1.35，重型载货汽车约 1.3 ~1.7。平头汽车的整备质量利用系数一般比长头汽车高。由载货汽车变形的自卸汽车，因改装后整备质量的增大，其整备质量利用系数比基本型汽车低。表 1-7 为几种国产汽车的整备质量利用系数。

几种国产汽车的整备质量利用系数 表 1-7

车 型	额定载质量（kg）	整备质量（kg）	整备质量利用系数
EQ3092F19D	5 000	4 930	1.01
EQ5202CCQ	9 900	10 110	0.98
DFL3251A1	15 600	9 200	1.70
DFL1250A	14 210	10 690	1.33
CQ3193T8F3G381	9 305	9 695	0.96
CQ3263T8F19G324	14 000	12 000	1.17
CA1225P1K2L9T1	13 980	8 510	1.64
CA1310P4K2L11T4A	19 200	11 790	1.63

四、汽车使用方便性指标

使用方便性是汽车的综合使用性能，用于表征汽车运行过程中，驾驶员和乘客的舒适性和疲劳程度，以及对保证运行货物完好无损和装卸货物的适用性。

1. 操纵轻便性

操纵轻便性决定驾驶员工作条件，对减轻疲劳，保证行车安全具有重要作用。其主要评价量标为操纵力、操作次数、座位与调整参数及视野参数。

控制操纵机构的力用测力计测定。为降低驾驶员操纵力，常在转向系或制动系中设置助力器等助力装置。

操作次数通常用换挡、踏离合器和制动器踏板的次数表征。一般在常用路况下、在典型道路上通过运行试验确定，并将试验路段上的各类操作次数换算为100km行程的操作次数。

座椅构造和操纵杆件配置是否舒适方便，对使用方便性影响很大。适当增加座椅高度，减小坐垫与靠背间的倾角，可改善驾驶员劳动条件。为了适应不同驾驶员的驾驶操作，座椅设计成可沿水平和垂直方向调节，且靠背倾角也可调节的形式。同时，转向盘位置也应能按驾驶员需要调节。

为提高操纵轻便性，汽车操纵机构应有良好的接近性，应设置速度、机油压力、润滑油和冷却液温度、燃料耗量以及充放电参数等显示仪表。当控制参数进入临界值时，发出声、光信号，以便驾驶员及时掌握车辆状况。控制显示仪表应具有必要的显示精度和在暗环境下的亮度，以利于观察。

为了改善工作环境，提高劳动效率，驾驶室内应设空调及采暖通风装置。视野主要取决于座椅布置、高度以及坐垫和靠背的倾角，以及车窗尺寸、形状、布置和支柱的结构等。

2. 出车迅速性

出车迅速性指汽车开动前所需准备时间的长短，主要取决于发动机的起动性。

我国有关标准规定，不采用特殊的低温起动措施时，汽油机在－10℃、柴油机在－5℃以下的气温条件下，起动时间应不大于15s。

在低温条件下使用时，发动机起动困难。尤其是柴油机，由于起动阻力大、起动转速高等原因，使低温起动性能更差。如果露天停放，除采取必要的预热措施外，选购汽车时应考虑柴油机是否有起动辅助装置，例如独立预热装置、起动液喷射器、电热塞及进气管火焰加热器等。

3. 乘客上下车方便性

乘客上下车方便性影响城市公共汽车站点的停车时间，从而影响汽车的线路运行时间。

乘客上下车的方便性，主要取决于车门的布置（乘用车）和踏板的结构参数。

对于乘用车，车门支柱的布置对出入方便的影响尤其明显。车门支柱倾斜适当，可改善乘客出入的方便性。

对于客车，踏板高度、深度、级数、能见度及车门的宽度影响出入方便性。踏板高度和深度应与日常生活中所习惯的楼梯台阶相同。

4. 装卸货物方便性

装卸货物方便性指车辆对装卸货的适应性，用车辆装卸所耗费的时间和劳动力评价。

影响装卸方便性的汽车结构因素有：货箱和车身地板的装卸高度，从一面、两面、三面或上面装卸货物的可能性，箱式车车门的构造、布置和尺寸，有无随车装卸装置及其效率。

在人工装卸或货物批量小的场合，货箱地板的高度越高，装货时间和劳动力消耗就越大。但在机械化装卸的场合，货箱地板高度对装卸效率无明显影响。

通用栏板汽车可从三面装货，较单门箱式汽车，栏板货箱更易于适应装卸货点的需要，可节省汽车掉头时间。

5. 紧凑性

紧凑性是评价汽车外形尺寸合理利用的指标。汽车的操纵轻便性、机动性、通过性以及停车面积等均与汽车紧凑性有密切关系。重型载货汽车、大型客车较其他车辆要求有较好的紧凑性。

汽车紧凑性主要使用长度利用系数 λ_1、外形面积利用系数 λ_a 以及比容载量面积 A_q 和体积 V_q 来表示。计算公式为：

$$\lambda_1 = \frac{L_k}{L_a}$$

$$\lambda_a = \frac{ab}{AB}$$

$$A_q = \frac{AB}{q_0}$$

$$V_q = \frac{ABH}{q_0}$$

$$A'_q = \frac{AB}{q_p}$$

$$V'_p = \frac{ABH}{q_p}$$

式中：L_k ——车箱（身）的有效容积内长，m；

L_a ——汽车外形长度，m；

ab——车箱（身）面积，m^2；

AB——汽车轮廓占地面积，m^2；

q_0——车辆额定载质量，t；

q_p——车辆额定载客量，人；

H——车辆外形高度，m。

6. 最大续驶里程

汽车的最大续驶里程 L_T 指油箱加满后所能连续行驶的最大里程，即：

$$L_T = \frac{100 \cdot V_c}{Q}$$

式中：V_c——油箱容积，L；

L_T——汽车的最大续驶里程，km；

Q——汽车百公里燃油消耗量，L/100km。

除汽车技术水平外，汽车百公里燃油消耗量与实载率、道路条件、运行速度等使用因素有关，因此，L_T 随使用条件变化。合理确定 L_T 的值可减少中途停车，提高汽车运输效率。汽车的最大续驶里程应保证汽车在昼夜或班次行程内，不需中途停车加油。

7. 机动性

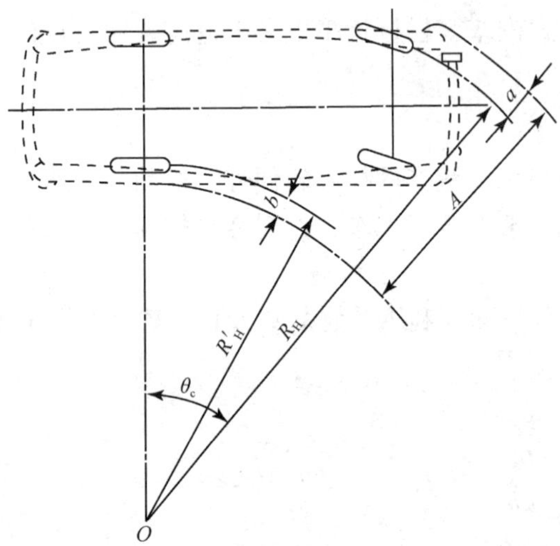

图 1-6　汽车机动性的评价参数

汽车在最小面积内转向和转弯的能力被称为汽车机动性，用于表征汽车通过狭窄弯曲地带或绕开不可越过障碍物的能力。汽车装卸货场地的大小、停车库（场）通道宽度、维修作业所需场地面积都与机动性有关。特别对于汽车列车，其机动性对使用方便性影响很大。

汽车机动性评价参数主要包括前外轮最小转弯半径 R_H、转弯宽度 A、突伸距 a 和 b(图 1-6)。

五、其他使用性能指标

1. 汽车的动力性

汽车的动力性指汽车在良好路面上直线行驶时由所受纵向外力决定的平均行驶速度，是汽车各种使用性能中最重要、最基本的性能。

汽车动力性评价指标主要有最高车速、加速能力、最大爬坡度、平均技术速度、比功率与比转矩等。

2. 汽车的燃料经济性

在一定的使用条件下，汽车以最少的燃料消耗完成单位运输工作的能力，称之为汽车的燃料经济性。燃料费用一般占汽车运输成本的 30% 以上，所以提高汽车的燃料经济性，降低汽车的燃料消耗是降低汽车运输成本的主要途径之一。

3. 汽车的环保性

汽车环保性或清洁性是指汽车在使用过程中，对环境危害最小的能力。汽车对环境的危害主要源于汽车排放污染物、汽车噪声和电磁干扰。

4. 汽车的行驶安全性

汽车的行驶安全性指汽车以最小的交通事故概率适应使用条件、完成运输任务或出行的能力。安全性直接关系到人们的生命和健康以及汽车和运输货物的完好，是汽车的重要使用性能之一。

5. 汽车的平顺性

汽车行驶的平顺性指汽车在一般行驶速度范围内行驶时，能保证乘员不会因车身振动而引起不舒服和疲劳的感觉，以及保持所运货物完整无损的性能。由于行驶平顺性主要是根据乘员的舒适程度来评价，故又称为乘坐舒适性。

常用汽车车身振动固有频率和振动加速度评价汽车的行驶平顺性。

6. 汽车的通过性

汽车的通过性是指在一定装载质量下，不用其他辅助措施，能以足够高的平均车速通过各种坏路及无路（松软的土壤、沙漠、雪地、沼泽等）地带和克服各种障碍物（陡坡、侧坡、台阶、壕沟等）的能力。

汽车的通过性主要与汽车的几何通过性、牵引支承通过性和机动性有关，还与汽车的动力性、平顺性、稳定性等有关。

本书后续各章将对汽车的动力性、燃料经济性、行驶安全性、平顺性和通过性进行详细介绍。

第五节　汽车运行工况及其分析

一、汽车运行工况

汽车是在一定的道路和交通条件下完成运输任务的。为提高运输生产率，降低运输成本，汽车性能应与运用条件相适应，二者相适应的程度是评价汽车选配和选用是否合理的重要依据之一。为了研究汽车与运行条件的适应性，必须研究汽车在所运行的道路交通条件下的运行状况。

汽车运行状况通常采用多参数描述，并称之为汽车运行工况，即汽车在使用条件下，汽车驾驶员以自己的经验、技艺操纵车辆，完成一定任务时，汽车及其各零部件、总成的各种参数变化及技术状态。汽车运行工况的参数包括汽车速度、变速器挡位、发动机转速、节气门开度、制动频度、加速度等。在特定的汽车运行工况研究中，还包括发动机曲轴瞬时转速、输出功率、输出转矩、油耗、冷却液温度、各总成润滑油温度、各挡位使用频度、离合器结合频度等。汽车运行工况是一个随机过程，受到许多因素的影响，如道路状况、交通流量、气候条件以及汽车自身技术性能的变化等。

汽车运行工况研究包括：汽车运行工况调查和汽车运行工况分析两个方面。汽车运行工况研究常采用测试、统计方法和计算机数字仿真方法。

二、汽车运行工况调查

在汽车运行工况研究中，工况调查是首先要进行的工作。通过运行工况调查，掌握在特定的使用条件下，表征汽车运行状况的各参数的变化范围和变化规律，为评价车辆的合理运用以及车辆性能、结构能否满足使用要求提供基础资料。

汽车运行工况调查的内容，可根据研究任务的需要而增减。通过对测试数据的统计分析，求得汽车运行工况的参数样本的分布规律及其数学特征，进而在无偏性、一致性和有效性的原则下，推断出参数的总体分布和数学特征。

汽车运行工况测试是汽车运行工况调查的重要步骤。通过汽车运行试验及数据处理、统计分析完成运行工况调查。

汽车运行工况调查的主要内容有：选择反映汽车运行状况，具有代表性的路线，并取得道路资料和交通状况的调查数据；同步测取在汽车行驶过程中的车速、发动机转速、油耗、节气门开度及挡位使用情况；在调查路线（或路段）内的累积停车次数和累积制动次数等。必要时，还要记录交通流情况，如交通构成及其交通量等。

在汽车运行试验中，主要使用非电量的电测法，即在测量部位安装将非电量状态参数转换为电信号的传感器，将电信号直接或经放大后传送至测量仪表和记录仪器（如计算机硬盘、磁带机、光线示波器、x－y 记录仪等），供统计分析使用。

在测试汽车运行工况时，风速、气温、海拔高度等试验条件应符合有关规定，或对测试参数进行修正。汽车运行试验所用车辆必须符合国家有关标准规定。

运行试验中所做的记录称为汽车运行记录。图 1-7 为某载货汽车在某地市区行驶时的运行记录，图 1-8 为城市公共汽车典型运行工况分布。

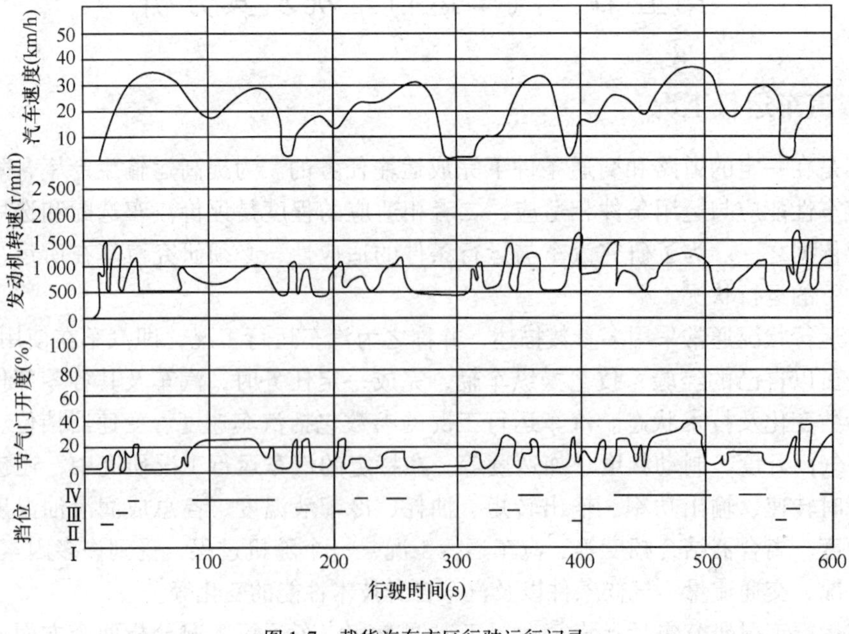

图 1-7　载货汽车市区行驶运行记录

汽车运行工况的计算机模拟方法采用数学模型方法，将汽车运行工况看成由汽车动力传动系模型、道路模型、驾驶员模型以及交通流干扰模型组成的系统模型。输入有关道路及设施数据、发动机数据、汽车传动系数据、轮胎数据、气温、风速、驾驶员习惯、换挡过程时间分布、自由行驶—跟驰行驶—超车行驶的概率，在计算机上模拟汽车的运行，并统计出反映汽车运行状态的各个参数。

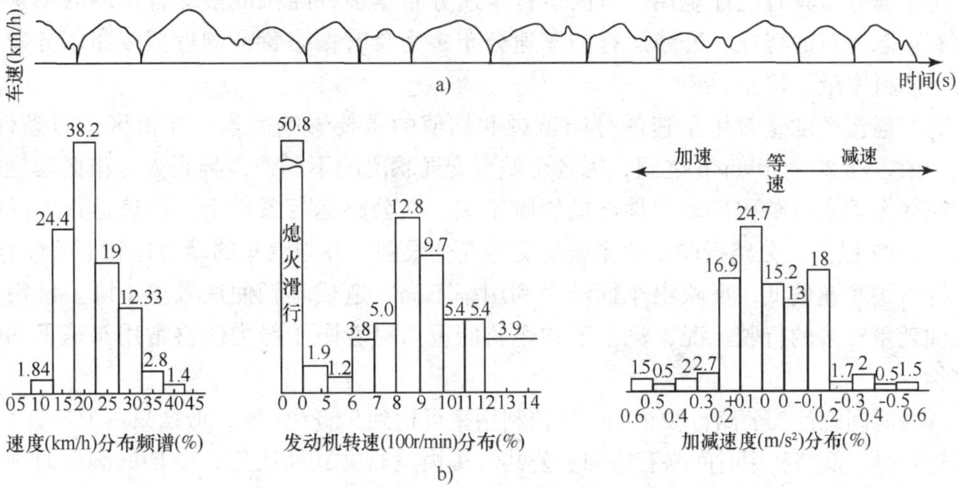

图 1-8　城市公共汽车典型运行工况分布及数据处理

a）城市公共汽车典型运行工况分布；b）运行工况数据处理

三、运行工况调查数据处理

在汽车运行试验中得到的试验数据经处理后，才能得到汽车运行工况的统计特征和分布。目前，一般采用计算机硬盘存储。在汽车运行记录中的汽车速度、发动机曲轴转速、节气门开度、曲轴转矩等模拟量曲线需要进行数字化处理，然后才能进行分布及统计特征分析。

汽车运行工况测试参数样本中的模拟量，如速度的数字化处理是非常重要的。速度模拟量处理的基本前提是将速度时间曲线离散化。其步骤为：确定采样间隔 Δt，判别并剔除异常数据，求均值，求频率分布并绘制频率分布图。

通过频率分布图可了解汽车运行工况测试样本的分布特征。例如，数据的密集位置、离散程度以及分布的大体情况等。

这样，就可对汽车运行工况记录中的挡位使用情况，发动机转速变化情况以及节气门开度变化情况等进行数据处理。在汽车运行工况调查中，当有特殊要求时，除了要按需求增加测量参数之外，在数据处理时，还可以进行数学特征计算、区间估计和分布检验，以便对运行工况进行定量分析。

四、汽车运行工况分析

汽车运行工况数据主要用于确定汽车的常用工况及其特征，并结合汽车的结构性能，评价汽车常用工况的合理性及其影响因素。

汽车运行中经常出现的工况称为常用工况。汽车行驶的影响因素很多，如车辆性能、道路状况、交通状况、气候条件和驾驶员技术水平等。因此，汽车的常用工况也随时间和行车路线变化。

汽车运行速度分布特征一般具有如下特点：

①车速分布具有统计规律。市区运行车速分布是多种随机因素综合作用的结果，多数具有正态分布的特征。公路运行的车速分布多为具有偏态特征的近似威布尔分布，常用威布尔概率纸法检验。

②交通流密度是常用车速的分布范围和均值的重要影响因素。在市区运行条件下，车速均值多在20～30km/h之间，因各个城市交通状况的不同而差异很大。市区车辆的平均车速受车辆本身结构和动力性能的影响不大。在公路运行条件下，高速运行工况概率可达到50%以上。公路行驶车速主要受交通安全限制，并与汽车的动力性和平顺性有关。

③常用车速偏低，反映出车辆动力利用率不高，造成车辆使用效率下降。常用车速也是油耗量较多的行驶工况，汽车节约燃料的重点应着眼于努力改善常用车速下的燃料经济性。

④按时间统计，公路行驶车辆的高挡利用率可达到92%~96%，低挡只占1%~2%。在市区运行时，低挡利用时间略有增加。公共汽车由运行方式所决定，空挡的利用时间约占50%，而最高挡的利用率明显低于公路行驶，但其他各挡的利用率高于公路行驶。因此，城市行驶车辆的低速挡齿轮和离合器片磨损高于公路行驶车辆。由于连续起步、加速、滑行、制动，应重视改善公共汽车发动机过渡工况的燃料经济性，并注意改善驾驶操作条件和提高驾驶技术。

⑤汽车行驶的道路条件越好，功率利用率越低。节气门开度经常处于20%～40%，发动机功率利用率约60%。在汽车运行中，发动机的转速处于不稳定工况，油耗比稳定工况高。

汽车运行工况在外界条件不变的情况下，还会因自身的装载或拖载质量的改变发生变化。试验表明，当拖载量增加时，将导致汽车运行中换挡次数增加，直接挡使用时间相对减少，节气门开度加大，发动机功率利用率增大。

在同样的使用条件下，即使同类汽车，完成同样的运输任务，但运行的效果却有很大差异，如果车型不同，则差异会更大。例如，是否能保证货物完好、旅客舒适等，车辆运输能力是否得到充分利用，每百吨千米或每百车千米的平均油耗量的高低，是否安全行驶，车辆是否正常磨损，有无过度磨损和早期损坏等。

第二章　汽车的动力性

汽车运输是汽车的最基本的功能，其运输效率由在各种使用条件下的平均速度来体现，主要取决于汽车的动力性。因此，在汽车各种使用性能中，动力性是最重要、最基本的性能。

第一节　汽车的动力性指标

汽车的动力性是指汽车在良好路面上直线行驶时由汽车受到的纵向外力决定的所能达到的平均行驶速度，表示汽车以最大可能平均行驶速度运送货物或乘客的能力。

若使汽车具有尽可能高的平均行驶速度，就必须提高汽车的最高车速、加速能力和爬坡能力。因此，汽车的动力性可以由以下指标评价。

①汽车的最高车速 V_{amax}，单位为：km/h。

②汽车的加速时间 t_j，单位为：s。

③汽车的最大爬坡度 i_{max}，用%表示。

汽车的最高车速 V_{amax} 指汽车在水平良好的路面（混凝土或沥青路）上所能达到的最高行驶速度。

汽车的加速时间 t_j 用于评价汽车的加速能力，对汽车的平均行驶速度有重要影响，因此是汽车动力性的重要评价指标。汽车的加速时间 t_j 分为原地起步加速时间 t_{jq} 和超车加速时间 t_{jc}，分别表示汽车起步和超车时的加速能力。原地起步加速时间指：汽车由第Ⅰ挡或第Ⅱ挡起步，并以最大的加速强度（包括选择恰当的换挡时机）逐步换至最高挡后，行驶到某一预定的距离或达到某一车速所需要的时间。其预定距离通常为 400m（0.25mile）；其预定车速通常为 100km/h（60mile/h）。汽车的起步加速能力强，则起步快，所用时间短，有利于汽车速度性能的发挥。超车加速时间指：用最高挡或次高挡由某一较低车速全力加速至某一高速所需的时间。超车加速的速度范围尚无统一规定，采用较多的是低速为 30km/h 或 40km/h，而高速为 80% 的 V_{amax} 或某一高速。超车时，汽车与被超车辆并行，容易发生安全事故。所以，若汽车的超车加速能力强，则车辆的并行行程短，其超车过程就安全。

最大爬坡度 i_{max} 用于评价汽车的爬坡能力，指汽车满载时以Ⅰ挡在良好路面上所能通过的最大坡度。乘用车最高车速大，加速时间短，通常在城市道路及较好公路条件下行驶，一般不强调爬坡能力；但乘用车Ⅰ挡的加速能力大，故爬坡能力也强。载货汽车行驶的道路相对复杂，所以必须具有足够的爬坡能力，一般 i_{max} 在 30% 左右，即坡度角 α 为 16.7°左右。而越野汽车要在坏路或无路条件下行驶，因而爬坡能力是一个很重要的指标，其最大爬坡度可达 60% 左右，即坡度角 31°左右。i_{max} 代表汽车的极限爬坡能力，大于汽车实际行驶中所能通过的道路最大坡度。这是因为汽车在实际坡路上行驶时，为在停车后顺利起步加速、克服松软坡道路面的较大阻力、克服坡道上崎岖不平路面的局部大阻力等都要求消耗汽车相应的动力。

道路和载荷情况对汽车的动力性指标的试验值有重要影响。在进行汽车动力性试验时，其道路条件应为干燥、清洁、平直的水泥或沥青路面；各国对载荷条件的规定有所不同，我国规定为满载，并要求装载均匀；另外，上述指标均应在无风或微风条件下测定。

第二节　汽车行驶时的纵向外力

汽车的运动状况取决于汽车所受到的各种外力。因此，从分析汽车行驶时所受到的纵向外力（地面驱动力、行驶阻力等）出发，建立汽车的行驶方程式，以作为分析汽车动力性的基础。

一、汽车的驱动力

1. 汽车驱动力的计算

汽车发动机产生的有效转矩 T_e 经汽车传动系传到驱动轮上，此时，作用于驱动轮上的转矩 T_t 产生一个对地面的圆周力 F_0，地面对驱动轮的反作用力 F_t（方向与 F_0 相反）即是驱动汽车行驶的外力，称为汽车的驱动力，见图 2-1。其数值为：

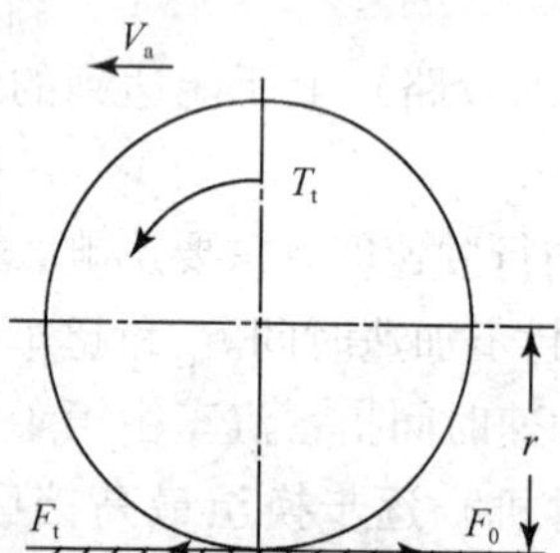

图 2-1　汽车的驱动力

$$F_t = \frac{T_t}{r}$$

式中：F_t——汽车的驱动力，N；

T_t——驱动轮的转矩，N·m；

r——车轮半径，m。

驱动轮的转矩 T_t 是由发动机的有效转矩 T_e 经传动系传至驱动轮而产生的，因而，T_t 取决于发动机所输出的有效转矩 T_e、变速器速比 i_g、主传动速比 i_0、机械效率 η_t 等。

对于普通汽车，驱动轮上的转矩 T_t 的值为：

$$T_t = T_e \cdot i_g \cdot i_0 \cdot \eta_t$$

而对于装有分动器、轮边减速器、液力传动等装置的汽车，计算 T_t 时应计入相应的传动比和机械效率。

因此，汽车的驱动力 F_t 可用下式计算：

$$F_t = \frac{T_e \cdot i_g \cdot i_0 \cdot \eta_t}{r} \tag{2-1}$$

2. 汽车驱动力的影响因素

影响汽车驱动力的因素包括：发动机有效转矩 T_e、变速器速比 i_g、主传动速比 i_0、机械效率 η_t、车轮半径 r 等。

1）发动机有效转矩 T_e

发动机输出功率 P_e、有效转矩 T_e 和燃油消耗率 g_e 随曲轴转速 n_e 的变化关系曲线，称之为发动机的速度特性曲线。节气门全开（或高压油泵在最大供油位置）时的速度特性曲线称为发动机的外特性曲线，见图2-2；而节气门部分开启（或部分供油量位置）时的速度特性曲线称为发动机部分负荷特性曲线。P_e 和 T_e 之间有如下关系：

$$P_e = \frac{T_e \cdot n_e}{9\,550} \tag{2-2}$$

式中：P_e——发动机输出功率，kW；

T_e——发动机有效转矩，N·m；

n_e——发动机曲轴转速，r/min。

发动机在带有空气滤清器、水泵、风扇、消声器、发电机等全部附件时测得的发动机特性曲线称为发动机的使用外特性曲线，如图2-2中虚线所示。由图2-2可见，使用外特性曲线的功率和转矩均相应的小于外特性曲线的功率和转矩。一般汽油发动机最大功率比其外特性的最大功率小15%左右；载货汽车和乘用车（含轻型汽车）柴油机的使用外特性最大功率比其外特性的最大功率分别约小10% 和5%。

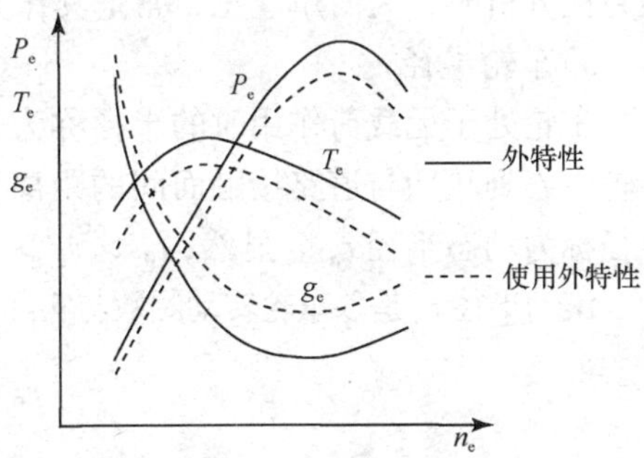

图2-2　发动机特性曲线

发动机外特性是通过台架试验得到的。台架试验时，发动机工况相对稳定，即保持冷却液、机油温度等处于规定的数值，并且在各个转速不变时对转矩、油耗等进行测试。汽车在实际使用时，发动机的工况常是不稳定的。发动机的转速、节气门开度、热状况、可燃混合气的浓度等与稳定工况有显著差异。但一般进行汽车动力性估算时常忽略二者的差别，仍使用稳定工况时所测得的使用外特性中的功率和转矩曲线。

2)传动系的机械效率 η_t

发动机发出的功率 P_e 在经传动系传递至驱动轮的过程中，若产生的功率损失为 P_w，则传动系机械效率为：

$$\eta_t = \frac{P_e - P_w}{P_e}$$

式中：P_w——汽车传动系功率损失，kW。

传动系的功率损失由传动系中的部件——变速器、传动轴、万向节、主减速器等的部位功率损失所组成。其中，变速器和主减速器的功率损失所占比例最大。传动系各总成的传动效率见表2-1。

传动系各总成的传动效率　　表2-1

总成名称	传动效率（%）	总成名称	传动效率（%）
4~6挡变速器	95	单级减速主减速器	96
副变速器或分动器	95	双级减速主减速器	92
8挡以上变速器	90	万向节	98

传动系功率损失可分为机械损失和液力损失两大类。机械损失是指齿轮传动副、轴承、油封等处的摩擦损失，其大小与参与啮合齿轮的对数、传递的转矩大小等因素有关。液力损失是指消耗于旋转零件搅动润滑油、零件表面与润滑油之间的摩擦等的功率损失，其大小与润滑油的品种、黏度、温度、油面高度以及齿轮等旋转零件的转速有关。

汽车以直接挡行驶时，所啮合的齿轮不传递转矩，因此比用其他挡位工作时的效率要高；使用同一挡位时，若负荷增加，所传递的转矩增大时，液力损失所占比例减少，机械效率较高；转速低时搅油损失小，比转速高时的机械效率要高。

传动系的机械效率受多个因素影响，其实际数值在一定范围内变化。但在进行汽车动力性分析时，为简单起见，常把其作为常数。

3）车轮半径 r

车轮处于无载荷作用时的半径称为自由半径 r_0。汽车静止时，在汽车重力作用下从车轮中心到轮胎与道路接触面间的距离称为静力半径 r_s；车轮承受垂直载荷和转矩时的半径称为动态半径 r_d。显然，$r_0 > r_s > r_d$。

滚动半径 r_r 是以车轮转动圈数与实际车轮滚动距离之间的关系换算得出的车轮半径，即：

$$r_r = \frac{S}{2 \cdot \pi \cdot n_r}$$

式中：n_r——车轮转动的圈数；

r_r——车轮滚动半径，m；

S——车轮滚动 n_r 圈时前进的距离，m。

作动力学分析时，应该用动态半径或静力半径；而作运动学分析时，应该用滚动半径。但对汽车的动力性作粗略计算时，通常不计其间的差别，统称为车轮半径 r，即认为：

$$r \approx r_0 \approx r_s \approx r_d$$

变速器速比 i_g、主传动速比 i_0 对汽车动力性的影响见第五节。

4）汽车的驱动力图

汽车的驱动力与车速之间的函数关系曲线称为汽车的驱动力图，可用于全面表示汽车的驱动力的大小及其变化。

若已知汽车传动系各挡的传动比 $i_g \cdot i_0$、传动效率 η_t、车轮半径 r 等参数，则可利用发动机使用外特性曲线中的转矩曲线，再根据发动机输出转矩 T_e 与汽车驱动力 F_t 的关系式（式 2-1），可得到驱动力 F_t 与发动机转速 n_e 之间的关系曲线。进而根据发动机转速 n_e 与汽车行驶速度 V_a 之间的关系，作出驱动力图，即各个挡位 i_g 下的汽车驱动力 F_t 与车速 V_a 之间的关系曲线（图 2-3）。n_e 与 V_a 的关系为：

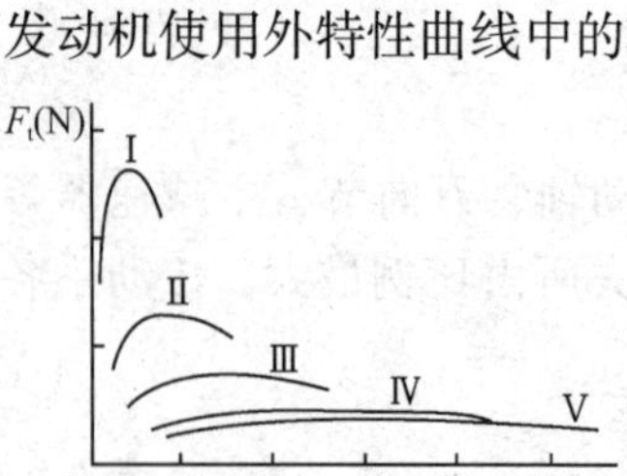

图 2-3　装有五挡变速器的某型汽车的驱动力图

$$V_a = 0.377 \frac{r \cdot n_e}{i_g \cdot i_0} \tag{2-3}$$

式中：n_e——发动机转速，r/min；

V_a——汽车行驶速度，km/h。

驱动力图根据发动机外特性曲线中的转矩曲线求得，因此表明的是汽车使用各挡位时在各车速下所能产生的驱动力的最大值。实际行驶中，由于发动机是在不稳定状态下工作，且常使用部分负荷，所以，相应的驱动力较其最大值小得多。

二、汽车的行驶阻力

汽车行驶需要的能量取决于其所受到的行驶阻力，其动力性高低决定于汽车的驱动力和行驶阻力的相互作用。

汽车的行驶阻力分为稳定行驶阻力和动态行驶阻力两大类。汽车在水平道路上等速直线稳定行驶时，必须克服轮胎与地面相互作用而产生的滚动阻力和车身与空气相互作用而产生的空气阻力；当汽车在坡道上稳定行驶时，还必须克服重力沿坡道的分力，称为坡度阻力。汽车加速行驶时需要克服与加速度方向相反的动态行驶阻力——惯性力，即加速阻力。

1. 滚动阻力

车轮滚动时，轮胎与路面的接触区域会产生法向和切向的相互作用力以及二者的相应变形，其相对刚度决定了轮胎和支承面变形的特点和相对大小。当弹性轮胎在硬路面（混凝土路、沥青路等）上滚动时（动力性分析时的道路条件），轮胎的变形是主要的；而当弹性轮胎在软路面（土路、砂路等）上滚动时（通过性分析时的道路条件），支撑路面的沉陷变形是主要的。这些变形都将伴随着能量损失，是滚动阻力产生的根本原因。

用弹簧轮模型可以说明弹性轮胎变形导致滚动阻力产生的机理，如图 2-4 所示。弹簧轮周围分布着一个个小弹簧和减振器。车轮滚动过程中，各个弹簧反复交替经历压缩和伸展过程，但在压缩和伸展过程中，需要克服减振器阻尼的作用而消耗阻尼功，该克服阻尼做功的过程表现为车轮的滚动阻力。

从弹性轮胎受力变形的角度分析，可知这种能量消耗是滚动阻力产生的原因。图 2-5 为某轮胎在硬支承路面上受径向载荷时的变形曲线。图 2-5 中，C 为加载变形过程曲线，D 为卸载变形恢复过程曲线。在加载变形过程中，外力对弹性轮胎做功，使其变形，C 曲线下面积 $ECABE$ 为该过程中对轮胎做的功；在卸载变形恢复过程中，弹性轮胎变形而具有的弹性势能向外释放做功，使变形恢复，D 曲线下面积 $ADEBA$ 为轮胎恢复变形时放出的功。由图 2-5 可知，C、D 曲线并不重合，两曲线所包围的面积为加载与卸载过程中的能量损失。此能量主要消耗在轮胎各组成部分相互间的摩擦以及橡胶、帘线等物质的分子间的摩擦，最后转化为热能而消失在大气中，这种损失称为弹性轮胎的迟滞损失。

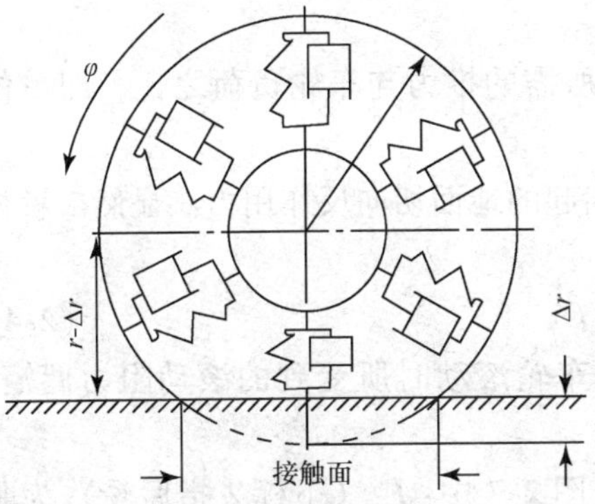

图 2-4　弹簧轮模型

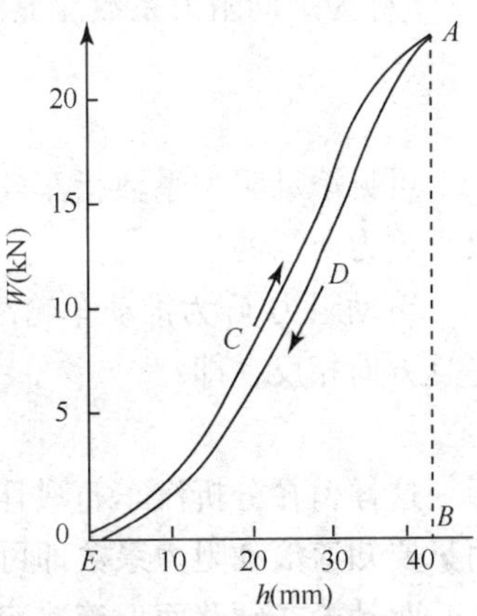

图 2-5　某轮胎的径向变形曲线

加载变形过程曲线与卸载变形恢复过程曲线的差异，导致了轮胎接地面上压力分布的变化，进而导致阻碍车轮滚动的阻力偶矩和阻力的产生。当车轮不滚动时，地面对车轮的法向反作用力的分布是前后对称的。显然，在法线 nn' 两侧，同样的变形对应有相同的法向应力；但当车轮滚动时，在法线 nn' 前后两侧相对应点 d 和 d'，由于处于压缩变形和恢复变形的不同过程中，相同的变形所对应的法向应力却不同。由于伸性迟滞现象，处于压缩过程的前部 d 点的地面法向反作用力就会大于处于恢复过程的后部 d'点的地面法向反作用力。这样，轮胎前后地面法向反作用力的分布并不对称，处于压缩过程的车轮前部的法向反作用力的分布大于处于恢复过程的后部，从而使法向反作用力的合力 F_z 相对于法线 nn' 向前移动了距离 a，若把合力 F_z 平移至法线 nn'，则需添加一阻力偶矩 $T_f = F_z \cdot a$，见图 2-6。

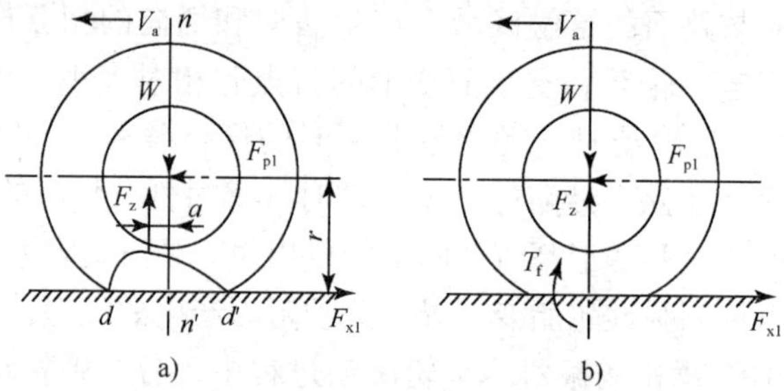

图 2-6 弹性轮胎在硬路面上滚动时的受力情况

a) F_z 前移；b) 产生滚动阻力偶矩

由于弹性车轮滚动时产生了阻力偶矩，因此，若使从动车轮在硬路面上等速滚动，必须相应的在车轮中心施加推力 F_{p1}，使之与相应的地面切向反作用力构成力偶矩来克服 T_f。即：

$$F_{p1} \cdot r = T_f$$

因此

$$F_{p1} = \frac{T_f}{r} = \frac{F_z \cdot a}{r} = F_z \cdot f$$

f 称为滚动阻力系数。显然：

$$f = \frac{a}{r} = \frac{F_{p1}}{F_z}$$

可见滚动阻力系数指车轮在一定条件下滚动时所需的推力与车轮负荷之比，即单位汽车重力所需的推力。

滚动阻力 F_f 为推动车轮滚动前进的推力 F_{p1} 所引起的地面切向反作用力。显然二者相等且方向相反，即：

$$F_f = F_{p1} = F_z \cdot f \tag{2-4}$$

这样，在分析汽车行驶阻力时，不必具体考虑车轮滚动时所受到的滚动阻力偶矩，而只要知道滚动阻力系数即可求出滚动阻力。

驱动轮在硬路面上等速滚动时的受力见图 2-7。图 2-7 中：F_{x2}（下标 2 指后轮）为驱

动力矩 T_t 所引起的道路对车轮的切向反作用力，F_{p2} 为驱动轴作用于车轮的水平力。由于弹性迟滞现象而使驱动轮的法向反作用力的作用点前移了距离 a，在驱动轮上也产生了滚动阻力偶矩 T_f。由平衡条件得：

$$F_{x2} \cdot r = T_t - T_f$$

$$F_{x2} = \frac{T_t}{r} - \frac{T_f}{r} = F_t - F_f$$

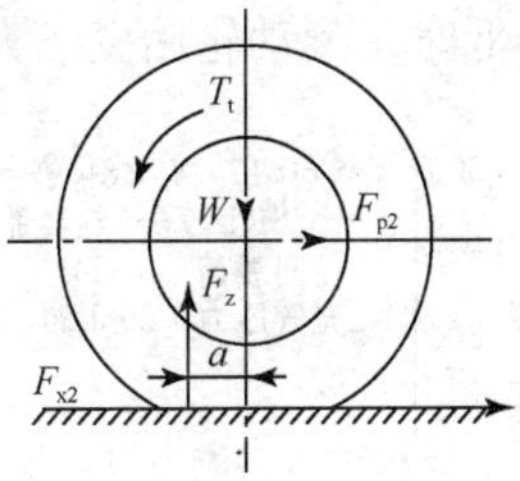

图 2-7　驱动轮在硬路面等速滚动时的受力图

由此可见，由于弹性迟滞现象产生的滚动阻力偶矩 T_f，也使驱动轮受到滚动阻力 F_f 的作用。因此，由驱动力矩 T_t 产生的驱动力 F_t 在克服了 F_f 后，才能转化为作用在驱动车轮上驱动汽车前进的地面切向反作用力 F_{x2}。

综上可知，弹性轮胎滚动前进时因变形产生的弹性迟滞损失是以车轮滚动阻力偶矩的形式表现为对汽车行驶的一种阻力。

滚动阻力 F_f 的大小取决于滚动阻力系数 f。试验表明：滚动阻力系数的大小与路面的种类、行驶车速以及轮胎的构造、材料、气压等有关。

路面不同，轮胎滚动时的变形量以及由此所引起的弹性迟滞损失均不同，因而其滚动阻力系数不同。汽车在不同路面上以中低速行驶时，其滚动阻力系数的数值范围见表 2-2。

滚动阻力系数的数值　　表 2-2

路面类型	滚动阻力系数
良好的沥青或混凝土路面	0.010 ~ 0.018
一般沥青或混凝土路面	0.010 ~ 0.018
碎石路面	0.020 ~ 0.025
良好的卵石路面	0.025 ~ 0.030
坑洼的卵石路面	0.030 ~ 0.050
干燥压紧土路	0.025 ~ 0.035
雨后压紧土路	0.050 ~ 0.150
泥泞土路（雨季或解冻期）	0.100 ~ 0.250
干砂	0.100 ~ 0.300
湿砂	0.060 ~ 0.150
结冰路面	0.015 ~ 0.030
压紧的雪道	0.030 ~ 0.050

行驶车速对滚动阻力系数有很大影响，见图 2-8。载货汽车及乘用车轮胎在车速低于100km/h 时，其滚动阻力系数随车速增加而逐渐增大，但变化不大。乘用车轮胎在车速高于 140 km/h 以上时，滚动阻力系数 f 的值增长较快。而当车速达到某一临界车速时，滚动阻力系数迅速增大。此时，轮胎发生驻波现象，轮胎周缘不再是圆形而呈明显的波浪状，轮胎温度也很快提升到 100℃以上，进而胎面与轮胎帘布层脱落，在几分钟内就会出现爆胎现象。

轮胎的结构、帘线和橡胶的品种不同，轮胎承载后滚动变形量也不同，而且变形后胎面、轮胎内部材料之间的摩擦也有很大差异，因此对滚动阻力 f 的值都有影响。与普通斜交轮胎相比，子午线轮胎的滚动阻力系数较低。轮胎充气压力对 f 值有很大影响，气压降低时，滚动轮胎变形大使迟滞损失增大，f 值迅速增大，见图 2-9。

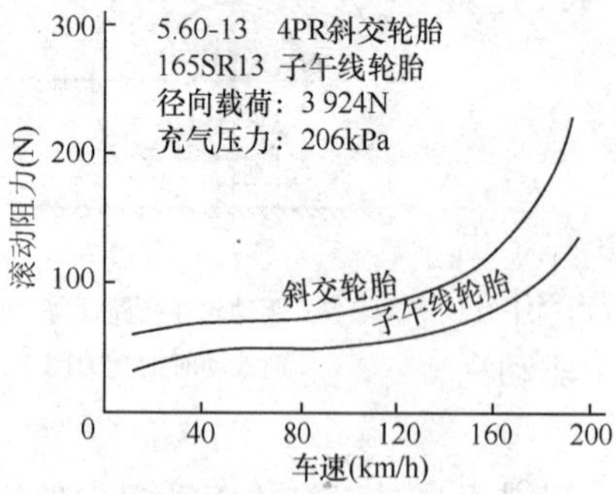

图 2-8 车速和轮胎类型对滚动阻力系数的影响

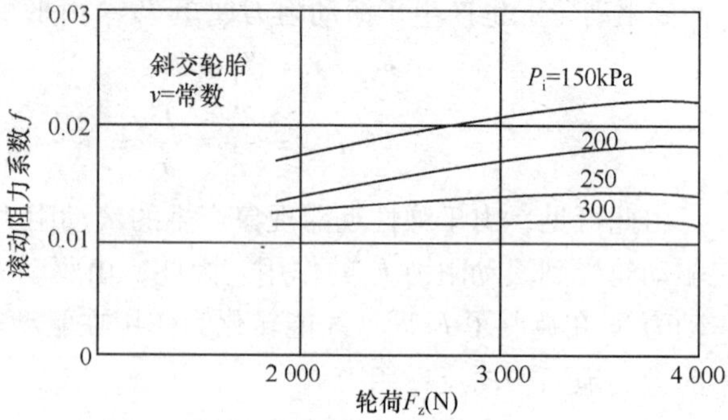

图 2-9 气压对滚动阻力系数的影响

驱动状态下的轮胎，其上作用有驱动力矩，使胎面相对于路面有一定滑动，增大了轮胎滚动时的能量损失，表现为滚动阻力系数增大。

在进行动力性分析时，若无滚动阻力系数的实验数据，可以用以下经验公式进行估算。

乘用车轮胎的滚动阻力系数：

$$f = f_0\left(1 + \frac{V_a^2}{19\ 400}\right)$$

式中：

$$f_0\begin{cases}0.014 & \text{良好沥青或水泥路面}\\0.025 & \text{卵石路面}\\0.020 & \text{砂石路面}\end{cases}$$

载货汽车轮胎气压高，推荐用如下计算公式来计算滚动阻力系数：

$$f = 0.007\ 6 + 0.000\ 056 \cdot V_a$$

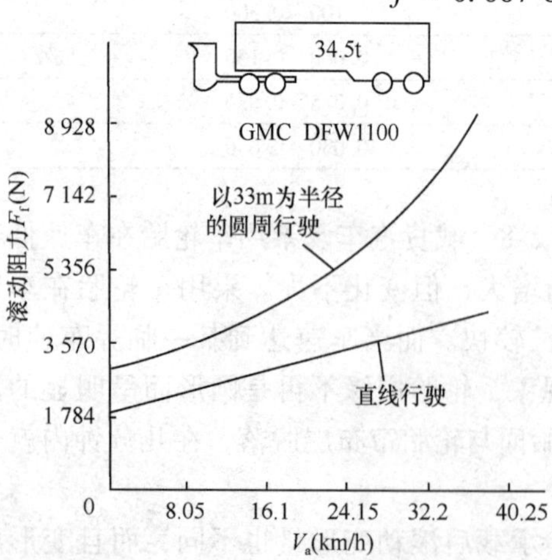

图 2-10 汽车转弯行驶时的滚动阻力

汽车转弯行驶时，轮胎发生侧偏现象，滚动阻力大幅度增加，见图 2-10。试验表明，由于转弯行驶而增加的滚动阻力，已接近直线行驶时的滚动阻力的 50% ~100% 。

2. 坡度阻力

汽车上坡行驶时，汽车重力沿坡道的分力称为汽车坡度阻力 F_i，见图 2-11。

$$F_i = G \cdot \sin\alpha \tag{2-5}$$

式中：G——汽车总重力，N。

α——坡度角，(°)。

道路坡度可以用坡高和底长之比来表示，根据我国的公路工程技术标准，除山岭重丘区之外，普通公路的坡度一般小于5%。坡度阻力可以近似用下式计算：

$$F_i = G \cdot \tan\alpha = G \cdot i$$

式中：i——道路坡度,%。

但在道路坡度较大时，近似公式计算结果的误差较大。

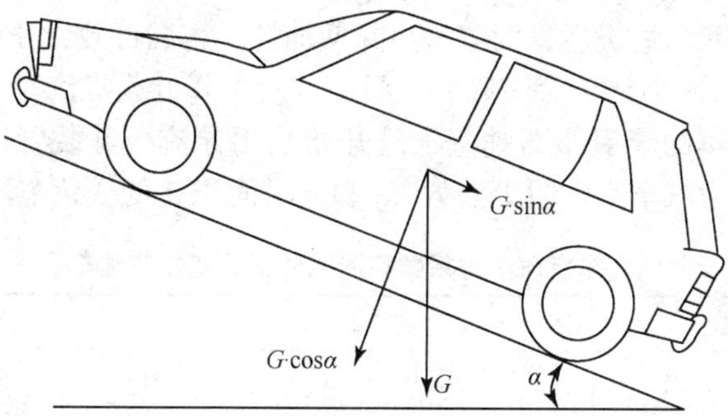

图2-11　汽车的坡度阻力

同理，汽车在坡道上行驶时的滚动阻力可用下式计算：

$$F_f = G \cdot \cos\alpha \cdot f$$

坡度较小时，$\cos\alpha \approx 1$，上式近似为：

$$F_f = G \cdot f$$

由于坡度阻力与滚动阻力均属于与道路有关的阻力，而且均与汽车重力成正比，故这两种阻力之和称为道路阻力 F_ψ，即：

$$F_\psi = F_f + F_i = G \cdot (f \cdot \cos\alpha + \sin\alpha) \approx G(f + i) = G \cdot \psi$$

式中：ψ——道路阻力系数，$\psi = f + i$。

3. 空气阻力

汽车直线行驶时受到的空气作用力在行驶方向上的分力称为空气阻力。

1)空气阻力的计算

根据流体力学的有关结论，常把汽车空气阻力的总数值总结成与气流相对速度的动压力成正比的计算公式，即：

$$F_w = \frac{1}{2} \cdot C_D \cdot A \cdot V_r^2$$

式中：C_D——空气阻力系数；

A——迎风面积，m^2；

V_r——相对速度，m/s。

若取 $\rho = 1.225\,8 N \cdot s^2 \cdot m^{-4}$，$V_r$ 以单位km/h计，在无风状态下（$V_r = V_a$），有：

$$F_w = \frac{C_D \cdot A \cdot V_a^2}{21.15} \tag{2-6}$$

此式表明，空气阻力是与 C_D 及 A 值成正比的。

实际计算时，可近似取：

$$A = B \cdot H$$

式中：B——汽车轮距，m；

H——汽车高度，m。

由于迎风面积 A 受到乘坐使用空间的限制不易进一步减少，所以降低 C_D 值是降低空气阻力的主要手段。以乘用车为例，20 世纪 50～70 年代，C_D 值维持在 0.4～0.6 之间，但在 20 世纪 70 年代能源危机后，为进一步降低油耗，各国都致力于降低 C_D 值，在 20 世纪 90 年代时，C_D 值已减小到 0.25～0.40。目前，对于降低载货汽车与半挂车的空气阻力也很重视，不少半挂车的牵引车驾驶室上已开始装用导流板等装置以减少空气阻力，进而节约燃料。表 2-3 为汽车空气阻力系数 C_D 和迎风面积 A 的变化范围。

汽车空气阻力系数和迎风面积的变化范围　　表 2-3

车　型	迎风面积 A（m^2）	空气阻力系数 C_D
乘用车	1.7～2.1	0.28～0.41
载货汽车	3～7	0.6～1.0
大客车	4～7	0.5～0.8

汽车的 C_D 值实际上随着车身的离地距离、俯仰角以及侧向风的大小而变化。一般应给出额定载荷下（如乘用车为半载），无侧向风时的空气阻力系数 C_D 的值。

由于汽车的空气阻力与车速的平方成正比，因此，随着汽车行驶车速的提高，汽车的空气阻力将急剧增大。

2）空气阻力的构成

空气阻力主要由压差阻力、诱导阻力、表面阻力、内部阻力等构成。

（1）压差阻力。作用在汽车外形表面上的法向压力的合力在行驶方向的分力称为压差阻力（图 2-12）。压差阻力与车身主体形状有很大关系，因而又称为形状阻力，约占整个空气阻力的 58%。车辆向前运动时，由于受其主体形状所限，表面上的涡流分离现象是不可避免的，被车辆分开的空气无法在后部平顺合拢和回复原状，这样在车辆后部形成涡流区（图 2-13），产生负压，从而使运动方向上产生了阻力。涡流分离的范围越大即涡流区域越大，其压差阻力也就越大。

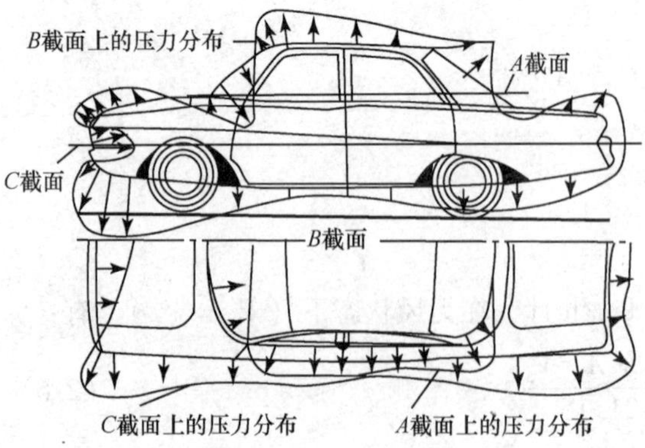

图 2-12　压力阻力的形成

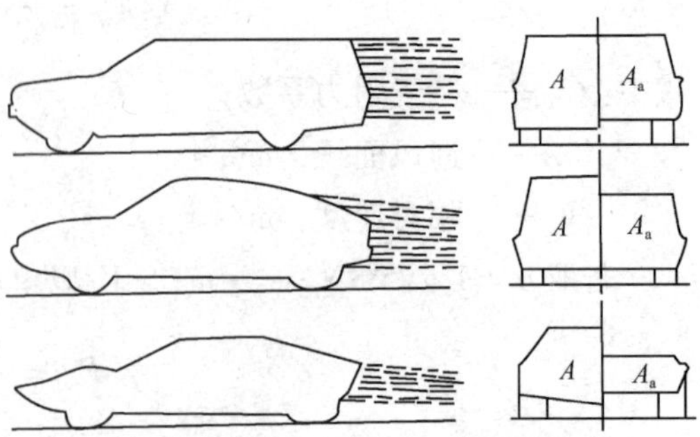

图 2-13　不同形式乘用车的涡流区

(2)诱导阻力。车辆上部和底部的空气压力不同，这就引起了横向气流以及车辆的升力，横向气流也会在车身表面产生涡流分离现象，造成压差产生所谓诱导阻力。车尾的横向气流还形成两股很大的纵向涡流，对空气阻力有强烈影响。诱导阻力一般占空气阻力的7%左右。

(3)表面阻力。表面阻力又称为摩擦阻力，是由于空气的黏性在车身表面产生的切向力的合力。在紧贴车辆表面的空气层的空气速度为零，向外各层空气速度逐渐增大，形成气流速度梯度（图2-14）。由于黏滞性的影响，车辆表面与空气之间存在着摩擦，相邻空气层之间也存在着摩擦，因此会产生车辆表面阻力。紊流的气流速度梯度远大于层流，所以在紊流区的摩擦力要大得多。表面阻力一般占空气阻力的3%～30%，显然，较长车辆（如大客车）的表面阻力就更加可观。

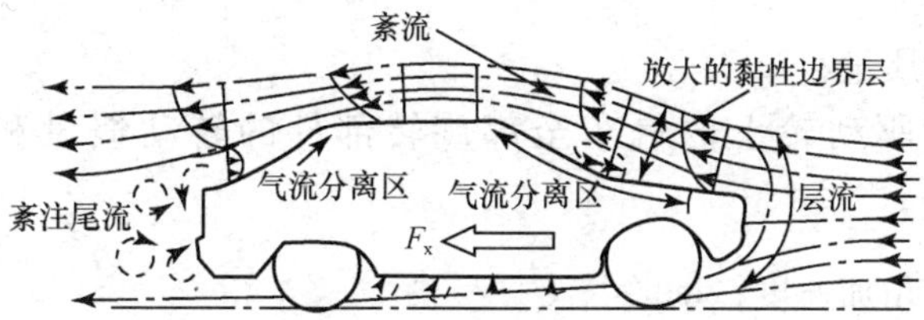

图2-14　汽车车身周围气流

(4)内部阻力。内部阻力又称为内循环阻力。发动机冷却系、车身通风等所需空气流经车体内部时由于动量损失构成的阻力即为内循环阻力（图2-15），约占空气阻力的12%左右。

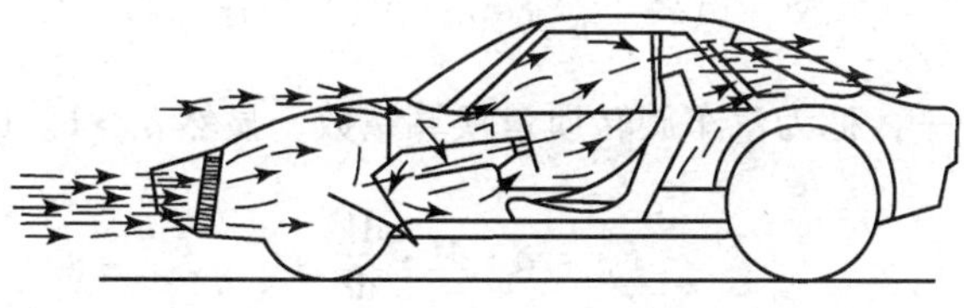

图2-15　车辆的内部气流

3)降低空气阻力系数的措施

采取以下措施可以降低汽车的空气阻力系数。

车身前部的发动机罩适当向前下倾，面与面的交接处应为平滑圆弧状，前风窗玻璃与发动机罩和车顶的过渡应圆滑，玻璃应尽可能地倾斜，减少灯、后视镜等凸出物，凸出物应接近流线型，保险杠下应有合适的扰流板，车轮罩应光滑且与车轮相平。

整个车身应向前倾1°～2°，其水平投影应为腰鼓形，后端应稍微收缩，前端呈半圆形。

汽车尾部较好的形状为舱背式或直背式，行李舱上盖板应短而高，“扰流板”（或汽车尾翼）应具有降低空气阻力和提高稳定性的作用，在高速公路上以120 km/h的车速行驶时，安装扰流板能省油14%。

底部要求盖住零部件使其平整化，并由中部或后轮向后逐步升高。

改进散热器及通风的进口和出口位置。载货汽车车顶部安装导流罩，汽车侧面应安装防护板。

4. 加速阻力

加速阻力 F_j 指汽车加速行驶时所需克服的因其质量加速运动所产生的惯性力，加速阻力的方向与汽车加速度的方向相反。

汽车加速时，不仅平移的质量产生惯性力，引起了平移质量加速阻力 F_{jt}，而且旋转的质量也要产生惯性力偶矩，产生了旋转质量加速阻力 F_{jr}。二者的大小为：

$$F_{jt} = M \cdot \frac{dV}{dt}$$

$$F_{jr} = \frac{I}{r} \cdot \frac{d\omega}{dt} = \frac{I}{r^2} \cdot \frac{dV}{dt} \tag{2-7}$$

式中：M——汽车总质量，kg；

I——折算到驱动轮上的汽车全部旋转部件的转动惯量和车轮的转动惯量，$kg \cdot m^2$；

$\frac{d\omega}{dt}$——车轮的角加速度，rad/s^2；

$\frac{dV}{dt}$——汽车的加速度，m/s^2；

r——车轮半径，m。

汽车的总加速阻力为：

$$F_j = F_t + F_r = \left(M + \frac{I}{r^2}\right) \cdot \frac{dV}{dt} = \left(1 + \frac{I}{M \cdot r^2}\right) \cdot M \cdot \frac{dV}{dt}$$

令：$\delta = 1 + \frac{I}{M \cdot r^2}$，称为汽车旋转质量换算系数，显然 $\delta > 1$。因此：

$$F_j = \delta \cdot M \cdot \frac{dV}{dt} \tag{2-8}$$

引入旋转质量换算系数 δ 后，旋转质量的加速阻力就转化为平移质量的加速阻力。

I 的大小与汽车各旋转部件的转动惯量、变速器速比和主传动速比有关。

如图 2-16 所示，汽车加速时，发动机、离合器和变速器旋转部件也加速旋转，设其转动惯量为 I_m，角加速度为 $\frac{d\omega_f}{dt}$，且有 $\frac{d\omega_f}{dt} = i_g \cdot i_0 \cdot \frac{1}{r} \cdot \frac{dV}{dt}$，则产生的惯性力矩 T_m 为：

$$T_m = I_m \cdot \frac{d\omega_f}{dt} = I_m \cdot i_g \cdot i_0 \cdot \frac{1}{r} \cdot \frac{dV}{dt}$$

式中：T_m——惯性力矩，$N \cdot m$；

I_m——转动惯量，$kg \cdot m^2$；

$\frac{d\omega_f}{dt}$——角加速度，rad/s^2。

T_m 传递到驱动车轮上的力矩 T_{mw} 的大小为：

$$T_{mw} = T_m \cdot i_g \cdot i_0 = I_m \cdot i_g^2 \cdot i_0^2 \cdot \frac{1}{r} \cdot \frac{dV}{dt}$$

同理，若传动轴、差速器的转动惯量为 I_c，角加速度为 $\frac{d\omega_c}{dt}$，由传动轴、差速器加速旋转产生的惯性力矩 T_c 为：

$$T_c = I_c \cdot \frac{d\omega_c}{dt} = I_c \cdot i_0 \cdot \frac{1}{r} \cdot \frac{dV}{dt}$$

传递到驱动轮上，T_c 增大 i_0 倍：

$$T_{cw} = I_c \cdot i_0 \cdot \frac{d\omega_c}{dt} = I_c \cdot i_0^2 \cdot \frac{1}{r} \cdot \frac{dV}{dt}$$

显然，由车轮转动惯量 I_w（全部车轮转动惯量之和）产生的惯性力矩 M_{ww} 为：

$$M_{ww} = I_w \cdot \frac{d\omega_w}{dt} = I_w \cdot \frac{1}{r} \cdot \frac{dV}{dt}$$

这样，由汽车全部旋转部件产生并传递到车轮的惯性力矩 T_w 为：

$$T_w = T_{mw} + T_{cw} + T_{ww} = (I_w + i_0^2 \cdot I_c + i_g^2 \cdot i_0^2 \cdot I_m) \cdot \frac{1}{r} \cdot \frac{dV}{dt}$$

由惯性力矩 M_w 产生惯性阻力 F_{jr} 为：

$$F_{jr} = \frac{T_w}{r} = (I_w + i_0^2 \cdot I_c + i_g^2 \cdot i_0^2 \cdot I_m) \cdot \frac{1}{r^2} \cdot \frac{dV}{dt}$$

与式（2-7）比较，I 的值为：

$$I = I_w + i_0^2 \cdot I_c + {i_0}^2 \cdot i_g^2 \cdot I_m$$

式中：I_m ——发动机、离合器和变速器转动惯量，$kg \cdot m^2$；

I_c ——传动轴、差速器等转动惯量，$kg \cdot m^2$；

I_w ——全部车轮转动惯量，$kg \cdot m^2$；

i_g ——变速器速比；

i_0 ——主传动器速比。

因此，δ 的值为：

$$\delta = 1 + \frac{I}{M \cdot r^2} = 1 + \frac{1}{M} \cdot \frac{I_w}{r^2} + \frac{1}{M} \cdot \frac{{i_0}^2 \cdot I_c}{r^2} + \frac{1}{M} \cdot \frac{{i_0}^2 \cdot {i_g}^2 \cdot I_m}{r^2}$$

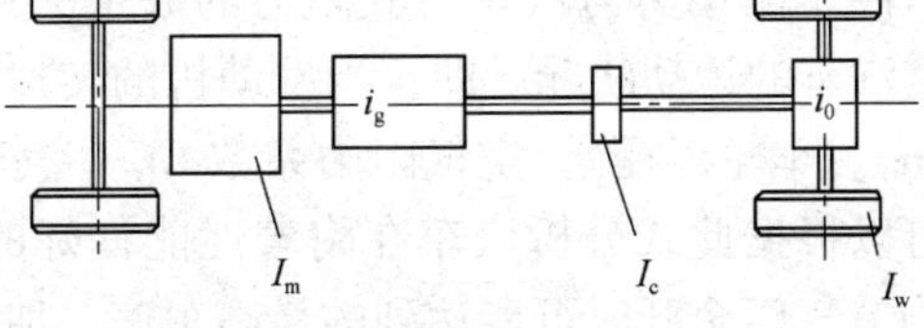

图 2-16　汽车的旋转部件简图

在进行汽车动力性初步计算时，也可以根据图 2-17，根据挡位与总传动比确定 δ 的值。

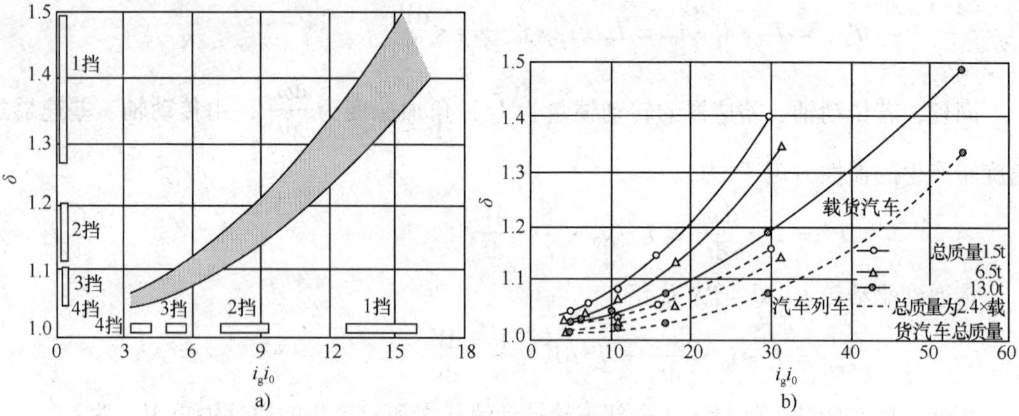

图 2-17　汽车旋转质量换算系数

a）乘用车旋转质量换算系数与传动系总传动比的关系；b）载货汽车旋转质量换算系数与传动系总传动比的关系

第三节　汽车动力性分析

一、汽车行驶方程式和驱动条件

1. 汽车行驶方程式

汽车沿行驶方向的运动状况是由汽车沿行驶方向受到的各种外力，即驱动力与行驶阻力所决定的。若把汽车速度变化时的惯性力看成与加速度方向相反的外力，则汽车行驶过程中，汽车的驱动力与汽车的行驶阻力始终处于平衡状态，描述这种平衡关系的关系式称为汽车行驶方程式。即：

$$F_t = \sum F$$

式中：F_t——汽车的驱动力，N；

$\sum F$——汽车的行驶阻力之和，N。

利用以上逐项分析得到的汽车驱动力和汽车的各种行驶阻力的关系式，汽车行驶方程式可以表示为：

$$F_t = F_f + F_i + F_w + F_j = G \cdot f + G \cdot i + \frac{C_D \cdot A \cdot V_a^2}{21.15} + \delta \cdot M \cdot \frac{dV}{dt} \quad (2\text{-}9)$$

汽车行驶方程式表示汽车驱动力与汽车行驶阻力的数量关系，是进行汽车动力性分析的基础，据此可以确定汽车的运动状况。即：当发动机的转速特性、变速器传动比 i_g、主传动比 i_0、传动效率 η_t、车轮半径 r、空气阻力系数 C_D、汽车迎风面积 A、汽车质量 M 等有关参数确定后，可以根据此式分析汽车在附着性能良好的典型路面（混凝土、沥青路面等）上行驶时，当节气门全开时可能达到的最高车速、加速能力和爬坡能力。

2. 汽车行驶的驱动条件

汽车要起步行驶，其首要条件是必须有加速能力。由汽车行驶方程式得：

$$\delta \cdot M \cdot \frac{dV}{dt} = F_t - (F_f + F_w + F_i)$$

因此，要使 $\frac{dV}{dt}>0$，应满足：

$$F_t > (F_f + F_w + F_i) \tag{2-10}$$

即当驱动力大于滚动阻力、坡度阻力和空气阻力之和后，汽车才能加速行驶。若驱动力小于上述阻力之和，则汽车无法起动，如果是正在行驶的汽车，则将减速直至停车。该条件是汽车行驶的必要条件，称为汽车行驶的驱动条件。

汽车在路面状况良好的沥青或混凝土路面上行驶时，其动力性主要受汽车驱动条件的制约。采用增大发动机转矩、加大传动比等措施可以增大汽车驱动力，使汽车的驱动条件得以满足。但是，这些措施只有在驱动轮与路面不发生滑转现象时才有效。如果驱动轮在路面滑转，则增大驱动力只会使驱动轮加速旋转，地面切向反作用力并不会增加，汽车仍不能行驶。在这种情况下，汽车的动力性受汽车附着条件的限制，见本章第四节。

二、汽车动力性分析的方法

汽车在良好的沥青或混凝土路面上行驶时，其动力性可用驱动力—行驶阻力平衡图、动力特性图和功率平衡图来进行分析。

1. 驱动力—行驶阻力平衡图

为清晰而形象地表明汽车行驶时的受力情况及其平衡关系，可将汽车行驶方程式（式（2-9））用图解法进行分析。显然，式（2-9）左边驱动力的值及其变化关系可以用汽车的驱动力图描述，见图2-3。

汽车在水平路面上匀速行驶时，汽车受到的行驶阻力包括：滚动阻力 F_f 和空气阻力 F_w。汽车在这种行驶状况下，驱动力应与这两种阻力之和相等。即：

$$F_t = F_f + F_w = G \cdot f + \frac{C_D \cdot A \cdot V_a^2}{21.15}$$

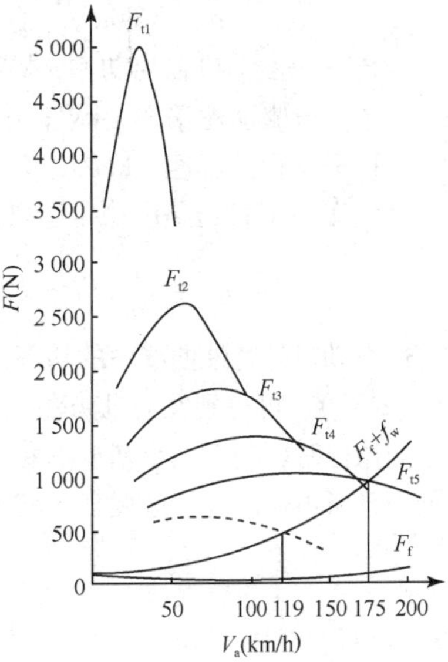

图2-18　汽车驱动力—行驶阻力平衡图

把滚动阻力、空气阻力以同样坐标和比例尺画在汽车驱动力图上，所得曲线图称为汽车驱动力—行驶阻力平衡图，见图2-18。

2. 动力特性图

因为不同的汽车具有不同的总重 G、空气阻力系数 C_D 和迎风面积 A，其行驶时的道路阻力与空气阻力也不同。因此，汽车的驱动力 F_t 不能直接用于评价汽车的动力性。为此，需要构造一个扣除了空气阻力 F_w 的影响和汽车总重 G 的影响，并且是以汽车单位总重计量的指标。

称 $D=\frac{F_t - F_w}{G}$ 为动力因数。利用汽车的动力因数 D 可以比较不同汽车的动力性。

根据动力因数的定义和汽车行驶方程式，有：

$$D = \frac{F_t - F_w}{G} = f + i + \frac{\delta}{g} \cdot \frac{dV}{dt} \tag{2-11}$$

根据动力因数的定义，利用汽车的驱动力图可以得到汽车在各挡下的动力因数与车速的关系曲线，称为动力特性图，见图2-19。

3. 功率平衡图

汽车行驶时，不仅驱动力和行驶阻力互相平衡，驱动轮功率 P_r 与汽车行驶的阻力功率也是互相平衡的。即在汽车行驶的每一瞬间，发动机输出的功率 P_e 始终等于机械传动损失功率 P_w 和驱动轮克服全部行驶阻力所消耗的功率之和。汽车运动中所消耗的功率有滚动阻力功率 P_f，空气阻力功率 P_w、坡度阻力功率 P_i 及加速阻力功率 P_j。根据汽车行驶方程式和力与功率的关系，把式（2-9）两侧同乘以行驶车速 V_a，经整理得到汽车功率平衡方程式如下：

$$P_e = \frac{P_r}{\eta_t} = \frac{1}{\eta_t} \cdot (P_f + P_i + P_w + P_j)$$

$$= \frac{1}{\eta_t} \cdot \frac{V_a}{3\,600}(G \cdot f + G \cdot i + \frac{C_D \cdot A \cdot V_a^2}{21.15} + \delta \cdot M \cdot \frac{dV}{dt}) \tag{2-12}$$

式中：P_e——发动机输出功率，kW；

P_r——驱动轮功率，kW；

V_a——行驶车速，km/h。

当汽车在平直道路上稳定行驶时，上式为：

$$P_e = \frac{1}{\eta_t}(P_f + P_w) = \frac{1}{\eta_t} \cdot \frac{V_a}{3\,600}(G \cdot f + \frac{C_D \cdot A \cdot V_a^2}{21.15})$$

以发动机外特性曲线中的功率曲线为基础，根据发动机转速 n 与汽车车速 V_a 的关系式（式（2-3）），可得到发动机功率 P_e 与行驶车速 V_a 的关系曲线（图2-19）。由图2-19可见，在不同挡位时，功率大小基本不变，但发动机功率曲线所对应的车速不同。低挡时，不仅车速低而且所占速度变化区域窄；高挡时，不仅车速高而且所占速度变化区域宽。

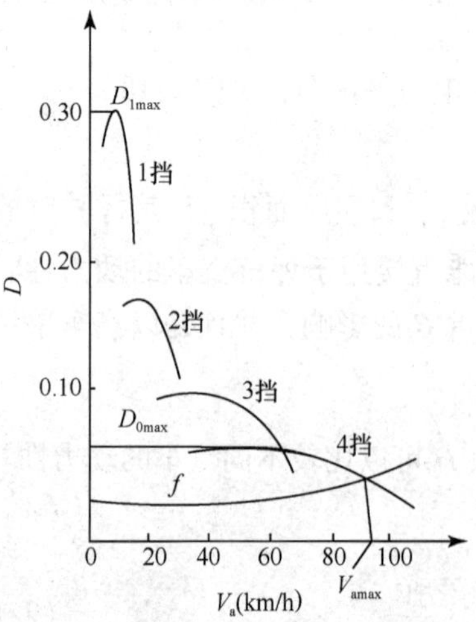

图2-19　汽车动力特性图及动力性分析

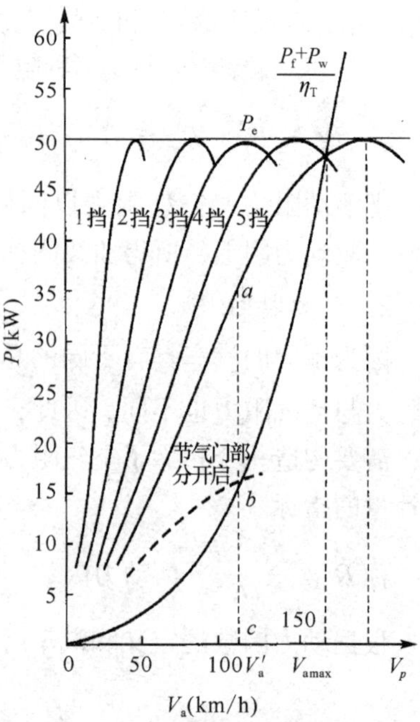

图2-20　汽车的功率平衡图

功率平衡方程式也可用图解法表示。若把汽车在平直道路上稳定行驶时，发动机需克服的阻力功率以同样的坐标绘在发动机功率 P_e 与行驶车速 V_a 的关系曲线上，即为汽车功率平衡图，如图 2-20 所示。

功率平衡图是从能量守恒的角度来研究汽车的动力性，据此可以形象表明汽车的后备功率大小和发动机负荷率的大小。因此，在燃料经济性分析时较为方便。

三、汽车动力性分析

汽车动力性分析指根据汽车行驶方程式，利用以上介绍的驱动力—行驶阻力平衡图、动力特性图或功率平衡图，确定汽车的动力性指标即最高车速、加速时间和最大爬坡度的数值，并据此评价汽车的动力性。

1. 汽车的最高车速 V_{amax}

汽车的最高车速 V_{amax} 指汽车在水平良好的路面（混凝土或沥青路面）上所能达到的最高行驶速度。因此，汽车以最高车速行驶时的坡度阻力和加速阻力均为零，汽车驱动力全用于克服滚动阻力和空气阻力。此时有：

$$F_t = F_f + F_j$$

因此，绘出汽车的驱动力—行驶阻力平衡图，汽车以最高挡行驶时的驱动力曲线与阻力曲线的交点所对应的车速，即为汽车在给定道路阻力条件下行驶时所能达到的最高车速，如图 2-18 所示。

当车速低于最高车速时，驱动力大于行驶阻力。这样，汽车就可以利用剩下来的驱动力来加速或爬坡。而当需要中速或低速行驶时，驾驶员可以关小节气门开度，发动机只用部分负荷特牲工作，汽车所产生的驱动力如图 2-18 中虚线所示。此时，发动机以部分负荷工作时产生的驱动力在较低车速处与汽车行驶阻力达到新的平衡。

汽车在水平良好的沥青、混凝土等路面上稳定行驶时，式（2-11）简化为：

$$D = f$$

因此，在动力特性图上再绘上汽车滚动阻力 f 的变化曲线，汽车以最高挡行驶时的动力因数曲线与滚动阻力系数曲线的交点所对应的车速，即为汽车在给定道路阻力条件下行驶时所能达到的最高车速，如图 2-19 所示。

如图 2-20 所示，汽车以最高挡在平直道路上稳定行驶时，其发动机功率曲线 P_e 与需克服的阻力功率曲线 $\frac{P_f + P_w}{\eta_t}$ 的交点所对应的车速，即为汽车在给定道路阻力条件下行驶时所能达到的最高车速。

2. 汽车的加速时间

称汽车的驱动力与滚动阻力和空气阻力之差 $[F_t - (F_f + F_w)]$ 为后备驱动力。若该后备驱动力全部用来加速，即此时坡度阻力为零，根据汽车行驶方程式得出，汽车所能达到的加速度 $\frac{dV}{dt}$ 为：

$$\frac{dV}{dt} = \frac{1}{\delta \cdot M} \cdot [F_t - (F_f + F_w)]$$

因此，根据驱动力—行驶阻力平衡图，绘出汽车以不同挡位和不同车速行驶时的后备驱动力 $[F_t-(F_f+F_w)]$ 与车速 V_a 的关系曲线。然后，根据上式得到汽车在各挡节气门全开时的加速度曲线，如图 2-21 所示。

可以看出，一般高挡位的加速度小于低挡位的加速度。Ⅰ挡的加速度最大，但由于有的越野汽车Ⅰ挡的 δ 值很大，使用Ⅰ挡时，其旋转质量产生的惯性力矩过大，反而使Ⅰ挡的加速度小于Ⅱ挡的加速度。

除用汽车的加速度评价汽车的加速能力外，利用汽车的加速时间 t_j 可以更方便、直观的反应汽车加速过程的快慢。

显然：

$$\mathrm{d}t = \frac{1}{\frac{\mathrm{d}V}{\mathrm{d}t}} \cdot \mathrm{d}V = \frac{\delta \cdot M}{[F_t - (F_f - F_w)]} \cdot \mathrm{d}V$$

因此

$$t_j = \int_{V_1}^{V2} \frac{1}{\frac{\mathrm{d}V}{\mathrm{d}t}} \cdot \mathrm{d}V = \int_{V_1}^{V2} \frac{\delta \cdot M}{[F_t - (F_f + F_w)]} \cdot \mathrm{d}V$$

这样，利用汽车的加速度曲线图（图 2-21），可得到加速度倒数 $\frac{\mathrm{d}t}{\mathrm{d}V}$ 随车速的变化曲线，如图 2-22 所示。其加速度曲线下自 V_1 到 V_2 的面积，即为汽车在给定道路条件下，以节气门全开加速时，车速由 V_1 上升到 V_2 所需的时间。

称动力因数与滚动阻力系数之差（$D-f$）为后备动力因数，根据动力特性图（图 2-19）可得到汽车各挡的后备动力因数（$D-f$）与车速 V_a 的关系曲线。

在平直路面上加速行驶时，由汽车行驶方程式得：

$$D = f + \frac{\delta}{g} \cdot \frac{\mathrm{d}V}{\mathrm{d}t}$$

因此：

$$\frac{\mathrm{d}V}{\mathrm{d}t} = \frac{D-f}{\delta} \cdot g$$

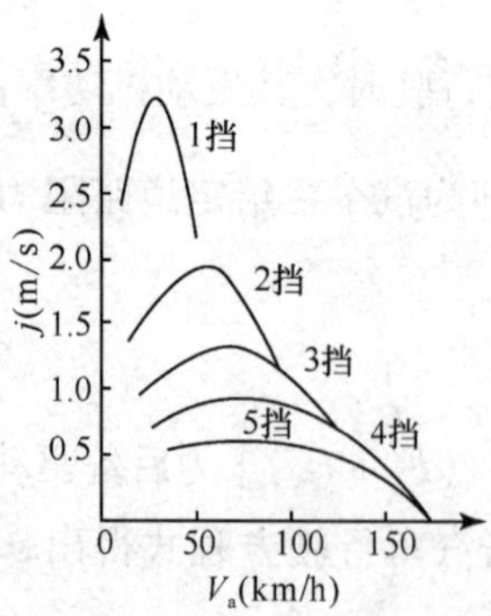

图 2-21　汽车的加速度曲线

$(j=\frac{\mathrm{d}V}{\mathrm{d}t})$

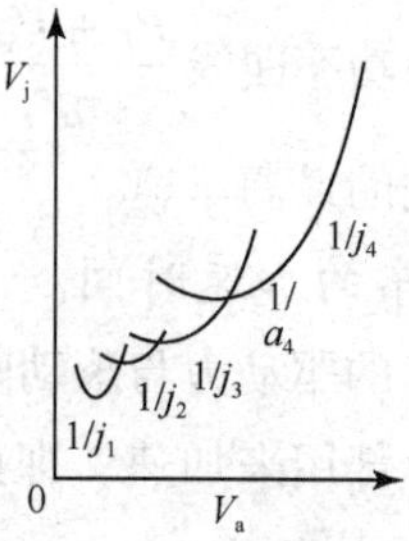

图 2-22　加速度倒数曲线

$(j=\frac{\mathrm{d}V}{\mathrm{d}t})$

根据 $(D-f)$ 与车速 V_a 的关系曲线，利用上式即可求得汽车不同挡位的加速度曲线，以同样的方法可得到加速时间曲线。

也可利用汽车的功率平衡图确定汽车的加速能力。

称 $\left[P_e-\frac{1}{\eta_t}\cdot(P_f+P_w)\right]$ 为汽车的后备功率。

由汽车功率平衡方程式（式（2-12）），汽车在平直路面上加速行驶时，有：

$$P_j=\frac{V_a}{3\,600}\cdot\delta\cdot M\cdot\frac{dV}{dt}=\eta_t\left[P_e-\frac{1}{\eta_t}(P_f+P_w)\right]$$

整理得：

$$\frac{dV}{dt}=\frac{3\,600\cdot\eta_t}{V_a\cdot\delta\cdot M}\left[P_e+\frac{1}{\eta_t}(P_f+P_w)\right]$$

因此，首先根据汽车的功率平衡图（图 2-20）得到汽车各挡的后备功率随行驶车速的关系曲线，见图 2-23。然后根据上式可得汽车的加速度曲线。

3. 汽车的最大爬坡度

若汽车的后备驱动力、后备动力因数或后备功率全部用来爬坡，则此时汽车加速阻力为零，据此可求得汽车在各挡位以某一车速爬坡时所能通过的坡度。汽车以 I 挡所能通过的最大坡度即是汽车的最大爬坡度 i_{max}。除最大爬坡度外，直接挡的最大爬坡度 i_{0max} 的大小对经常在坡度不大的公路上行驶的车辆的换挡频度有直接影响。

若汽车的后备驱动力 $[F_t-(F_f+F_w)]$ 全部用来爬坡，即 $F_j=0$，则根据汽车行驶方程式得到：

$$F_i=F_t-(P_f-P_w)$$

求汽车以 I 挡（或低挡）行驶的爬坡能力时，由于其所能通过的坡度较大，所以，以 $\tan\alpha$ 代替 $\sin\alpha$ 的误差较大，坡度阻力应表示为 $G\cdot\sin\alpha$；相对于坡度阻力，滚动阻力较小，且 $\cos\alpha\approx1$。因此：

$$F_i=G\cdot\sin\alpha=F_t-(F_f+F_w)$$

$$\alpha=\arcsin\frac{F_t-(F_f+F_w)}{G}$$

因此，根据汽车驱动力—行驶阻力平衡图，可得到汽车以各个挡位行驶时所通过的坡度角 α 随车速 V_a 变化的关系曲线。其 α 的最大值 α_{max}，即是汽车可以通过的最大坡度角。

汽车的爬坡能力一般用坡度值 $i=\tan\alpha$ 表示，因此，由坡度角 α 随车速 V_a 的关系曲线，可得到汽车以各个挡位行驶时所通过的坡度 i 随车速 V_a 变化的关系曲线，如图 2-24 所示。

直接挡所能通过的道路坡度较小，因此直接挡的最大爬坡度 i_{0max} 可用下式计算：

$$i_{0max}=\frac{F_{t0max}-(F_f+F_w)}{G}$$

式中：F_{t0max} ——直接挡的最大驱动力，N。

同理，若汽车的后备动力因数 $(D-f)$ 全部用来爬坡，此时汽车的加速阻力 F_j 为零，根据汽车行驶方程式，有：

$$i=D-f$$

即：动力特性图上 D 曲线与 i 曲线之间的距离可以表示汽车的上坡能力。

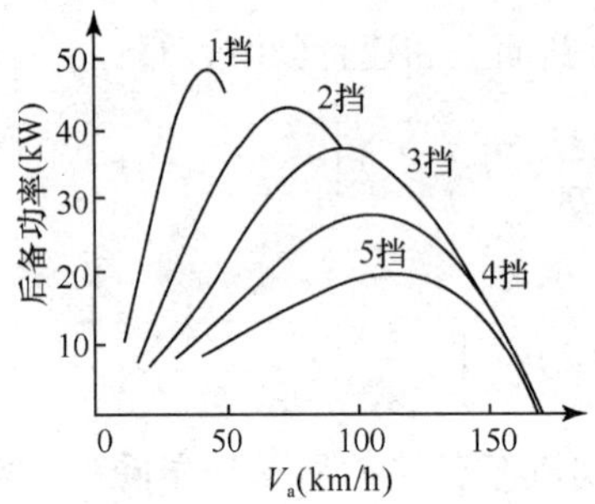

图 2-23　后备功率曲线图

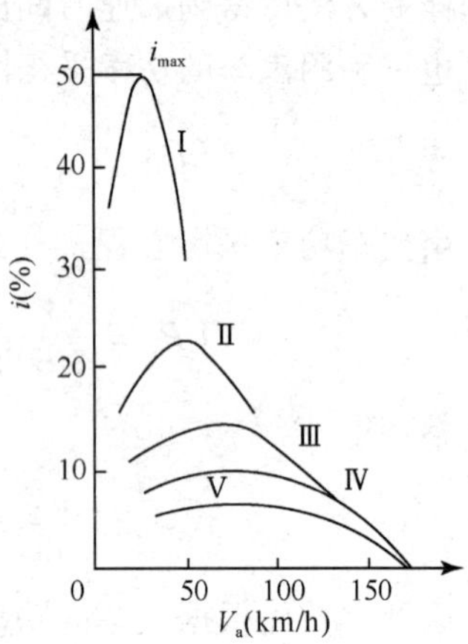

图 2-24　汽车爬坡度图

采用Ⅰ挡上坡时，由于坡度较大，计算式为：

$$D_{1max} = f \cdot \cos\alpha_{max} + \sin\alpha_{max}$$

整理得：

$$\alpha_{max} = \arcsin \frac{D_{1max} - f\sqrt{1 - D_{1max}^2 + f^2}}{1 + f^2}$$

汽车的最大爬坡度，即Ⅰ挡的最大爬坡度 i_{max} 为：

$$i_{max} = \tan\alpha_{max}$$

汽车的后备功率 $[P_e - \frac{1}{\eta_t} \cdot (P_f + P_w)]$ 全部用于爬坡时，加速阻力功率 P_j 为零，由汽车功率平衡方程式（式（2-12））得：

$$P_i = \frac{V_a}{3\,600} \cdot G \cdot i = \eta_t\left[P_e - \frac{1}{\eta_t}(P_f + P_w)\right]$$

因此：

$$i = \frac{3\,600 \cdot \eta_t}{V_a \cdot G}\left[P_e - \frac{1}{\eta_t}(P_f + P_w)\right]$$

利用汽车后备功率曲线，根据上式即可求得汽车在各挡行驶时的爬坡度。汽车以Ⅰ挡行驶所能通过的坡度最大值，即为该车的最大爬坡度。

第四节　汽车行驶的附着条件

一、附着力和附着条件

地面对轮胎的切向反作用力的极限值称为附着力 F_φ。在硬路面上，附着力取决于轮胎与地面之间的相互嵌合、剪切和摩擦。在数值上，附着力与作用于驱动轮上的法向反

作用力 $F_{z\varphi}$ 成正比，其正比系数称为附着系数 φ，即：

$$F_{\varphi} = F_{z\varphi} \cdot \varphi \tag{2-13}$$

式中：F_{φ}——附着力，N；

$F_{z\varphi}$——法向反作用力；N；

φ——附着系数。

地面切向作用力不能大于附着力，否则将发生驱动轮滑转现象。此时，即使发动机输出并经传动系传递到驱动轮的驱动力矩很大，也不能完全转化成地面切向作用力驱动汽车前进，即：

$$F_t \leqslant F_{\varphi} \tag{2-14}$$

式（2-14）即为汽车行驶的第二个条件——附着条件。

把汽车行驶的驱动条件（式（2-10））与附着条件联系起来，可得到汽车行驶的驱动—附着条件，即：

$$(F_f + F_w + F_i) \leqslant F_t \leqslant F_{z\varphi} \cdot \varphi$$

驱动—附着条件是汽车行驶的必要与充分条件。

二、汽车的附着力和地面法向反作用力

由式（2-13）可见，汽车的附着力取决于附着系数 φ 和作用于驱动轮上的地面法向反作用力 $F_{z\varphi}$。

1. 附着系数

附着系数主要取决于路面的种类和状况、汽车轮胎规格及胎面花纹，此外，行驶车速和车轮运动状况对附着系数也有影响。

在汽车动力性分析中，一般只需取附着系数的平均值。在良好的混凝土或沥青路面上，路面干燥时，φ 值为 0.7～0.8，而路面潮湿时，ϕ 值为 0.5～0.6；在干燥的碎石路面上，φ 值为 0.6～0.7；在土路上，干燥时，ϕ 值为 0.5～0.6，潮湿时，ϕ 值为 0.2～0.4。

2. 地面法向反作用力

若汽车的总重为 G，则作用于驱动轮上的地面法向反作用力 F_z 与汽车的总体布置、行驶状况及道路的坡度有关。

汽车加速上坡时的受力图如图 2-25 所示。若忽略作用于前后车轮上的滚动阻力偶矩 T_{f1}、T_{f2} 和旋转质量惯性阻力偶矩 T_{j1}、T_{j2}，将作用于汽车上的其余各力对前后车轮与道路接触面中心取力矩，可得到作用于前后轴的地面法向反作用力 F_{z1} 和 F_{z2} 为：

$$\begin{aligned} F_{z1} &= \frac{L_2}{L} \cdot G \cdot \cos\alpha - \frac{h_g}{L} \cdot G \cdot \sin\alpha - \frac{h_g}{L} \cdot M \cdot \frac{dV}{dt} - \frac{h_w}{L} \cdot F_w \\ F_{z2} &= \frac{L_1}{L} \cdot G \cdot \cos\alpha + \frac{h_g}{L} \cdot G \cdot \sin\alpha + \frac{h_g}{L} \cdot M \cdot \frac{dV}{dt} + \frac{h_w}{L} \cdot F_w \end{aligned} \tag{2-15}$$

式中：G——汽车重力，N；

α——道路坡度角，(°)；

h_g——汽车质心高度，m；

h_w——风压中心高，m；

F_{z1} ——作用在前车轮上的法向反作用力，N；

F_{z2} ——作用在后车轮上的法向反作用力，N；

L——汽车轴距，m；

L_1 ——汽车质心到前轴的距离，m；

L_2——汽车质心到后轴的距离，m。

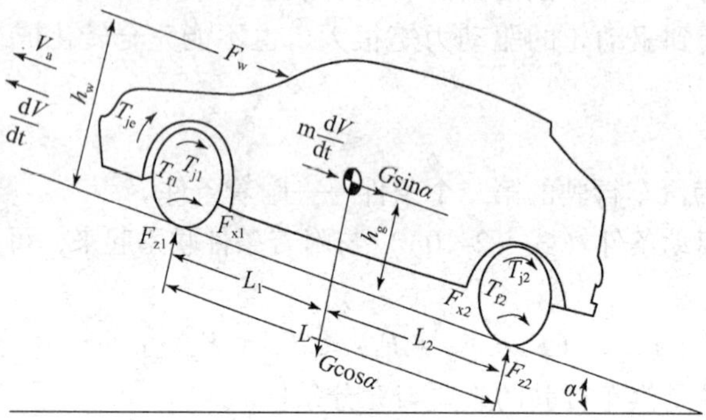

图 2-25　汽车加速上坡时的受力图

G-汽车重力；α-道路坡度角；h_g-汽车质心高度；h_w-风压中心高度；T_{f1}、T_{f2}-作用在前、后车轮上的滚动阻力偶矩；T_{j1}、T_{j2}-作用在前、后车轮上的惯性阻力矩；F_{z1}、F_{z2}-作用在前、后车轮上的法向反作用力；F_{x1}、F_{x2}-作用在前后车轮上的地面切向反作用力；L-汽车轴距；L_1、L_2-汽车质心到前后轴的距离；F_W-空气阻力；T_{je}-空气阻力偶矩

第一项是汽车静止时前后轴上的静载荷，第二项是因汽车在坡道上行驶时的坡度阻力对前后轴地面法向反作用力的影响，第三项是汽车的加速阻力对前后轴地面法向反作用力的影响，而第四项是作用在风压中心的空气阻力对前后轴地面法向反作用力的影响。汽车在水平道路上均速行驶时，有：

$$F_{z1} = \frac{L_2}{L} \cdot G - \frac{h_w}{L} \cdot F_w$$

$$F_{z2} = \frac{L_1}{L} \cdot G + \frac{h_w}{L} \cdot F_w$$

而汽车在水平道路上静止时，有：

$$F_{z1} = \frac{L_2}{L} \cdot G$$

$$F_{z2} = \frac{L_1}{L} \cdot G$$

3. 汽车的附着力

对前轴或后轴驱动的汽车而言，其附着力 $F_{\varphi1}$ 和 $F_{\varphi2}$ 分别为：

$$F_{\varphi1} = F_{z1} \cdot \varphi_1$$

$$F_{\varphi2} = F_{z2} \cdot \varphi_2$$

式中：φ_1 ——前车轮的附着系数；

φ_2——后车轮的附着系数。

对于全轮驱动汽车而言，若有 $\varphi_1 = \varphi_2 = \varphi$，则其附着力 F_φ 为：

$$F_\varphi = (F_{z1} + F_{z2}) \cdot \varphi$$

但只有汽车前、后驱动力的分配比值刚好等于其前、后轮法向反作用力的分配比值时，全轮驱动汽车才能真正利用此附着力。

由此可见，在一定附着系数的路面上，不同驱动方式的汽车具有不同的汽车附着力，但只有全轮驱动汽车才可能充分利用整部汽车的重力所决定的汽车附着力。

三、附着条件限制下的汽车动力性

汽车在良好道路上正常行驶时，在大多数情况下满足附着条件，因而其动力性主要受驱动条件的制约；但在使用低挡急加速时，或以低速挡在坡度很大的道路上行驶时，其动力性有可能受到附着条件的制约。而汽车在坏路及无路地带行驶时，因道路附着系数低，附着条件成为影响其通过性的关键因素。以下讨论汽车在良好道路上行驶时由附着条件限制的汽车动力性。

1. 附着条件限制的加速能力

汽车使用低速挡在平直道路上急加速时，坡度阻力为零，其车轮受到的地面切向力比较大。由于低速挡所对应的车速较低，所以空气阻力忽略不计。

当受到附着条件限制时，汽车受到的地面切向作用力 F_x，即等于汽车驱动轮的附着力 F_φ。

对于前轮驱动的汽车，当受到附着条件限制时，其驱动轮与路面间的切向作用力 F_{x1} 为：

$$F_{x1} = F_{\varphi1} = F_{z1} \cdot \varphi_1$$

前轮驱动的汽车加速行驶时的受力见图 2-26，切向作用力 F_{x1} 与行驶阻力的平衡关系为：

$$F_{x1} = F_{f2} + M \cdot \frac{dV}{dt}$$

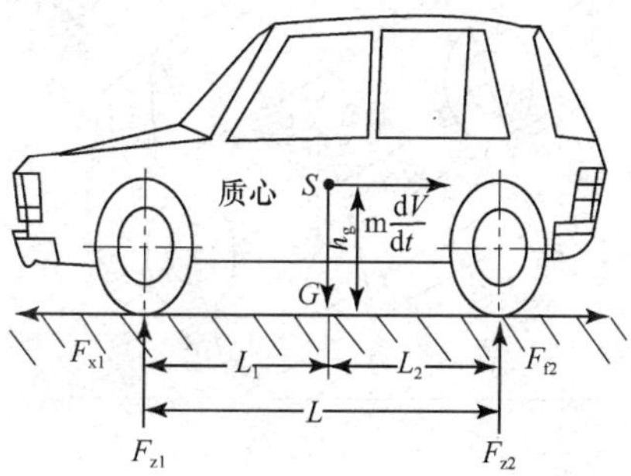

图 2-26　前轮驱动的汽车加速行驶时的受力

作用于前后轴的地面法向作用力 F_{z1}、F_{z2} 分别为：

$$F_{z1} = \frac{L_2}{L} \cdot G - \frac{h_g}{L} \cdot M \cdot \frac{dV}{dt}$$

$$F_{z2} = \frac{L_1}{L} \cdot G \frac{h_g}{L} \cdot M \cdot \frac{dV}{dt}$$

设前轮的附着系数 φ_1 为常数，则作用于驱动轮的地面切向作用力 F_{x1} 为：

$$F_{x1} = F_{z1} \cdot \varphi_1 = (\frac{L_2}{L} \cdot G - \frac{h_g}{L} \cdot M \cdot \frac{dV}{dt}) \cdot \varphi_1$$

因此有：

$$(\frac{L_2}{L} \cdot G - \frac{h_g}{L} \cdot M \cdot \frac{dV}{dt}) \cdot \varphi_1 = F_{f2} + M \cdot \frac{dV}{dt}$$

后轮的滚动阻力 F_{f2} 为作用于后轮的垂直载荷 F_{z2} 与滚动阻力系数 f 之积，因此：

$$F_{f2} = F_{z2} \cdot f = \left(\frac{L_1}{L} \cdot G + \frac{h_g}{L} \cdot M \cdot \frac{dV}{dt}\right) \cdot f$$

由此，可解得该车在附着条件限制下的加速度为：

$$\frac{dV}{dt} = \frac{-f \cdot L_1 + \varphi_1 \cdot L_2}{L + (\varphi_1 + f) \cdot h_g} \cdot g$$

同理，对于后轮驱动的汽车，设后轮的附着系数 ϕ_2 为常数，则其附着条件限制的加速度为：

$$\frac{dV}{dt} = \frac{-f \cdot L_2 + \varphi_2 \cdot L_1}{L - (\varphi_2 + f) \cdot h_g} \cdot g$$

而对于全轮驱动的汽车，若满足 $\varphi_1 = \varphi_2 = \varphi$，则：

$$\frac{dV}{dt} = \varphi \cdot g$$

2. 附着条件限制的爬坡能力

汽车使用低速挡全力上坡时，加速阻力为零，由于此时车速较低，空气阻力忽略不计。

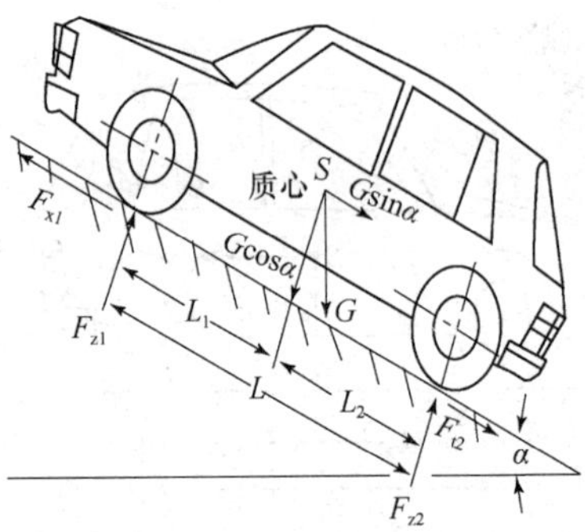

图 2-27 前轮驱动的汽车上坡时的受力

图 2-27 为前驱动的汽车上坡时的受力图，其受力平衡情况为：

$$F_{x1} = F_{f2} + G \cdot \sin\alpha = F_{z2} \cdot f + G \cdot \sin\alpha$$

$$F_{x1} = F_{\varphi 1} = F_{z1} \cdot \varphi_1$$

此时，F_{z1} 和 F_{z2} 分别为：

$$F_{z1} = \frac{L_2}{L} \cdot G \cdot \cos\alpha - \frac{h_g}{L} \cdot G \cdot \sin\alpha$$

$$F_{z2} = \frac{L_1}{L} \cdot G \cdot \cos\alpha + \frac{h_g}{L} \cdot G \cdot \sin\alpha$$

由以上各式，可求出前轮驱动的汽车受到附着条件限制时的最大爬坡度 i_{max} 为：

$$i_{max} = \tan\alpha = \frac{-f \cdot L_1 + \varphi_1 \cdot L_2}{L + (\varphi_1 + f) \cdot h_g}$$

同理，可求出后轮驱动的汽车受到附着条件限制时的最大爬坡度 i_{max} 为：

$$i_{max} = \tan\alpha = \frac{-f \cdot L_2 + \varphi_1 \cdot L_1}{L - (\varphi_2 + f) \cdot h_g}$$

而对于全轮驱动的汽车，若满足 $\varphi_1 = \varphi_2 = \varphi$，则：

$$i_{max} = \tan\alpha = \varphi$$

四、驱动系统布置和附着条件

1. 乘用车

与良好道路相比，汽车在结冰道路上行驶时，由于受到附着条件的制约，其加速和上坡能力受到的限制要严重得多（其他 φ 小的路况亦是如此）。此时，由于 $1 \geqslant \varphi \geqslant f$，所以，在附着条件限制下，前轮驱动的乘用车的爬坡度近似为：

$$i = \tan\alpha \approx \varphi \cdot \frac{L_2}{L} = \varphi \cdot \frac{F_{z1}}{G}$$

因此，对于单轴驱动的双轴车辆，附着条件限制的加速和上坡能力与汽车质心的纵向位置有关。

令牵引系数 τ 为：

$$\tau = \frac{F_{zt}}{G}$$

式中：F_{zt} ——驱动轮静态反力，前（或后）轮驱动时 $F_{zt} = F_{z1}$（或 F_{z2}）。

在结冰道路上，由附着条件限制的爬坡度为：

$$i = \tan\alpha \approx \varphi \cdot \tau$$

牵引系数 τ 的数值一方面与驱动系统布置（发动机前置或后置）有关，另一方面又与质量的轴间分配有关。发动机前置前轮驱动（简称前置前驱动）、发动机前置后轮驱动（又称标准型驱动）和发动机后置后轮驱动（简称后置后驱动）乘用车的 τ 值与质量 M 的关系见图 2-28。

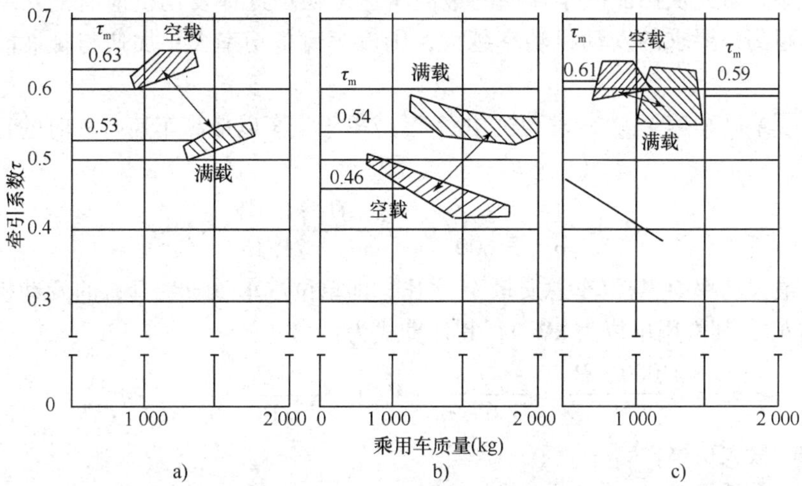

图 2-28　各种驱动方式乘用车的牵引系数

a）前置前驱动；b）标准驱动；c）后置后驱动

前置前驱动汽车，空载（只有驾驶员）时 τ 的平均值 τ_m 为 0.63，比较理想，但满载后平均值 τ_m 下降到 0.53。

标准型驱动汽车，空载时 τ_m 值较小。后置后驱动汽车空载和满载时的 τ_m 值都比较理想，在 0.6 左右。一般乘用车的 $\tau_{min} = 0.42$，$\tau_{max} = 0.65$。

2. 载货汽车和大客车

载货汽车和大客车的驱动系统的布置：前置前驱动应用于轻型货车和旅行车；后置后驱动广泛应用于大客车，也应用于一些轻型载货汽车和旅行车；标准型驱动广泛应用于中型和重型载货汽车。

载荷变化对 τ 值的影响与驱动系统的布置有关。发动机前置后驱动的载货汽车或大客车，空载和满载的 τ 值相差很大，发动机后置后驱动的大客车的载荷变化对 τ 值影响很小。

拖带挂车后 τ 值大幅度下降，所以，汽车列车或铰接式大客车受附着条件限制比较严重。

第五节　汽车驱动系统参数的选择

汽车驱动系统的参数包括：发动机功率、汽车传动系统的挡数和传动比、轮胎尺寸与形式等。

一、发动机功率选择

发动机功率和转矩越大，汽车的动力性越好。但发动机功率过大，不但导致发动机尺寸、质量、制造成本等增大，而且汽车运行时发动机负荷率低，燃料经济性显著下降。同时，由于附着条件的限制，发动机功率过大对汽车动力性的提高也无作用。

在设计中，常先从保证汽车预期的最高车速来初步选择发动机应有的功率。这是因为最高车速越高，要求的发动机功率越大，则汽车后备功率大，加速与爬坡能力必然也较好。

若给出了最高车速 V_{amax}，发动机功率 P_e 应等于汽车以最高车速行驶时的行驶阻力功率之和，即：

$$P_e = \frac{1}{\eta_t} \cdot \frac{V_{amax}}{3\,600}\left(G \cdot f + \frac{C_D \cdot A \cdot V_{amax}^2}{21.15}\right)$$

发动机最大功率 P_e 与汽车总质量 M 之比，即单位汽车总质量具有的发动机功率称为汽车比功率 b_p，其常用单位为 kW/t，其计算式为：

$$b_p = \frac{1\,000 \cdot P_e}{M} = \frac{f \cdot g}{3.6 \cdot \eta_t} \cdot V_{amax} + \frac{C_D \cdot A}{76.14 \cdot M \cdot \eta_t} \cdot V_{amax} \tag{2-16}$$

式中：P_e——最大功率，kW；

M——总质量，kg。

发动机比功率的大小对汽车的动力性和燃料经济性有很大影响，是选择发动机功率的重要依据之一。因此，也可以利用现有汽车比功率的统计数据，初步确定发动机功率。

二、传动系传动比的确定

对普通汽车传动系而言，传动系的传动比包括：传动系最小传动比、传动系最大速比、变速器各挡速比等。对越野汽车，传动系传动比还包括：分动器或副变速器的传动比和轮边减速器的传动比。

1. 最小传动比的确定

汽车大多数时间以最高挡行驶，即用最小传动比的挡位行驶。因此，合理确定传动系最小传动比非常重要。当变速器的最高挡为直接挡，即传动比是1时，传动系最小传动

比即为主传动速比 i_0 。

传动系最小传动比是由要求的最高车速决定的。当驱动功率和克服行驶阻力所需功率相等时，该点车速即为最高车速。此时，功率平衡方程式为 $P_t = P_f + P_w$ 。确定汽车传动系最小传动比时，应使其所能达到的最高车速位于发动机的最大功率点所对应的车速附近，如图 2-29 所示。

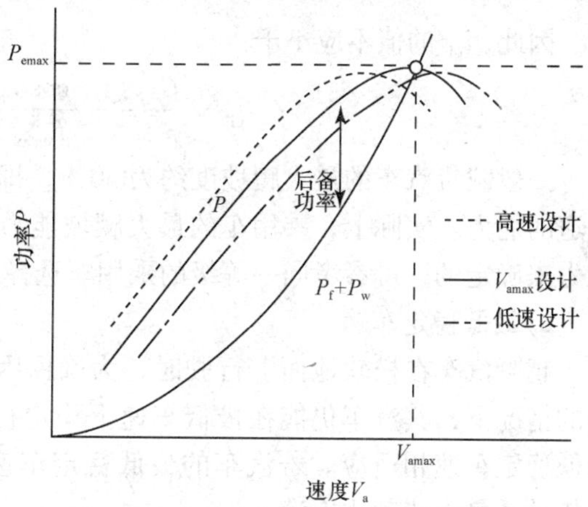

图 2-29　最小传动比的确定方法

根据汽车的最高车速对应的发动机转速 $n(V_{max})$ 与发动机最大功率点转速 $n(P_{emax})$ 的相对大小，把确定传动系最小传动比的方法分为 V_{amax} 设计、高速设计、低速设计等三种。

采用 V_{amax} 设计时，$n(V_{max})$ 与 $n(P_{emax})$ 相等。即：最高车速（即阻力功率曲线与驱动功率曲线的交点所对应的车速）对应于发动机最大功率点的转速 $n(P_{emax})$ 。

这种设计方案的优点是可以利用发动机发出的最大功率，达到理论最高车速。其缺点是在接近 V_{amax} 的车速范围内，后备功率较小，加速、上坡和克服逆风的能力不足。

采用高速设计时，$n(V_{max})$ 高于 $n(P_{emax})$ 。即：最高车速对应的发动机转速高于发动机最大功率点的转速。其优点是有较大的后备功率，缺点是达不到理论最高车速，而且，当以 V_{amax} 行驶时，发动机转速过高，因而噪声、磨损和油耗都过高。

采用低速设计时，$n(V_{max})$ 低于 $n(P_{emax})$ 。即：最高车速对应的发动机转速低于发动机最大功率点的转速 $n(P_{emax})$ 。其优点是汽车以 V_{amax} 行驶时，发动机转速较低，同时，发动机负荷率较高，油耗下降。其缺点是达不到理论最高车速，同时后备功率小。

以上方法各有优缺点。为综合其优缺点，可设置超速挡。即：当变速器采用直接挡时，根据高速设计确定其主传动速比，使直接挡具有较大的后备功率；而在此基础上，再增加一个传动比 i_c（$i_c<1$）称之为超速挡的挡位，并将使用超速挡时传动系的最小速比 $i_0 \cdot i_c$ 按低速设计，以提高发动机的负荷率，降低发动机的有效比油耗。

由此可见，所谓超速挡只是对变速器速比小于 1，输入轴转速高于输出轴转速而言。汽车采用超速挡行驶时所能达到的最高车速并非一定高于采用直接挡时的汽车车速。

2. 最大传动比的确定

对于普通汽车，传动系最大传动比 i_{tmax} ，一般是变速器 I 挡传动比 i_{g1} 与主减速器传动比 i_0 之积。当确定 i_0 后，确定传动系最大传动比也就是确定变速器 I 挡的传动比 i_{g1} 。汽车的最大传动比应根据汽车的最大爬坡度、汽车的最低稳定车速及附着条件三个方面确定。

1）最大爬坡度

汽车以 I 挡全力爬坡时，加速阻力为零；因车速很低，可忽略空气阻力。汽车的最大驱动力 F_{tmax} 应克服汽车的滚动阻力 F_f 和汽车在最大坡度上行驶时所产生的坡度阻

力 F_i：

$$F_{tmax} = \frac{T_{emax} \cdot i_{g1} \cdot i_0 \cdot \eta_t}{r} = G \cdot f \cdot \cos\alpha + G \cdot \sin\alpha$$

因此，i_{g1} 的值不应小于：

$$i_{g1} = \frac{G \cdot (f \cdot \cos\alpha_{max} + \sin\alpha_{max}) \cdot r}{T_{emax} \cdot i_0 \cdot \eta_t}$$

一般载货汽车的最大爬坡度约为 30%，即：$\alpha_{max} \approx 16.7°$。乘用车也应具有爬上 30% 坡道的能力。实际上，乘用车的最大爬坡能力常大于 30%，其最大传动比是根据其加速能力来确定的。可参考同一等级的乘用车选择最大传动比。

2)最低稳定车速

越野汽车在松软地面上行驶时，为确保因土壤受冲击剪切破坏后，减小了地面附着力的情况下，其汽车仍能在极低车速下稳定行驶，传动系的最大传动比，应与所要求得最低稳定车速相适应。若汽车的最低稳定车速为 V_{amin}，发动机的最低稳定转速为 n_{min}，则传动系最大传动比应满足：

$$i_{tmax} \geqslant 0.377 \cdot \frac{n_{min} \cdot r}{V_{amin}}$$

3)附着条件

在确定最大传动比后，还应计算驱动轮的附着率。验算在汽车上坡或加速时是否满足附着条件的要求。必要时，应从汽车总体布置和结构着手，以改善汽车的附着能力。汽车克服最大坡度时的驱动力 F_{tmax} 应满足：

$$F_{tmax} = \frac{T_{emax} \cdot i_{g1} \cdot i_0 \cdot \eta_t}{r} \leqslant F_z \cdot \varphi$$

道路附着系数 φ 可取 0.5 ~0.6。

F_z 是驱动轮上的地面法向反作用力。对于双轴驱动的越野汽车，$F_z = G \cdot \cos\alpha_{max}$；而对于前（或后）轴驱动的汽车，其驱动轮上的地面法向反作用力 F_{z1}（或 F_{z2}）则可用下式计算：

$$F_{z1} = G \cdot (L_2 \cdot \cos\alpha_{max} - h_g \cdot \sin\alpha_{max}) \cdot \frac{1}{L}$$

$$F_{z2} = G \cdot (L_1 \cdot \cos\alpha_{max} - h_g \cdot \sin\alpha_{max}) \cdot \frac{1}{L}$$

3. 传动系挡数的确定

不同类型汽车的传动系应具有不同的挡数。其原因在于其使用条件不同，汽车发动机功率不同，且对汽车整车性能的要求不同。

传动系的挡位数与汽车的动力性、燃料经济性等有着密切关系。就动力性而言，挡位数多，增加了发动机发挥最大功率附近高功率的机会，提高了汽车的加速与爬坡能力；就燃料经济性而言，挡位数多，增加了发动机在低燃油消耗率区内工作的可能性，降低了油耗。所以增加挡位数会改善汽车的动力性和燃料经济性。

挡位数还影响到挡与挡之间的传动比的比值，比值过大会造成换挡困难。一般认为比值不宜大于 1.7 ~1.8。因此，最大传动比与最小传动比的比值越大，挡位数也应越多。

乘用车的行驶车速高，比功率大，则最高挡的后备功率也大，常用操纵方便的3挡或4挡变速器；近年来，为了进一步节省燃油，装用手动变速器的乘用车普遍采用5挡变速器，或采用6挡变速器。

轻型货车和中型货车比功率小，所以一般采用5挡变速器。重型货车的比功率更小，但使用条件却更复杂，所以一般采用6挡至十几个挡的变速器，以适应复杂的使用条件，使汽车具有足够的动力性与良好的燃料经济性。

4. 传动系各挡传动比的确定

变速器各挡速比的分配应使换挡过程中发动机的工作稳定，并使发动机功率得到充分利用。常用的确定各挡传动比的方法有以下两种：

1）等比级数分配

汽车传动系各挡的传动比按比级数分配时，其变速器各挡的相邻两挡传动比的比值接近常数。各挡速比的关系为：

$$i_1 = i_2 \cdot q = i_3 \cdot q^2 = i_4 \cdot q^3 \quad (2\text{-}17)$$

变速器各挡的速比以等比级数分配时，在换挡过程中发动机的转速变化范围相同，因此发动机工作较稳定。

汽车车速 V_a 与发动机转速 n 的关系为：

$$V_a = 0.377 \cdot \frac{n \cdot r}{i_g \cdot i_0}$$

根据上式求出汽车换挡过程中，每个挡位的车速所对应的发动机转速，二者的关系见图2-30。

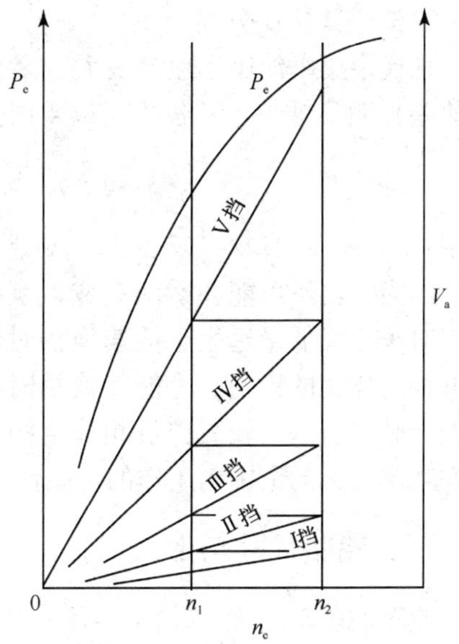

图2-30　换挡过程中车速与发动机转速的关系

驾驶员用Ⅰ挡起步，随着发动机转速的提高，汽车的行驶速度也随之增加。当发动机转速达到 n_2 时，驾驶员开始换挡。假设换挡过程中车速没有降低，则换上Ⅱ挡时，发动机转速应降到 n_1，离合器才能平顺无冲击地接合。n_1 与 n_2 的关系如下：

$$0.377 \cdot \frac{n_2 \cdot r}{i_{g1} \cdot i_0} = 0.377 \cdot \frac{n_1 \cdot r}{i_{g2} \cdot i_0}$$

此时有：

$$\frac{n_2}{n_1} = \frac{i_{g1}}{i_{g2}}$$

同理，若在Ⅱ挡时，发动机转速升到 n'_2 后即换Ⅲ挡，则应把发动机转速降到 n'_1 才能无冲击地接合离合器。同理若换挡过程中车速没有降低，则 n'_1 与 n'_2 的关系为：

$$\frac{n'_2}{n'_1} = \frac{i_{g2}}{i_{g3}}$$

若各挡传动比是按等比级数分配，即满足 $\frac{i_{g1}}{i_{g2}} = \frac{i_{g2}}{i_{g3}} = q$ 时，则有：

$$\frac{n_2}{n_1} = \frac{n'_2}{n'_1}$$

这说明如果每次在发动机转速升到 $n'_2 = n_2$ 时换挡，则换挡时的发动机的速度变化范围相等，均为 $n_1 \sim n_2$ 。

当遇到较大阻力，变速器从高挡降至低挡时，其转速变化范围与升挡过程相同。

按等比级数分配传动比还能充分利用发动机提供的功率，提高汽车的动力性。当汽车需要较大功率（如全力加速或上坡）时，若挡位选择恰当，按等比级数分配传动比的变速器，能使发动机经常在接近外特性最大功率 P_{emax} 处的较大功率范围内运转，从而，增大了汽车的后备功率，提高了汽车的加速或上坡能力。

2)渐进式速比分配

现代乘用车使用车速范围大，多采用渐进式速比分配，高挡间速比之比（换挡时的车速差）明显减小。其各挡（以4挡变速器为例）速比关系为：

$$\frac{i_3}{i_4} = q \cdot q_0^0;\ \frac{i_2}{i_3} = q \cdot q_0^1;\ \frac{i_1}{i_2} = q \cdot q_0^2;\ \cdots \tag{2-18}$$

式中：q_0 ——取1.1～1.2。

因为换挡不可能在瞬间完成，换挡必然带来车速降低。由于空气阻力的影响，高速换挡时车速降低量远大于低速换挡时的车速降低量。因此，较高挡间速比的比值应小于较低挡间速比的比值，才能使换挡时发动机工作的转速范围不变。此外，汽车主要以较高挡行驶，所以，较高挡位相邻两挡传动比的比值应小些，以使换挡方便，并增加发动机在功率较大的范围内工作的可能性，提高汽车的动力性。

三、轮胎尺寸与形式

汽车的驱动力 F_t 与轮胎半径 r 成反比，而车速 V_a 与轮胎半径 r 成正比。因此，轮胎半径对驱动力和车速的影响是矛盾的。

目前，在良好路面上行驶的汽车，其轮胎半径有减小的趋势。首先，路面较好时，附着系数较大，即使因直径减小使轮胎接地面积减小时，也可得到足够的驱动力。其次，用减小主减速器传动比可以弥补因此而导致的车速降低。最后，轮胎尺寸和主减速器传动比减小，使汽车质心高度降低，提高了汽车的行驶稳定性，有利于汽车的高速行驶。在软路面上行驶的汽车，车速不高，要求增大轮胎半径，以增加轮胎与路面间的接触面积，进而增大附着力。

轮胎形式、花纹、气压对汽车的动力性也有影响。为提高汽车的动力性，应尽量减小汽车轮胎的滚动阻力，同时增加道路与轮胎间的附着力。根据这一原则，在硬路面上行驶的汽车，装用具有小而浅的花纹的子午线轮胎并采用较高的轮胎气压，有利于提高汽车的动力性；而在松软路面上行驶的汽车，采用宽而深的轮胎花纹和较低的轮胎气压，对提高汽车动力性和通过性有很大作用。

第六节　汽车动力性试验方法

汽车动力性试验的方法包括道路试验和室内台架试验两种。

一、道路试验

1. 试验条件和仪器

1)试验条件

①试验汽车的装载质量为厂定的最大装载质量，且装载物均匀分布，固定牢靠，不因潮湿等条件变化而改变其质量。

②轮胎气压应符合该试验车技术条件的规定，误差不超过 ±10 kPa。

③试验车使用的燃料、润滑油（脂）、制动液的牌号和规格均应符合该车技术条件和现行国家标准的规定，同一次试验必须使用同一批燃料和润滑油。

④试验必须在无雨无雾的天气中，相对湿度小于 95%，气温 0° ~40°，风速不大于 3m/s。

⑤试验道路应是清洁、干燥、平坦的混凝土或沥青铺成的平直路面，长 2 ~3 km，宽度不小于 8 m，纵向坡度在 0.1% 以内。

⑥试验用仪器、设备必须经过检查，符合精度的要求。

2)试验仪器

道路试验通常采用五轮仪或非接触式汽车速度测量仪来进行记录汽车行程、车速、行驶时间等。

五轮仪主要由主机、第五轮传感器和脚踏开关等部分组成。非接触式汽车速度测量仪没有滚动的第五轮，检测时把传感元件用吸盘吸附在汽车保险杠（或其他部位）下部，传感元件可以向路面发射光束，并能接收路面的反射波，根据反射波的变化情况，可测出汽车的行驶速度。

2. 试验项目

1)最高车速

节气门全开，变速器挂最高挡，达到最高稳定车速后，测定其行驶 1 000m 所用的时间，经计算可求得最高车速 V_{amax} 。试验往返各进行一次，记录试验结果，并取平均值。

2)加速时间

(1)超车加速时间。变速器挂预定挡位（最高挡或次高挡），用五轮仪监测距离、速度等有关参数。当汽车以 30 km /h 或 40km/h 的稳定车速驶入试验路段后，迅速把加速踏板踩到底，使汽车加速行驶至该挡最高车速的 80% 以上，对于乘用车应达到 100km/h 以上，再用五轮仪记录汽车的初速度和加速行驶的全过程和加速时间。应在同一路段上，往返各进行一次试验，其试验结果取平均值。

(2)起步加速能力试验。进行起步加速性能试验时，变速器置于该车常用起步挡位（I 挡或Ⅱ挡），迅速起步，并将加速踏板快速踏到底，使汽车尽快加速行驶，当发动机达到最大功率转速时，力求迅速无声地换挡，换挡后立即将加速踏板快速踏到底，并用五轮仪测定汽车加速行驶的全过程。在同一路段往返各进行一次试验，试验结果取平均值。

3)最大爬坡度试验

最大爬坡度应在一组坡度不同的坡道上试验，坡道长度应大于车长 2 ~3 倍。若所选坡度不符合被测汽车的最大爬坡度，可用改变载荷或挡位的方法试验，然后折算出汽车

的最大爬坡度 i'_{max}。其折算式为：

$$\sin\alpha'_{max} = \sin\alpha_{max} \cdot \frac{M \cdot i_{k1}}{M_0 \cdot i'_k}$$

$$i_{max} = \tan\alpha'_{max}$$

式中：α'——折算出的汽车最大坡度角，(°)；

α——试验时的实际最大坡度角，(°)；

M_0——汽车满载总质量，kg；

M——试验时的实际总质量，kg；

i_{k1}——Ⅰ挡速比；

i_k——试验时实际使用挡位速比。

4）滚动阻力测定

用滑行试验法可测定汽车低速行驶时的滚动阻力。试验时，先使汽车稳定在某一车速行驶，然后换入空挡滑行至停车，由第五轮仪的记录数据求出加速度值 $\frac{dV}{dt}$，然后用下式求出汽车低速行驶时的滚动阻力 F_f（低速行驶时取空气阻力 F_w 为零）：

$$F_f + F_w = M \cdot \frac{dV}{dt}$$

二、室内试验

1. 汽车动力性试验原理

在底盘测功机上检测汽车动力性时，驱动车轮放置在滚筒表面并驱动滚筒旋转，底盘测功机以滚筒表面来模拟路面，加载装置通过给滚筒加载，模拟各种阻力，测量装置可以测出驱动车轮上的驱动力或输出功率。

底盘测功机的转鼓轴端装有液力或电子测功器，用于产生一定阻力矩以调节转鼓的转速，进而控制汽车驱动轮的转速（图2-31）。

汽车驱动轮作用于转鼓的力矩 T 由测力装置测得值算出，如下：

$$T = F \cdot L$$

式中：L——测力臂长度，m；

F——测力臂上拉力，N。

此外，由固定汽车的钢丝绳上拉力表测得挂钩拉力 F_d，显然，$F_d = F_x$。由驱动轮力矩平衡得：

$$T_t = F_x \cdot r_d + T_f$$

由转鼓力矩平衡得：

$$T = F_x \cdot R - T_f$$

由此，解出汽车驱动轮的驱动力为：

$$F_t = \frac{T_t}{r_d} = \frac{F_d \cdot (r_d + R) - F \cdot L}{r_d}$$

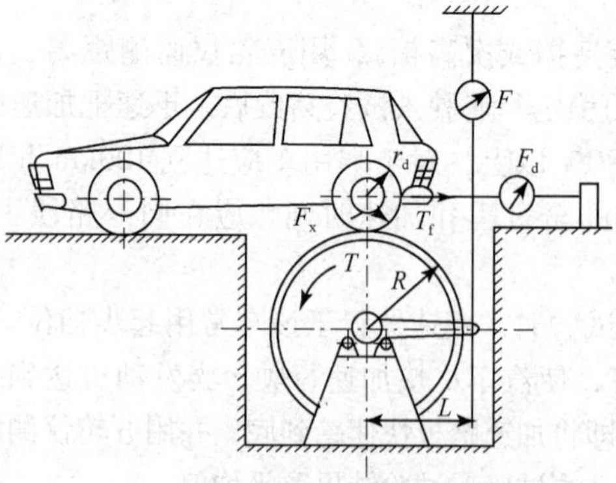

图2-31　汽车动力性试验原理

测出在各种车速下，节气门全开时的 F_d 和 F 值，即可等到汽车的驱动力—车速关系曲线。利用汽车底盘测功机，还可以测得汽车驱动轮的驱动功率。

2. 传动系传动效率试验

传动系统效率试验台的原理，如图 2-32 所示。两个被试变速器与齿轮箱、传动轴构成封闭驱动系统。由液力缸对系统加载，由转矩传感器测出变速器输入轴转矩 T，由电力测功器驱动封闭系统，且其提供的转矩为 T_1 。作为对比，把变速器拆下，换上一根传动轴，这时电力测功机提供的转矩为 T_2 。($T_1 - T_2$) 即为两个变速器克服转动损失所需转矩，由此可求得效率：

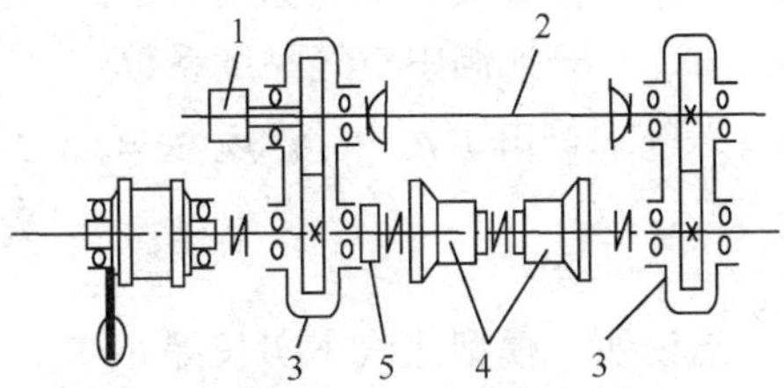

图 2-32 传动系效率试验台

1-液力缸；2-传动轴；3-齿轮箱；4-变速器；5-转矩传感器

$$\eta_t = \sqrt{\frac{T - (T_1 - T_2)}{T}}$$

3. 车轮滚动阻力试验

图 2-33 为轮胎试验台。车轮由电力测功器驱动，转矩为 T_1 ，转鼓测功器的转矩为 T_d，则滚动阻力 F_f 为：

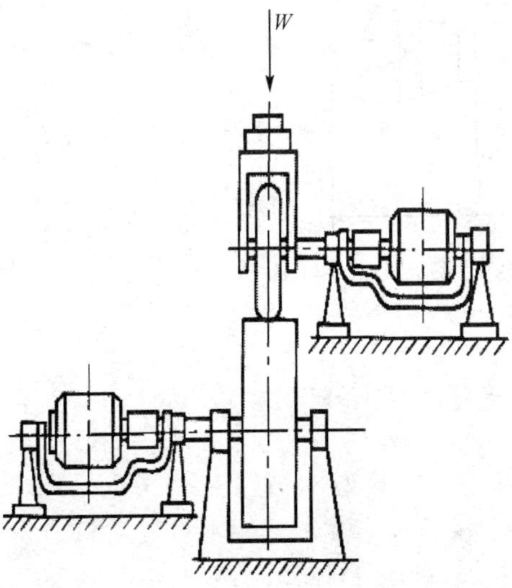

图 2-33 轮胎试验台

$$F_f = \frac{T_1 \cdot R - T_d \cdot r_d}{W \cdot r_d(R + r_d)}$$

式中：r_d——轮胎动力半径，m；

F_f——滚动阻力，N；

T_1——电力测功器轮矩，N · m；

T_d——转鼓测功器的转矩，N · m；

R——转鼓半径，m；

W——轮胎铅垂载荷，N。

4. 汽车空气阻力系数试验

风洞试验是测试空气阻力系数的必要设施，分为模型风洞和整车风洞两类。

模型风洞试验时，为保证试验精度，试验模型必须与汽车实际行驶时几何相似和空气动力学相似。空气动力学相似要求汽车与模型的雷诺数相等，即：

$$R_e = \frac{V_a \cdot L_a \cdot \rho_a}{\mu_a} = \frac{V_m \cdot L_m \cdot \rho_m}{\mu_m}$$

式中：V_a ——汽车速度，km/h；

V_m ——风洞中气流速度，km/h；

L_a ——汽车实际长度和模型长度，m；

L_m——模型长度，m；

ρ_a——大气中空气密度，N·s²·m⁻⁴；

ρ_m——风洞中空气密度，N·s²·m⁻⁴；

μ_a——大气中空气黏度系数；

μ_m——风洞中空气黏度系数。

实际上，由于 $\rho_a=\rho_m$、$\mu_a=\mu_m$，所以空气动力相似条件归结为：

$$\frac{V_a}{V_m}=\frac{L_m}{L_a}$$

这说明，模型比汽车实长缩小多少倍，风洞中气流速度就要比汽车行驶速度提高多少倍。风速提高，风洞功率就必须加大，过高的风速甚至可能改变气流的流动性质。几何相似对于汽车模型中许多部分，特别是汽车底部和内部附件的模拟难以达到。

模型尺寸还受到风洞尺寸的限制，一般模型横截面积与风洞试验段横截面积的比值不超过5%。所以，模型风洞测出的空气阻力系数往往比整车风洞要小。模型风洞多用于汽车造型阶段的多方案比较和重型载货汽车、大客车的空气动力学试验。

乘用车试验多用整车风洞，图2-34为一个回流式整车风洞的简图。

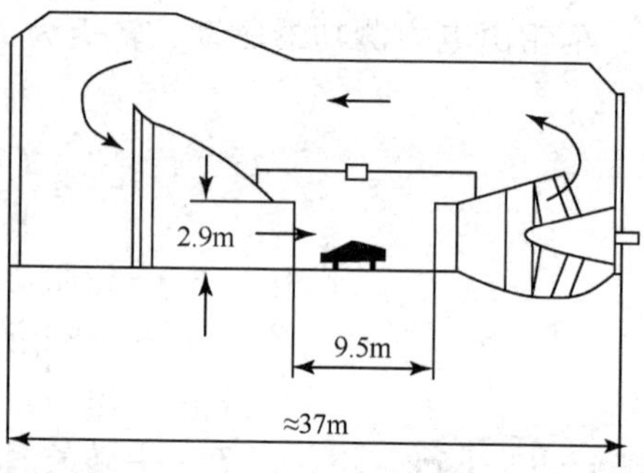

图2-34　回流式整车风洞（功率，625kW；最大风速，145km/h）

第三章　汽车的燃料经济性

汽车的燃料经济性是指汽车以最少的燃油消耗完成单位运输工作量的能力。

在当前和今后相当长的一段时期内，汽车燃料仍将以石油产品为主。提高汽车的燃料经济性，可以节约石油资源，减轻国家对进口石油的依赖性。此外，由于汽车运输的油耗占汽车运输成本的20%以上，因此，节约燃油就意味着汽车运输成本的降低，经济效益的提高。同时，减少燃油消耗可以降低发动机所排出的有害气体的量和 CO_2 排放量，是保护环境的重要措施。

第一节　汽车燃料经济性的评价指标

汽车发动机的燃料经济性通常用有效燃油消耗率 g_e 或有效效率 η_e 评价。但两者均不能反映发动机在具体汽车上的功率利用情况以及行驶条件等因素的影响，所以，不能直接用于评价汽车的燃料经济性。

汽车的燃料经济性常用汽车在一定工况下行驶某一单位行程的燃油消耗量或汽车在一定工况下完成某一单位运输工作量的燃油消耗量来评价。其数值越小，汽车燃料经济性越好。在我国，燃料经济性的评价指标：百公里燃油消耗量（L/100km），即行驶100km所消耗燃油的升数；百吨公里（或千人公里）燃油消耗量［L/(100t · km）或L/(1000p · km)］，即完成100t · km（或1000p · km）运输工作量所消耗燃油的升数。前者用于比较相同容量汽车的燃料经济性，也可用于分析同一种汽车装用不同部件（如发动机、传动系等）后对燃料经济性的影响；后者常用于比较和评价不同容载量汽车的燃料经济性。

汽车的燃料经济性也可用消耗某一单位燃油量所能行驶的里程作为评价指标，称为汽车经济性因数。例如，在美国，汽车燃料经济性指标为MPG或mile/usgal，即每加仑燃油所能行驶的英里数。其数值越大，汽车的燃料经济性越好。

汽车在使用过程中，载荷和道路条件对汽车燃油消耗量的影响很大。因此，可采用平均燃油运行消耗特性，即：不同道路条件下，单位行程燃油消耗量 Q（单位为L/100km）与汽车有效载荷 G_e（单位为t）之间的关系曲线，评价汽车在不同道路和载荷条件下运行时的燃料经济性。

第二节　汽车燃料经济性的计算

在汽车设计与开发工作中，常需要在样车制成前，根据发动机台架试验得到的特性曲线和汽车的功率平衡图，估算汽车的燃料经济性，以作为汽车结构参数选择的依据。

一、汽车燃油消耗方程式

发动机每小时燃油消耗量 Q_T 等于：

$$Q_T = \frac{P_e \cdot g_e}{1\,000}$$

式中：P_e——发动机有效功率，kW；

Q_T——发动机每小时燃油消耗量，kg/h；

g_e——发动机有效油耗率，g/(kW · h)。

Q_T 与汽车百公里耗油量 Q 的关系为：

$$Q = \frac{100 \cdot Q_T}{\gamma \cdot V_a}$$

式中：γ——燃油密度（汽油取 0.71～0.73kg/L，柴油取 0.81～0.83kg/L），kg/L；

Q——百公里耗油量，L/100km；

V_a——汽车行驶速度，km/h。

根据以上二式得：

$$Q = \frac{P_e \cdot g_e}{10 \cdot \gamma \cdot V_a} \tag{3-1}$$

发动机有效功率 P_e 可根据汽车的功率平衡方程式求出：

$$P_e = \frac{1}{\eta_t} \cdot (P_f + P_i + P_w + P_j)$$

滚动阻力功率：

$$P_f = \frac{F_f \cdot V_a}{3\,600} = \frac{G \cdot f \cdot V_a}{3\,600}$$

坡度阻力功率：

$$P_i = \frac{F_i \cdot V_a}{3\,600} = \frac{G \cdot i \cdot V_a}{3\,600}$$

令 $\psi = f + i$，称为道路阻力系数。则道路阻力功率为：

$$P_\psi = P_f + P_i = \frac{G \cdot V_a}{3\,600} \cdot \psi$$

空气阻力功率：

$$P_w = \frac{F_w \cdot V_a}{3\,600} = \frac{C_D \cdot A \cdot V_a^3}{21.15} \cdot \frac{1}{3\,600}$$

加速阻力功率：

$$P_j = \frac{F_j \cdot V_a}{3\,600} = \frac{\delta \cdot G \cdot V_a}{3\,600 \cdot g} \cdot \frac{dV}{dt}$$

由此得发动机输出有效功率 P_e 为：

$$P_e = \frac{V_a}{3600 \cdot \eta_t} \cdot \left(G \cdot \psi + \frac{C_D \cdot A \cdot V_a^2}{21.15} + \frac{\delta \cdot G}{g} \cdot \frac{dV}{dt}\right)$$

代入式（3-1），则：

$$Q = \frac{g_e}{36\ 000 \cdot \eta_t \cdot \gamma} \cdot \left(G \cdot \psi + \frac{G_D \cdot A \cdot V_a^2}{21.15} + \frac{\delta \cdot G}{g} \cdot \frac{dV}{dt} \right) \tag{3-2}$$

式（3-2）表明了汽车的燃油消耗量 Q 与发动机的有效油耗率、汽车结构参数、汽车行驶的道路条件、汽车运动状况等影响因素间的关系，称为汽车燃油消耗方程式。

二、汽车等速百公里燃油消耗量的计算

汽车等速百公里燃油消耗量指汽车在一定的载荷下，以最高挡在水平良好路面上等速行驶 100km 的燃油消耗量，是汽车燃料经济性的常用评价指标。若从某一低速开始，依次求出每隔 10km/h 速度间隔的等速百公里燃油消耗量，然后，绘出百公里燃油消耗量与车速的关系曲线（称为等速百公里燃油消耗量曲线），即可用来评价汽车的燃料经济性。

发动机负荷特性、汽车的功率平衡图和汽车燃油消耗方程式（式（3-2））是求解汽车等速百公里燃油消耗量的依据。汽车等速行驶时，加速阻力功率 P_j 为零，燃油消耗量 Q 为：

$$Q = \frac{g_e}{36\ 000 \cdot \eta_t \cdot \gamma} \cdot \left(G \cdot \psi + \frac{C_D \cdot A \cdot V_a^2}{21.15} \right) \tag{3-3}$$

负荷特性曲线给出了在发动机某一转速 n_e 时，不同有效输出功率 p_e 或负荷率 U 下的有效油耗率 g_e，如图 3-1 所示。负荷率指在某一相同转速下，节气门部分打开时发动机发出的功率与节气门全开时发出的功率之比。

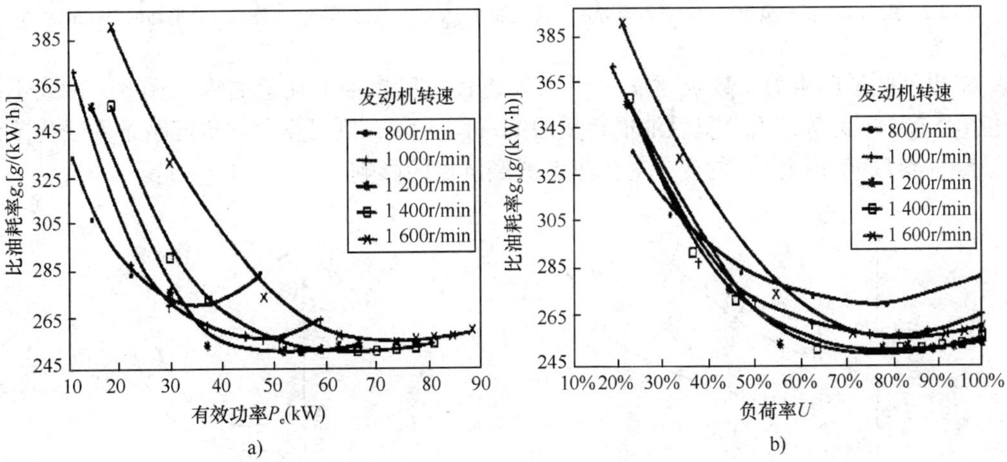

图 3-1　发动机负荷特性曲线

在初步确定了汽车结构参数、汽车行驶的道路条件等影响因素的前提下，可绘出汽车的功率平衡图和汽车车速 V_a 与发动机转速 n_e 的关系图，如图 3-2a）所示。据此可得到汽车以给定车速行驶时的发动机转速 n_e、输出功率 P_e 或负荷率 U。负荷率 U 为：

$$U = \frac{P'}{P'_s}$$

式中：P'——某转速下节气门部分打开时发动机发出的功率，kW；

P'_s——某转速下节气门全开时发动机发出的功率，kW。

根据发动机转速 n_e、输出功率 P_e 或负荷率 U，利用负荷特性图可得有效燃油消耗率 g_e 的值（图 3-2b），然后，根据汽车燃油消耗方程式（式（3-2））可求出汽车以某一给定车速 V_a 行驶时的等速百公里燃油消耗量 Q。

若用同样方法，依次求出每隔 10km/h 速度间隔的若干个车速 V_{a1}、V_{a2}…下的等速百公里燃油消耗量 Q_1、Q_2…，从而在（V_a-Q）坐标系中得到若干个点，连接各点即可绘出该车在给定条件下的等速百公里燃油消耗量曲线，如图 3-3 所示。即可用于评价该车在给定条件下的燃料经济性。

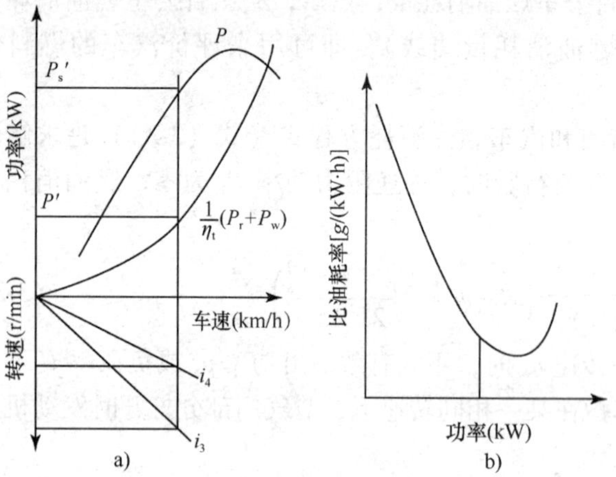

图 3-2　用功率平衡和负荷特性计算汽车等速百公里油耗

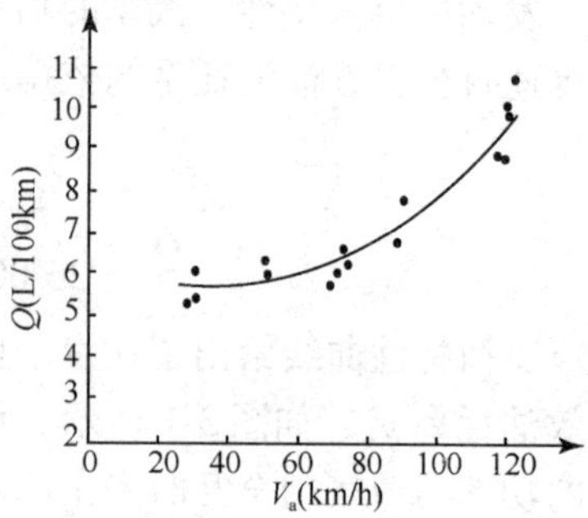

图 3-3　等速百公里燃油消耗量曲线

求出不同道路阻力系数 ψ_1、ψ_2…下的等速百公里燃油消耗量曲线（图 3-4）或不同挡位 i_1、i_2…下的等速百公里燃油消耗量曲线（图 3-5），则可据此评价道路条件变化或汽车某结构参数（如挡位）的变化对汽车燃料经济性的影响。

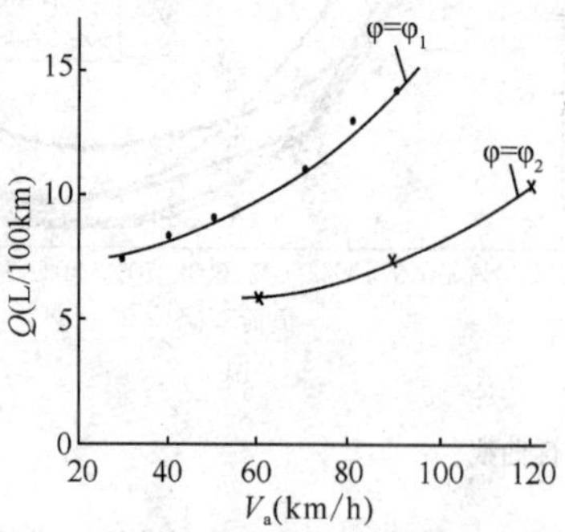

图 3-4　不同道路阻力的等速百公里油耗曲线

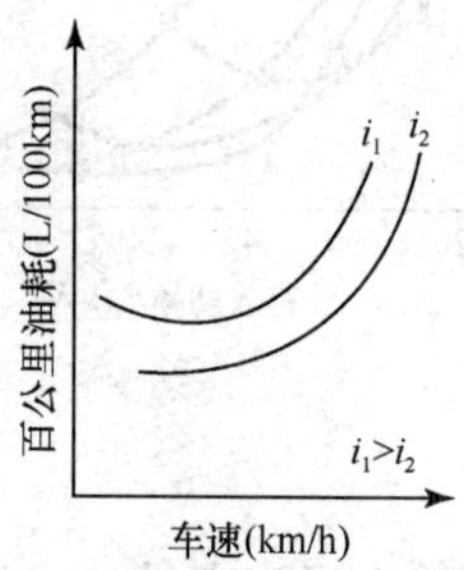

图 3-5　不同挡位的等速百公里油耗曲线

三、汽车循环工况百公里燃油消耗量计算

汽车等速百公里燃油消耗量反映了稳态工况下汽车的燃料经济性，而在实际行驶中

汽车经常处在非稳态工况下工作。因此，在分析汽车燃料经济性时，除需绘出汽车的等速百公里油耗曲线外，还需确定汽车按某一循环运行时汽车的总平均百公里油耗量。

反映不同类型汽车在各种不同使用条件下的运行状况有多种，但均由匀速行驶、加速行驶、减速行驶、停车、怠速等运行状况构成。因此，要计算汽车循环工况百公里燃油消耗量，必须进行匀速、加速、减速以及停车、怠速等工况的耗油量计算。

1. 汽车匀速行驶工况燃油消耗量

对于运行循环中汽车以匀速工况行驶的各个阶段，可根据以上介绍的方法求出各匀速阶段的等速百公里燃油消耗量 Q_1、Q_2…，然后，根据各个阶段的长度 L_1、L_2…，求出各个匀速行驶阶段的燃油消耗量 Q_{L1}、Q_{L2}…。显然：$Q_{L1}=Q_1\cdot L_1$，$Q_{L2}=Q_2\cdot L_2$…。

2. 加速行驶工况燃油消耗量

汽车的加速行驶包括等加速行驶和不等加速行驶两种情况。

1)等加速行驶工况燃油消耗量

根据式（3-1），汽车等加速行驶工况燃油消耗量为：

$$\begin{aligned}Q&=\frac{P_e\cdot g_e}{10\cdot\gamma\cdot V_a}\\&=\frac{g_e}{36\,000\cdot\eta_t\cdot\gamma}\left(G\cdot\psi+\frac{C_D\cdot A\cdot V_a^2}{21.15}+\frac{\delta\cdot G}{g}\cdot\frac{dV}{dt}\right)\\&=\frac{g_e}{36\,000\cdot\eta_t\cdot\gamma}\left(G\cdot\psi'+\frac{C_D\cdot A\cdot V_a^2}{21.15}\right)\end{aligned}\tag{3-4}$$

式中：ψ——道路阻力系数，$\psi=f+i$；

ψ'——当量道路阻力系数，$\psi'=\psi+\dfrac{\delta}{g}\cdot\dfrac{dV}{dt}$。

由于发动机加速运转过程中系统的加浓作用，汽车加速时发动机的有效油耗率 g_e 比汽车稳态行驶时高。但为使计算方便，在计算汽车加速行驶燃油消耗量时，仍采用稳态工况时的有效油耗率 g_e。

比较式（3-4）与式（3-3）可见，汽车以等加速度$\dfrac{dV}{dt}$在道路阻力系数为 ψ 的道路上行驶时的燃料经济性，可以用汽车在道路阻力系数为 ψ'的道路上稳定行驶时的燃料经济性近似表示。这样，计算等加速工况下的燃油消耗量，可近似用计算匀速行驶工况下的燃油消耗量的方法来解决。

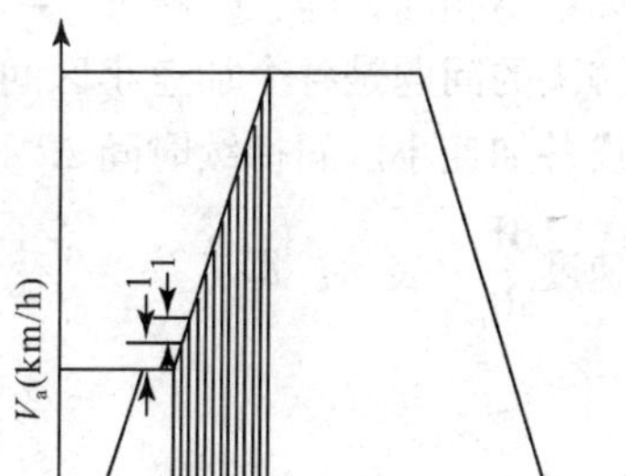

图 3-6　等加速过程的燃油消耗量计算

然而，在汽车加速过程中，汽车的行驶速度 V_a 是不断变化的。因此，如计算汽车以$\dfrac{dV}{dt}$的等加速度使汽车速度从 V_{a1} 上升到 V_{a2} 的过程中（图 3-6）的燃油消耗量时，可以按速度每增长 ΔV_a，把汽车的整个加速过程分为 n 个小区间 Δt_{1-2}、Δt_{2-3}…Δt_{n-1-n}，每个加速区间的持续时间 Δt 为：

$$\Delta t = \frac{\Delta V_a}{3.6 \cdot \frac{dV}{dt}}$$

式中：ΔV_a——速度增长值，km/h；

Δt——每个加速区间的持续时间，s。

在每个小区间中汽车的行驶速度可以近似用车速的平均值 $\overline{V}_a$ 代表。同时，由等加速度$\frac{dV}{dt}$时的当量道路阻力系数 ψ' 和车速 $\overline{V}_a$，通过功率平衡图和发动机负荷特性可得车速在每一个小区间内发动机稳定工作时的有效油耗率 $\overline{g}_e$，显然区间划分越细，计算结果的近似程度越好。

这样，车速从 V_{ai} 上升到 V_{aj} 的小区间持续时间 Δt_{i-j} 的燃油消耗量 Q_{i-j} 和绝对油耗量 ΔQ_{i-j} 分别为：

$$Q_{i-j} = \frac{\overline{g}_{ei-j}}{36\,000 \cdot \eta_t \cdot \gamma} \cdot \left(G \cdot \psi' + \frac{C_D \cdot A \cdot \overline{V}_{ai-j}^2}{21.15}\right)$$

$$\Delta Q_{i-j} = \frac{\overline{g}_{ei-j}}{36\,000 \cdot \eta_t \cdot \gamma} \cdot \left(G \cdot \psi' + \frac{C_D \cdot A \cdot \overline{V}_{ai-j}^2}{21.15}\right) \cdot \frac{\overline{V}_{ai-j} \cdot \Delta t}{3\,600 \times 100}$$

式中：Q_{i-j}——燃油消耗量，L/100km；

ΔQ_{i-j}——绝对油耗量，L。

整个等加速过程所消耗的燃油量 Q_s 为：

$$Q_s = \sum_{i,j=1}^{n} \Delta Q_{i-j}$$

式中：Q_s——整个等加速过程所消耗的燃油量，L。

2)不等加速行驶工况燃油消耗量

不等加速行驶工况的燃油消耗量计算方法与以上介绍的等加速行驶工况的燃油消耗量计算方法类似。其主要区别在于：等加速行驶工况时，各个加速小区间的当量道路阻力系数相同，即：$\psi'_1 = \psi'_2 = K$；而在不等加速行驶工况时，不同加速小区间的当量道路阻力系数不相同，即：$\psi'_1 \neq \psi'_2 \neq K$。因此，为求解不等加速行驶工况的燃油消耗量，首先要解决的问题是各个加速小区间的当量道路阻力系数。

设各加速小区间持续时间 Δt_{i-j} 的速度变化为 $V_{ai} \sim V_{aj}$，则该小区间的加速度可以用平均加速度$\frac{d\overline{V}_{i-j}}{dt_{i-j}}$表示。即：

$$\frac{d\overline{V}_{i-j}}{dt_{i-j}} = \frac{1}{3.6} \cdot \frac{V_{aj} - V_{ai}}{t_j - t_i}$$

式中：V_{ai}——加速小区间初速度，km/h；

V_{aj}——加速小区间末速度，km/h；

$\frac{d\overline{V}_{i-j}}{dt_{i-j}}$——加速小区间的平均加速度，$m/s^2$。

因此，汽车在道路阻力系数为 ψ 的道路上加速行驶时，加速小区间 Δt_{i-j} 的当量道路阻力系数 ψ_{i-j} 为：

$$\psi_{i-j} = \psi + \frac{\delta}{g} \cdot \frac{d\overline{V}_{i-j}}{dt_{i-j}}$$

据此，用同样的方法，可求出车速从 V_{ai} 上升到 V_{aj} 的小区间 Δt_{i-j} 内的燃油消耗量 Q_{i-j} 和绝对油耗量 ΔQ_{i-j}。

各个小区间的绝对油耗量相加，即可得到整个加速过程所消耗的燃油量 Q_s。

3. 怠速停车时的燃油消耗量

若在汽车运行循环中怠速停车的时间为 t_s，则怠速停车时的燃油消耗量 Q_t 为：

$$Q_t = Q_s \cdot t_s$$

式中：Q_s——怠速燃油消耗率，L/h；

Q_t——怠速停车时的燃油消耗量，L；

t_s——怠速停车的时间，h。

4. 减速行驶工况的燃油消耗量

减速行驶时，节气门松开（关至最小位置），并进行轻微制动，发动机处于强制怠速状态，其油耗量即为正常怠速油耗。所以，减速工况燃油消耗量 Q_d 等于减速行驶时间 t_d 与怠速油耗率 Q_s 之积。即：

$$Q_d = Q_s \cdot t_d$$

5. 整个循环工况的燃油消耗量

对于由等速、加速、减速、怠速、停车等行驶工况构成的汽车运行循环，其整个运行循环的平均百公里燃油消耗量 Q_w 为：

$$Q_w = \frac{\sum Q}{S} \cdot 100$$

式中：$\sum Q$——所有过程的绝对油耗量，L；

Q_w——整个循环平均百公里燃油消耗量，L/100km；

S——整个循环的行驶距离，km。

四、汽车运行燃油消耗量的计算

计算某一具体运行条件下的汽车燃油消耗量时可采用定额计算法。

汽车在某一具体条件下运行时，其燃油消耗量的影响因素较以上理论计算时所考虑的因素多得多。除汽车的结构因素和技术状况外，道路条件、交通情况、载荷状况、运输距离、环境条件（如气温、风、雨、雾等）及驾驶水平等，都对汽车的燃油消耗量有很大影响。其中包括：随机因素、自然因素和人为因素。对于这些影响因素，根据其影响的范围、程度和可数量化情况，在计算中采用不同的处理方法。对于道路、载荷、气温、海拔高度等，因其影响较大且可等级化和数量化，因此，作为参数将其综合在燃油消耗量计算公式中考虑；交通因素将在道路分类中予以考虑；而汽车技术状况、驾驶水平等因素，尽管它们对汽车运行燃油消耗也有较大影响，但计算时将其视为一般正常水平，而不予以考虑；对风、雨、雾等特殊环境因素，由于其影响是局部的、地区性的，且难于等级化和数量化，因此，其影响可根据实际情况在制定燃油消耗定额时确定。

汽车运行燃油消耗量计算公式由汽车基本运行燃油消耗量和汽车运行条件修正系数两部分构成，用于计算汽车在不同运行条件下运行时所消耗的燃油限额，以限制和考核汽车运行燃料经济性。

载货汽车运行燃油消耗量计算式 Q 为：

$$Q = \sum_{i=1}^{n} (q_a + q_b \cdot W_i + q_c \cdot \Delta M) \frac{S_i \cdot k_{ri} \cdot k_{hi} \cdot k_{\gamma i}}{100}$$

大型载客汽车运行燃油消耗量计算式为：

$$Q = \sum_{i=1}^{n} (q_a + q_b \cdot N_i + q_c \cdot \Delta M) \frac{S_i \cdot k_{ri} \cdot k_{hi} \cdot k_{\gamma i}}{100}$$

乘用车车运行燃油消耗量计算公式为：

$$Q = \sum_{i=1}^{n} q \frac{S_i \cdot k_{ri} \cdot k_{hi} \cdot k_{\gamma i}}{100}$$

式中：q_a——汽车空驶基本燃油消耗量，L/100km；

Q——载货汽车运行燃油消耗量，L/100km；

q_b——货物（旅客）周转量的基本附加燃油消耗量，L/(100t · km) 或 L/(kp · km)；

q_c——整备质量变化的基本附加燃油消耗量，L/(100t · km)；

q——汽车空车质量综合基本燃油消耗量，L/100km；

S_i——该运行条件下汽车行驶里程，km；

W_i——该运行条件下汽车的载质量，t；

N_i——该运行条件下乘客人数，p；

ΔM——汽车整备质量增量，其值为汽车实际整备质量 M（包括挂车整备质量）与标准给出的汽车整备质量 M_0 之差，t；

k_{ri}——该运行条件下的道路修正系数；

k_{hi}——该运行条件下的海拔高度（大气压力）修正系数；

k_{ti}——该运行条件下的气温修正系数，℃；

$k_{\gamma i}$——该运行条件下的燃油密度修正系数。

修正系数 K_{hi}、K_{ti}、$K_{\gamma i}$ 可由下式计算：

$$k_{hi} = 1 + 0.0021 \cdot (P - 100)$$

$$k_{ti} = 1 + 0.0025 \cdot (20 - T)$$

$$k_{\gamma i} = 1 + 0.8 \cdot (0.742 - \gamma_g)$$

$$k_{\gamma i} = 1 + 0.8 \cdot (0.830 - \gamma_d)$$

式中：P——大气压力，kPa；

T——大气温度，℃；

γ_g——气温 20℃、气压 100kPa 时，汽油的密度，g/mL；

γ_d——气温 20℃、气压 100kPa 时，柴油的密度，g/mL。

道路条件修正系数 K_{ri}、海拔高度（大气压力）修正系数 K_{hi} 和气温修正系数 K_{ti} 可分别从表 3-1、表 3-2、表 3-3 中选取。

道路分级和修正系数 K_{ri}　　表 3-1

道路类别	公路等级和条件	城市道路等级	修正系数
1 类	平原、微丘一、二、三级公路		1.00
2 类	平原、微丘四级公路	平原、微丘地区一、二、三、四级公路	1.10
3 类	山岭、重丘一、二、三级公路	重丘地区一、二、三、四级公路	1.25
4 类	平原、微丘级外公路	级外道路	1.35
5 类	山岭、重丘四级公路		1.45
6 类	山岭、重丘级外公路		1.70

海拔高度（气压）修正系数 K_{hi}　　表 3-2

海拔高度 h（m）	≤500	>500 ~ 1 500	>1 500 ~ 2 500	>2 500 ~ 3 500	>3 500
K_{hi}	1.00	1.03	1.07	1.13	1.20

气温区间及修正系数 K_{ti}　　表 3-3

月平均气温 t（℃）	>28	28 ~ 5	<5 ~ −5	−5 ~ −15	−15 ~ −25	< −25
K_{ti}	1.02	1.0	1.03	1.06	1.09	1.13

第三节　影响汽车燃料经济性的结构因素

一、影响汽车燃料经济性的发动机结构因素

发动机的热效率直接影响有效燃油消耗率，进而影响汽车的燃油消耗量。因而，凡是对发动机的燃烧过程和热功转换效率有影响的因素，都对汽车的燃料经济性有重要影响。这些因素包括：发动机的种类、设计与制造水平、负荷率的大小及使用方法等。

1. 发动机种类

与汽油机相比，柴油机的热效率高、有效燃油消耗率较低。特别是在部分负荷时，柴油机的有效燃油消耗率比汽油机低得多。现代柴油机的燃油消耗比汽油机要低 20% ~ 40%，排气污染也较汽油机小。因此，汽车上广泛装用柴油机是改善汽车燃料经济性的主要途径之一。

2. 发动机的压缩比

汽油机的热效率 η 与压缩比 ε 的关系为：

$$\eta = 1 - \varepsilon^{1-K}$$

式中：K——绝热指数。

显然，发动机压缩比增大时，热效率提高，则发动机动力性提高，燃油消耗率降低。汽油机压缩比的提高主要受爆振的限制，同时压缩比提高到一定程度后，不仅对发动机

的功率和效率的提高无明显效果，还会增大排气中 NO_x 的浓度。因此，只能在控制发动机爆燃，并满足排放要求的前提下适当提高压缩比。

改进燃烧室和进气系统，提高发动机结构的爆振极限，使用爆振传感器，自动延迟产生爆振时的点火提前角，采用掺水燃烧抗爆技术，开发高辛烷值汽油等都是提高压缩比的措施。

3. 改善发动机燃烧过程

改进燃烧室形状，采用稀薄混合气分层燃烧技术，利用电控燃油喷射系统精确控制供油量等措施可改善汽油机的燃烧过程，即能显著提高燃料经济性，又可降低排放污染。

稀混合气可以提高发动机燃料经济性的主要原因是，稀混合气中的汽油分子有更多的机会与空气中的氧分子接触，以便于完全燃烧；同时，稀混合气燃烧后最高温度和压力降低，缸壁传热损失较少，还可以增大压缩比，提高热效率。但若混合气过稀，燃烧速度过于缓慢，燃烧速度下降，发热量及热效率下降；同时，混合气过稀，发动机的工作对混合气的均匀性及分配的均匀性更加敏感，个别缸失火的概率增大。

燃用稀混合气的主要技术措施：加快燃烧速度；提高点火能量，适当增大点火提前角，延长火花持续时间；清除火花塞附近的废气；汽油充分雾化等。

当前采取的主要措施是快速燃烧技术。快速燃烧技术的实现，主要依靠燃烧室及进气道的设计，例如：火花塞位置选择、提高进气气流速度、组织绕汽缸进气涡流、挤压紊流及燃烧紊流等。

为了燃用稀混合气，还可以采用分层充气技术，即在火花塞附近的局部区域内供给易于点燃的浓混合气，而在其他区域供给相当稀的混合气。当浓混合气点燃形成火焰后，由其产生的高温和缸内强涡流的影响下，使稀混合气点燃，并使火焰得以传播。

使用稀薄燃烧技术的汽油发动机，空燃比可达20:1以上，有的甚至高达26:1。

4. 改善进、排气系统

改善进、排气系统的目的是降低进气阻力和排气干扰，提高充气效率。进气管应有足够的流通截面，且表面光洁，连接处平整，并应减少气流转折以及截面突变，以减少气流的局部阻力。进气门处的局部阻力最大，采用多气门结构，可以增加进气充量。同时，进气管断面的形状和尺寸，对燃油的雾化、蒸发和分配影响很大。断面过大，气流速度低，燃油易沉积于管壁，蒸发速率慢，各缸混合气分配不均匀，油耗增加。

5. 选择合理的配气相位

配气相位是否合理对于充气系数的变化特性、换气损失、燃烧室扫气作用、排气温度以及净化程度等都有很大影响。

合理的配气相位与发动机常用工作区相关。配气相位的持续角较宽时，发动机在高速时，充气特性好，而低速时，则充气特性差；持续角较窄时，则反之。适当的排气相位角可充分利用气流的惯性以及排气系统的压力波动进行充气。采用电液控制的可变配气相位控制技术，可保证发动机在各种工况下都使配气相位处于最佳状态。

6. 负荷率

根据发动机负荷特性，若转速一定，当发动机负荷率较高时，其有效燃油消耗率较低。发动机在中等转速较高负荷率时，其燃油消耗率最低，经济性较好。但一般汽车在水平良好道路上以正常速度行驶时，只用到了最大功率的20%左右，大部分时间都在较低负荷率下工作。因此，在保证动力性的前提下，不宜装用功率过大的发动机，以提高发动机功率利用率。

采用闭缸技术可以改变发动机的有效工作排量，从而改变发动机的负荷率，其主要方法有变行程法和变缸法。

变缸法即改变有效汽缸数目的方法，负荷率低时关闭一部分汽缸，以提高其余汽缸的功率利用率，使其工作在较经济工况下。减少工作汽缸数的方法有堵塞进气道和关闭进、排气门两种方法。

变行程法指改变活塞行程，即在中小负荷时，将活塞行程缩短，则汽缸有效工作排量减小，进而提高发动机负荷率和热效率，并能减少进气损失、泵气损失以及活塞及活塞环与汽缸壁的摩擦损失等。但变行程法的可靠性差、寿命低和成本高，而且 NO_x 排放量高等问题均有待于解决。

二、影响汽车燃料经济性的底盘结构因素

1. 传动系的影响

汽车传动系的挡位数、传动比、传动系效率等对汽车的燃料经济性有很大影响。

1）变速器挡位数

在水平良好道路上，尽可能使用最高挡行驶，可以使发动机处于中等转速、较高负荷工况下工作，有利于降低燃油消耗。当变速器挡位数较多时，可根据汽车行驶阻力的变化选择合适的挡位，能使发动机处于经济运行工况的机会增多。但过多的挡位会使变速器或传动系结构复杂，操作不便。

挡位无限的无级变速器，可以使发动机工作特性与汽车行驶工况达到最佳匹配，具有使发动机在任何情况下都工作在最经济工况下的可能性。若无级变速器始终能保持较高机械效率，则汽车的燃料经济性将显著提高。然而，目前在汽车上得到广泛使用的无级变速器是液力自动变速器，由于其液力变扭器传动效率较低，因此，这类车辆的燃料经济性受到一定的影响。但装有自动变速器的车辆操作简单、起步平稳、乘坐舒适性好。

2）超速挡的应用

汽车传动系中，使用直接挡时的总减速比（主减速器传动比）是根据良好道路上车辆动力性的要求确定的。因此，汽车在中等车速下行驶时，发动机负荷率低，有效燃油消耗率高，因而降低了汽车的燃料经济性。为改善汽车在水平良好道路上行驶时的燃料经济性，在不改变主减速器传动比的情况下，在变速器中增加一个传动比小于1的超速挡，则可以提高汽车中速行驶时发动机的负荷率，从而降低中速行驶时的百公里油耗量。

3）主减速器传动比的影响

选择较小的主减速器传动比时，在相同的车速和道路条件下，可以提高汽车的负荷率，有利于降低燃油消耗。但若主减速器传动比过小，因其动力性不足，会导致车辆经常使用较低挡的挡位，使最小传动比挡位的利用率降低，反而使燃油消耗率增大。

4）传动比与发动机的匹配

为了判断传动比与发动机匹配是否合理，可以在一定使用条件下，把发动机的常用工况区与发动机万有特性图画在同一个坐标系上，考察常用工况区与最低油耗区接近（重叠）情况，见图3-7。经运行工况调查，可知常用的车速和挡位，从中可确定相应的转速范围为 $n_{e1} \sim n_{e2}$，相应的功率范围为 $P_{e1} \sim P_{e2}$，则可在万有特性图上表示出常用工况区 A。若 A 区偏离万有特性最低油耗区，可进行调整，使常用工况位于最佳工况区 B 区或 C 区。

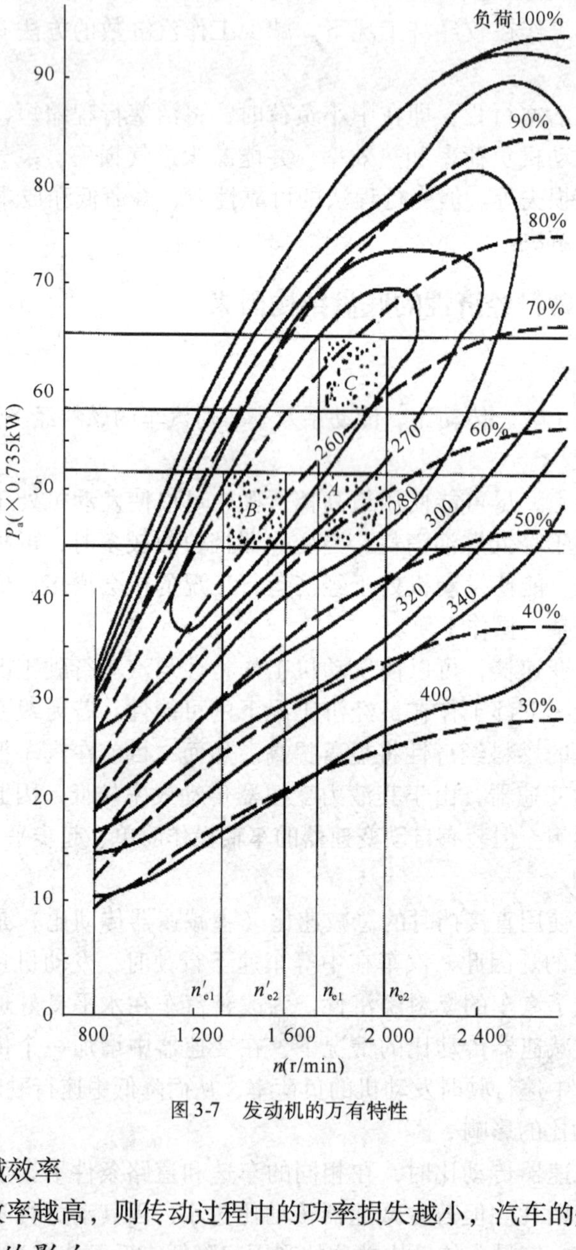

图3-7　发动机的万有特性

5）传动系的机械效率

传动系的机械效率越高，则传动过程中的功率损失越小，汽车的燃料经济性越好。

2. 行驶系车轮的影响

汽车车轮装用子午线轮胎，提高轮胎气压，是减小滚动阻力的主要途径。

试验表明：滚动阻力减少10%，油耗可降低2%。大型载货汽车装用子午线轮胎后，其滚动阻力可减少15%～30%，节油5%～8%；乘用车装用子午线轮胎的节油率为6%～9%。采用轮胎制造新技术，可使轮胎滚动阻力系数由0.016降至0.008。

提高轮胎气压，在汽车行驶时，可以使轮胎的变形减少。因此，汽车的滚动阻力随轮胎气压的增大而减小。研究表明，将轮胎气压由166.6kPa提高到215.6kPa时，滚动阻力可减小30%，油耗降低3%。但轮胎气压提高后，又带来舒适性降低、悬架动载荷变大等问题，并且轮胎气压的提高受到有关道路法规的限制。

3. 车身的影响

汽车车身形状和尺寸影响汽车行驶时的空气阻力。汽车高速行驶时，空气阻力消耗的功率相当大，可达50%左右。因此，优化车身设计，降低空气阻力，对汽车的燃料经济性有很大影响。

空气阻力的大小取决于汽车迎风面积 A 和空气阻力系数 C_D。汽车迎风面积取决于汽车乘坐或完成运输任务所要求的外形尺寸，其数值降低受到限制。因而，减小空气阻力主要应从降低空气阻力系数着手。研究表明，空气阻力系数每降低10%，可使汽车燃料经济性提高2%左右。目前，减小空气阻力系数的主要措施有：

①选择合理的车身外形。

②对所有暴露部进行空气动力学优选。

③在车身上加装各种导流装置。

图3-8为在汽车上加装的各种导流装置示意图。载货汽车常用导流装置有以下几种：

①凸缘型空气阻力减少装置。装于厢式车身的前壁，并包覆其顶边及两侧。安装该装置后，空气阻力系数可减少3%～55%。

②空气动力学屏板A，装在驾驶室顶上。汽车安装这种屏板后，空气阻力系数可减少3%以上。

③间隙密封罩B，装在驾驶室和车厢之间。根据美国某大学试验表明，其最好的节油效果达12%。

④在车身下部装防护罩C以及在车厢后面装后导流罩D等，都是有效的节油措施。

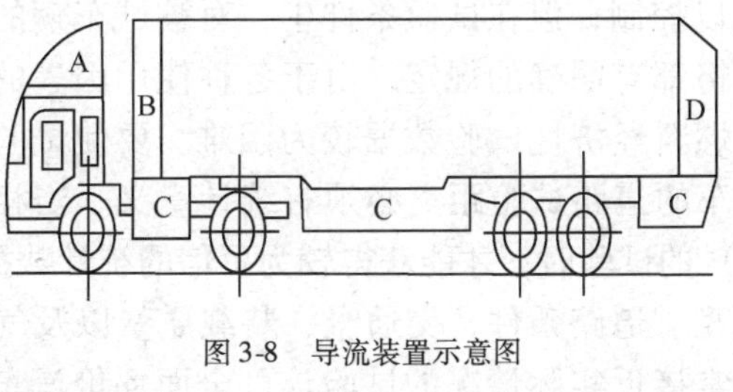

图3-8　导流装置示意图

4. 汽车总质量的影响

汽车行驶时，除空气阻力外，汽车的滚动阻力、坡度阻力和加速阻力都与汽车总质量 M 成正比。因此，减轻汽车整备质量，是降低油耗最有效的重要措施之一。根据有关资料介绍，汽车整备质量每增加25%，油耗增加8%。目前，在汽车轻量化方面采用的主要措施有：

①用优化设计的方法充分利用材料的强度，提高结构的刚度。

②采用高强度轻材料，如采用高强度低合金钢、铝合金、镁合金、塑料和各种纤维强化等材料制造汽车零件。

③改进汽车结构，如，乘用车采用前轮驱动、高可靠性轮胎（可以去掉备胎）、少片或单片弹簧钢板、承载式车身、空冷式发动机、二冲程发动机、绝热发动机，以及各种零件的薄壁化、复合化、小型化等，减小车身尺寸，这还有利于减少行驶时的空气阻力。

④尽量减少零件数量，如新车身骨架的零件数量，由 400 个减到了 75 个，汽车质量可减轻 30%。

⑤取消某些附加设备及器材等，大量应用质量轻的电子产品。

第四节　汽车燃料经济性试验

根据对各种影响汽车燃料经济性的各个使用因素（表 3-4）的不同控制程度，汽车燃料经济性的试验方法可分为：不控制的道路试验、控制的道路试验、道路循环试验、室内台架循环试验等。显然，在不同使用条件下，试验得到的汽车燃油消耗量有很大差异，因而不具有可比性。

影响汽车燃料经济性的使用因素　　表 3-4

行驶道路	城市、市郊、一般公路、高速公路
交通情况	道路上行人、车辆构成及车辆密集程度
驾驶习惯	平均车速、加速度及制动减速度，阻风门的使用情况
周围环境	气温、风、雨、雪等

一、不控制的道路试验

汽车燃料经济性的不控制的道路试验指对行驶道路、交通情况、环境条件和驾驶习惯各个使用因素都不加以控制，但在试验条件中，对被试车辆的维护、调整规范及所用燃料、润滑材料等的规格都有明确的规定。由于各种使用因素的随机变化，采用这种试验方法获得离散性小的燃料经济性试验数据较为困难。要使试验结果具有可靠性，试验中采用的汽车数量和汽车的道路试验距离必须有统计意义。当相当数量的汽车完成长距离（10 000 ~ 16 000km）的试验时，才能获得较为可信的统计数据。由此可见，不控制的道路试验反映了车辆类型、道路条件、交通量、装载质量以及气候等因素对汽车燃油消耗量的影响，是一种非常接近实际情况的试验，可全面评价汽车的燃料经济性。但由于试验持续时间很长，试验费用巨大，一般较少采用。

二、控制的道路试验

汽车燃料经济性的控制的道路试验指对行驶道路、交通情况、环境条件和驾驶习惯等各个使用因素中的一个或几个因素加以控制，使其不发生变化。例如，对试验路段进行控制，在规定路段上进行汽车的燃料经济性试验，或在汽车试验场的专用试验道路上进行汽车的燃料经济性试验，就属于对道路进行控制的“控制的道路试验”；而在规定车速或挡位的条件下所进行的汽车的燃料经济性试验，则属于对车速或挡位进行控制的“控制的道路试验”。控制的道路试验的试验结果可以反映某因素对于汽车燃料经济性的影响。

三、道路循环试验

道路循环试验指汽车完全按规定的车速以及时间规范进行的道路试验。在道路循环实验规范中，通常对试验过程中汽车的运行工况（如：换挡时刻、制动时间、行驶速度、汽车加速度、制动减速度等）和汽车在各种不同运行工况下的运行时间或运行距离，作了具体规定。道路循环试验包括：等速行驶百公里燃油消耗量试验、怠速油耗试验和循环工况百公里燃油消耗量试验。

1. 基本试验条件

循环试验的基本试验条件如下。

1）汽车

①汽车必须清洁，关闭车窗和驾驶室通风口，有恒温器控制的空气流必须处于正常调整状态。

②试验时，汽车必须进行预热行驶，使发动机、传动系及其他部分预热到规定的温度状态。

③轮胎充气压力应符合该车技术条件的规定，误差不超过 10 kPa。

2）汽车装载质量

①乘用车试验质量为整备质量加上 180kg，当车辆的 50% 载质量大于 180kg 时，则车辆的试验质量为整备质量加上 50% 载质量。

②商用车试验质量为 M_1、M_2 类城市客车为装载质量的 65%，其他车辆为满载。

装载质量应均匀分布且固定牢靠，试验过程中不得晃动和颠簸。

3）道路条件

试验道路应为清洁、干燥、平坦的，用沥青或混凝土铺成的直线道路。道路长 2～3km，宽不小于 8m，纵向坡度在 0.1% 以内。

4）气候条件

试验应在无雨无雾、相对湿度小于 95%、气温在 0～35℃、气压为 98.7～102.7kPa（740～770mmHg）、风速不大于 3m/s 的天气条件下进行。

5）测试仪器精度

车速测定仪器和油耗计的精度为 0.1%，计时器最小读数为 0.1s。

2. 等速行驶百公里燃油消耗量试验

等速行驶百公里燃油消耗量试验是一种在我国广泛采用的最简单的道路循环试验。

试验的测量路段长度为 500m，两端应能方便地使汽车掉头。

试验工况：试验前，汽车必须充分预热，使发动机的冷却液温度达到 80～90℃，变速器及驱动桥润滑油温度不低于 50℃；试验时，汽车用最高挡等速行驶，从车速 20km/h

开始试验，以车速 10km/h 的整倍数增大，直至该挡最高车速的 80%，整个试验过程至少测定 5 个点。

试验方法：使汽车在给定车速下，匀速驶过 500m 的测量路段，同时测定燃油消耗量（单位为 L）和运行时间（单位为 s）。每种车速往返试验各两次，两次试验之间的时间间隔（包括使车速达到预定的稳定车速所需的助跑时间）应尽可能地缩短，以保持稳定的热状况。往返共四次试验结果的油耗量差值不应超过 ±5%，取四次试验结果的平均值为等速行驶的耗油量（单位为 L）。然后，把测得的平均燃油消耗量折算为等速行驶百公里燃油消耗量。

在依次测出每隔 10km/h 速度间隔的等速百公里燃油消耗量后，可绘出汽车百公里燃油消耗量 Q 与车速 V_a 的关系曲线（称为等速百公里燃油消耗量曲线），即可用来评价汽车的燃料经济性（图 3-3）。

3. *循环工况百公里燃油消耗量试验*

等速行驶燃料经济性只能作为一种相对比较性的指标，不能全面考核汽车的燃料经济性。因为等速燃料经济性试验没有关于动力性的要求，容易造成试验汽车的动力性要求与燃料经济性匹配不合理的现象；此外，汽车的等速行驶燃料经济性试验结果不能反映汽车实际行驶中频繁出现的加速、减速等非稳定行驶工况。因此，各国根据本国道路、交通等状况制定了一些典型的循环工况，用于模拟汽车在不同条件下的实际运行工况，据此进行燃料经济性试验，并以试验所得的百公里燃油消耗量来评价汽车相应工况的燃料经济性。

1）试验循环

我国针对载货汽车、城市公共汽车和乘用车提出了相应的燃料经济性试验规范。载货汽车采用六工况试验循环，城市公共客车采用四工况试验循环，乘用车采用十五工况试验循环。

（1）六工况循环试验。GB/T 12545. 2—2001《商用车燃料消耗量试验方法》规定：商用车燃油消耗量试验采用六工况法循环试验，并规定了六工况循环中每个工况的行程、持续时间、车速、加速度等试验参数，见表 3-5 和见图 3-9。其整个循环共需 96. 2s，累计行程 1 350m。

六工况循环试验参数表 表 3-5

工况	行程（m）	时间（s）	累计行程（m）	车速（km/h）	加速度（m/s^2）
1	125	11. 3	125	40	—
2	175	14. 0	300	40 ~ 50	0. 2
3	250	18. 0	550	50	—
4	250	16. 3	800	50 ~ 60	0. 17
5	250	15. 0	1 050	60	—
6	300	21. 6	1 350	60 ~ 40	0. 26

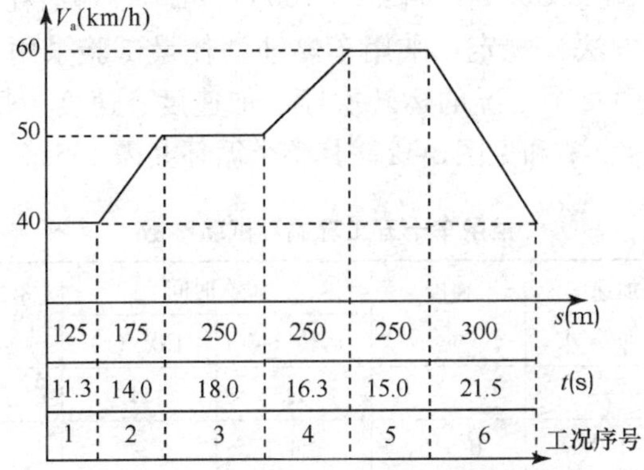

图 3-9　载货汽车六工况试验循环规范

(2)四工况循环试验。GB/T 12545. 2—2001《商用车燃料消耗量试验方法》规定：城市客车燃油消耗量试验采用四工况法循环试验，并规定了四工况循环中每个工况的运转状态、行程、持续时间、挡位和换挡车速等试验参数，见表 3-6 和见图 3-10。其整个循环共需 72. 5s（或 75. 7s），累计行程 700m。

城市客车和双层客车四工况循环试验参数　　表 3-6

工况序号	运转状态（km/h）	行程（m）	累积行程（m）	时间（min）	变速器挡位及换挡车速	
					挡位	换挡车速（km/h）
1	0 ~ 25 换挡加速	5. 5	5. 5	5. 6	II ~ III	6 ~ 8
		24. 5	30	8. 8	III ~ IV	13 ~ 15
		50	80	11. 8	IV ~ V	19 ~ 21
		70	150	11. 4	V	
2	25	120	270	17. 2	V	
3	(30) 25 ~ 40	160	430	(20. 9) 17. 7	V	
4	减速行驶	270	700		空挡	

注：1. 对于 5 挡以上变速器，采用 II 挡起步，按表中规定循环试验；对于 4 挡变速器，采用 I 挡起步，将 IV 挡代替表中 V 挡，其他依次代替，则按表中规定试验循环进行。

2. 括号内数字适用于铰接式客车及双层客车。

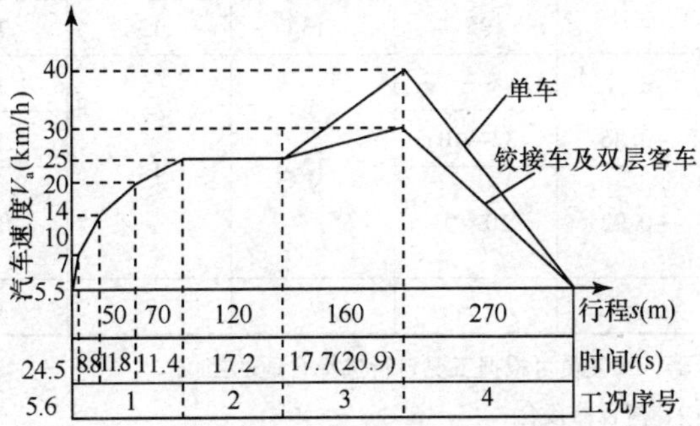

图 3-10　城市客车四工况试验循环规范

(3)十五工况循环试验。GB/T 12545.1—2008《汽车燃料消耗量试验方法第1部分：乘用车燃料消耗量试验方法》规定：乘用车燃油消耗量试验采用十五工况法循环试验，并规定了十五工况循环中每个工况的运转次序、加速度、速度、每次的运转时间、变速器挡位等试验参数，见表3-7和见图3-11。其整个循环共需195s。

乘用车十五工况循环试验参数 表3-7

工况	运转次序	加速度 (m/s^2)	速度 (km/h)	每次时间 运转 (s)	每次时间 工况 (s)	累计时间 (s)	手动变速器使用挡位
1	1 怠速	—	—	11	11	11	6sPM① +5s$K_1$②
2	2 加速	1.04	0→15	4	4	15	1
3	3 等速	—	15	8	8	23	1
4	4 减速	-0.69	15→10	2	15	25	1
	5 减速离合器脱开	-0.92	10→0	3		28	
5	6 怠速	—	—	21	21	49	16sPM +5sK_1
6	7 加速	0.83	0→15	12	12	54	1
	8 换挡					56	—
	9 加速	0.94	15→32			61	2
7	10 等速	—	32	24	24	85	2
8	11 减速	-0.75	32→10	8	11	93	2
	12 减速离合器脱开	-0.92	10→0	3		96	K_2
9	13 怠速	—	—	21	21	117	16sPM +5sK_1
10	14 怠速	0.83	0→15	26	26	122	1
	15 换挡					124	—
	16 加速	0.62	15→35			133	2
	17 换挡					135	—
	18 加速	0.62	35→50			143	3
11	19 等速		50	12	12	155	3
12	20 等速	0.52	50→35	8	8	163	3
13	21 等速	—	35	13	13	176	3
14	22 换挡	—	—	12	12	178	
	23 减速	-0.86	32→10			185	2
	24 减速离合器脱开	-0.92	10→0			188	K_2
15	25 怠速	—	—	7	7	195	7s PM

注：如车辆装备自动变速器，驾驶员可根据工况自行选择合适的挡位。

①PM指变速器在空挡，离合器接合。

②K_1（或K_2）指变速器挂1挡（或2挡），离合器脱开。

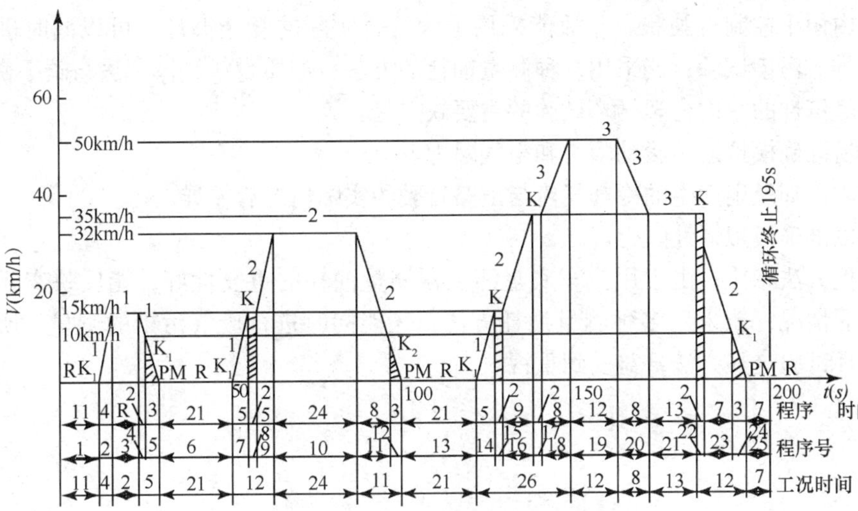

图 3-11　乘用车十五工况循环试验规范

K-离合器脱开；K_1、K_2-离合器脱开，变速器挂一挡或二挡

1-一挡；2-二挡；3-三挡；PM-空挡；K-怠速

2）试验方法和要求

载货汽车、城市客车等的试验过程：用仪器记录行程—车速—时间曲线，检查试验参数。在每个试验单元中，车辆终速度偏差应小于 ±3.0km/h，其他工况速度偏差应小于 ±1.5km/h，要求控制六工况的总行驶误差小于 ±1.5s。完成一个单元的试验后，尽可能迅速地掉头，按相同的循环从相反方向重复试验。累计进行四个单元试验，将此六工况循环或四工况循环的累计耗油量折算成算术平均百公里耗油量的测定值。

进行乘用车十五工况循环试验时，距离测量准确度应为 0.3%，时间测量的准确度为 0.2s，燃油测量精度为 ±2%，燃油测量装置的进出口压力和温度变化分别不得超出 10% 和 ±5℃，环境温度应为 5～35℃，大气压力应为 91～104kPa。

道路循环试验在一定程度上反映了汽车的实际行驶工况，且具有数据重复性好，使用仪器简单，花费时间少，消耗低等优点，因此，它是汽车燃料经济性试验的常用方法。

四、室内台架循环试验

汽车燃料经济性的室内台架循环试验指：在试验室内，在汽车底盘测功机上按规定试验循环进行的汽车燃料经济性试验。

室内台架循环试验可以用底盘测功器模拟汽车的行驶阻力与加速时的惯性阻力以及汽车在道路上行驶时的各种工况，同时，其可以控制实验室的气温等环境影响因素。所以，可以按照很复杂的循环试验规范对汽车进行室内试验。

燃料经济性的室内台架循环试验有以下优点：

①能控制试验条件，在室内试验时，可不受外界气候条件的限制，其周围环境影响的修正系数可以减到最少；若能控制室温，则可对不同气温条件下的汽车工况进行模拟试验。

②室内便于控制行驶状况，故能采用更为符合实际的复杂循环；可以同时进行燃料经济性与排气污染试验；能采用多种测量油耗的方法，如质量法、体积法与碳平衡法等。

燃料经济性的室内台架循环试验的主要缺点是：

①不易准确模拟道路滚动阻力和空气阻力。

②室内冷却风扇产生的冷却气流与道路行驶的实际情况有差异。

③难以准确模拟惯性阻力。

与其他方法相比，由于用汽车底盘测功器测量油耗的重复性好，能反映实际行驶时复杂的交通情况，能采用多种测量油耗方法，还能同时进行废气污染的测量，所以，室内台架循环试验这种方法日益受到重视。

第四章　汽车的行驶安全性

汽车安全性一般分为主动安全性、被动安全性、事故后安全性和生态安全性。

主动安全性指汽车本身防止或减少道路交通事故发生的性能。其主要取决于汽车的总体尺寸、制动性、行驶稳定性、操纵性、信息性以及驾驶员工作条件（操纵元件人机特性、座椅舒适性、操纵轻便性、噪声、温度和通风等）。此外，汽车动力性影响汽车超车时的超车时间和距离，因此对汽车的行驶安全也有重要影响。

被动安全性指交通事故发生后汽车本身减轻人员伤害和货物损坏的能力，可分为汽车内部被动安全性（减轻车内乘员受伤和货物受损）以及外部被动安全性（减轻对事故所涉及的其他人员和车辆的损害）两类。

事故后安全性指汽车能减轻事故后果的性能。即能否迅速消除事故后果，并避免新的事故发生的性能。

生态安全性指发动机排气污染、汽车行驶噪声和电磁波对环境的影响。

本章主要介绍对汽车主动安全性有重要影响的制动性和操纵稳定性，并简要介绍汽车的被动安全性。

第一节　汽车的制动性

汽车行驶时能迅速停车且维持方向稳定，并能在下长坡时控制车速以及能在一定坡道上驻车的能力，称为汽车的制动性。汽车的制动性可以用汽车的制动效能、制动效能的恒定性和制动时汽车的方向稳定性三个方面的指标评价。

汽车的制动性是汽车安全行驶的保证，同时，在汽车的行车安全得以保证的前提下，汽车的动力性才能得到充分发挥，汽车的平均技术速度和运输效率才能得到提高。改善汽车的制动性，始终是汽车设计、制造和使用过程中的重要任务。

一、制动时车轮的受力

地面制动力对于汽车的制动性能有决定性影响。地面制动力 F_b 的大小与制动蹄—制动毂和轮胎—路面两个摩擦副有关，不仅取决于制动器制动力 F_μ，而且还取决于地面附着力 F_ϕ。

1. 制动器制动力

在轮胎周缘沿切线方向克服车轮制动器摩擦力矩 T_μ 所需的力称为制动器制动力 F_μ。其值为：

$$F_{\mu} = \frac{T_{\mu}}{r}$$

式中：F_{μ}——制动器制动力，N；

T_{μ}——制动器摩擦力矩，N · m。

制动器制动力 F_{μ} 取决于制动器结构、形式与尺寸大小、制动器摩擦副摩擦系数和车轮半径 r。一般情况下，其数值与制动踏板力 F_P 成正比，即与制动系的液压或气压大小成线性关系。对于结构、尺寸等一定的制动器而言，制动器制动力主要取决于制动踏板力与摩擦副的表面状况，如接触面大小、表面有无油污等。

2. 地面制动力

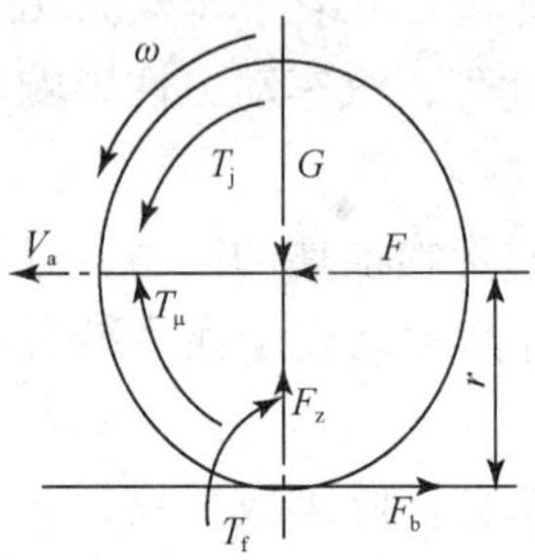

图 4-1 制动时的车轮受力

T_{μ}-车轮制动器的摩擦力矩；T_j-汽车回转质量的惯性力矩；T_f-车轮的滚动阻力矩；F-车轴对车轮的推力；G-车轮的垂直载荷；F_z-地面对车轮的法向反作用力

汽车在良好的硬路面上制动时的车轮受力，见图4-1。制动时，驾驶员踩下制动踏板，制动蹄摩擦片压在制动毂或制动盘上，二者相互滑转产生摩擦力矩 T_{μ}，使车轮转动速度减慢或停止；然而，由于汽车行驶时产生的惯性力，使车轴处受到推动车轮继续前行的力 F，从而，在轮胎与路面的接触表面产生摩擦，导致与汽车前进方向相反的地面切向反力的产生，该反力即为阻碍汽车运动直至停车的地面制动力 F_b。由于汽车回转质量的惯性力矩 T_j 和车轮的滚动阻力矩 T_f 相对较小，因此可忽略。这样，地面制动力 F_b 的值为：

$$F_b = \frac{T_{\mu}}{r} \tag{4-1}$$

式中：T_{μ}——摩擦力矩，N · m；

F_b——地面制动力，N。

在制动过程中，制动蹄摩擦片—制动毂相互作用产生的摩擦力决定着制动力矩 T_{μ} 和制动器制动力 F_{μ} 的大小；轮胎—路面间的附着力 F_{ϕ} 是地面制动力的极限值。即：地面制动力 F_b 不仅取决于制动器制动力 F_{μ}，而且取决于地面附着力 F_{ϕ}。

显然，若地面附着力足够大，即满足 $F_{\phi} > F_{\mu}$，则有 $F_{\mu} = F_b$，意味着制动器产生的制动器制动力 F_{μ} 完全转化为地面制动力 F_b。但当地面附着状况不良，即 $F_{\phi} < F_{\mu}$ 时，有 $F_b = F_{\phi} < F_{\mu}$，这说明制动器制动力 F_{μ} 受到附着力的限制而不能完全转化为地面制动力 F_b。

3. 制动力的增长

若不考虑附着系数的变化，则附着力 F_{ϕ} 为常数。在制动过程中，地面制动力 F_b 和由制动器制动力矩 T_{μ} 所决定的制动器制动力 F_{μ} 随制动踏板力 F_P 增大的变化关系如图4-2所示。车辆制动时，车轮有滚动或抱死拖滑两种运动状态。当踏板力 F_P 较小时，产生的制动器摩擦力矩 T_{μ} 不大，路面与轮间摩擦力（即地面制动力 F_b）足以克服制动摩擦力矩而使车轮滚动。车轮滚动时的地面制动力 F_b 等于制动器制动力 F_{μ}，且随踏板力 F_P 的增长成正比增长。但当制动踏板力增大至 $F_P = F'_P$ 时，地面制动力 F_b 增大到等于附着力 F_{ϕ}，车轮即会抱死不转而出现拖滑现象。此时，地面制动力 F_b 受轮胎与路面附着条件的限制，达到其最大值 F_{bmax}。此后，随着制动踏板力继续增大（$F_P > F'_P$），制动器摩擦力矩 T_μ 由于摩擦表面间作用力仍可增大，因而制动器制动力 F_μ 将随 F_P 的增大几乎成线性上升，但地面制动力 F_b 达到极限值 F_ϕ 后却保持在该极限值而不再增大。由此可见，要获得足够大的地面制动力，以提高汽车的制动性能，制动器必须具有足够大的制动器制动力矩（制动器摩擦力矩），同时路面又能提供足够高的附着力。

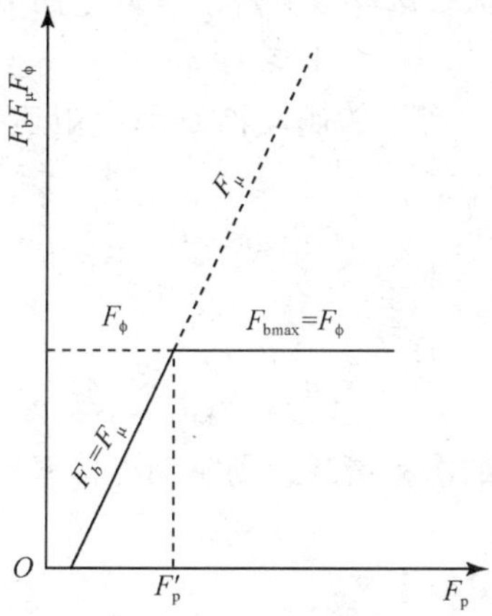

图 4-2　地面制动力和制动器制动力与制动踏板力的关系

4. 地面附着力

制动过程中，地面制动力的最大值 F_{bmax} 受到地面附着力的限制，即：F_{bmax} 等于作用于车轮的地面垂直反力 F_Z 与附着系数 ϕ 的乘积：

$$F_{bmax} = F_Z \cdot \phi \tag{4-2}$$

以上分析是把附着系数 ϕ 和地面垂直反力 F_Z 看作常数，而且地面附着力 F_ϕ 也为常数的前提下进行的。实际上，在汽车制动过程中，或更广泛地，在汽车传递地面切向力的过程中，附着系数 ϕ 和附着力 F_ϕ 并非常数，其变化规律与制动过程中滑移率的大小密切相关。

1）附着率和附着系数

（1）附着率。令轮胎与路面间传递的切向力 F_x 与地面垂直反力 F_Z 的比值称之为附着率 ϕ，即：

$$\phi = \frac{F_x}{F_Z} \tag{4-3}$$

在制动过程中，切向力 F_x 等于地面制动力 F_b，所对应的附着率为制动附着率；而在驱动过程中，切向力 F_x 等于地面驱动力 F_t，所对应的附着率为驱动附着率。

（2）滑移率。在制动过程中，随着制动强度增大，车轮的运动从纯滚动转变为纯滑动。

地面制动力产生前，车轮作纯滚动，汽车行驶速度即车轮中心的速度 V 等于车轮转动的线速度。即：

$$V = r \cdot \omega$$

式中：ω——车轮旋转线速度，rad/s；

V——车轮中心的速度，m/s；

r——车轮半径，m。

制动开始后，产生制动器制动力矩，使车轮旋转速度相对于车速降低，轮胎与路面间发生一定程度的相对滑移，由于摩擦而产生地面制动力。此时，车轮处于边滚边滑状态，且随着制动强度的继续增大，滚动成分逐渐降低，而滑动成分逐渐上升。即：

$$V > r \cdot \omega$$

随着制动强度进一步增大，产生的制动器制动力矩达到使车轮抱死，则车轮在路面上滑移。此时：

$$r \cdot \omega = 0$$

定义制动滑移率 s 为：

$$s = \frac{V - r \cdot \omega}{V} \tag{4-4}$$

若研究车轮受到驱动力时的滑移情况，则驱动滑移率 s 定义为：

$$s = \frac{r \cdot \omega - V}{r \cdot \omega}$$

滑移率 s 反映了车轮受到地面切向力作用时，车轮在路面上的滑移情况。在制动开始前，车轮纯滚动时，$s=0$；制动过程中，车轮边滚边滑，$0<s<1$；而制动强度增大到车轮抱死后，车轮纯滑移，$s=1$。因此，滑移率的数值表明车轮运动过程中滑移成分所占的比例。

(3)附着率与滑移率的关系。在制动过程中，附着率不是常数，而是随着制动强度的变化而变化的。试验证明：附着率 ϕ 是滑移率 s 的函数，二者的关系如图 4-3 所示。图中：ϕ_b 表示纵向附着率，即车轮受到的在车轮平面方向的地面切向反力与垂直反力的比值；ϕ_l 表示侧向附着率，即车轮受到的垂直于车轮平面的侧向地面反作用力与垂直反力的比值。

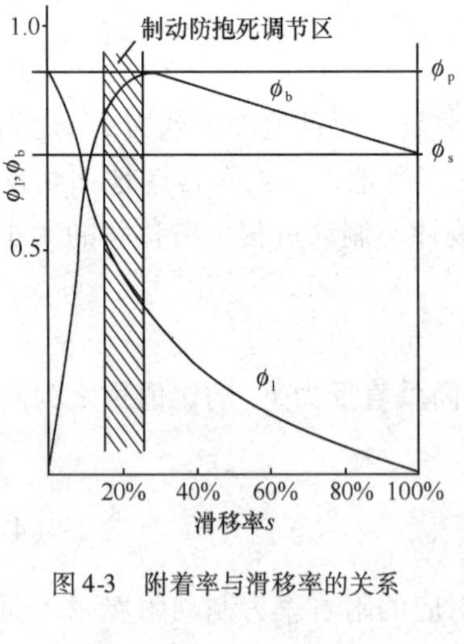

图 4-3 附着率与滑移率的关系

当制动强度不大，即滑移率 s 较小时，纵向附着率 ϕ_b 几乎随滑移率 s 的增大成正比增大。然后，随 s 增长，ϕ_b 缓慢增长，直至达到最大值 ϕ_p，该 ϕ_p 值称为峰值附着系数。试验表明：当 s 达到 15% ~20% 左右时，$\phi_b=\phi_p$。最后，随着滑移率 s 的继续增大，ϕ_b 反而下降，直至当车轮抱死即滑移 $s=100\%$ 后，附着率 ϕ_b 达到一稳定值 ϕ_s，该 ϕ_s 值称之为滑动附着系数。通常，$\phi_s<\phi_p$。峰值附着系数 ϕ_p 和滑动附着系数 ϕ_s 的大小对于汽车的制动过程有重要影响，分别表示装用防抱死制动系统的汽车和装用普通制动系统的汽车在制动时有可能利用的地面附着能力。

汽车在实际制动过程中，轮胎常常会受到侧向力的作用而发生侧偏或侧滑。在侧向力作用下制动时，侧向附着率 ϕ_l 也随滑移率 s 变化。当滑移率 s 较小时，侧向附着率 ϕ_l

的值较大，表明汽车可以承受较大的侧向力；随滑移率 s 增大，ϕ_l 的值减小；而当车轮抱死滑移后，即滑移率 $s=1$ 时，ϕ_l 的值降至接近于零。这表明：当滑移率 $s=1$ 时，车轮失去承受侧向力的能力。在此情况下，制动过程中如若受到侧向力的作用，则极易产生侧向滑移。

由此可见，在汽车制动过程中，若能控制制动强度，使车轮的滑移率保持在较低值（15% ~ 20%），则既能获得较大的纵向附着率，提高汽车的制动效能，又能获得较大的侧向附着率，提高汽车制动时的方向稳定性。

(4)影响附着系数的因素。附着系数的数值主要取决于道路的材料、路面状况和轮胎结构、轮胎气压、胎面花纹、轮胎材料以及汽车的行驶速度等。

图4-4 表明不同道路对附着系数的影响，各种不同路面上的附着系数的平均值，见表4-1。在其他条件不变时，潮湿路面的附着系数低于干燥路面的附着系数，冰雪路面附着系数非常小。

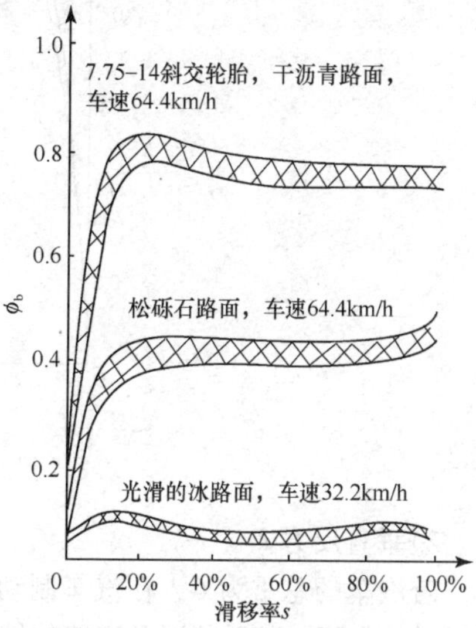

图4-4　不同路面上的附着率

各种路面上的平均附着系数　　表4-1

路　面	峰值附着系数	滑动附着系数
沥青或混凝土（干）	0.8 ~ 0.9	0.75
沥青（湿）	0.5 ~ 0.7	0.45 ~ 0.6
混凝土（湿）	0.8	0.7
砾石	0.6	0.55
土路（干）	0.68	0.65
土路（湿）	0.55	0.4 ~ 0.5
雪（压实）	0.2	0.15
冰	0.1	0.07

路面结构应在宏观上有一定的不平度，因而有自排水能力；路面的微观结构应粗糙且有一定的棱角，以穿透水膜，让路面与胎面直接接触，提高附着能力。

增大轮胎与地面的接触面积可提高附着能力；低气压、宽断面和子午线轮胎承受垂直载荷时变形大，因而附着系数大。

不同花纹的轮胎，由于其与路面的接触状况不同，因而附着系数也不同；轮胎磨损后，随着花纹深度减小，其附着系数有显著降低。

车速对附着系数的影响如图4-5 所示，当车速提高后，不仅峰值附着系数和滑动附着系数的值大大下降，而且两者的差明显增大。

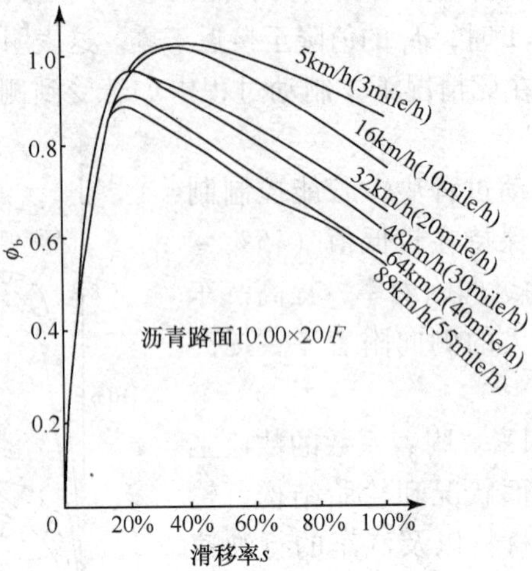

图 4-5 车速与附着率的关系

2）垂直反力 F_z

若汽车的总重为 G，在汽车制动过程中，作用于车轮上的地面法向反作用力 F_z 与汽车的总体布置、行驶状况及道路的坡度有关。

若汽车在水平路面上制动，并忽略制动过程中的空气阻力的影响，则制动过程中作用于汽车前后轴的地面垂直反力 F_{z1}、F_{z2} 的值分别为：

$$F_{z1} = \frac{L_2}{L} \cdot G - \frac{h_g}{L} \cdot M \cdot \frac{dV}{dt}$$

$$F_{z2} = \frac{L_1}{L} \cdot G + \frac{h_g}{L} \cdot M \cdot \frac{dV}{dt}$$

由此可见，汽车在水平路面上制动过程中，作用于前后轴上的垂直载荷之和等于汽车总重，即：$F_{z1} + F_{z2} = G$，并不会因汽车制动而改变。但在制动过程中会发生载荷的转移，即：前轴的垂直载荷增大，而后轴的垂直载荷减小。

即使前后轴的附着系数相同，但汽车制动时的轴荷转移也会影响前后车轮附着力的相对大小，进而影响着前后车轮所能获得的最大地面制动力的相对大小，同时也影响着前后车轮达到最大地面制动力的进程，因此对于汽车的制动性能会发生重要影响。

二、汽车的制动过程

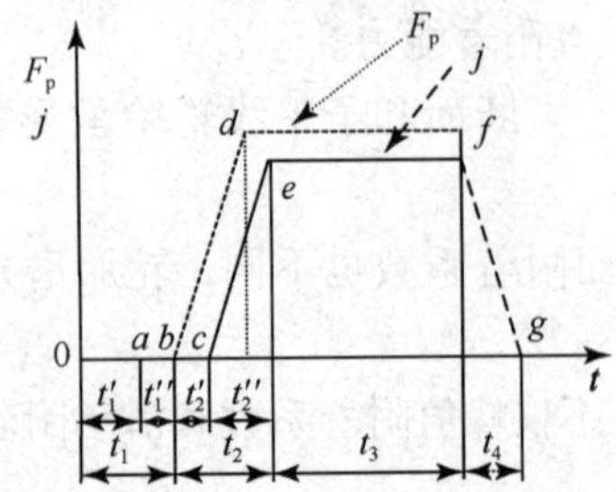

图 4-6 汽车的制动过程

在紧急制动时，制动踏板力 F_p、制动减速度 j（$j = -\frac{dV}{dt}$）与制动时间 t 的关系曲线，见图 4-6。

汽车的整个制动过程包括如下几个时间段。

①驾驶员反应时间 t_1：即从驾驶员识别障碍到把踏板力 F_p 施加到制动踏板上所经历的时间。其中包括驾驶员发现、识别障碍并作出紧急制动的决定所经历的时间 t'_1；驾驶员移动右脚从加速踏板换到制动踏板上所经历

的时间 t''_1。驾驶员反应时间 t_1 的长短因人而异，一般为 0.3 ~ 1.0s。

②制动器起作用时间 t_2：即从制动踏板力 F_p 开始上升到地面制动力 F_b 增长到最大值所需的时间 t_2，且 $t_2 = t'_2 + t''_2$。随着驾驶员踩制动踏板的动作，踏板力迅速增长，至 d 点时达到最大值。但地面制动力比踏板力 F_p 滞后 t'_2 的时间产生，以消除制动系统各铰链和轴承间的间隙以及制动摩擦片与制动鼓或制动盘间的间隙。t''_2 为从地面制动力产生至增长到最大值所用的时间。制动器起作用时间 t_2 主要取决于汽车制动系的结构形式，同时还取决于驾驶员踩制动踏板的速度。

③持续制动时间 t_3：在该时间段内，汽车的制动减速度基本不变，以最大制动强度制动至停车。

④制动释放时间 t_4：指驾驶员松开制动踏板至制动力完全消除所需时间。制动释放时间 t_4 一般为 0.2 ~ 0.9s，t_4 过长时会影响随后汽车的起步。

三、汽车的制动效能

汽车的制动效能指汽车迅速降低车速直至停车的能力，是汽车制动性能的最基本的评价指标。汽车的制动效能可以用制动力、制动减速度和制动距离三个指标评价。

1. 制动力和制动减速度

地面制动力 F_b 的大小与制动蹄摩擦片—制动毂和轮胎—路面两个摩擦副有关，不仅取决于制动器制动力 F_μ，而且还取决于地面附着力 F_ϕ，在数值上等于二者中的较小值。即：若制动器技术状况良好，在制动过程中制动器能产生足够大的制动器制动力，则地面制动力受地面附着力限制，即 $F_b = F_\phi$；而当制动器不能产生足够大的制动器制动力时，地面制动力受制动器制动力限制，即 $F_b = F_\mu$。

显然，若汽车总质量为 M，道路附着系数为 ϕ，制动过程中所可能产生的最大制动力 F_{bmax} 为：

$$F_{bmax} = M \cdot g \cdot \phi$$

在其他因素不变的前提下，制动过程中能够产生的最大制动力越大，则汽车的制动距离越短，因而制动效能越好。

制动减速度是汽车制动时所产生的地面制动力作用于汽车的直接结果。在汽车制动器技术状况良好（能够制动到抱死拖滑）的前提下，持续制动期间汽车能达到的最大减速度 j_{max} 取决于附着力，因此：

$$F_{bmax} = M \cdot g \cdot \phi = M \cdot j_{max}$$

$$j_{max} = \phi \cdot g$$

2. 汽车的制动距离

制动距离指汽车以一定初速制动到停车所驶过的距离，其大小等于在整个制动过程的各个阶段驶过的距离之和。

1）驾驶员反应时间 t_1 内，汽车驶过的距离

在驾驶员反应时间 t_1 内，制动踏板力和地面制动力均为零，汽车仍然以原有初速 V_0 行驶，所驶过的距离 S_1 为：

$$S_1 = V_0 \cdot t_1$$

式中：S_1——汽车行驶的距离，m；

V_0——汽车行驶的初速度，m/s；

t_1——驾驶员的反应时间 1s。

2）制动器起作用时间 t_2 内，汽车驶过的距离

在制动器起作用时间 t_2 内，在 t'_2 时间段制动力为零，汽车继续匀速行驶，所驶过的距离 S'_2 为：

$$S'_2 = V_0 \cdot t'_2$$

式中：S'_2——t'_2 内汽车行驶的距离，m。

在制动力增长所需时间 t''_2 内，制动减速度几乎成线性的从零增长到 j_{max}，在 t''_2 内汽车的减速度 j 为：

$$j = -\frac{dV}{dt} = k \cdot t$$

式中：j——在 t''_2 内汽车的减速度，m/s^2。

由于 $k = \frac{j_{max}}{t''_2}$，因此有：

$$\int dV = \int k \cdot t dt$$

注意到，在时间从 0 到 t 的过程中，车速从初速 V_0 变化到 V。积分上式得 t''_2 内的汽车速度 V 为：

$$V = V_0 - \frac{1}{2} \cdot k \cdot t^2$$

当 $t = t''_2$（e 点）时，其车速记为 V_e，则：

$$V_e = V_0 - \frac{1}{2} \cdot k \cdot t''^2$$

又有：

$$\int dS = \int \left(V_0 - \frac{1}{2} \cdot k \cdot t^2\right) dt$$

该时间段汽车驶过的距离 S 为：

$$S = V_0 \cdot t - \frac{1}{6} \cdot k \cdot t^3$$

当 $t = t''_2$（e 点）时，汽车驶过的距离 S''_2 为：

$$S''_2 = V_0 \cdot t''_2 - \frac{1}{6} \cdot j_{max} \cdot t''^2_2$$

在制动器起作用时间 t_2 内，汽车驶过的距离 S_2 为：

$$S_2 = S'_2 + S''_2 = V_0 \cdot (t'_2 + t''_2) - \frac{1}{6} \cdot j_{max} \cdot t''^2_2$$

3）持续制动时间 t_3 内，汽车驶过的距离

在持续制动时间内，汽车以最大减速度 j_{max} 持续制动，其速度由 V_e 降至 0，汽车驶过的距离 S_3 为：

$$S_3 = \frac{V_e^2}{2 \cdot j_{max}} = \frac{V_0^2}{2 \cdot j_{max}} - \frac{V_0 \cdot t''_2}{2} + \frac{j_{max} \cdot t'^2_2}{8}$$

4)汽车的制动距离

汽车在制动过程中驶过的总距离为上述各阶段驶过的距离之和。即：

$$S = S_1 + S_2 + S_3 = \left(t_1 + t'_2 + \frac{t''_2}{2}\right) \cdot V_0 + \frac{V_0^2}{2 \cdot j_{max}} - \frac{j_{max} \cdot t''^2_2}{24}$$

由于在驾驶员反应时间 t_1 内，汽车驶过的距离与汽车无关，因此，一般所指汽车制动距离 S 是从踩下制动踏板至完全停车汽车驶过的距离，即：

$$S = S_2 + S_3$$

上式中最后一项很小，可以忽略。因此 S 等于：

$$S = \left(t'_2 + \frac{t''_2}{2}\right) \cdot V_0 + \frac{V_0^2}{2 \cdot j_{max}} \tag{4-5}$$

把制动起始车速 V_0 用 V_{a0} 表示，则：

$$S = \frac{1}{3.6} \cdot \left(t'_2 + \frac{t''_2}{2}\right) \cdot V_{a0} + \frac{V_{a0}^2}{25.92 \cdot j_{max}}$$

式中：V_{a0}——制动起始车速，km/h。

若制动器技术状况良好，即 $j_{max} = \phi \cdot g$，则汽车的制动距离可用下式计算：

$$S = \frac{1}{3.6} \cdot \left(t'_2 + \frac{t''_2}{2}\right) \cdot V_{a0} + \frac{V_{a0}^2}{25.92 \cdot \phi \cdot g} \tag{4-6}$$

3. 影响汽车制动效能的因素

式（4-5）说明：决定汽车制动距离的主要因素为制动器起作用时间 t_2、最大制动减速度 j_{max} 及制动起始车速 V_{a0}。

在持续制动期间，汽车能达到的最大减速度 j_{max} 取决于附着力。因此，道路附着系数 ϕ 的大小，对汽车的制动距离有重要影响。

制动起始车速 V_{a0} 越低，则制动距离越短。

真正使汽车减速停车的是持续制动时间 t_3，但由于汽车在制动器起作用时间段内的速度很快，因而，t_2 的大小对制动距离的影响很大。制动器起作用时间与制动系的结构形式有密切的关系。

当驾驶员急速踩下制动踏板时，液压制动系的制动器起作用时间可短至 0.1s 或更短；真空助力制动系和气压制动系为 0.3 ~ 0.9s；载货汽车拖带挂车时，汽车列车的制动器起作用时间有时竟长达 2s，但精心设计的汽车列车制动系可缩短到 0.4s。因此，改进制动系结构，缩短制动器起作用时间，是缩短制动距离、提高制动效能的一项有效措施。

四、制动效能的恒定性

1. 制动器的抗热衰退性能及评价

汽车制动性能的另一方面的评价指标是汽车制动效能的恒定性。

制动效能的恒定性主要指制动器的抗热衰退能力，其反映了汽车在高速行驶或下长坡连续制动时制动效能保持的程度。

在汽车制动时，其行驶动能转化为车轮制动器摩擦副和车轮—路面摩擦副的摩擦热能，使制动器温度升高。当汽车长时间进行强度较大的制动时（如下长坡连续制动或高速制动），制动器的温度常在300℃以上，有时甚至能达到600～700℃。制动器温度升高后，制动摩擦片性能下降，制动器摩擦副的摩擦系数减小，其所产生的摩擦力矩和制动力均减小，进而制动效能降低，这种现象称之为制动器的热衰退。制动器温度升高后能否保持足够的制动效能，是评价车辆制动性能的重要方面，特别是山区行驶的载货汽车和高速行驶的乘用车，因其制动器制动强度大，更应有较好的抗热衰退性能。

制动器抗热衰退性能一般用一系列连续制动时的制动效能的保持程度来衡量。根据汽车行业推荐标准，要求以一定车速连续制动15次，每次的制动强度为3.0m/s^2，最后的制动效能应不低于规定的冷试验制动效能（5.8m/s^2）的60%（在制动踏板力相同的条件下）。

2. 影响制动器的抗热衰退性能的因素

抗热衰退性能与制动器摩擦副材料及制动器的结构形式有关。

一般制动器的制动鼓、制动盘等由铸铁制成，而制动摩擦片由石棉、半金属等材料制成。在正常制动时，制动器摩擦副的温度在200℃左右，摩擦副的摩擦系数约为0.3～0.4。但在更高的温度时，摩擦系数会有很大降低而出现热衰退现象。

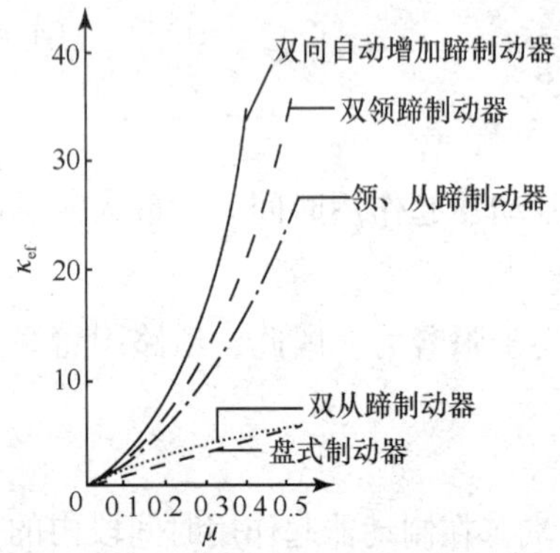

图4-7 制动效能因数曲线

若把制动器单位制动轮缸推力所产生的制动器摩擦力定义为制动效能因数，则可用制动效能因数K_{ef}与摩擦系数μ的关系曲线来说明各种类型制动器的效能及其稳定程度。几种典型制动器的制动效能因数与摩擦系数的关系如图4-7所示。双向自动增力蹄及双领蹄制动器，由于其结构上的几何力学的关系而产生增力作用，因而，具有较大的制动效能因数。当摩擦系数变化时，制动效能按非线性关系迅速改变。因此，摩擦系数的微小改变，能引起制动效能的大幅度变化，即制动器的稳定性差，而双从蹄制动器的情况与之相反，领、从蹄式制动器介于二者之间。盘式制动器的制动效能虽没有鼓式制动器的大，但制动效能恒定性好，在高强度制动时，摩擦材料的摩擦系数虽有所下降，但其对制动效能影响不大。同时，盘式制动器和鼓式制动器相比，反应时间短且不会因为热膨胀而增加制动间隙。因此，盘式制动器具有较好的抗热衰退性能。

五、制动时汽车的方向稳定性

制动时汽车的方向稳定性指汽车在制动过程中维持直线行驶或按预定弯道行驶的能力。汽车制动时失去方向稳定性的原因通常是跑偏、侧滑和转向轮失去转向能力。因此，制动时汽车的方向稳定性，即制动时汽车不发生跑偏、侧滑及失去转向能力的性能。

制动跑偏、侧滑和前轮失去转向能力是造成交通事故的重要原因。

1. 汽车的制动跑偏

制动时汽车自动向左或向右偏驶称为“制动跑偏”。制动跑偏的原因主要有以下两点。

1)汽车左、右车轮制动器制动力不相等

汽车左、右车轮，特别是转向轴左、右车轮（转向轮）制动器的制动力不相等是引起制动跑偏的重要原因。由左、右转向车轮制动力不相等而引起跑偏的受力情况如图 4-8 所示。为了简化，假定车速较低，跑偏不严重，且跑偏过程中转向盘是不动的，在制动过程中也没有发生侧滑，并忽略汽车作圆周运动时产生的离心力及车身绕质心的惯性力偶矩。

设前左轮的制动器制动力大于前右轮，故地面制动力 $F_{b1l} > F_{b1r}$。此时，前、后轴受到的地面侧向反作用力分别为 F_{y1} 和 F_{y2}。显然，F_{b1l} 绕主销的力矩大于 F_{b1r} 绕主销的力矩。虽然转向盘不动，但由于转向系各处的间隙及零部件的弹性变形，转向轮仍将产生一向左转动的角度而使汽车有轻微的转弯行驶，即跑偏。同时，由于主销有后倾，也使 F_{y1} 对转向轮产生一同方向的偏转力矩，这样也增大了向左转动的角度。

汽车左、右车轮制动器制动力不相等通常是由于设计、调整误差造成的，转向轮可能向左偏，也可能向右偏，要根据具体情况而定。

2)制动时悬架导向杆系与转向系拉杆运动干涉

若由于悬架导向杆系与转向系拉杆在运动学上不协调，因运动干涉而引起跑偏，则是设计造成的，其特点是跑偏的方向不变。

图 4-9 是某型载货汽车悬架导向杆系和转向系拉杆在制动时的相互运动简图。如果转向节上节臂处的球头销至前轴中心线的距离太大，且悬架钢板弹簧的刚度又太小，则钢板弹簧在制动受力后变形将很大。因此，在紧急制动时，前轴会向前扭转一个角度。此时，转向节上节臂球头销本应作相应的移动，但由于球头销又连接在转向纵拉杆上，仅能克服转向拉杆的间隙，使拉杆有少许弹性变形而不允许球头销作相应的移动，致使转向节臂相对于主销向右偏转，于是引起转向轮向右转动，造成汽车跑偏。若增大前钢板弹簧的刚度，使钢板弹簧的变形量减小，同时把转向节上节臂处球头销位置下移，使之与前钢板弹簧扭转相同角度时，则球头销位移量和转向节偏转减小，可使汽车的制动跑偏现象大大减轻。

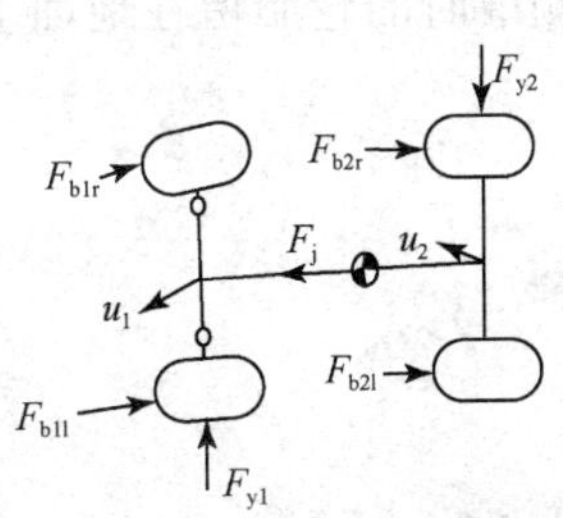

图 4-8　左、右车轮制动器制动力不相等引起的跑偏

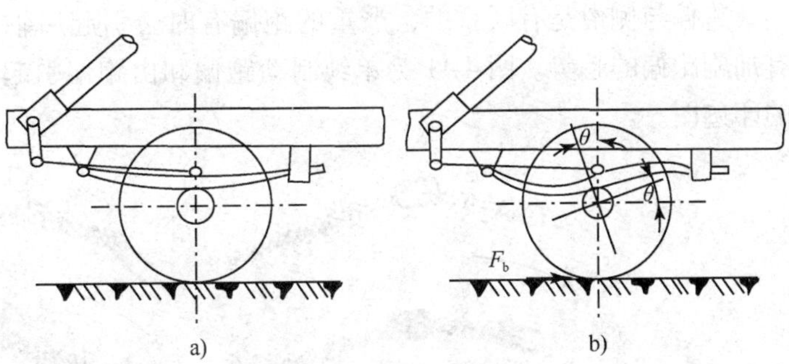

图 4-9　悬架导向杆系与转向系拉杆的运动相互干涉
a)未制动时；b)制动时前轴转动（转角为 0）

2. 汽车的制动侧滑

在制动过程中，汽车的某一轴或两轴发生横向移动的现象称为制动侧滑。若在高速制动时后轴侧滑，则汽车常会发生不规则的急剧回转运动而失去控制，严重时可使汽车掉头。

汽车侧滑与汽车制动时车轮抱死及其抱死顺序密切相关。制动时，若前、后轴均不抱死，因为此时具有足够大的地面侧向附着能力，一般不会发生制动侧滑。而汽车制动时，若后轴车轮比前轴车轮先抱死拖滑，就可能发生后轴侧滑。若能使前、后轴车轮同时抱死，或前轴车轮先抱死，后轴车轮再抱死或不抱死，则能防止后轴侧滑，不过前轴车轮抱死后将失去转向能力。

汽车前轮抱死拖滑或后轮抱死拖滑这两种运动情况的受力图，如图 4-10 所示。

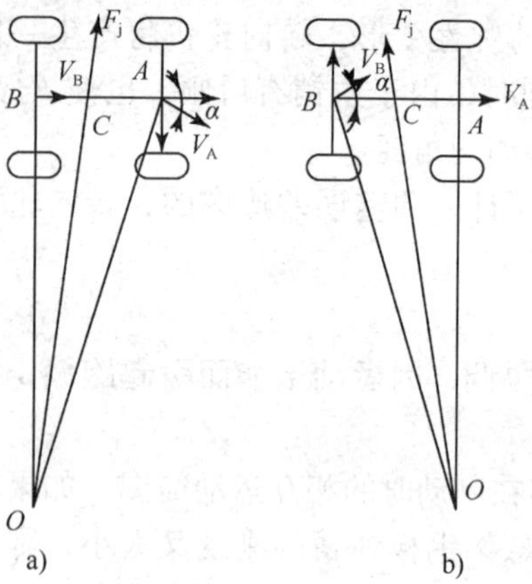

图 4-10　汽车侧滑时的运动情况

a）前轴侧滑；b）后轴侧滑

图 4-10a）所示为前轮抱死而后轮滚动时的受力和运动情况。设转向盘固定不动，前轴如果受到侧向力作用则将发生侧滑，因此，前轴中点 A 的前进速度 V_A 与汽车纵轴线的夹角为 α；后轴因未发生侧滑，所以，后轴中点 B 的方向 V_B 仍为汽车纵轴方向。此时，汽车将发生类似转弯的运动，其瞬时回转中心位于与速度方向 V_A、V_B 相垂直的两垂线的交点 O 处，所产生的惯性力 F_j 作用于质心。显然，此时 F_j 的方向与汽车侧滑的方向相反，即：F_j 能起到减小或阻止前轴侧滑的作用，汽车处于一种稳定状态。图 4-10b）所示为后轮制动抱死而前轮滚动的情况。若受到侧向力作用后使后轴发生侧滑，后轴中点 B 的前进速度 V_B 与汽车纵轴线间产生夹角，而前轴中点 A 的方向 V_A 仍为汽车纵轴方向。此时汽车也绕其瞬时转向中心作转弯行驶，而产生作用于质心的惯性力 F_j。由图可见，此时惯性力方向与后轴发生侧滑的方向一致。于是，惯性力加剧后轴侧滑，而后轴侧滑又使惯性力 F_j 增大，如此不良循环，汽车将急剧转动。因此，后轴侧滑是一种不稳定的、危险的工况。

跑偏与侧滑是有联系的，严重的跑偏有时会引起后轴侧滑，易于发生侧滑的汽车也有加剧跑偏的趋势。图 4-11 为单纯制动跑偏和由跑偏引起后轴侧滑时的轮胎留在地面上的印迹图。

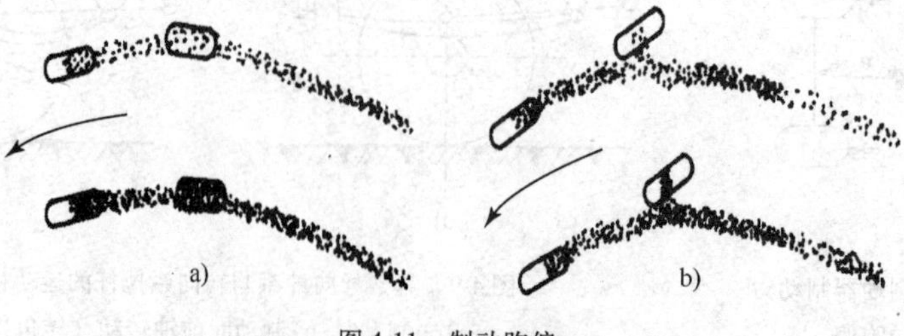

图 4-11　制动跑偏

a）制动跑偏时的轮胎印迹；b）制动跑偏引起后轴侧滑时的轮胎印迹

3. 转向轮失去转向能力

转向轮失去转向能力是指弯道制动时，汽车不再按原来的弯道行驶而是沿弯道切线方向驶出；直线行驶制动时，虽然转动转向盘，但汽车仍按直线方向行驶的现象。

转向轮失去转向能力是转向轮抱死拖滑或转向轮先抱死的直接结果。由图4-3可见，随着制动强度增大，侧向附着率 ϕ_1 由大减小的值较大，表明汽车可以承受侧向力的能力降低。而当制动强度增大到使车轮抱死滑移后，即滑移率 $s=1$ 时，ϕ_1 的值降至接近于零。这表明：车轮失去承受侧向力的能力。

当只有转向轮抱死拖滑或转向轮先抱死拖滑时，因为侧向附着系数降低，不能产生足够的地面侧向反作用力，汽车无法按原弯道行驶而沿切线方向驶出，即失去了转向能力。

失去转向能力和后轴侧滑也是有联系的，一般如果汽车后轴不会侧滑，前轮就可能失去转向能力；如果后轴侧滑，则前轮应仍有转向能力。

因此，从保证汽车方向稳定性的角度出发，首先，不能出现只有后轴车轮抱死或后轴车轮比前轴车轮先抱死的情况，以防止危险的后轴侧滑；其次，尽量少出现只有前轴车轮抱死或前、后车轮都抱死的情况，以维持汽车的转向能力。最理想的情况就是防止任何车轮抱死，前、后车轮都处于滚动状态，这样就可以确保制动时的方向稳定性。

制动跑偏、侧滑与转向轮失去转向能力是造成交通事故的重要原因。在汽车试验时，常规定一定宽度的试验通道，若汽车在制动过程中不产生不可控制的效应而使其离开试验通道，则说明其制动时的方向稳定性合格。

六、制动防抱死装置的工作原理

采用制动防抱死装置（ABS），可以控制制动强度，使车轮的滑移率控制在图4-3中阴影所示区域，在制动过程中车轮边滚边滑。即可利用路面较大的纵向附着系数以增大制动力，又可得到较大的侧向附着系数，使汽车具有较强的抵抗侧向力的能力，这样既可避免制动侧滑，又能保持汽车制动时的转向能力。

制动时，汽车在制动距离范围内，其各个车轮下支撑路面的状况不可能完全相同，可以是干燥的、潮湿的、冰面或压实雪地。甚至，在制动过程中，同一个车轮所经历的路面也会发生变化。因此，制动防抱死装置还必须根据路面附着系数的不同快速匹配制动力。同时，制动防抱死装置的制动力矩控制幅度要比较小，以防止传动系的振动。

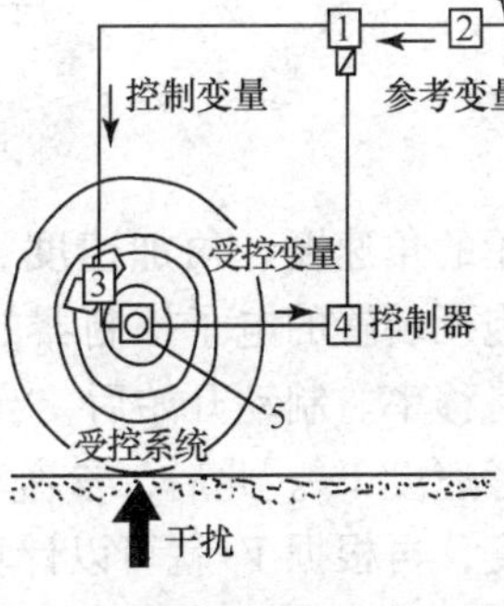

图4-12　车轮防抱死装置控制回路

1-制动压力调节阀;2-制动主缸泵;3-制动轮缸;4-电子控制器;5-轮速传感器

车轮防抱死装置的控制回路如图4-12所示。控制回路的干扰包括：制动过程中，由速度和载荷的变化所引起的附着系数变化；路面不平度引起的轮胎和车桥振动；车轮制动鼓不圆度和制动滞后；轮胎圆周长的差异，如使用备胎；在驾驶员踏制动踏板时引起的制动主缸压力输入的变化等。

汽车制动时，制动防抱死装置的控制过程如图 4-13 所示。所使用的控制调节参数是车轮的切向加速度（或减速度）和滑移率。其中，根据轮速传感器传来的车轮位移信号，由电子控制器求出车轮加速度（或减速度）信号。而滑移率信号无法直接获得，可先借助电子控制器的逻辑电路，由车轮的切向速度构成一个基准速度，它和最优制动力时的车速相近，再通过比较车轮的切向速度与基准速度得到滑移率信号。

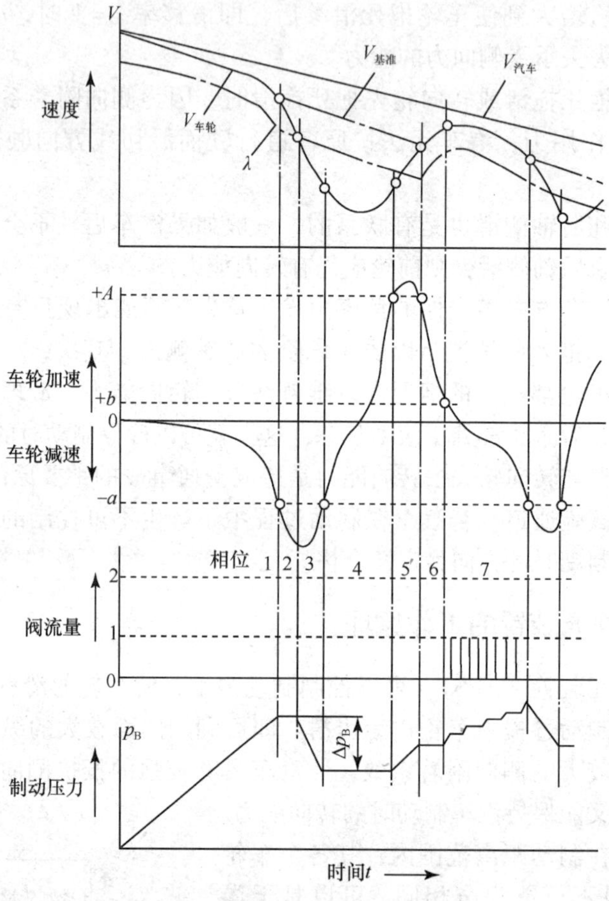

图 4-13　制动防抱死装置的控制过程

车轮的角速度、角加速度、滑移率等是表征制动过程中车轮运动状态的重要参数。制动防抱死装置的电子控制器的作用就是根据轮速信息计算车轮的角加速度、参考速度和车轮滑移率。制动开始后，当车轮角减速度低于门限值 $-a$ 时，则取此时车轮速度作为初始参考速度 V_{r0}。此后，参考车速 $V_r = V_{r0} - a_b \cdot t$，其 a_b 为由车轮减速度计算得到的汽车减速度，再根据 V_r 就可以计算出车轮滑移率。当车轮减速度达到 $-a$，而滑移率 s 小于门限值 s_1 时，制动压力调节阀进入保持阶段，即阶段 2。如果车轮进一步减速，达到了滑移率门限即 $s > s_1$ 后，制动压力调节阀切换到降压方式，使制动压力减小，即阶段 3。这时，车轮角速度开始减小，直到低于门限值 $-a$ 后，制动压力又回到保压方式（阶段 4）。由于此时保持的压力比阶段 2 的压力低了 ΔP_B，同时由于车轮的惯性，所以，车轮切向加速度继续提高，越过零线，在达到门限 $+A$ 后，进入升压方式，制动压力再次提高，即阶段5。紧接着，车轮切向加速度又回到门限 $+A$，再次进入保压方式，即阶段6。这时的压力保持比较高，车轮切向加速度继续降低，直到低于相对较低的门限 $+b$，说明此时是处在峰值附着系数附近，车轮进入了附着率—滑移率曲线的稳定区域，而且制动力也降到了最优值以下。然后，通过升压方式和保压方式的脉动切换，使制动压力进入缓慢升压阶段，即阶段7。车轮角减速度继续降低，直到达到门限 $-a$。控制过程进入下一个循环。从图4-13中，可以看到第一个循环比后续的循环多了一小段保压过程（即阶段2），以滤除干扰。

在某些情况下，在车轮切向加速度还没有降到 $-a$ 门限值时，车轮切向速度就先达到了门限 λ。这种情况下应把滑移率作为主要调节参数。

为了保证制动防抱死装置的控制质量，调节参数的精度很重要。车轮切向加速度的精度取决于轮速传感器的精度，而滑移率的计算要先构成一个基准速度。针对不同的附着系数，基准速度的构成是有区别的，否则，就会影响控制质量。同时，控制过程中设置的门限 $-a$、$+b$、$+A$ 以及 λ 也都要因不同附着系数而有所差异。因此，制动防抱死装置中的路面（附着系数）识别是技术关键之一。

在汽车行驶中，还会遇到左、右车轮驶过的路面附着系数有很大差别的情况，称为非对称附着路面。比如，左侧车轮下路面已经干燥，而右侧车轮下的路面仍有积水，甚至积雪。这样，左侧附着系数高达0.7～0.8；而右侧甚至只有0.1～0.2，两侧极不对称。在非对称路面上，左、右车轮上制动力的差异可能导致汽车产生横摆，即绕垂直轴的转动。为此，在制动防抱死系统中附加了前轴横摆延时装置，作用原理如图4-14所示。

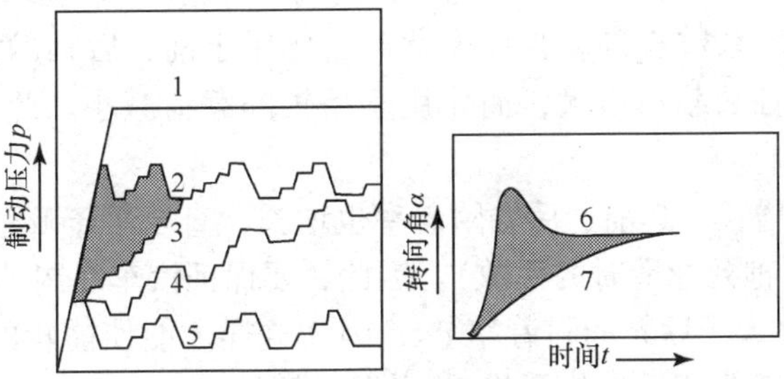

图4-14　横摆延时装置原理

1-制动主缸压力；2-不带延时装置的高附着系数的车轮制动压力；3-响应较慢的汽车用延时装置时，高附着系数的车轮制动压力；4-有较大横摆倾向的汽车用延时装置时，高附着系数的车轮制动压力；5-低附着车轮制动压力；6-不带延时装置的转向角；7-带延时装置的转向角

横摆延时装置延迟了高附着系数一侧制动压力的建立，使高附着系数一侧的车轮制动柔和。曲线1表示制动主缸压力。在没有延时装置时，位于高附着系数路面上的车轮制动轮缸压力很快达到最大值（曲线2），而位于低附着系数路面上的车轮制动轮缸压力很低（曲线5），两者差值很大，因而导致很大的转向角（曲线6）。横摆响应较慢的汽车可以采用曲线3所示的延时装置，这时虽然与曲线5的差值仍相当大，但因为紧急制动时，横摆发生得较慢，驾驶员有时间修正方向，不致因为高附着系数侧的车轮开始时制动不足而过多地延长制动距离。而如果是容易发生横摆的汽车，则必须采用曲线4所示的延时装置，以确保转向角的控制，而不计制动距离的增加。有了延时装置后，转向角大幅降

低，见曲线7。

七、前、后轴制动力的分配

汽车制动时，其制动器制动力在前、后轴间的分配和调节影响着前后轴附着能力的利用和抱死拖滑的顺序，因而，对于汽车的制动效能和制动稳定性都有重要影响。

1. 前、后轴制动力的理想分配

令 $Z=-\frac{1}{g}\cdot\frac{\mathrm{d}V}{\mathrm{d}t}$，称为制动强度。

若汽车在水平路面上制动，并忽略制动过程中的空气阻力的影响，则制动过程中作用于汽车前、后轴的地面垂直反力 F_{z1}、F_{z2}的值分别为：

$$F_{z1}=\frac{G}{L}\cdot(L_2+h_g\cdot Z)$$

$$F_{z2}=\frac{G}{L}\cdot(L_1-h_g\cdot Z)$$

若汽车在附着系数为 ϕ 的路面上制动，其前、后车轮都达到抱死（不论是同时抱死或分别先后抱死）时，汽车的地面制动力等于附着力，即 $F_b=\phi\cdot G$，制动强度为：$Z=\phi$。因此，作用于汽车前、后车轮的地面法向反作用力分别为：

$$F_{z1}=\frac{G}{L}\cdot(L_2+h_g\cdot\phi)$$

$$F_{z2}=\frac{G}{L}\cdot(L_1-h_g\cdot\phi)$$

上式说明，当附着系数和制动强度变化时，作用于前、后轴的法向反作用力将发生相应变化。作用于前轴的载荷增大，而作用于后轴的载荷减小。此轴荷变化将对汽车的制动过程产生重要影响。

随着制动强度的增长，其前、后轴附着率也增长，直至等于峰值附着系数 ϕ_p 或滑动附着系数 ϕ_s（即车轮抱死拖滑时的系数）。因此，要保证汽车在制动过程的稳定性，前轮的附着率 ϕ_1 必须始终大于后轮的附着率 ϕ_2，因为这样才能使前轮的附着率 ϕ_1 先达到滑动附着系数 ϕ_s，使前轮先于后轮抱死拖滑。即应满足：

$$\frac{F_{b1}}{F_{z1}}>\frac{F_{b2}}{F_{z2}}$$

或

$$\frac{F_{b1}}{F_{b2}}>\frac{F_{z1}}{F_{z2}}。$$

在车轮抱死拖滑前，当 ϕ_1、ϕ_2 的值均小于峰值附着系数 ϕ_p 或滑动附着系数 ϕ_s 时，制动器制动力 F_μ 等于地面制动力 F_b，即：$F_{\mu1}=F_{b1}$、$F_{\mu2}=F_{b2}$。因此，制动稳定性条件可写为：

$$\frac{F_{\mu1}}{F_{\mu2}}>\frac{F_{z1}}{F_{z2}}\tag{4-7}$$

制动稳定性的极限条件为：

$$\frac{F_{\mu1}}{F_{\mu2}}=\frac{F_{z1}}{F_{z2}}=\frac{L_2+h_g\cdot Z}{L_1-h_g\cdot Z}\tag{4-8}$$

显然有：

$$F_{\mu1}+F_{\mu2}=Z\cdot G$$

因此：

$$\frac{F_{\mu1}}{G}+\frac{F_{\mu2}}{G}=Z \qquad (4\text{-}9)$$

当汽车前、后轮同时抱死拖滑时，有：

$$Z=\phi$$

式（4-8）和式（4-9）表达了保证制动稳定性的两个条件，消去变量 Z，可得：

$$F_{\mu2}=\frac{1}{2}\left[\frac{G}{h_g}\sqrt{L_2{}^2+\frac{4\cdot h_g\cdot L}{G}\cdot F_{\mu1}}-\left(\frac{G\cdot L_2}{h_g}+2\cdot F_{\mu1}\right)\right] \qquad (4\text{-}10)$$

式（4-10）是为满足制动稳定性极限条件的 $F_{\mu1}$ 和 $F_{\mu2}$ 的关系式，即：使前、后车轮同时抱死拖滑时，其前、后制动器制动力 $F_{\mu1}$ 和 $F_{\mu2}$ 的关系式。该关系式决定了一条曲线，常称为理想的前、后轮制动器制动力分配曲线，简称 I 曲线。只要确定了汽车的总质量 M 或汽车的总重 G、汽车的质心位置（L_1、L_2、h_g），便可作出 I 曲线。

用作图法可直接得到 I 曲线。对于不同的 Z，根据式（4-9）可以在横坐标为 $\frac{F_{\mu1}}{G}$、纵坐标为 $\frac{F_{\mu2}}{G}$ 的坐标系中画出一组平行线，如图 4-15 所示。然后，对于给定的 Z，根据式（4-8）可求出满足制动稳定性条件时的前、后轴制动器制动力 $F_{\mu1}$ 和 $F_{\mu2}$ 的值，再由此得到前、后轴制动器制动力 $F_{\mu1}$ 和 $F_{\mu2}$ 与汽车总重 G 的比值 $\frac{F_{\mu1}}{G}$ 和 $\frac{F_{\mu2}}{G}$；最后，改变 Z 的值，得到满足稳定性条件的关于 $\frac{F_{\mu1}}{G}$ 和 $\frac{F_{\mu2}}{G}$ 的一组数组，将其绘在图 4-15 中即可得到 I 曲线。该曲线上任意点所决定的 $F_{\mu1}$ 值和 $F_{\mu2}$ 值，即为在相应附着系数的道路上，前、后车轮同时抱死拖滑（此时 $Z=\phi$）时，其前、后轮制动器所应具有的制动器制动力。

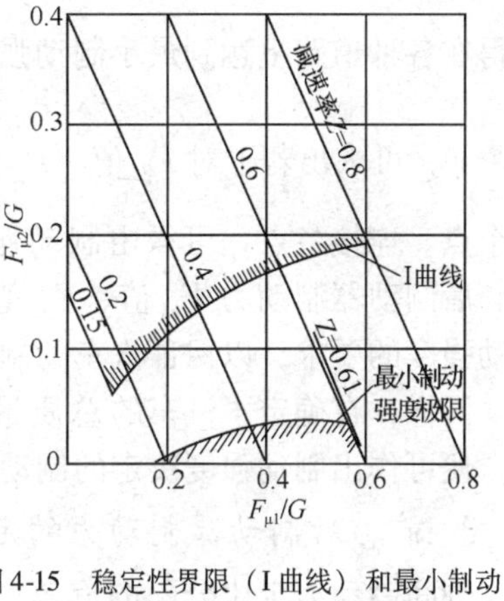

图 4-15 稳定性界限（I 曲线）和最小制动强度（最大制动距离）界限

2. 制动强度决定的制动力分配极限

I 曲线上各点所决定的 $F_{\mu1}$ 值和 $F_{\mu2}$ 值，都能使前、后车轮在相应附着系数 ϕ 的道路上同时抱死拖滑。此时，既能保证制动稳定性，又能充分利用道路的附着能力，所达到的制动强度也最大（$Z=\phi$）。若前、后轮制动器制动力 $F_{\mu1}$ 和 $F_{\mu2}$ 所决定的点不在 I 曲线上时，则前、后车轮不能同时抱死拖滑。显然，如果该点位于 I 曲线上方，不能保证汽车的制动稳定性，应当避免。反之，如果该点位于 I 曲线下方，则能使式（4-7）得以满足，即前轮先于后轮抱死拖滑，可使制动稳定性得以保证。但由于此时前、后车轮不能同时抱死拖滑，不能充分利用道路附着系数，因而，汽车的制动效能将受到影响。而且，$F_{\mu1}$ 和 $F_{\mu2}$ 所决定的点距 I 曲线越远，汽车制动时所能达到的制动效能较可能得到的制动效能越小。因此，必须对汽车的制动强度提出要求，以保证汽车的制动效能。

为了保证制动时汽车的方向稳定性并有足够的制动效能，联合国欧洲经济委员会制定的 ECE R13 法规对双轴汽车前、后制动器制动力提出了明确要求。我国行业标准 ZB T 24007—1989《汽车制动系结构性能及试验方法》也提出了类似要求。法规规定：对于在附着系数 $\phi=0.2\sim0.8$ 的道路上行驶的各种车辆，所能达到的制动强度应满足：

$$Z \geqslant 0.1+0.85\cdot(\phi-0.2) \tag{4-11}$$

同时，还应满足制动稳定性要求，即：$F_{\mu1}$和 $F_{\mu2}$所决定的点在 I 曲线之下。此时，必能保证前轮先制动到抱死拖滑。前轴的制动力为：

$$F_{\mu1}=F_{z1}\cdot\phi=\frac{G}{L}\cdot(L_2+h_g\cdot Z)\cdot\phi \tag{4-12}$$

由式（4-9），若使制动强度达到 Z，其后轴的制动力为：

$$F_{\mu2}=Z\cdot G-F_{\mu1}=G\cdot\left[Z\left(1-\frac{h_g}{L}\cdot\phi\right)-\frac{L_2}{L}\cdot\phi\right] \tag{4-13}$$

这样，在道路附着系数 $\phi=0.2\sim0.8$ 范围内确定若干个 ϕ 值，根据式（4-11）得，在不同 ϕ 值的道路上所应达到的最小制动强度 Z。然后，根据式（4-12）和式（4-13）可求得在各种道路上达到最小制动强度 Z 时的所需的 $F_{\mu1}$值、$F_{\mu2}$值和$\frac{F_{\mu1}}{G}$值、$\frac{F_{\mu2}}{G}$值。对于若干个 ϕ，可求出若干对 $F_{\mu1}$值、$F_{\mu2}$值和$\frac{F_{\mu1}}{G}$值、$\frac{F_{\mu2}}{G}$值。每对$\frac{F_{\mu1}}{G}$值、$\frac{F_{\mu2}}{G}$值对应图 4-15 中的一个点。连接各点，可得由制动强度决定的制动力分配极限曲线，见图 4-15。显然，若前、后制动器制动力 $F_{\mu1}$值、$F_{\mu2}$值所决定的点在该线上方，则可以满足式（4-11）关于制动强度的要求，以保证汽车的制动效能。

同样，在确定了汽车的总质量 M 或汽车的总重 G、汽车的质心位置（L_1、L_2、h_g）后，便可作出制动强度决定的制动力分配极限曲线。

3. 前、后制动器制动力的定比分配与同步附着系数

轴间制动力定比分配的汽车，前、后制动器制动力之比为一固定值。其分配的比例关系常用前轴制动器制动力 $F_{\mu1}$与汽车总制动器制动力 F_{μ} 之比表示，称为制动力分配系数β，即：

$$\beta=\frac{F_{\mu1}}{F_{\mu}}$$

显然，$F_{\mu}=F_{\mu1}+F_{\mu2}$，其前、后制动器制动力之比为：

$$\frac{F_{\mu1}}{F_{\mu2}}=\frac{\beta}{1-\beta} \tag{4-14}$$

在用横坐标表示 $F_{\mu1}$，纵坐标表示 $F_{\mu2}$的坐标系中，式（4-14）为一条直线，该直线称为实际前后制动器制动力分配曲线，简称β线。其斜率 K 为：

$$K=\tan\theta=\frac{1-\beta}{\beta}$$

若把 I 曲线和β线绘在同一坐标轴上，肯定只有一个交点。I 曲线和β线交点处的附着系数为同步附着系数 ϕ_0，意味着汽车在附着系数为 ϕ_0 的道路上制动时，其前后车轮能够同

时制动到抱死拖滑。在附着系数 ϕ 小于 ϕ_0 的道路上制动时，因此时 β 线低于 I 曲线，则必有前轮先于后轮抱死拖滑；而在 ϕ 大于于 ϕ_0 的道路上制动时，情况则反之。图 4-16 为某型汽车的 β 线和该车空载及满载时的 I 曲线。图中 β 线与满载时的 I 曲线（满载）交于 B 点，此时的附着系数值为 $\phi_0=0.786$，说明该车在附着系数为 0.786 的道路上满载行驶时，可以制动到前、后轮同时抱死拖滑。

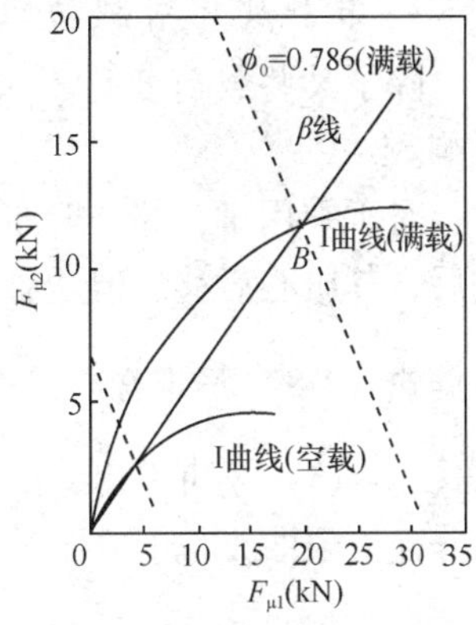

图 4-16　某载货汽车的 β 和 I 曲线

同步附着系数是由汽车结构参数决定的、反映汽车制动性能的一个参数。同步附着系数说明，前、后制动器制动力为固定比值的汽车，只有在一种附着系数，即同步附着系数路面上制动时才能使前、后车轮同时抱死。

同步附着系数也可用解析法求得。设汽车在同步附着系数 ϕ_0 的路面上制动，此时前、后轮同时抱死，则以式（4-8）代入式（4-14），得：

$$\frac{\beta}{1-\beta}=\frac{L_2+\phi_0\cdot h_g}{L_1-\phi_0\cdot h_g}$$

经整理，得：

$$\phi_0=\frac{L\cdot\beta-L_2}{h_g} \tag{4-15}$$

式中：L——汽车轴距，$L=L_1+L_2$。

为保证汽车的制动稳定性，并使汽车具有足够大的制动效能，应合理选择 β 的值，使汽车行驶在经常遇到的路面上时，β 线位于 I 曲线与由制动强度决定的制动力分配极限曲线之间，如图 4-17 所示。

如果采用折线式分配，即：在制动强度增大到一定值后，降低后轮制动力的增长速率，可以使前、后轮制动器制动力分配曲线向 I 曲线靠拢，从而，可以在保证汽车的制动稳定性的前提下，尽可能提高汽车的制动效能，见图 4-18。

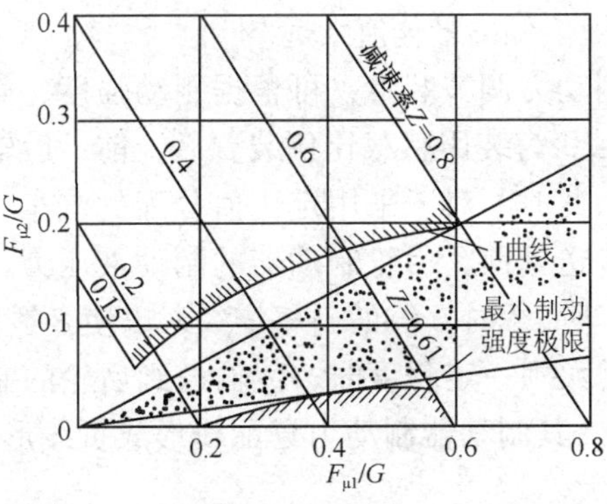

图 4-17　轴间制动力定比分配的取值范围

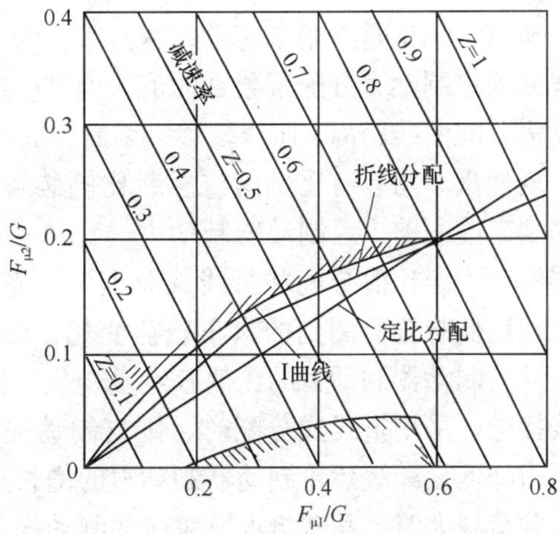

图 4-18　轴间制动力的定比分配和折线分配

4. 装载变化对制动性的影响

除了某些载荷变化不大的特种车辆外，应当考虑汽车装载量的变化对制动性能的影响。

对于乘用车，其一般布置是发动机前置，其行李空间在后部。与空载相比，乘坐乘员后，其质心后移，但质心高度变化不大。即：L_1 增大、L_2 减小、h_g 基本不变。所以，根据式（4-8）不难看出，稳定性条件所要求的$\frac{F_{\mu1}}{F_{\mu2}}$值减小，I 曲线将要上移。由式(4-12)和式（4-13）还可看出，L_2 减小后，$F_{\mu1}$ 减小而 $F_{\mu2}$ 增大。因此，由制动强度决定的制动力分配极限曲线也上升。结果是汽车的制动稳定性区域上移，如图 4-19 所示。

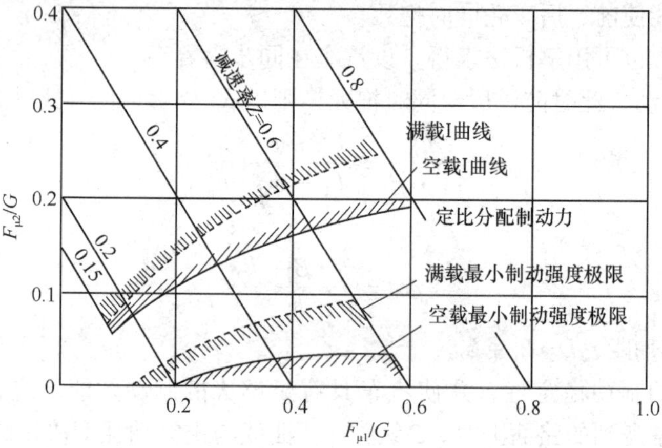

图 4-19　载荷变化对制动的影响

对于载货汽车而言，装载后质心后移，L_1 增大、L_2 减小，同时质心高度 h_g 增加。但对一般载货汽车来说，装载货后 I 曲线和由制动强度决定的制动力分配极限曲线都是上升的。

所以，无论是乘用车还是载货汽车，为满足汽车制动稳定性的要求，应以空载时的 I 曲线来确定制动力分配系数 β 的值。但产生的问题是，当汽车满载时，因 I 曲线上升，其制动力分配曲线距离 I 曲线较远，因此，其制动效能偏离最佳值太远。

现代汽车均装有比例阀或感载比例装置等制动力调节装置，可根据制动强度、载荷等因素来改变前、后制动器制动力的比值。图 4-20 为装用感载比例装置后，前、后轴制动器制动力定比值分配和折线式分配的示意图。此时，对于采用定比值分配的汽车，根据感载比例装置监测到的汽车载荷变化，改变传送到前、后轮制动器的制动液压力，使前、后轮制动器制动力的比值 β 发生变化，使汽车满载时 β 线的斜率增大，以使 β 线与 I 曲线接近。采用折线式分配时，则当制动强度增大到一定程度时，使输送到后轮的制动液压力降低，减缓后轮制动器制动力的增长速率，其制动器制动力分配线形成折线形状，而且载荷越大时，其转折点所对应的制动强度越大。

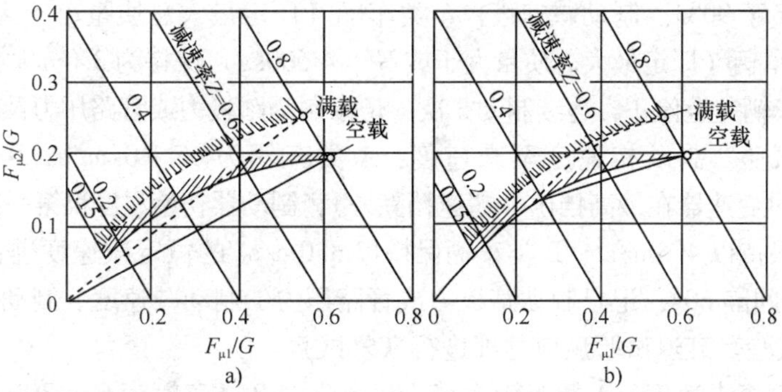

图4-20　前、后轮制动器制动力的定比式和折线式感载比例装置原理

八、汽车制动性试验

汽车制动性试验分为道路试验和室内试验两类，但主要采用道路试验。

1. 道路试验（行车试验）

道路试验的项目有冷态制动效能试验、应急制动系统效能试验、热衰退恢复试验、涉水恢复试验等，其试验规范和方法依照国家标准 GB/T 12676—1999《汽车制动系统结构、性能和试验方法》的要求进行。其测试参数为冷制动及高温下（热态）汽车的制动距离、制动减速度、制动时间等。另外，还要试验汽车在转弯与变更车道时制动的方向稳定性。

汽车道路试验路段应为干净、平整、坡度不大于1%的硬路面。路面附着系数不宜小于0.72～0.75。试验时，风速应小于5m/s，气温在0～35℃。试验前，汽车应充分预热，并以0.8～0.9倍的V_{amax}车速行驶1h以上。

在道路试验时，所采用的主要仪器为第五轮仪、减速度计和压力传感器。近代第五轮仪采用电磁感应传感器、光电传感器与数字显示装置，能精确测出起始车速、制动距离和时间以及横向偏移，可以提高试验的准确性。

1）冷态制动效能试验

①每次制动试验前，制动器初始温度不超过90℃。

②制动初速度为30km/h和65km/h，对于最大车速超过100km/h的汽车，需增加制动初速度为80km/h的制动效能试验。

③在驶经测初速区段，车辆应保持等速行驶，驶至试验区段起点，按试验员口令，以最大减速度制动至停车。在制动时，离合器断开或变速器置空挡。每种制动初速度试验往返各进行一次。

④记录制动初速度、踏板力或管路压力、制动减速度、制动距离、车辆是否偏出3.7m宽通道等数据。

2）应急制动系统效能试验

对于具有应急制动系统的车辆，按上述方法进行应急制动系统最大效能试验。

3）热衰退恢复试验

（1）基准检验。制动初速度为65km/h，制动时变速器在最高挡位（超速挡除外），制动器初始温度不高于90℃。制动减速度：A类车辆（厂定最大总质量小于4 500kg）保持为4.5m/s²，B类车辆（厂定最大总质量大于或等于4 500kg）保持为3.0m/s²。用恒定减速度进行制动直至车辆完全停止，连续制动3次，记录制动踏板力或管路压力及制动减速度。

(2)衰退试验。制动初速度至末速度：A类车辆为65～0km/h，B类车辆为65～30km/h。制动时变速器在最高挡位（超速挡除外），制动器初始温度仅第一次不超过90℃。

A类车辆保持以4.5m/s²，B类车辆保持以3.0m/s²的恒定减速度进行制动，连续制动20次，每次间隔60s，记录制动踏板力或管路压力、制动减速度、制动器初始温度等。

(3)恢复试验。衰退试验后应立即进行恢复试验。

制动初速度至末速度：A类车辆为65～0km/h，B类车辆为65～30km/h。

A类车辆保持以4.5m/s²，B类车辆保持以3.0m/s²的恒定减速度进行制动，连续制动15次，每次间隔180 s，最后1次制动初温应降至120℃以下进行，记录制动踏板力或管路压力、制动减速度、制动器初始温度等。

4)涉水恢复试验

(1)基准检验。制动初速度至末速度：30～0km/h。制动器初始温度不高于90℃。A类车辆保持以4.5m/s²，B类车辆保持以3.0m/s²的恒定减速度进行制动，制动3次，记录制动踏板力或管路压力及制动减速度。

(2)涉水：将车轮浸入水深大于车轮半径的水槽中，制动器为放松状态。汽车以10km/h以下的速度往返行驶，2min后汽车驶出水槽，在离开水槽后1min内进行恢复试验，恢复试验前不得进行制动。

(3)恢复试验。制动初速度至末速度：30～0km/h。A类车辆保持以4.5m/s²，B类车辆保持以3.0m/s²的恒定减速度进行制动，连续制动15次，制动间隔为0.5km，记录制动踏板力或管路压力、制动减速度等。

5)制动时方向稳定性试验

汽车转弯制动试验在平坦干地面上进行。在试验时，汽车沿一定半径作圆周行驶。转弯半径为40m或50m时，侧向加速度为（5±0.5）m/s²，相应车速为51km/h或57km/h；或者转弯半径为100m，侧向加速度为（4±0.4）m/s²，相应车速为72km/h。保持转向盘转角不变，关闭节气门，迅速踩制动踏板，离合器可以分离也可以不分离，使汽车以不同的等减速度制动。记录制动减速度、汽车横摆角速度、航向角的变动量、制动时侧向路径偏离量等参数。

湿路面附着系数会降低很多，转弯制动试验也常在湿路面上进行，也可在汽车两侧车轮驶过的路面具有不同附着系数的情况下进行，如：左轮驶过$\phi=0.7$的路面，右轮驶过$\phi=0.3$的路面。

6)防抱死制动系统试验

驾乘人员多于9人，满载质量超过3.5t的载货汽车要进行制动防抱死系统试验，包括：直线行驶紧急制动试验和转向行驶紧急制动试验。直线行驶试验道路包括：均匀的各种附着系数路面，非对称的各种组合路面，以及阶跃附着系数路面（先高后低，或先低后高），见图4-21。试验时，测定有无防抱死系统的制动性能比和防抱死系统工作时的地面最大附着力的利用程度。在非对称路面上测定跑偏控制，在阶跃路面测定防抱死系统对路面的识别能力。转向行驶试验内容是湿路面上的换道试验和弯道试验，测定可通过的最高制动初速度以及车辆躲避距离，用以评定制动方向稳定性。

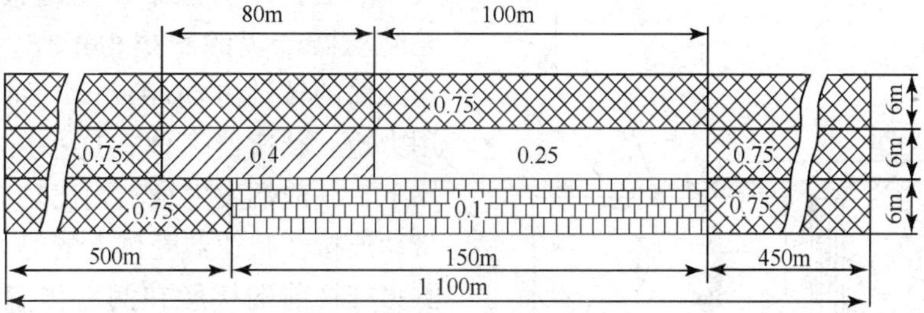

图 4-21　防抱死制动系统试验道路

GB 13594—2003《机动车和挂车防抱死制动性能和试验方法》中规定了汽车防抱死制动系统的分类、性能要求和试验方法。

2. 室内制动试验

道路试验虽能全面地反映汽车的制动性，但此试验需要有特定的场地，且颇费时间。因此，在汽车生产与使用企业以及一般实验单位，常在室内使用制动试验台检测、试验汽车的制动性。

制动试验台有多种类型：按试验台测量原理不同，可分为反力式和惯性式两类；按支承车轮形式不同，可分为滚筒式和平板式两类；按检测参数不同，可分为测制动力式、测制动距离式和多功能综合式三类；按测量装置至指示装置间信号传递方式不同，可分为机械式、液压式和电气式三类；按同时能测车轴数不同，又可分为单轴式、双轴式和多轴式三类。

1)反力式滚筒制动试验台结构及工作原理

反力式滚筒制动试验台（测制动力式）获得了广泛应用。特别是单轴反力式滚筒制动试验台应用最为普遍，国内外汽车检测站和维修企业所用制动检测设备多为这种形式。在我国目前生产和使用的制动试验台，绝大多数也为反力式滚筒制动试验台。

单轴反力式滚筒制动试验台由框架、驱动装置、滚筒装置、测量装置、举升装置、指示与控制装置等组成，如图 4-22 所示。为使制动试验台能同时检测同一车轴左、右车轮的制动力，除框架、指示与控制装置外，其他装置是分别独立设置的。

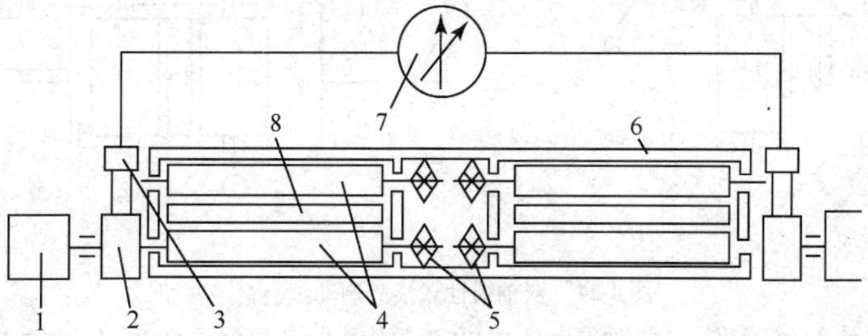

图 4-22　反力式制动试验台的结构

1-电动机;2-减速机;3-测量装置;4-滚筒装置;5-链传动;6-框架;7-指示与控制装置;8-举升装置

测量时，汽车开上反力式滚筒制动试验台，使被测车轴的左、右车轮处于每对滚筒之间，放下举升器，起动电动机，通过减速器、链传动使主、从动滚筒带动车轮低速旋转，然后，用力踩下制动踏板。此时，车轮制动器产生的摩擦力矩作用在滚筒上，与滚筒的转动方向相反，因而产生一反作用力矩。减速器壳体在这一反作用力矩作用下，其前端发生绕其输出轴向下的偏转，带动连接在减速器壳体上的测力杠杆偏转，测力杠杆前端接触在测力传感器上，其作用在测力传感器上的压力大小即可反映汽车制动力矩或制动力的大小，如图 4-23 所示。测力传感器输出的反映制动力大小的电信号，由微机采集、处理后，指令电动机停转，并由指示装置指示或由打印机打印检测到的制动力数值。

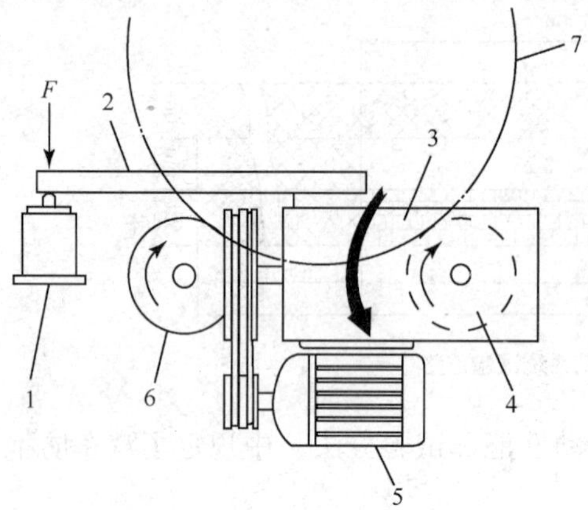

图 4-23　测力装置和驱动装置示意图

1-压力传感器;2-测力杠杆;3-减速器;4-主动滚筒;5-电动机;6-从动滚筒;7-车轮

反力式制动试验台的主要检测项目：制动力、制动力平衡（左、右轮制动力差）、制动协调时间、车轮阻滞力等。

2）惯性式滚筒制动试验台结构及工作原理

惯性式滚筒制动试验台的结构如图 4-24 所示。惯性式滚筒制动试验台用滚筒模拟移动的路面，并用旋转飞轮的转动惯量模拟车辆在道路上行驶时的动能，因此，滚筒传动系统具有相当于汽车在道路上行驶的惯性。在制动时，轮胎对滚筒表面产生阻力，这时

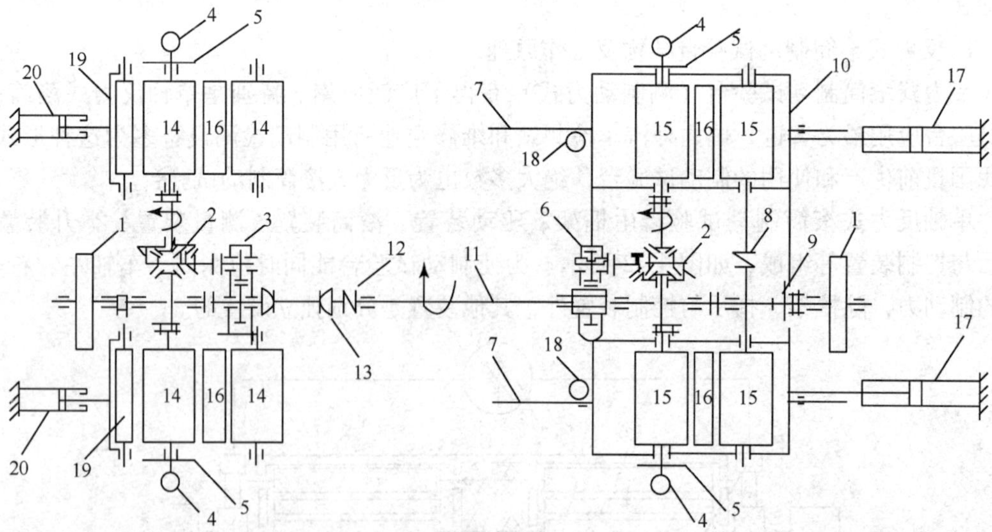

图 4-24　双轴惯性式滚筒制动试验台

1-飞轮;2-传动器;3、6-变速器;4-测速发电机;5、9-光敏传感器;7-可移导轨;8、12-电磁离合器;10-移动架;11-传动轴;13-万向节;14-后滚筒;15-前滚筒;16-举升托板;17-移动架驱动液压缸;18-加紧液压缸;19-第三滚筒;20-第三滚筒调节液压缸

虽然驱动滚筒的动力（如电动机或汽车发动机的动力）已被切断，但由于滚筒传动系统具有一定的惯性，因而，滚筒表面将相对于车轮移过一定的距离。由此可见，在惯性式制动试验台上可以模拟道路制动试验工况。惯性式滚筒制动试验台的主要检测参数是各轮的制动距离，同时还可测得制动时间和减速度。

惯性式滚筒制动试验台的滚筒，可由电动机或车辆的驱动轮驱动，并能进行高速试验，因而，测试结果与实际工况更为接近。

惯性式滚筒制动试验台的主要检测参数是各轮的制动距离，同时还可测得制动时间或制动减速度。如果采用运算电路计算，则可获得整车制动距离或制动减速度。

3)惯性式平板制动试验台

惯性式平板制动试验台不仅能检测制动性能，而且能检测轴重、侧滑和悬架的技术状况等。

惯性式平板制动试验台由测试平板、数据处理系统和踏板力计等组成，如图4-25所示。测试平板一共有六块，其中，四块用于测试制动、悬架、轴重等，一块用于测试侧滑，还有一块为空板，不起任何测试作用。仅就图中承担制动、悬架、轴重测试的平板（共计四块）而言，安装在每块平板上的水平拉力传感器，用以测出汽车轮胎作用于平板上的水平力，而安装在每块平板上的垂直压力传感器，用于测出轮胎垂直作用于平板上的垂直压力。

数据由水平拉力传感器和垂直压力传感器采集。两个传感器中产生的模拟信号通过各自的放大器进入数据采集板，再由微机进行处理、显示和打印。

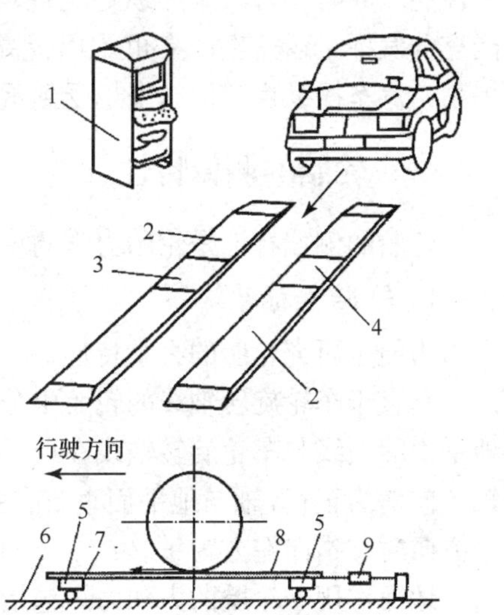

图4-25　惯性式平板制动试验台

1-控制柜；2-制动—轮荷测试平板；3-空板；4-侧滑测试平板；5-压力传感器；6-底板；7-钢球；8-面板；9-拉力传感器

踏板力计能测得制动时作用在制动踏板上的力，其形式有有线式、无线式和红外线式，可以根据要求选用。

被测汽车以5～10km/h的速度开上测试平板，驾驶员根据指示信号及时踩下装有踏板力计的制动踏板，使车辆在制动、悬架、轴重测试平板上制动并停住。与此同时，数据处理系统采集制动过程中的全部数据，进行分析、处理，并在微机显示屏上以图形、符号和数字显示，再由打印机打印输出。

第二节　汽车的操纵稳定性

汽车行驶过程中，会遇到各种各样的复杂情况。有时沿直线行驶，有时沿曲线行驶。发生意外情况时，还要对汽车作紧急操纵，力求避免事故。此外，汽车还受到来自路面不平、坡道、大风等各种外界因素的干扰。因此，要求汽车具备如下能力。

①根据道路和交通情况的限制，能够正确遵循驾驶员通过操纵机构所给定方向行驶的能力。即：驾驶员以最小的修正而能维持汽车按给定方向行驶，以及按驾驶员的愿望转动转向盘以改变汽车行驶方向的性能。

②在行驶过程中，具有抵抗力图改变其行驶方向的各种外界干扰，并保持稳定行驶的能力。

前者指汽车要具有良好的操纵性，而后者指汽车应具有良好的稳定性。这两个性能是相互联系的，很难截然分开。所以，通常笼统称之为操纵稳定性。

操纵稳定性不仅影响汽车驾驶操纵的方便性，而且也是决定汽车安全高速行驶的主要性能。同时，若汽车操纵稳定性不好，其行驶速度的提高就会受到限制，动力性就不能充分发挥，运输生产率也难以提高。随着道路条件的改善，现代汽车的设计速度大大提高，汽车操纵稳定性越来越受到重视。

一、轮胎的侧偏特性

轮胎的侧偏特性是轮胎力学的重要组成部分，是研究汽车操纵稳定性的基础。

1. 轮胎坐标系

为便于研究轮胎的力学特性，建立轮胎坐标系如图 4-26 所示。

垂直于车轮旋转轴线的轮胎中分平面称为车轮平面。坐标系的原点 O 为车轮平面和地平面的交线与车轮旋转轴线在地平面上投影线的交点。车轮平面与地平面的交线取为 x 轴，向前为正；z 轴与地平面垂直，指向上方为正；y 轴在地平面上，规定，面向车轮前进方向时，指向左方为正。

地面作用于轮胎的力和力矩包括：地面切向反作用力 F_x，地面侧向反作用力 F_y，地面法向反作用力 F_z；地面反作用力绕 z 轴的力矩——回正力矩 T_z，绕 y 轴的力矩——滚动阻力矩 T_y 和绕 x 轴的翻转力矩 T_x。力和力矩的方向均以轮胎坐标系规定的方向为正，反方向为负。

侧偏角 α 是轮胎接地印迹中心（即坐标系原点）位移方向与 x 轴的夹角，外倾角 γ 是垂直平面（xOz 平面）与车轮平面的夹角，均以图示方向为正。

2. 弹性轮胎的侧偏现象

刚性轮胎受到侧向力作用时，会发生两种情况：若侧向力 F'_y 引起的地面侧向反作用力 F_y 未超过附着极限时，轮胎与地面之间无侧向滑移，车轮行驶方向与车轮平面一致，如图 4-27a）所示；但 F_y 达到附着极限后，轮胎会在地面上侧向滑移，车轮行驶方向偏离车轮平面方向，如图 4-27b）所示。

弹性轮胎受到侧向力 F'_y 作用时会产生侧向变形，因此，即使地面侧向反作用力 F_y 未达到附着极限，车轮行驶方向也将偏离车轮平面（直线 $c-c$）方向。这种现象称之为弹性轮胎的侧偏现象，F_y 称之为侧偏力，行驶方向偏离车轮平面的角度称之为侧偏角 α。

弹性轮胎受到侧偏力 F_y 作用发生侧偏时，其运动情况如图 4-28 所示。当车轮静止不动时，由于轮胎的侧向变形，轮胎与地面之间接触印迹的中心线 $a-a$ 与车轮平面 $c-c$ 不重合，偏离 Δh，但 $a-a$ 仍与 $c-c$ 平行，如图 4-28a）所示。而当轮胎有侧向变形而滚动时，接触印迹的中心线 $a-a$ 不但偏离 $c-c$，而且与 $c-c$ 不平行，其夹角 α 即为侧偏角（单位为°或 rad），如图 4-28b）所示。

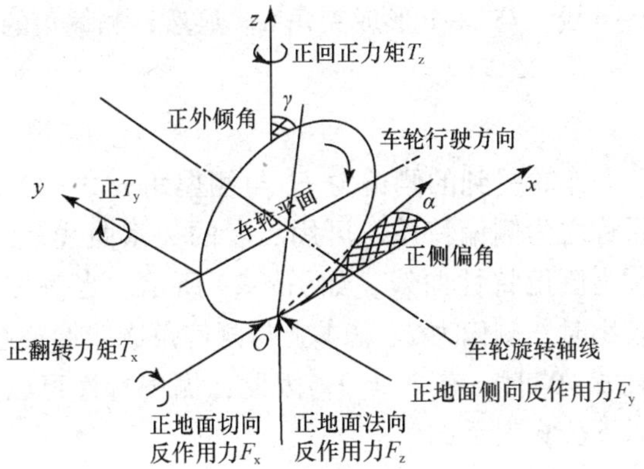

图 4-26　轮胎的坐标系与地面作用于轮胎的力和力矩

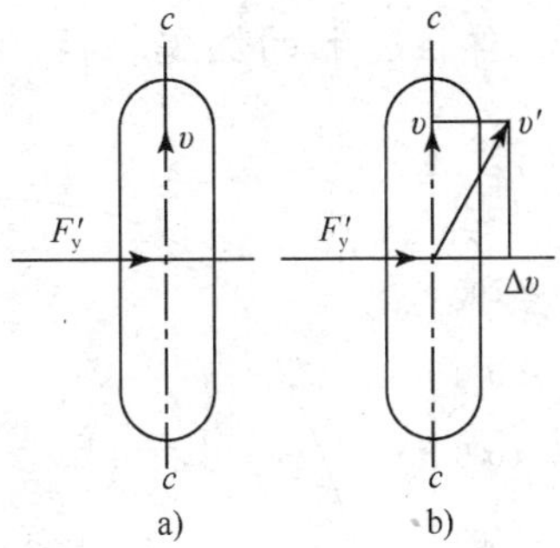

图 4-27　有侧向力作用时刚性车轮的滚动

a) 没有侧向滑移；b) 有侧向滑移

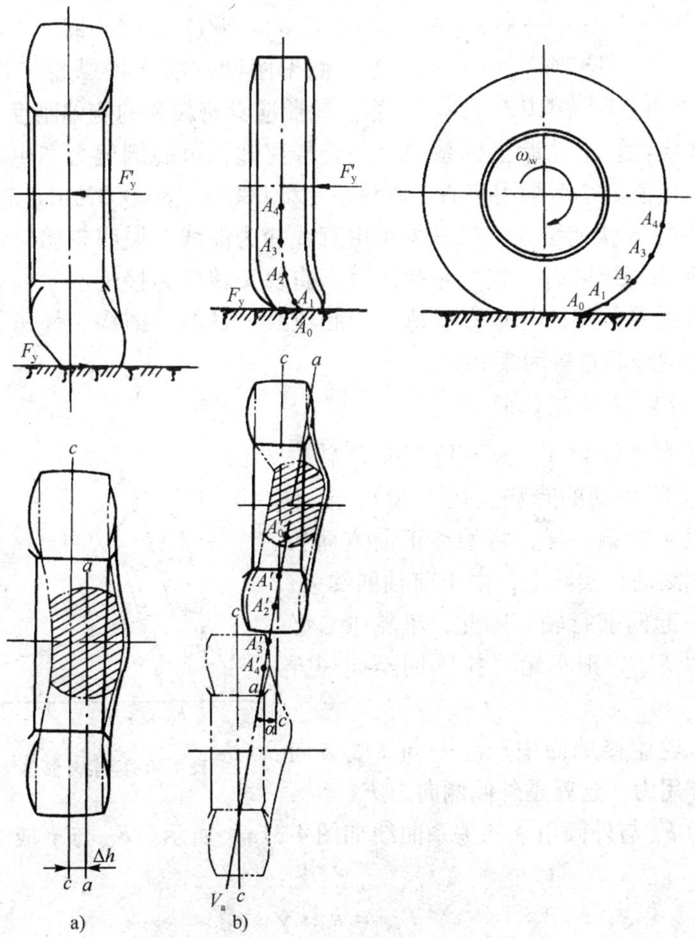

图 4-28　轮胎的侧偏现象

a) 静止；b) 滚动

若在轮胎胎面的中心线上标出 A_1、A_2、A_3 等各点，随着车轮的滚动，各点将依次落在地面上的 A'_1、A'_2、A'_3 等各点。在图 4-28 上可以看出，轮胎发生变形以后，A'_1、A'_2、A'_3 等各点的连线是一条斜线，不平行于 $c-c$ 线，与 $c-c$ 形成夹角 α。显然，侧偏角的大小与侧偏力有关。

3. 弹性轮胎的侧偏特性

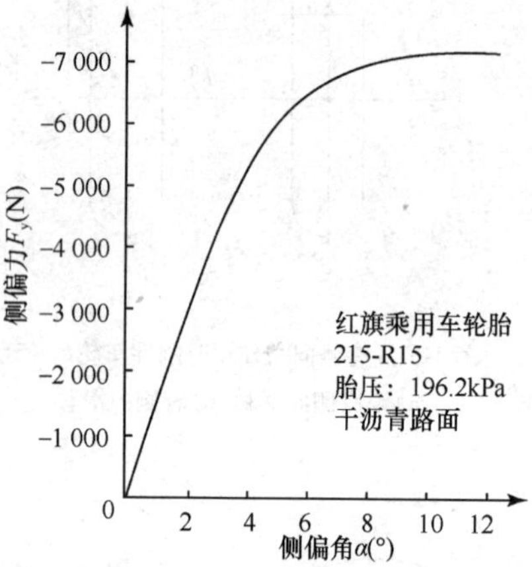

图 4-29 轮胎的侧偏特性

车轮受到的侧偏力 F_y 与侧偏角 α 之间的关系称之为侧偏特性，可用二者的关系曲线表示，称为侧偏特性曲线，如图 4-29 所示。当侧偏角较小时，侧偏力 F_y 基本上与侧偏角成线性关系，且 $\alpha=0°$时，有 $F_y=0$，因此，侧偏特性可以用以下公式表示：

$$F_y = k \cdot \alpha \tag{4-16}$$

式中：k——侧偏刚度，即：弹性轮胎产生 1°或 1rad 侧偏角所需施加的侧偏力，N/(°)或 N/rad。

侧偏刚度是决定操纵稳定性的重要轮胎参数，轮胎应具有较高的侧偏刚度，以保证汽车具有良好的操纵稳定性。由轮胎坐标系中有关符号可知，负的侧偏力产生正的侧偏角，因此，侧偏刚度为负值。小型乘用车的 k 值约在 $-28\ 000 \sim -80\ 000$N/rad 范围内。

当 F_y 较大时，α 快速增大，二者关系由直线变为曲线，说明轮胎与地面接触处部分侧滑。F_y 上升到附着极限时，整个轮胎侧滑，曲线又转变为接近水平线。显然，轮胎最大侧偏力决定于附着条件，与垂直载荷、轮胎花纹、材料、结构、气压、路面材料、路面状况以及车轮的外倾角等因素有关。

4. 有外倾时轮胎的侧偏特性

汽车两前轮有外倾角 γ，具有绕各自旋转轴线与地面的交点 O'滚动的趋势（图 4-30）。若不受约束，犹如发生侧偏一样，将偏离正前方而各自向左、向右侧滚动。实际上，由于前轴的约束，两个车轮只能一起向前行驶。因此，车轮中心必作用有一侧向力 $F'_{y\gamma}$，把车轮“拉”回至同一方向而向前滚动。

与此同时，轮胎接地面中产生一与 $F'_{y\gamma}$ 方向相反的侧向反作用力，这就是外倾侧向力 $F_{y\gamma}$。

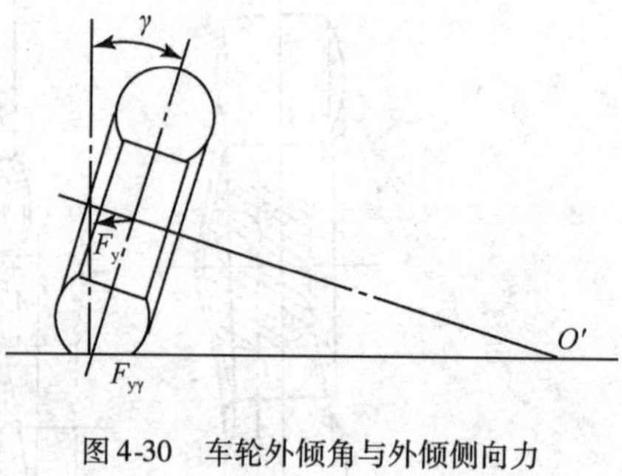

图 4-30 车轮外倾角与外倾侧向力

外倾侧向力 $F_{y\gamma}$与外倾角 γ 的关系曲线如图 4-31a）所示。$F_{y\gamma}$与 γ 成线性关系，其关系式为：

$$F_{y\gamma} = k_\gamma \cdot \gamma$$

按轮胎坐标系规定，k_γ 为负值，称作外倾刚度，单位为 N/rad 或 N/°。

不同外倾角下轮胎的侧偏特性如图 4-31b）所示，侧偏特性具有平移的特点。图 4-31c）是图 4-31b）中的局部放大图，图上的 A、B 与 C 线条是外倾角 γ 为正、为零和为负时，小侧偏角范围内的侧偏特性，该图还表明：

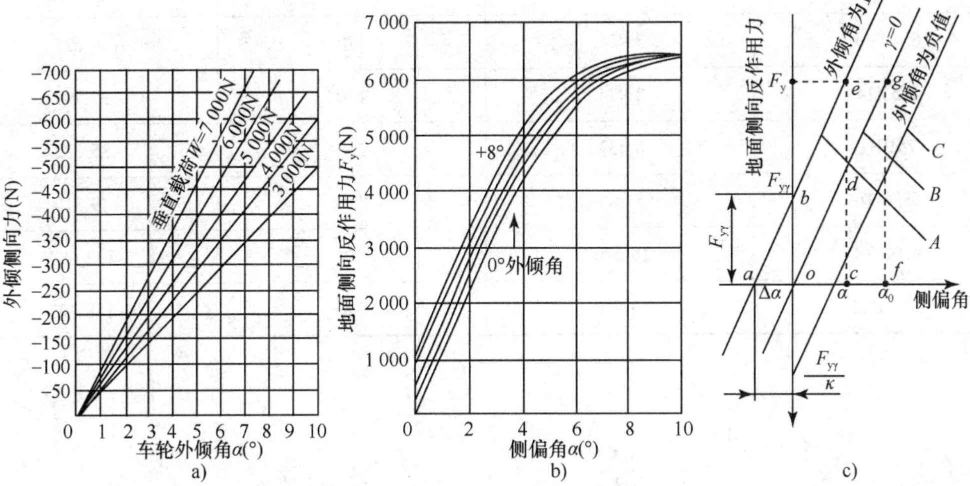

图 4-31　有外倾角时的轮胎的侧偏特性

a）外倾角与外倾侧向力的关系；b）、c）有外倾角时轮胎侧偏特性

①侧偏角为零时的地面侧向力即是外倾侧向力 $F_{y\gamma}$。当外倾角为正值时（见 A 线），$F_{y\gamma}$ 为负值。

②外倾角为正值且侧偏角为 α 时，其地面侧向反作用力为 $F_y = cd + de$，见 A 线，即 F_y 为外倾角等于零时的侧偏力与外倾侧向力之和。

因此，有外倾角时的地面侧向反作用力与外倾角、侧偏角的关系为：

$$F_y = F_{ya} + F_{y\gamma} = k \cdot \alpha + k_\gamma \cdot \gamma$$

式中：F_{ya}——只有侧偏角而外倾角为零时的侧偏力；

$F_{y\gamma}$——只有外倾角而侧偏角为零时的外倾侧向力；

α——侧偏角；

γ——外倾角。

5. 影响轮胎侧偏特性的因素

1）轮胎结构的影响

轮胎的尺寸、形式和结构参数对轮胎的侧偏刚度有显著影响。

尺寸较大的轮胎具有较大的侧偏刚度，见表 4-2；尺寸相同的子午线轮胎接触地面宽，其侧偏刚度较大，钢丝子午线轮胎比尼龙子午线轮胎的侧偏刚度大。

轮胎的断面高度 H 与断面宽度 B 之间的比值，即轮胎的扁平率较小时，轮胎侧偏刚度较大，如图 4-32 所示。现代乘用车轮胎的扁平率逐渐变小，以获得较大的侧偏刚度。目前，不少乘用车采用 60（扁平率 60%）系列轮胎，而追求高性能的运动型乘用车采用扁平率为 50% 或 40% 的轮胎。

部分轮胎的侧偏刚度　　表 4-2

轮胎	车轮载荷（N）	轮胎气压（kPa）	侧偏刚度（N/rad）
5.20-13	2 452	160	-17 893
6.00-13	2 943	140	-17 690
6.40-13	3 924	170	-20 624
165R14	3 924	190	-31 799
175RH14	3 433	200	-38 382
6.50-16	5 886	250	-49 310
9.00-20	19 620	550	-132 687
9.00R20	19 620	550	-168 205

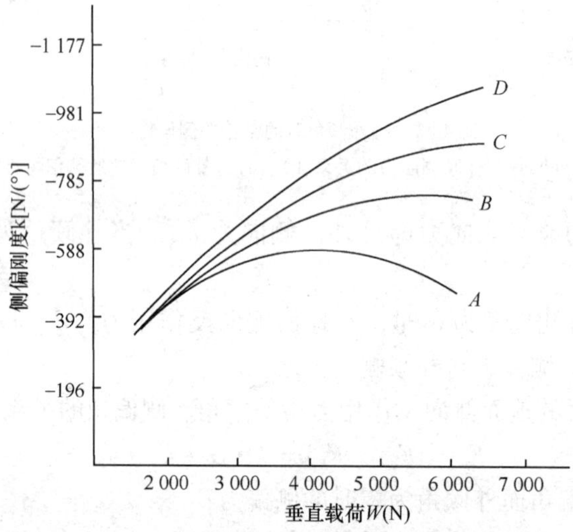

图 4-32　轮胎的扁平率对侧偏刚度的影响

A-82 系列；*B*-70 系列；*C*-高性能 70 系列；*D*-60 系列

2）轮胎工作条件的影响

在使用过程中，如汽车在转弯、侧坡、装载等不匀状况下行驶时，轮胎垂直载荷将发生变化，影响到轮胎的侧偏特性。一般轮胎垂直载荷增大后，其侧偏刚度也随之增大；但垂直载荷过大时，轮胎与地面间的压力极不均匀，侧偏刚度反而减小，如图 4-33 所示。

侧偏特性还与轮胎受到的地面切向反作用力有关。在一定的侧偏角时，驱动力增加，所对应的侧偏力减小，如图 4-34 所示。这是由于驱动力增加后，轮胎侧向弹性发生了改变，侧偏刚度减小的缘故。当驱动力相当大，以至于接近附着极限时，轮胎的侧偏力将很小。因为此时接近附着极限，切向力已耗去大部分附着力，而侧向能利用的附着力很小。车辆在制动时也发生类似的变化。

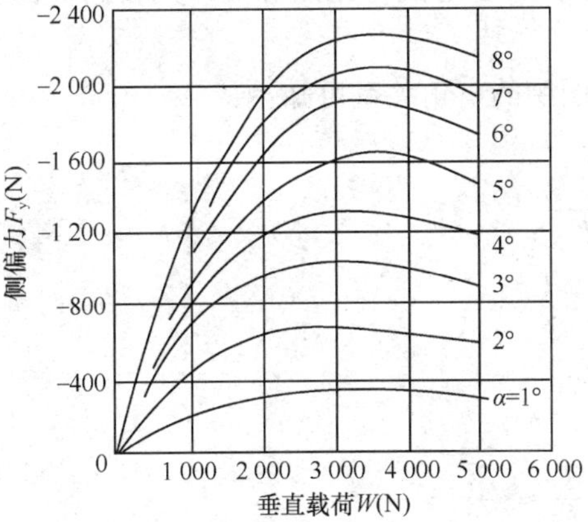

图 4-33　侧偏刚度与垂直载荷的关系

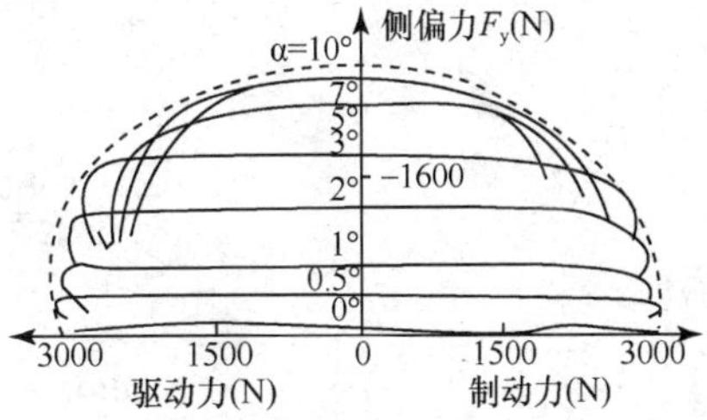

图 4-34　地面切向反作用力对侧偏特性的影响

充气压力也与轮胎侧偏特性有一定关系。随着充气气压的提高，轮胎弹性下降，侧偏刚度增大。当充气压力过高后，受附着力限制，轮胎侧偏刚度不再增大（图 4-35）。

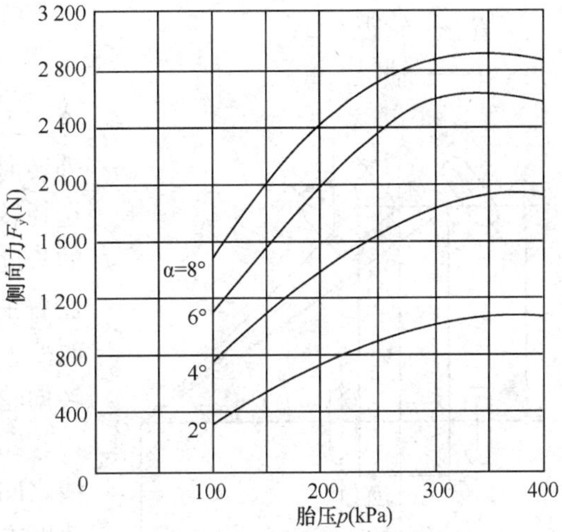

图 4-35　轮胎充气压力对侧偏刚度的影响

3）路面状况对侧偏特性的影响

路面粗糙程度，干湿状况对轮胎的侧偏特性，尤其对最大侧偏力有很大影响。试验证明，粗糙的路面使最大侧偏力增加；干路面上的最大侧偏力比湿路面大；当路面有薄水层时，车速达到一定值，会出现“滑水”现象而完全丧失侧偏力。

另外，车轮的外倾角也会对侧偏特性产生影响。一般说来，当车轮外倾角为正时，有助于减小侧偏角；当车轮采用负外倾角时，侧偏角会加大。

二、汽车转向时的运动

当转向盘转过一定角度维持前轮转角不变时，会引起汽车运动状态发生变化，称为车辆响应。车辆响应分为稳态响应和瞬态响应两种。对于处于等速直线运动的汽车，如果驾驶员突然将转向盘转过一定角度保持不变，一般汽车经过短暂的时间后即进入等速圆周行驶状态，并且不再随时间而改变，这就是稳态响应。稳态响应是评价汽车操纵稳定性的重要特性之一，称为汽车的稳态转向特性。由一种状态到另一种状态的过渡过程为瞬态，相应的响应称为瞬态响应。以下主要讨论汽车的稳态响应。

1. 装用刚性轮胎的汽车在转向时的几何关系

汽车转向时，为减小轮胎磨损和提高汽车行驶的稳定性，所有轮胎都应保持纯滚动，都必须在同一瞬时围绕转向中心作曲线运动。若不考虑轮胎的侧偏特性，其转向简图如图 4-36 所示。

转向时，内外车轮的偏转角度是不同的。由图中的三角关系可知：

$$\cot\delta_1 = \frac{R + \dfrac{d}{2}}{L}$$

$$\cot\delta_2 = \frac{R - \dfrac{d}{2}}{L}$$

因此：

$$\cot\delta_1 - \cot\delta_2 = \frac{d}{L} \approx \frac{B}{L}$$

式中：δ_1——左转向节 E 的转角，(°)；

δ_2——右转向节 F 的转角，(°)；

d——左、右转向节主销中心的距离，m；

B——轮距，m；

L——轴距，m。

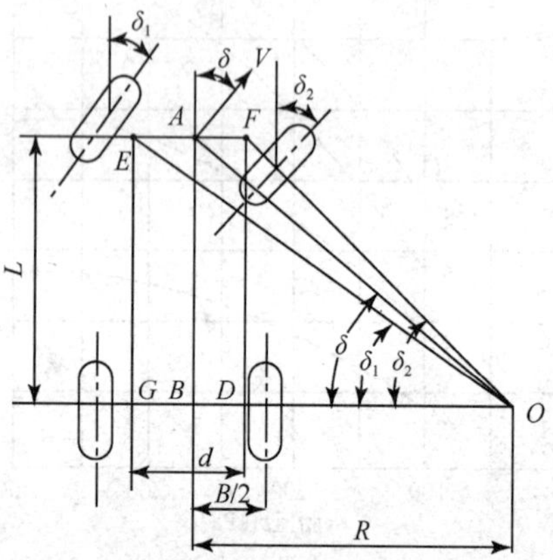

图 4-36　装用刚性轮胎汽车的转向简图

上式就是装用刚性车轮的汽车转向时，内、外转向车轮转角关系的理论特性。此关系由正确选择转向梯形机构参数来保证，如：转向梯形臂的长度、梯形臂与汽车前轴的夹角（底角）、前轴左右主销之间的距离等。如果转向横拉杆的长度改变，就改变了转向梯形的底角，破坏了左、右转向轮的正确转角关系。

图 4-36 中：从转向中心 O 到汽车纵向对称轴线之间的距离 R，称为汽车的转向半径；前轴中点速度方向与汽车纵向对称轴线间的夹角 δ，称为转向轮转角，并取：

$$\delta = \frac{1}{2}(\delta_1 + \delta_2)$$

因此，当汽车转弯速度为 V 时，装用刚性车轮汽车的转向半径 R_0 和转向角速度 ω_0 分别为：

$$R_0 = \frac{L}{\tan\delta} \approx \frac{L}{\delta} \tag{4-17}$$

$$\omega_0 = \frac{V}{R} = \frac{V \cdot \delta}{L} \tag{4-18}$$

式中：R_0——转向半径，m；

V——汽车转变速度，m/s；

ω_0——转向角速度，rad/s。

2. 装用弹性轮胎的汽车在转向时的几何关系

现代汽车均装用弹性轮胎，受到侧向力时，由于弹性轮胎的侧偏现象，其转向时的几何关系将因此而发生变化（图 4-37）。当以转向轮转角 δ 转向行驶时，汽车产生作用于质心的离心力，使汽车的前、后轮产生相应的侧偏角 α_1、α_2。此时前轴中点运动速度 V_1 方向与汽车纵向轴线成（$\delta-\alpha_1$）角，后轴中点运动速度 V_2 方向与汽车纵向轴线成 α_2 角，过前、后轴中点作垂直于速度的垂线，其交点 O' 即为此时的瞬时转向中心。由此可见，考虑弹性轮胎的侧偏特性后，汽车转向时的瞬时转向中心从 O 移到 O' 点。此时，汽车的转向半径 R 为：

$$R = \frac{1}{\tan\alpha_2 + \tan(\delta - \alpha_1)}$$

式中：R——转向半径，m。

汽车高速行驶时，其前轮转角 δ 较小，而侧偏角值一般不超过 6°～8°，故上式可写为：

$$R = \frac{L}{\delta + \alpha_2 - \alpha_1} \qquad (4\text{-}19)$$

当汽车转弯速度为 V 时，转向角速度 ω 为：

$$\omega = \frac{V}{L} \cdot (\delta + \alpha_2 - \alpha_1) \qquad (4\text{-}20)$$

式中：V——汽车转变速度，m/s；

ω——转向角速度，rad/s。

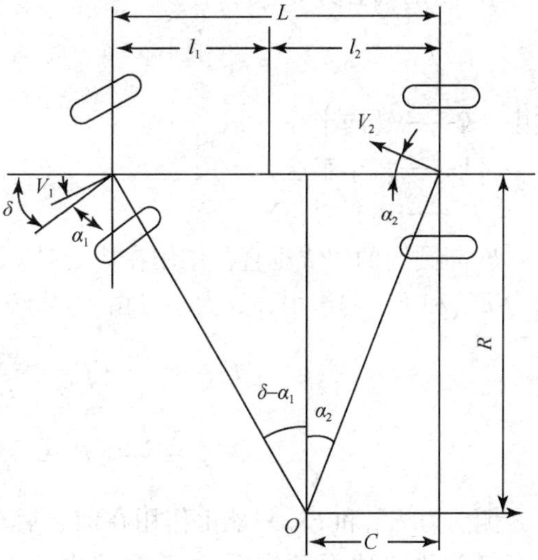

图 4-37　装用弹性轮胎汽车的转向简图

3. 汽车的稳态转向特性

根据汽车受到侧向力时所产生的前后车轮侧偏角 α_1、α_2 的相对大小，可把汽车的稳态转向特性分为如下三类。

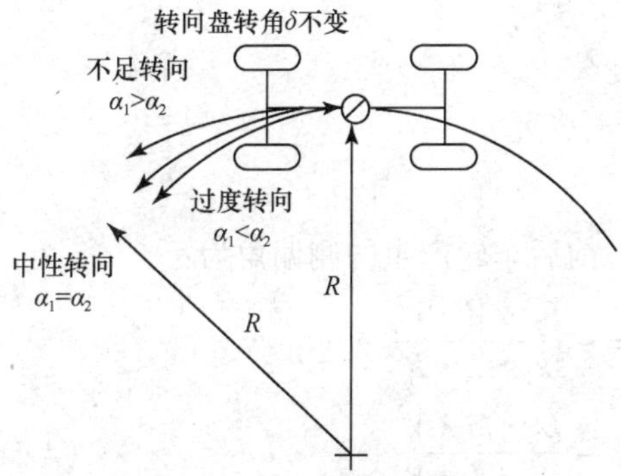

图 4-38　汽车的不同转向特性

当 $\alpha_1=\alpha_2$ 时，汽车的转向半径 R 和转向角速度 ω，与装用刚性轮胎汽车的转向半径 R_0 和转向角速度 ω_0 相等，称为中性转向。

当 $\alpha_1>\alpha_2$ 时，有 $R>R_0$、$\omega<\omega_0$，称为不足转向。

当 $\alpha_1<\alpha_2$ 时，有 $R<R_0$、$\omega>\omega_0$，称为过度转向。

不同转向特性汽车转向时，其转向半径的变化，见图 4-38（转向盘转角不变）。

汽车的转向特性与质心位置、前、后车轮装用轮胎的刚度等有关，还与许多使用因素有关，如轮胎气压、汽车装载情况等。

三、汽车稳态转向特性分析

1. 不同转向特性汽车的结构特征

若已知汽车质量 M、质心位置（L_1、L_2、L 和 h_g）和前、后车轴的侧偏刚度 k_1、k_2（每轴所有轮胎侧偏刚度之和），即可对汽车的稳态转向特性进行分析。

汽车等速行驶时，在前轮角阶跃输入下进入的稳态响应是等速圆周行驶。汽车等速圆周行驶时产生的离心力是导致侧偏现象发生的侧向力，若转向半径为 R，汽车车速为 V，则产生的离心力 F_j 为：

$$F_j = M \cdot \frac{V^2}{R}$$

式中：R——转向半径，m；

V——汽车车速，m/s；

F_j——离心力，N。

F_j 与圆周的切线垂直，作用在质心处。该作用力使前车轮和后车轮的轮轴处受到侧向力 F'_{y1} 和 F'_{y2} 的作用，其大小可由 F_j 分解得到：

$$F'_{y1} = \frac{L_2}{L} \cdot F_j = \frac{L_2}{L} \cdot M \cdot \frac{V^2}{R} = M_1 \cdot \frac{V^2}{R}$$

$$F'_{y2} = \frac{L_1}{L} \cdot F_j = \frac{L_1}{L} \cdot M \cdot \frac{V^2}{R} = M_2 \cdot \frac{V^2}{R}$$

侧向力 F'_{y1} 和 F'_{y2} 只能由作用在前、后车轮与地面间的侧向反力来平衡。因此，前、后车轮受到的地面侧向反力（侧偏力）F_{y1}、F_{y2} 分别与 F'_{y1}、F'_{y2} 大小相等、方向相反，即：

$$F_{y1} = -\frac{L_2}{L} \cdot F_j = -\frac{L_2}{L} \cdot M \cdot \frac{V^2}{R} = -M_1 \cdot \frac{V^2}{R}$$

$$F_{y2} = -\frac{L_1}{L} \cdot F_j = -\frac{L_1}{L} \cdot M \cdot \frac{V^2}{R} = -M_2 \cdot \frac{V^2}{R}$$

式中：M_1——前轴的悬架质量，$M_1 = \frac{L_2}{L} \cdot M$；

M_2——$M_2 = \frac{L_1}{L} \cdot M$ 后轴的悬架质量。

在前后车轮地面侧向反力 F_{y1}、F_{y2} 的作用下，前后车轮产生的侧偏角为：

$$a_1 = \frac{F_{y1}}{k_1} = -\frac{M_1 \cdot V^2}{k_1 \cdot R} = -\frac{L_2 \cdot M \cdot V^2}{k_1 \cdot L \cdot R}$$

$$a_2 = \frac{F_{y2}}{k_2} = -\frac{M_2 \cdot V^2}{k_1 \cdot R} = -\frac{L_1 \cdot M \cdot V^2}{k_2 \cdot L \cdot R} \qquad (4\text{-}21)$$

把式（4-21）代入式（4-19）和式（4-20），得到转向半径 R 和转向角速度 ω 为：

$$R = \frac{L - V^2 \cdot \left(\frac{M_1}{k_1} - \frac{M_2}{k_2}\right)}{\delta} = \frac{L - \frac{M \cdot V^2}{L \cdot k_1 \cdot k_2} \cdot (k_2 \cdot L_2 - k_1 \cdot L_1)}{\delta} \qquad (4\text{-}22)$$

$$\omega = \frac{V \cdot \delta}{L - V^2 \cdot \left(\frac{M_1}{k_1} - \frac{M_2}{k_2}\right)} = \frac{V \cdot \delta}{L - \frac{M \cdot V^2}{L \cdot k_1 \cdot k_2}(k_2 \cdot L_2 - k_1 \cdot L_1)} \tag{4-23}$$

由式（4-22）和式（4-23），并与转向特性定义比较可知：

①如果当$\frac{M_1}{k_1} = \frac{M_2}{k_2}$或 $k_1 \cdot L_1 = k_2 \cdot L_2$ 时，有 $R = R_0 = \frac{L}{\delta}$、$\omega = \omega_0 = \frac{V \cdot \delta}{L}$。此时，$R$ 与 V 无关；随着 V 提高，ω 与 V 成正比增加。此时，汽车具有中性转向特性。

②当$\frac{M_1}{k_1} < \frac{M_2}{k_2}$或 $k_2 \cdot L_2 < k_1 \cdot L_1$ 时，有 $R > R_0$、$\omega < \omega_0$。此时，汽车具有不足转向特性。

③当$\frac{M_1}{k_1} > \frac{M_2}{k_2}$或 $k_2 \cdot L_2 > k_1 \cdot L_1$ 时，随着车速 V 的增大，有 $R < R_0$、$\omega > \omega_0$。此时，汽车具有过度转向特性。

根据不同转向特性汽车在结构上的特征，可以判断汽车的转向特性。

2. 表征汽车稳态响应的其他参数

为了试验与分析的方便，还可以采用其他一些参数描述和评价汽车的稳态响应。常用的参数包括：稳态转向角速度增益和汽车稳定性因数。

1)稳态转向角速度增益

汽车是一个复杂的系统，转向时系统的输入为通过转向盘施加的转向轮转角 δ，系统的输出为汽车的转向角速度 ω。

定义$\frac{\omega}{\delta}$为汽车的稳态转向角速度增益，表示单位转向轮转角输入使汽车产生的转向角速度。显然，$\frac{\omega}{\delta}$反映了汽车绕转向中心的旋转角速度的响应速度，可用于衡量汽车对于操纵的反应灵敏程度，因此，又称为转向灵敏度。

根据式（4-23），稳态转向角速度增益$\frac{\omega}{\delta}$等于：

$$\frac{\omega}{\delta} = \frac{V}{L - V^2 \cdot \left(\frac{M_1}{k_1} - \frac{M_2}{k_2}\right)} = \frac{V}{L - \frac{M \cdot V^2}{L \cdot k_1 \cdot k_2}(k_2 \cdot L_2 - k_1 \cdot L_1)} \tag{4-24}$$

由此可见：

①中性转向时，有$\frac{\omega}{\delta} = \frac{V}{L}$。

②不足转向时，有$\frac{\omega}{\delta} < \frac{V}{L}$。

③过度转向时，有$\frac{\omega}{\delta} > \frac{V}{L}$。

2)稳定性因数

根据式（4-24）得到：

$$\frac{\omega}{\delta}=\frac{\frac{V}{L}}{1+K\cdot V^2} \tag{4-25}$$

式中，K 称为稳定性因数，单位为 s^2/m^2，其数值等于：

$$K=\frac{M}{L^2}\cdot\left(\frac{L_1}{k_2}-\frac{L_2}{k_1}\right) \tag{4-26}$$

由此可得汽车稳态转向特性的另一种表示方法，即：

①$K=0$ 时，则$\frac{\omega}{\delta}=\frac{V}{L}$，汽车为中性转向。

②$K>0$ 时，则$\frac{\omega}{\delta}<\frac{V}{L}$，汽车为不足转向。

③$K<0$ 时，则$\frac{\omega}{\delta}>\frac{V}{L}$，汽车为过度转向。

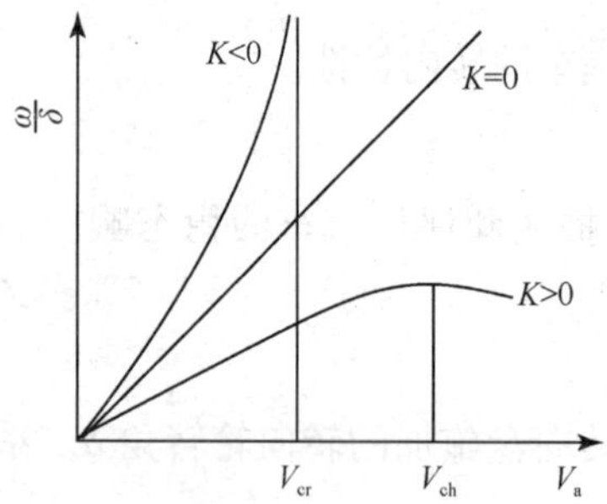

图 4-39　稳态转向角速度增益曲线

稳定性因数 K 是表征汽车稳态响应的重要参数，其重要意义在于 K 值把汽车的结构参数（如：M、L、L_1、L_2、k_1、k_2 等）与汽车的稳态转向特性定量结合了起来，据此不仅可判断汽车转向特性的类型，还可根据 K 的大小确定不足转向特性或过度转向特性的强度。同时，若已知汽车的结构参数，则可根据式（4-26）来确定 K 的数值，并可绘出稳态转向角速度增益$\frac{\omega}{\delta}$与车速 V_a 的关系曲线，见图 4-39。

3. 不同转向特性汽车的运动学特征

不同转向特性汽车的运动学特性如图 4-38、图 4-39 和图 4-40 所示。

1) 中性转向特性汽车

在半径为 R 的弯道上转弯时，若汽车具有中性转向特性，其转向轮偏转角为 $\delta=\frac{L}{R}$，与汽车行驶速度 V 无关；当 δ 固定不变时，汽车沿给定的半径 R 圆周行驶，R 与 V 亦无关。

直线行驶时，若侧向力 F_y 作用于汽车质心，则汽车将沿着与原直线成一定夹角的另一条直线行驶，见图 4-40a)。若欲维持原行驶方向，需将转向盘向侧向偏离的相反方向转动。

2) 不足转向特性汽车

在同样条件下，具有不足转向特性的汽车，其转向半径 R 大于装用刚性轮胎车辆的转向半径。若使转向轮转角 δ 不变，缓慢加速或以不同车速等速行驶，则随着车速 V 的提高，转向半径 R 增大，汽车将沿更平缓的曲线行驶。沿给定半径 R 的圆周加速行驶时，应随 V 的提高不断增大 δ。

直线行驶时，若侧向力 F_y 作用于重心，汽车将朝 F_y 的方向偏转，绕瞬时转向中心作曲线运动，所产生的离心力的分力 F_{jy} 的方向与 F_y 方向相反，有削弱侧向力的作用，见图 4-40b）。侧向力消失后，汽车自动恢复直线行驶。

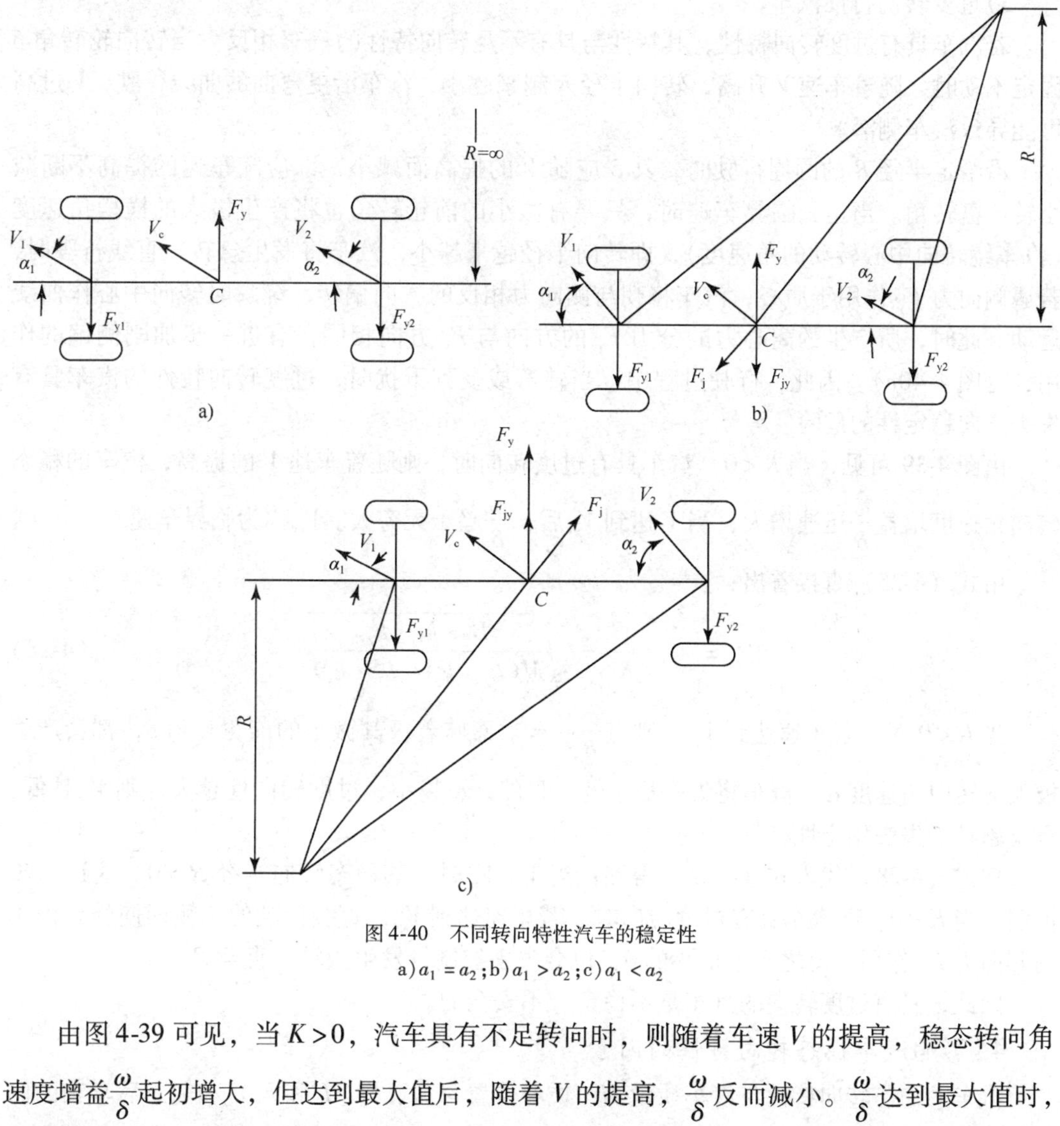

图 4-40　不同转向特性汽车的稳定性

a) $a_1 = a_2$；b) $a_1 > a_2$；c) $a_1 < a_2$

由图 4-39 可见，当 $K>0$，汽车具有不足转向时，则随着车速 V 的提高，稳态转向角速度增益$\frac{\omega}{\delta}$起初增大，但达到最大值后，随着 V 的提高，$\frac{\omega}{\delta}$反而减小。$\frac{\omega}{\delta}$达到最大值时，所对应的 V 称为特征车速 V_{ch}。而且，不足转向性越大，即：$K>0$ 的值越多，则 V_{ch} 越低。

对式（4-25）求对于车速 V 导数，并令其为零，即：

$$\frac{\mathrm{d}}{\mathrm{d}V}\left(\frac{\omega}{\delta}\right) = \frac{\mathrm{d}}{\mathrm{d}V}\left(\frac{\frac{V}{L}}{1 + K \cdot V^2}\right) = 0$$

因此得到：

$$V_{ch} = \sqrt{\frac{1}{K}} \tag{4-27}$$

若 K 值过大，特征车速过低，说明其不足转向性太大，汽车转向沉重，转向灵敏性差。现代乘用车在侧向加速度为0.3g时，其平均K值为0.002 4s^2/m^2，在0.5g时的平均K值为0.002 6s^2/m^2。

3)过度转向特性汽车

若汽车具有过度转向特性，其特性与具有不足转向特性的汽车相反。当转向轮转角δ固定不动时，随着车速V升高，转向半径R越来越小，汽车沿更弯曲的曲线行驶，V过高可能导致汽车侧滑。

沿给定半径R的圆周行驶时，其δ应随V的提高而减小，即应随车速的提高不断减小转向盘转角。当达到临界车速时，只要有微小的前轮转角也将产生极大的横摆角速度(汽车绕转向中心转动的角速度)，即转向半径越来越小，汽车将发生急转。直线行驶时，若遇侧向力F_y作用于质心，汽车将朝与侧向力相反的方向偏转，绕瞬时转向中心作曲线运动。此时，所产生的离心力的分力F_{jy}的方向与F_y方向相同，有进一步加剧侧偏的作用，见图4-40c)。因此，行驶过程中，当转弯或受到干扰时，过度转向特性的汽车具有失去方向稳定性的危险。

由图4-39可见，当$K<0$，汽车具有过度转向时，则随着车速V的提高，汽车的稳态转向角速度增益$\frac{\omega}{\delta}$迅速增大，当V达到V_{cr}后，$\frac{\omega}{\delta}$趋于无穷大。V_{cr}称为临界车速。

由式（4-25）直接看出；

$$V_{cr} = \sqrt{-\frac{1}{K}} = \sqrt{\frac{L^2 \cdot k_1 \cdot k_2}{M(L_2 \cdot k_2 - L_1 \cdot k_1)}} \tag{4-28}$$

当$K<0$时，若车速达到V_{cr}，则有$\frac{\omega}{\delta}\to\infty$。意味着极其微小的前轮转角$\delta$，都会产生极大的转向角速度$\omega$，汽车将失去稳定性。显然，$K$越小，过度转向性越大，则$V_{cr}$越低，汽车越易于失去稳定性。

把式（4-28）代入式（4-22）得到：当$V=V_{cr}$时，其稳态转向半径$R=0$。这进一步说明，当$K<0$，即汽车具有过度转向时，若车速达到V_{cr}，直线行驶的车辆即使受到极小的侧向力F_y作用，使之产生很小的δ，也会失去控制，发生激转，直至$R=0$。

因此，具有过度转向的汽车是不稳定、不安全的。

4. 影响汽车稳态转向特性的因素

汽车的稳态转向特性与汽车质量M、质心位置（L_1、L_2、L和h_g）和前、后车轴的侧偏刚度k_1、k_2（每轴所有轮胎侧偏刚度之和）有关。因此，载荷变化引起质心位置改变时，会影响到汽车的转向特性。汽车装载后，质心后移，更易于满足不等式$k_2 \cdot L_2 > k_1 \cdot L_1$，汽车的不足转向性下降，过度转向性增强，严重时会转变为过度转向特性。轮胎的结构、载荷和气压等会影响轮胎侧偏刚度K值的变化，所以，不能随便更换轮胎，并应注意使轮胎载荷和气压符合标准规定。

四、转向轮绕主销的振动与稳定效应

汽车行驶方向通过转向盘控制汽车转向轮偏转来实现。因此，转向轮绕主销的振动与稳定效应对于汽车的操纵稳定性有重要影响。

1. 转向轮绕主销的振动

由于转向系统内存在间隙，转向盘的游隙可以达到5°~10°。转向盘不动时，转向轮可以自由转动大约20°~40°。考虑到系统内部某些部件的弹性变形，转向轮的自由转角还可能更大。

转向轮的自由转动常带有振动的性质，其频率和角振幅则与转向轮上的作用力的特性有关。引起转向轮振动的原因有转向轮不平衡，前悬架和转向系统的运动学关系不协调，以及车轮与不平路面之间的相互作用。由于某种偶然激发，可能引起转向轮的自激振动。

1)转向轮不平衡引起的振动

车轮不平衡分为静不平衡和动不平衡两种情况。

静不平衡的车轮重心与车轮旋转中心不重合，若使其转动，则只能停止于一个固定方位。

由于静不平衡质量的存在，车轮在旋转中产生离心力。假定不平衡质量 m 集中于距车轮旋转中心距离为 r 的圆周上某点，则车轮转动时所产生的离心力 F 的大小为：

$$F = m \cdot \omega^2 \cdot r$$

式中：ω——车轮旋转角速度，$\omega = 2 \cdot \pi \cdot n/60$，rad/s；

m——不平衡质量，kg；

r——不平衡质量距车轮旋转中心的距离，m；

F——车轮转动时所产生的离心力，N；

n——车轮转速，r/min。

转速 n 越高，不平衡质量 m 越大，且距旋转中心的距离 r 越远，由静不平衡所产生的离心力 F 也越大。离心力 F 可分解为垂直分力 F_z 和水平分力 F_x。每旋转一周，F_z 在过旋转中心垂直线的 a、b 两点达到最大值且方向相反，从而引起车轮的跳动；F_x 在过旋转中心水平线的 c、d 两点达到最大值且方向相反，形成绕转向轮主销来回摆动的力矩，造成转向轮摆振，见图4-41。左、右转向轮的不平衡质量相互处于180°位置时，转向轮摆振最为剧烈。

静平衡的车轮，若质量分布相对于车轮纵向中心平面不对称，则在旋转时会产生方向不断变化的力偶，使车轮处于动不平衡状态。若在距旋转中心距离相同但方向相反的径向的位置上，各有一质量相同但不在同一平面内的不平衡点，则虽为静平衡车轮，却是动不平衡的，见图4-42a)，此时，两不平衡质量产生的离心力的合力虽为零，但在不

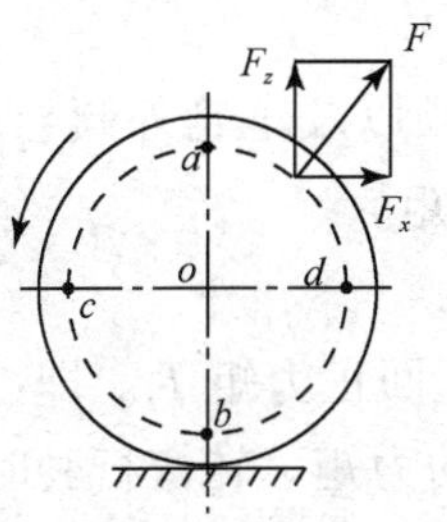

图4-41　车轮静不平衡示意图

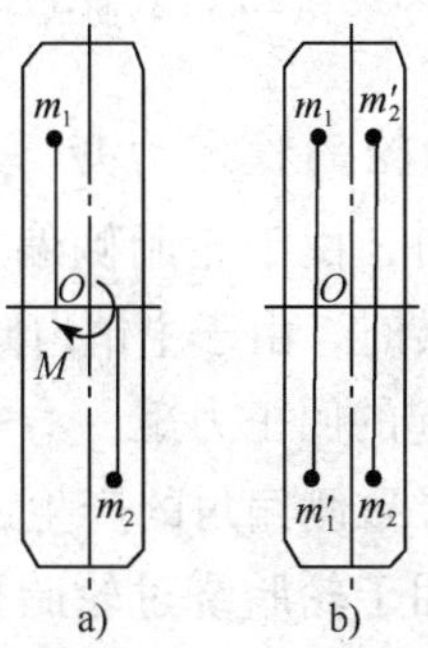

图4-42　车轮平衡示意图

a)车轮静平衡但动不平衡；b)车轮动平衡

同平面内，所构成的力偶却不为零。车轮旋转时，该力偶的方向反复变化，使转向轮绕主销摆振。若要使车轮达到动平衡，则需在 m_1、m_2 同一作用半径的相反方向配置相同质量 m'_1、m'_2，见图 4-42b）。

动平衡的车轮肯定是静平衡的，但静平衡的车轮却不能保证是动平衡的。

2）前悬架与转向系运动学关系不协调引起的振动

前悬架与转向传动机构运动关系不协调，是引起转向轮摆振的重要原因。图 4-43 是一种纵置半椭圆钢板弹簧前悬架与转向系布置简图。钢板弹簧前端以固定吊耳与车架相连，位于前轴前面；钢板弹簧后端以活动吊耳与车架相连，转向器与转向直拉杆也在前轴后面。当路面不平或其他原因使车轮受到冲击上下跳动时，钢板弹簧发生变形。此时，前轴和主销上各点均以 O_2 点为中心沿弧线 $b-b$ 摆动。转向节上的球销 c 点与转向直拉杆相连。由于转向直拉杆的限制，如果车轮不发生偏转，球销上 c 点将沿弧线 $a-a$ 摆动。这样，由于弧线 $a-a$ 与弧线 $b-b$ 不重合，当车轮上下跳动时，转向节将相对于主销发生转动。为减轻振动，应将转向器与固定吊耳尽量靠近，使 $a-a$ 与 $b-b$ 轨迹接近，见图4-43b）。

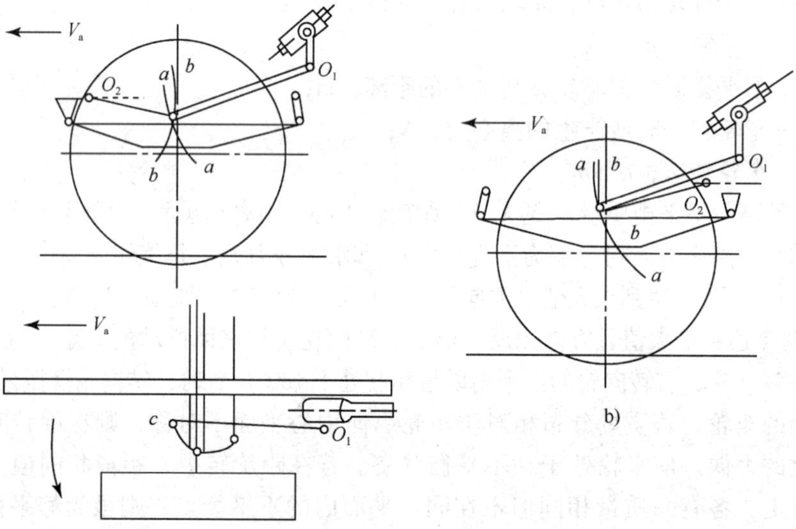

图 4-43　转向系与前悬架运动不协调引起的转向轮摆振

2. 作用于转向轮的稳定力矩

受侧向力作用时，由于轮胎侧偏和转向轮主销后倾以及车轮外倾会产生回正力矩，而当转向轮发生偏转时，由于主销内倾也会产生回正力矩。

1）轮胎侧偏引起的回正力矩

轮胎侧偏不仅导致侧偏角的产生，还因此而产生了回正力矩 T_z。即：在轮胎发生侧偏时，还会产生作用于轮胎绕过轮胎接地点的垂直轴的力矩。转弯行驶时，该力矩是使转向车轮恢复到直线行驶位置的主要恢复力矩之一。

回正力矩是由接地面内分布的微元侧向反力产生的。由图 4-44 可知，车轮在静止时受到侧向力后，印迹长轴线 $a-a$ 与车轮平面平行，错开 Δh，即印迹长轴线 $a-a$ 上各点的横向变形（相对于 $c-c$ 平面）均为 Δh，故可以认为地面侧向反作用力沿 $a-a$ 线均匀分布，见图 4-44a）。而车轮滚动时，印迹长轴线 $a-a$ 不仅与车轮平面错开一定距离，而且转动了 α 角。因而，印迹前端离车轮平面近，侧向变形小；印迹后端离车轮平面远，侧向变形大。地面微元侧向反作用力的分布与变形成正比，故地面微元侧向反作用力的分布如图 4-44b）所示，其合力的大小与侧偏力 F_y 相等，但其作用点必然在接地印迹几何中心的后方，偏移某一距离 e，称为轮胎拖距，回正力矩 T_z 因此而产生，其数值等于：

$$T_z = F_y \cdot e \tag{4-29}$$

轮胎拖距 e 是随所受侧向力 F_y 的大小而变化的。F_y 为零时，轮胎拖距 e 也为零；随 F_y 增大，轮胎拖距 e 增大，接地印迹内地面微元侧向反作用力的分布的情况如图 4-44c）所示；但当 F_y 增大至一定程度时，接地印迹后部的某些部分便达到附着极限，轮胎拖距 e 开始减小，此时反作用力的分布如图 4-44d）所示；随着 F_y 的进一步增大，将有更多部分达到附着极限，直到整个接地印迹发生侧滑后，轮胎拖距 e 又回到零。图 4-45 是试验得到的回正力矩—侧偏角曲线。试验结果还表明，回正力矩随垂直载荷的增大而增大。

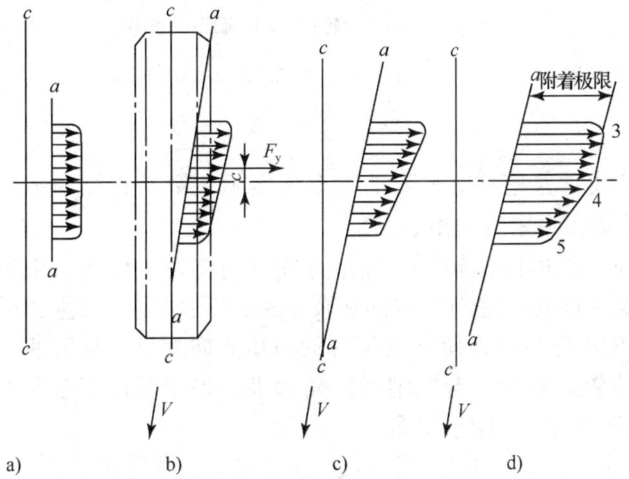

图 4-44　地面侧向反作用力的分布

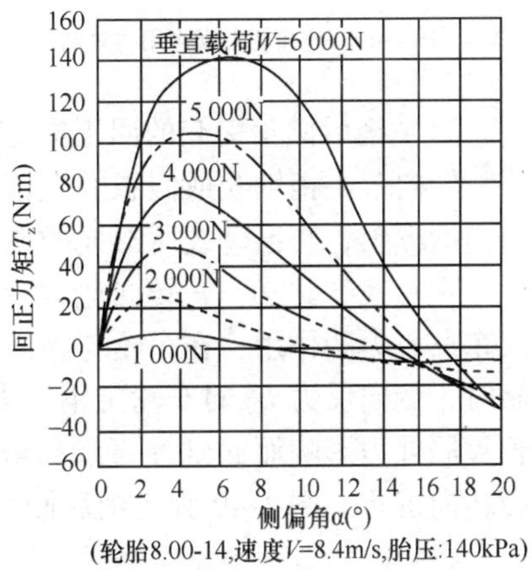

图 4-45　回正力矩－侧偏角曲线

轮胎的形式及结构参数对回正力矩—侧偏角特性有重要影响。在侧偏角相同时，尺寸大的轮胎一般回正力矩较大。子午线轮胎的回正力矩比斜交轮胎大。

轮胎的气压低，接地印迹长，轮胎的拖距大，回正力矩也就大。

地面切向反作用力对回正力矩的影响如图 4-46 所示。随着驱动力的增大，回正力矩达到最大值后再下降。在制动力作用下，回正力矩不断减小，到一定制动力时降为零，若制动力再增大，则回正力矩转变为负值。

2）车轮外倾角引起的回正力矩

车轮有外倾角时（图 4-30）还产生了回正力矩，在不同载荷下，回正力矩与外倾角的关系，见图 4-47。

按轮胎坐标系的规定，将各轮胎特性参数的正负关系画在图 4-48 中。可见，正侧偏角对应于负的侧偏力和正的回正为矩，正外倾角对应于负的外倾侧向力和负的外倾回正力矩。

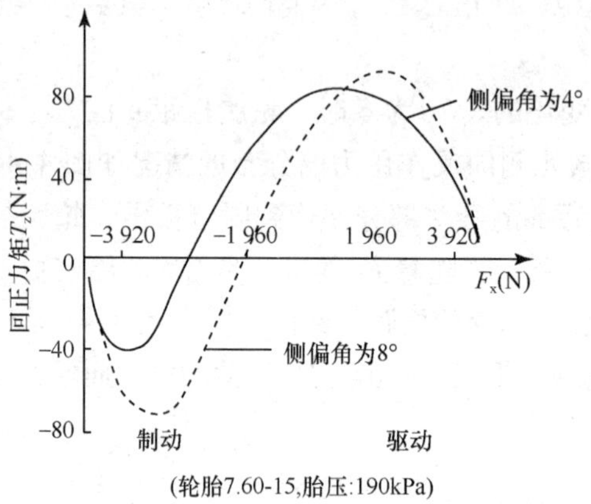

图 4-46　地面切向反作用力对回正力矩的影响

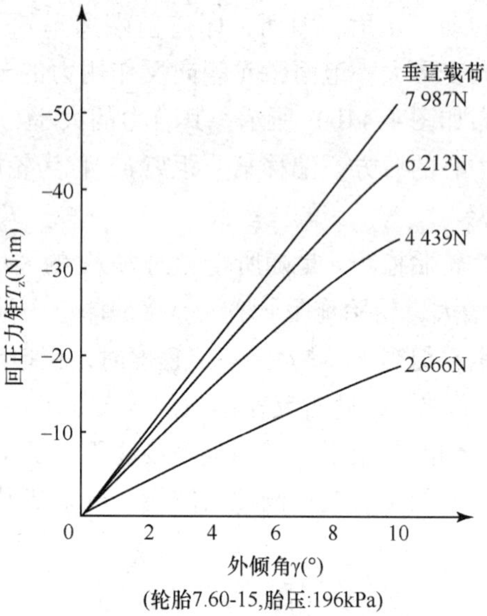

图 4-47　外倾回正力矩与外倾角

3) 主销后倾角引起的回正力矩

转向节主销轴线或假想的主销轴线（某些独立悬架的汽车无实际主销）在纵向平面内向后倾斜，与铅垂线所形成的夹角称为主销后倾角 φ。

在直线行驶时，若转向轮偶遇外力作用而偏转时，汽车行驶方向将发生偏转。由于汽车离心力的作用，在车轮与路面接触点处产生与之方向相反的侧向反力 F_y。当主销后倾时，侧向反力 F_y 对车轮主销的力矩正好与外力使车轮偏转的力矩方向相反，从而使车轮克服外力影响而回到原直线行驶位置。显然，若主销后倾角过大，将使回正力矩太大而转向沉重。图 4-49 为主销后倾角及其回正作用示意图。

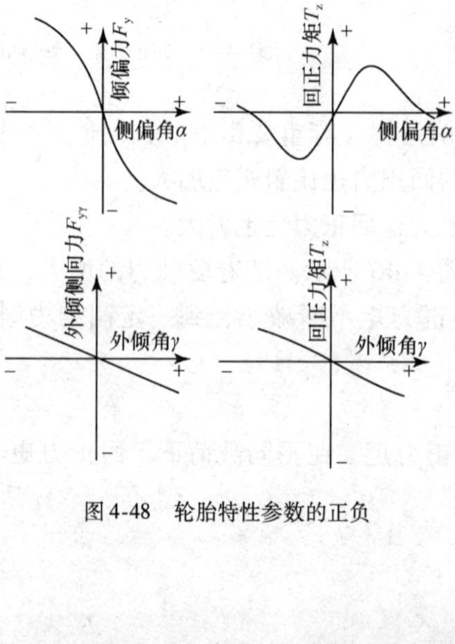

图 4-48　轮胎特性参数的正负

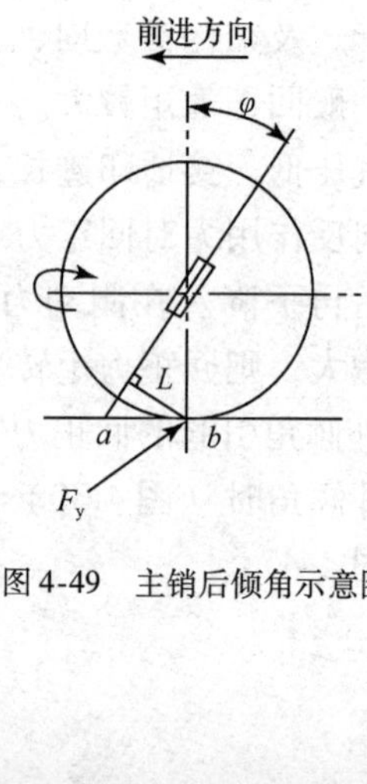

图 4-49　主销后倾角示意图

4）主销内倾角引起的回正力矩

转向节主销轴线或假想的主销轴线在横向平面内向内倾斜，与铅垂线所形成的夹角称为主销内倾角 β。若主销有一定内倾，则车轮在外力作用下偏离直线行驶方向时，转向轮连同转向轴和汽车前部将会被轻微抬起（图 4-50 中画成转向 180°，若无地面约束，车轮下边缘将陷入地面以下），由于前轴质量对于较低位置所具有的重力势能，因此，产生使转向轮回到原直线行驶位置的效应。此外，主销内倾还使主销轴线延长线与路面的交点到车轮中心平面的距离（称主销偏移距）减小，从而，可减小转向时施加于转向盘上的力矩，使转向轻便，同时也减小了从转向轮传递到转向盘上的冲击力。

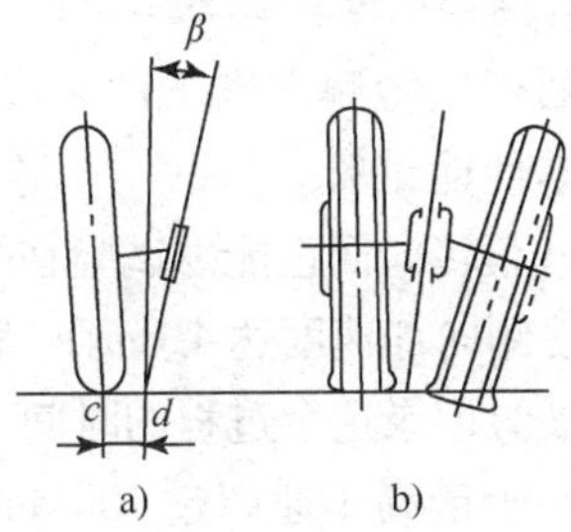

图 4-50　主销内倾角及作用示意图
a）主销内倾角；b）主销内倾角的作用

五、汽车操纵稳定性试验

汽车操纵稳定性试验主要在试验场的专用场地上进行。试验前，要注意检查轴荷分配、轮胎充气压力和胎面等是否符合要求。

汽车操纵稳定性试验参数：车速和时间、转向盘作用转矩及转角、侧向加速度、汽车横摆角速度、汽车的航向角、车厢侧倾角。试验仪器：非接触式车速仪或第五车轮、时间信号发生器、测力转向盘、加速度计、陀螺仪等。

1. 稳态转向特性试验

稳态转向特性试验的目的：测定汽车对转向盘转角输入达到稳定行驶状态时汽车的稳态横摆响应。所采用的方法主要是固定转向盘转角连续加速试验法。

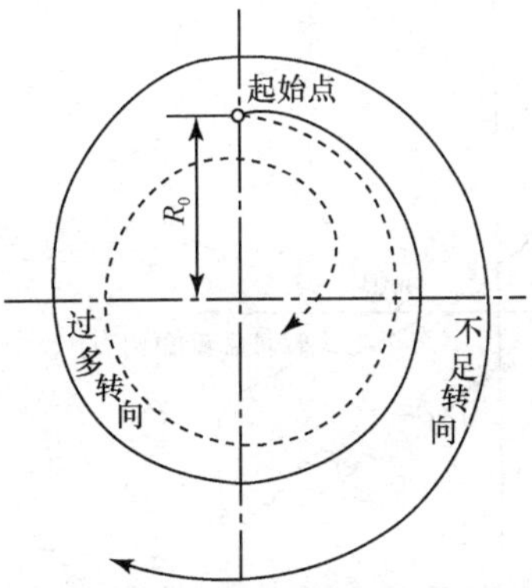

图 4-51　稳态转向特性试验中汽车运行轨迹

稳态转向特性试验在水平场地上进行，场地上画有半径为 15m 或 20m 的圆周。汽车以最低稳定车速沿所画圆周行驶，此时转向盘的转角为 δ_0，测定车速为 V_0 及横摆角速度为 ω_0。由于车速很低，离心力很小，所以，轮胎侧偏角可忽略不计。因此，如图 4-51 所示，不计轮胎侧偏时的转向半径为：

$$R_0 = \frac{V_0}{\omega_0}$$

保持转向盘转角 δ_0 不变，使汽车缓慢连续而均匀地加速（纵向加速度不超过 0.25m/s^2），直至汽车的侧向加速度达到 6.5m/s^2 为止。连续测量车速 V 值与横摆角速度 ω 值，根据瞬时车速 V 值与 ω 值，可求出不同侧向加速度 j_y 下有侧偏角时的转弯半径 R 为：

$$R = \frac{V}{\omega}$$

在试验中，汽车行驶的轨迹，见图 4-51。对于不足转向的汽车，随车速的增加，转弯半径越来越大；反之，过多转向汽车的转弯半径越来越小。试验进行到侧向加速度较大时要注意安全。

2. 转向回正性能试验

回正试验测定汽车自曲线行驶回复到直线行驶的过渡过程，是测定自由操纵力输入的基本性能试验。

汽车转向回正能力试验在平坦的场地上进行。使汽车沿半径为 15m 的圆周行驶，调整车速使侧向加速度达 4.0m/s^2 后，突然松开转向盘，在回正力矩作用下，前轮将要回复到直线行驶。记录这个过程的时间 t、车速 V、转向盘转角 δ 和横摆角速度 ω，整理出 $\omega-t$ 曲线。

对于最高车速超过 100km/h 的汽车，还要进行高速回正性能试验，试验车速为最高车速的 70%。使汽车以试验车速直线行驶，随后驾驶员转动转向盘使侧向加速度达到 2.0m/s^2，然后突然松开转向盘作回正试验。

3. 转向轻便性试验

驾驶员操纵汽车转向盘的轻便性主要取决于转向系的阻力。

在进行转向轻便性试验时，汽车在场地上沿双纽线（图 4-52）以 10km/h 的车速行驶。双纽线轨迹的极坐标方程为：

$$L = d \cdot \sqrt{\cos 2\psi}$$

在 $\psi=0$ 时，双纽线顶点处的曲率半径最小，其数值为 $R_{\min}=\dfrac{d}{3}$。双纽线的最小曲率半径应按试验汽车的最小转弯半径乘以 1.1 倍，并圆整到比此乘积大的一个整数来确定。

试验中，记录转向盘转角及转向盘转矩，并按双纽线路径每一周整理出转向盘转矩与转向盘转角关系曲线，如图 4-53 所示。通常以转向盘最大转矩、转向盘最大作用力及转向盘作用功来评定汽车的转向轻便性。

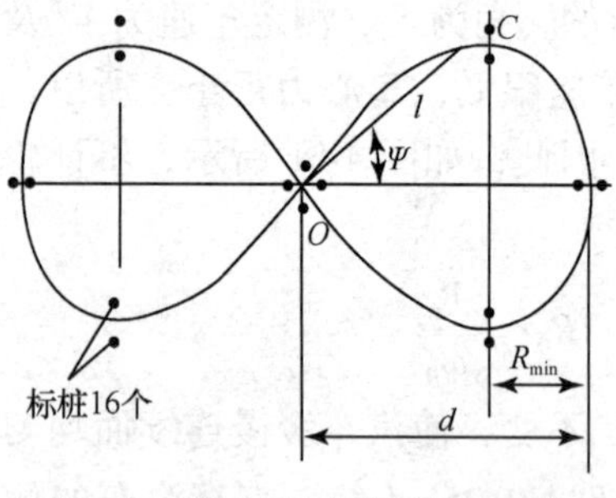

图 4-52　测定转向轻便性的双纽线

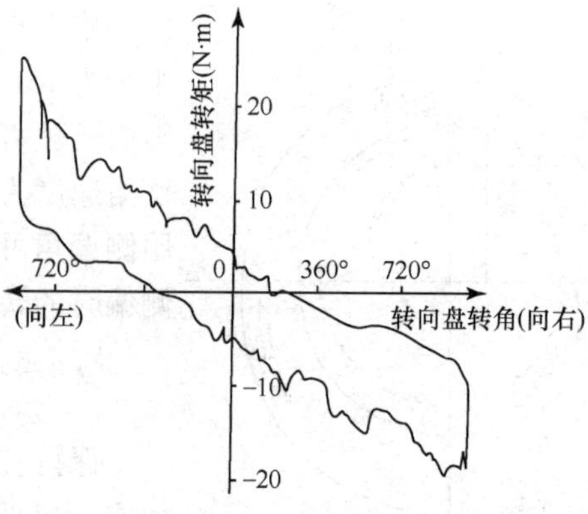

图 4-53　转向盘转矩与转向盘转角关系曲线

第三节　汽车的被动安全性

一、车辆事故分析

道路交通事故的统计和分析是研究汽车被动安全性的基础。其目的是根据事故统计，了解事故与气候、道路、时间及驾驶员和车外人员的年龄等的关系，并确定发生频数最多的事故，以便对事故进行深入研究并提出针对性措施。

乘用车碰撞事故分布情况，见图 4-54。正面碰撞占 64% 以上，而其中一半是车前左侧（右侧通行时）碰撞。侧部碰撞是第二种常见事故类型。大客车追尾碰撞比例高于乘用车，大客车右后角更容易被碰撞。从撞车速度来看，正面撞车速度高于侧向撞车和追尾碰撞。有一半以上的正面碰撞事故的速度高于60km/h，而 90% 的追尾碰撞事故的速度低于 30km/h。

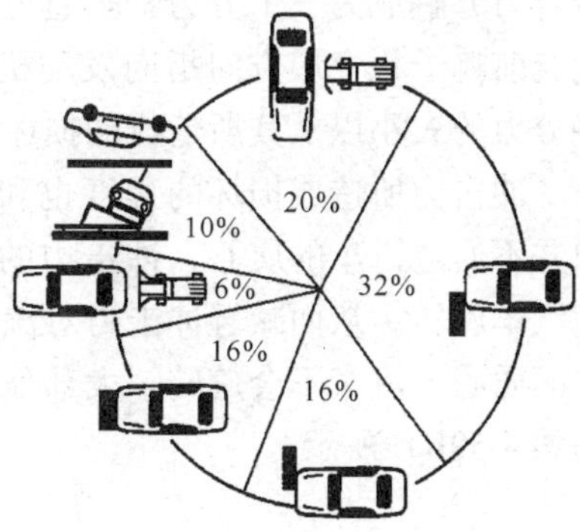

图 4-54　右侧通行的乘用车碰撞事故类型分布

在事故中，伤员的头、胸、下腹和脊椎等部位受到伤害是主要的致死原因。纵向撞车事故中驾驶员和乘用车前排乘客的伤害形成过程如图 4-55 和 4-56 所示。而乘用车的乘员身体伤害部位的分布情况，见图 4-57。

图 4-55　撞车中乘用车驾驶员受伤过程

图 4-56　撞车中乘用车前排乘客受伤过程图

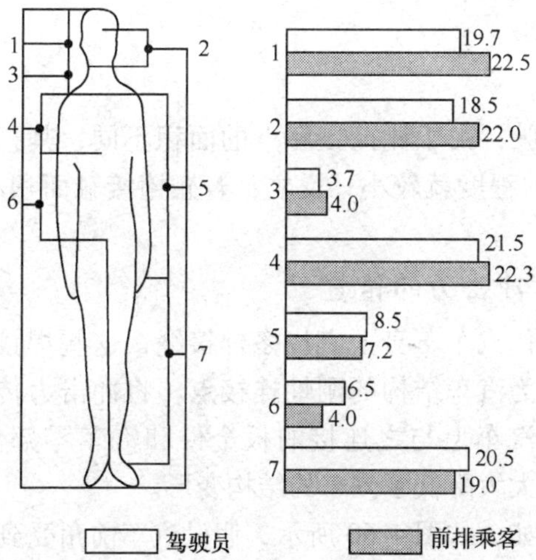

图 4-57　事故中乘用车乘员身体各部位受伤分布
1-头；2-面部；3-颈；4-胸部；5-上肢；6-腹部；7-下肢

汽车与自行车碰撞时，速度多为 40 ~ 50km/h，而与摩托车碰撞的速度则高得多，往往超过 65km/h。

大多数行人是在交叉路口和道路入口处从侧面被汽车正面所撞。乘用车平均碰撞速度不超过 35km/h。如果汽车速度超过 40km/h，则常会导致行人死亡。而对于载货汽车，20km/h 的速度已可使行人头部受到致命伤害。

二、汽车碰撞机理分析

1. 碰撞冲击力

在汽车碰撞过程中，碰撞冲击力的方向总是和冲击力与作用面之间的特定角度相关。合力可以分解成分力，通过汽车向不同方向扩散。

例如，某汽车在碰撞过程中，冲击力以垂直和侧向角度撞击汽车的右前翼子板，冲击合力分解成为三个分力：垂直分力、水平分力和侧向分力，如图 4-58 所示。水平分力使右前翼子板变形方向指向发动机罩中心；侧向分力使汽车的右前翼子板向后变形。这些分力的大小以及其所造成的损坏程度取决于碰撞角度。

冲击力所造成损坏的程度也和冲击力与汽车质心相对应的方向有关。若冲击力的方向并不通过汽车的质心，冲击力的一个分力将形成使汽车绕着质心旋转的力矩，该力矩使汽车旋转，从而减轻冲击力对汽车零部件的损坏，如图 4-59a）所示。若冲击力指向汽车的质心，汽车不会旋转，大部分能量将被汽车零部件所吸收，造成的损坏则较为严重，如图 4-59b）所示。

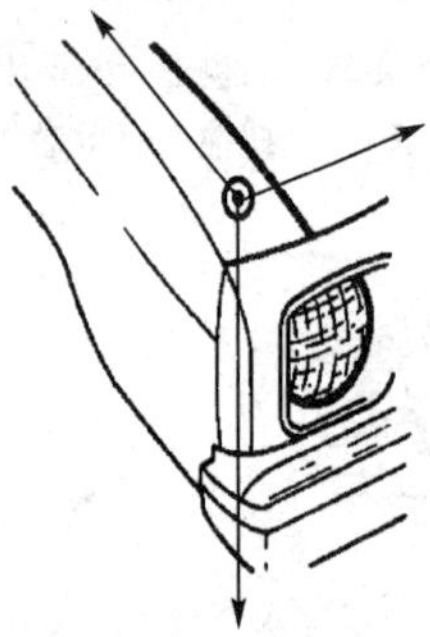

图 4-58　碰撞角度和方向对汽车损坏的影响

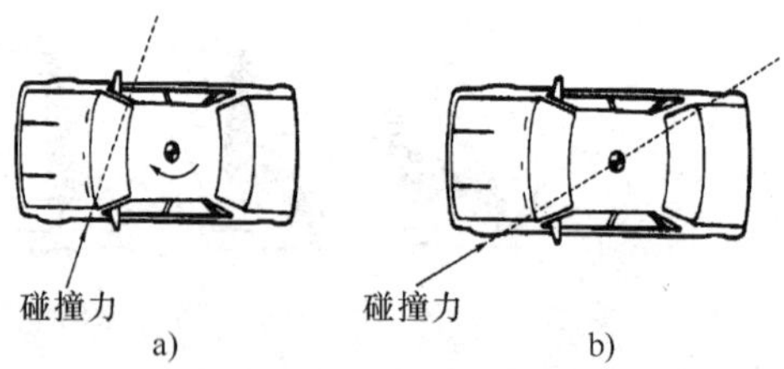

图 4-59　碰撞方向与汽车质心的关系
a）偏心碰撞；b）对心碰撞

驾驶员的反应经常影响到冲击力的方向。当驾驶员意识到碰撞不可避免时，其第一反应，就是旋转转向盘以避免正面碰撞，由此，导致汽车侧面受到损坏。驾驶员的第二反应，就是踩制动踏板，使汽车进入制动状态，此时，汽车前端向下俯冲，因而，碰撞点比正常接触时的位置低，迫使车顶盖向前移动。

2. 碰撞接触面积

假设汽车以相同的速度和相近的载货量行驶，由于碰撞接触点的面积不同，其损坏的程度也就不同。如果撞击的面积较大，损坏的程度就较小；反之，若碰撞接触面积小，则所造成的损坏就越严重。

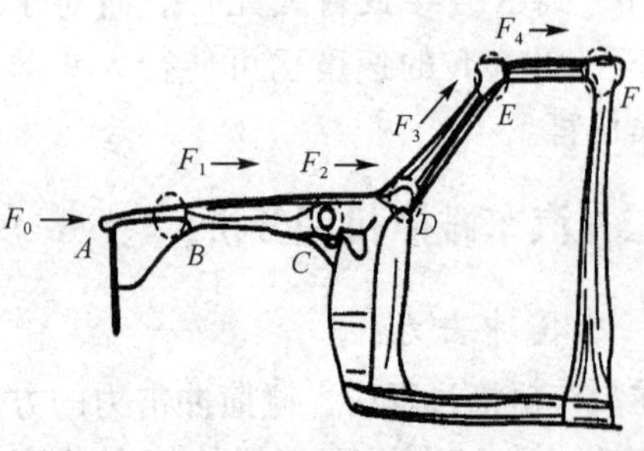

图 4-60　碰撞冲击力传递过程

3. 冲击力的传递

现代汽车车身上有许多焊接缝，这些焊接缝可以作为汽车结构的刚性连接点，将冲击力传递给整个汽车上与之连接的板金件和汽车零部件，因此，大大降低了汽车的结构变形。

例如，如图 4-60 所示，假设汽车前角受到碰撞力 F_0 作用，B 区域将会变形，减小了 F_1 的冲击作用，剩下的冲击力传递到 C 点，金属将发生变形，冲击力继续减小到 F_2 传递到 D 点，而后冲击力继续减弱为 F_3，F_3 继续改变方向并冲击着车身的支柱和车顶盖使之减弱后传至 E 点，使 E 点受到冲击力 F_4 的作用。在冲击力的传递过程中，碰撞能量大部分都被汽车零部件所吸收。

4. 汽车碰撞损伤类型

汽车碰撞损伤可分为直接损伤（或一次损伤）和间接损伤（或二次损伤）。

1）直接损伤

直接损伤是指车辆直接碰撞部位所出现的损伤。直接碰撞点为车辆左前方，推压前保险杠、车辆左前翼子板、散热器护栅、发动机罩、左车灯等导致其变形，称为直接损伤。

2）间接损伤

间接损伤是指二次损伤，并离碰撞点有一段距离的损伤，是因碰撞力传递而导致的变形。如车架横梁、行李舱底板，护板和车轮的弯曲变形和扭曲变形等。

按汽车碰撞后导致的损伤现象不同，汽车碰撞损伤可归纳为五大类，即侧弯、凹陷、折皱或压溃、菱形损伤、扭曲等。

三、被动安全性的评价方法

评价被动安全性的最简单指标是“事故严重程度因素 F”，即

$$F = \frac{N_s}{N_{sh}}$$

式中：N_s——事故中的死亡人数（当场死亡或事故后存活不超过 7 昼夜的伤员）；

N_{sh}——事故中的受伤人数。

各国统计数据表明，F 一般在 $\frac{1}{40} \sim \frac{1}{5}$ 范围内。

还可以用每 10 万居民、每 1 000 000km 行程、每万车的事故死伤人数为指标，衡量道路交通事故的严重程度。

用危险系数 K，可对不同伤亡情况的交通事故进行比较，即：

$$K = \frac{(k_1 \cdot N_q + k_2 \cdot N_z + k_3 \cdot N_s)}{(N_q + N_z + N_s + N_0)}$$

式中：N_q——轻伤人数；

N_z——重伤人数；

N_0——未受伤人数；

k_1——加权系数，取 $k_1 = 0.015$；

k_2——加权系数，即 $k_2 = 0.36$；

k_3——加权系数，取 $k_3 = 1$。

四、汽车内部被动安全性

研究表明，事故中的人体内伤和脑损伤与减速度直接有关，而骨折和组织损伤，则分别与作用力和剪切应力有关。所以，研究汽车内部被动安全性的重要内容是降低人体

在碰撞时的减速度。

提高汽车内部被动安全性的主要措施如下。

1. 安全车身

乘用车发生正面碰撞或与固定障碍物碰撞时，其平均减速度从前向后逐渐递减，前部的平均减速度高达 300g ~ 400g，向后逐渐降低，质心位置的平均减速度为 40g ~ 60g，瞬时值可达 80g ~ 100g，如图 4-61 所示。

为了降低正面碰撞时的减速度，在乘用车前部做成折叠区（图 4-62），在撞车时可提供 400 ~ 700mm 的变形行程，通过前部折叠区的变形来吸收撞车时的动能。

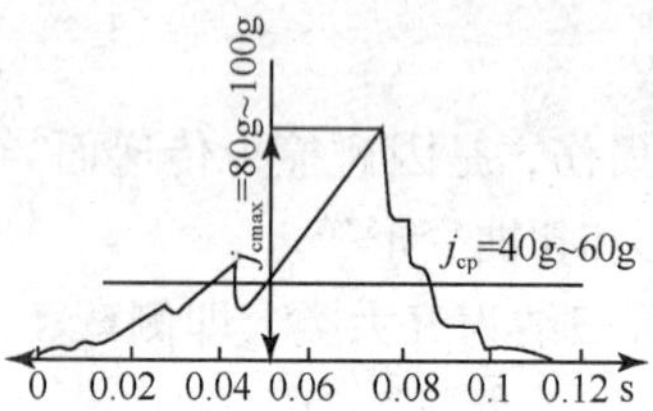

图 4-61　汽车与固定障碍相撞时减速度的变化

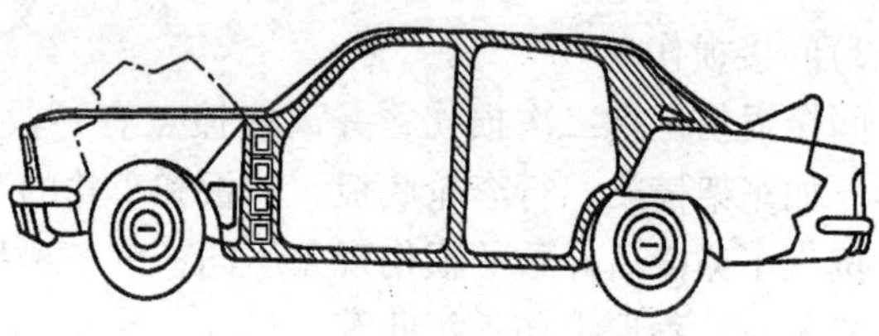

图 4-62　乘用车各部不同的刚度（乘坐区刚度大，保证乘员的生存空间）

折叠区的变形力应满足梯度特性，如图 4-63 所示。即可分为 5 个区段：行人保护、低车速保护、对事故对方共存保护、自身保护（针对本车乘员）以及生存空间等。变形力从前向后逐渐增大，从而使得发生轻微碰撞时其汽车变形仅限于前部零件。

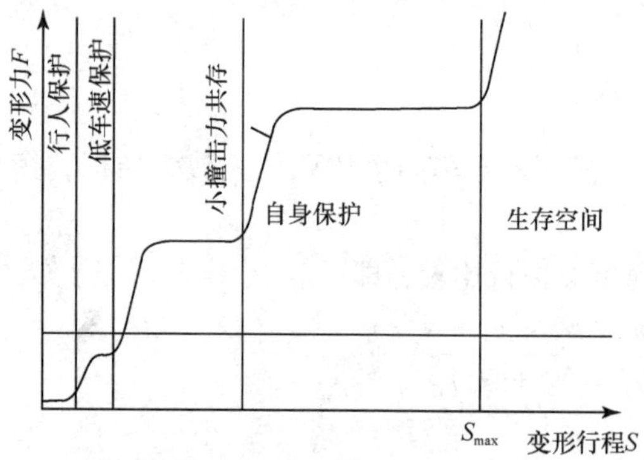

图 4-63　乘用车前部变形力梯度特性

后部碰撞车的车速通常较低，乘用车后部折叠区的变形行程约为 300 ~ 500mm（图 4-62）。备胎后置有助于减小冲撞加速度，而油箱位置则必须避开折叠区。行李舱盖边缘不能穿过后窗而撞入车内。

侧向碰撞时，由于碰撞部位的装饰件和结构件所允许的变形行程很小，吸收能量的能力远小于前部和后部，因而，碰撞所引起的车内严重变形对乘客伤害的危险性很高。其伤害危险性大小在很大程度上取决于乘用车侧部的结构强度（立柱和车门的连接、顶部及底部与立柱的连接等）、底板横梁和座椅的承载能力以及门内板的设计。应保证主撞车不致侵入被撞车的乘员空间。

翻车时，车门应保证不能自开。在活顶式乘用车上，可装设展开式翻车保护杆，并约束乘员头部。

2. 限制乘员位移

1）安全带

安全带（座椅带）可以减轻碰撞过程中乘员受伤害的程度，是使用最广泛、最简单有效的乘员约束装置（图 4-64）。统计数据表明，佩戴安全带可使碰撞事故中乘员伤亡率减少 15% ~30%。

安全带的基本作用：当碰撞事故发生时，将乘员约束在座椅上，使乘员头部、胸部不至于向前撞到转向盘、仪表板以及风窗玻璃上，使乘员免受车内二次碰撞的危险；同时，使乘员不被抛离坐椅。在正面碰撞、追尾碰撞及翻车事故中，使用普通安全带对乘员保护效果很好，尤其是对乘员头部、胸部的保护。为进一步降低碰撞时乘员下沉（即乘员沿坐椅下滑）所造成的腹部伤害，带预张紧器或自带夹紧装置的安全带得到了广泛的应用。安全带同改进的坐椅结构及气囊相结合，可大大提高乘员的保护性能。安全带腰部固定点承载能力不应低于 22.7kN，肩部固定点则应高于 22.9kN。在拉伸速度超过设计速度后，安全带惯性式锁紧装置就可以把安全带拉紧，且在正常行驶时，安全带可以任意伸长而不妨碍驾驶员的操作和乘员的基本活动。

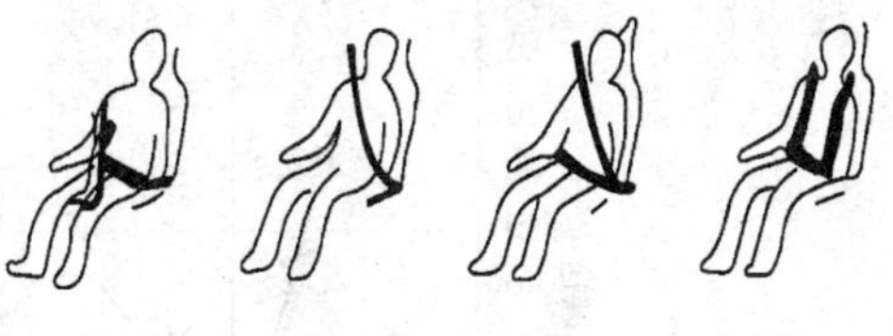

图 4-64　安全带形式

安全带的基本类型，见图 4-64，目前在汽车上使用最为广泛的是三点式安全带。腰带（图 4-64a）用于限制乘员下躯体向前运动，多用于后排座椅和中间座椅。肩带（图 4-64b）可限制乘员上躯体向前运动。三点式安全带的常用类型是腰肩连续带（图 4-64c），既能限制乘员躯体向前运动，又能限制乘员躯体向前过度倾斜。赛车乘员则多用四点式安全带（图 4-64d）。

图 4-65 表明，使用安全带可以避免死亡事故的发生或减轻伤亡事故的程度，使用了安全带以后，可把不使用安全带时造成的死亡事故转化为重伤或轻伤。以 50km/h 的车速进行汽车撞墙试验时，乘员头部的减速度变化情况如图 4-66 所示。使用三点式安全带时，可使驾驶员头部的减速度降低一半。

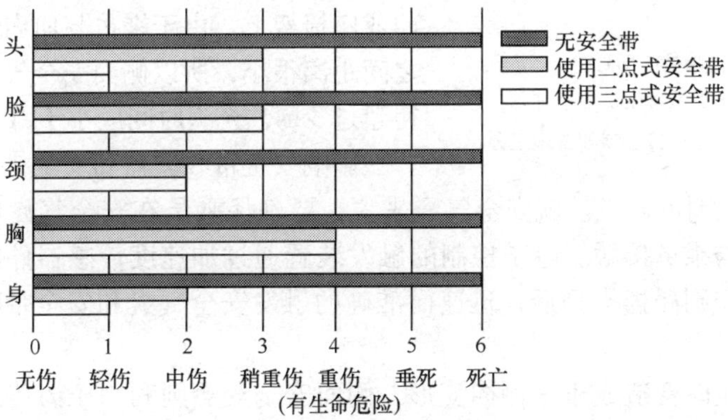

图 4-65　安全带的效果

为了避免在严重事故时乘员过分前移，在安全带上增设了收紧器。在碰撞时，收紧器被触发，收紧作用时间约为 5ms，乘员最大前移距离约 1cm，因而，减小了汽车和乘员间的速度差。

2)安全气囊

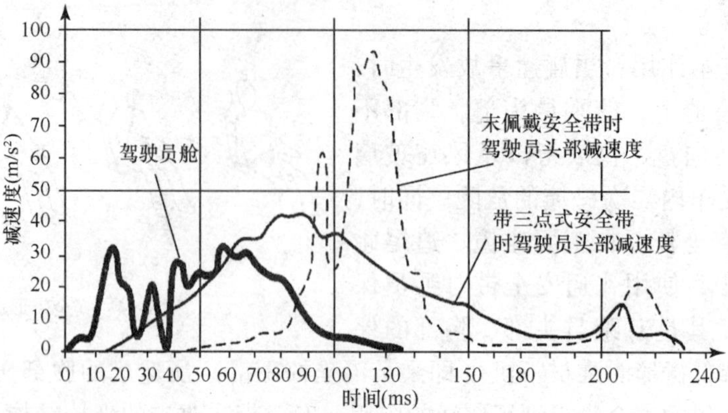

图 4-66　50km/h 撞墙试验时汽车与乘员减速度变化情况

在发生碰撞时，前部安全气囊以突然爆炸的方式充气，在乘员与安全气囊接触前充满。安全气囊与乘员接触时，立即部分泄气，并以生理上可承受的表面压力和减速力，柔和地吸收能量，从而减小乘员头部和胸部的碰撞损伤，见图 4-67。

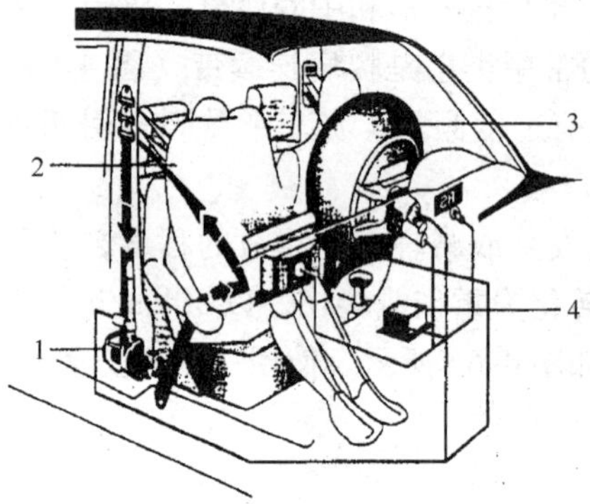

图 4-67　乘员前部防护

1-安全带收紧器；2-前排乘员安全气囊；3-驾驶员安全气囊；4-传感器和备用电源

驾驶员前部安全气囊的容积为 50～60L 时，应在 30～35ms 时间内充满氮气；前排乘员前部安全气囊容积 100～140L 时，要求在 50ms 内充满。驾驶员最大前移空间通常为 12.5 cm，安全气囊放气时间约 100ms，碰撞和能量吸收全过程约在 150ms 内完成。

侧面安全气囊的容积约为 12L，一般装在车门或座椅架上。由于乘员与向内移动的汽车部件之间距离很小，所以侧面安全气囊的响应时间不得超过 3ms，充满时间应小于 10ms。

影响安全带收紧器和安全气囊保护效果的决定因素是在准确的时间触发。就安全气囊来说，要确保乘员在安全气囊仍然处于充满状态并开始放气时与乘员接触。电子控制的触发装置通过加速度传感器件的碰撞过程中的减速度大小，在识别碰撞类型后，迅速而准确的触发安全气囊和安全带收紧器，引爆气体发生器。

侧向碰撞发生时会造成车门侧向变形，侧面安全气囊则利用压力传感器检测由此引发的压力上升，触发气体发生器。两侧使用相互独立的传感器，分别检测各自的压力，决定是否触发。

3）消除部件致伤因素

设计乘坐区时，必须保证乘员生存空间内没有致伤部件。图 4-68 表明驾驶员与转向盘间的空间对驾驶员伤害程度的影响。由于人体尺寸的差异，乘员乘坐姿势的不同，生存空间的形式也各不相同。

统计表明，仪表板下部、转向盘和风窗玻璃引起伤害的事故频数较高。因此，仪表板下部应安装膝部缓冲垫；风窗玻璃应采用钢化玻璃或夹层玻璃；转向盘可采用弹性有波纹的结构，并且盘缘可变形，转向柱能弯曲或伸缩。乘员室内各种部件应软化，材料的燃烧速度要小。

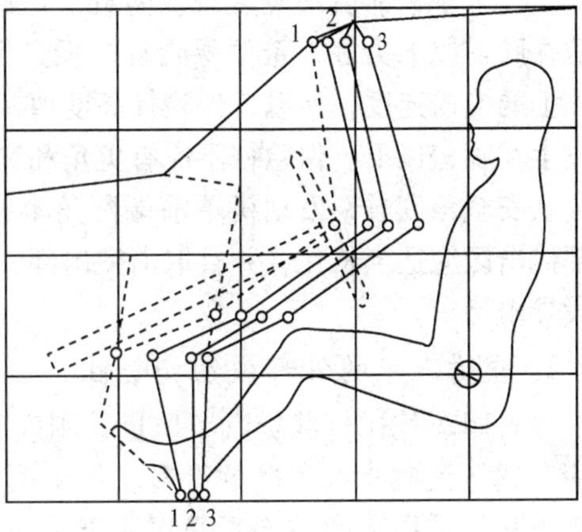

图4-68　生存空间
1-轻伤;2-重伤;3-有生命危险

五、汽车外部被动安全性

1. 乘用车与行人的碰撞

在乘用车与行人碰撞过程中，汽车保险杠首先撞击行人腿部，然后发动机罩前端撞击骨盆，最后头部撞到发动机罩或风窗玻璃上。这时行人被加速到车速，这就是所谓的“一次碰撞”。车速越高，头部撞击点越靠近风窗玻璃。

“一次碰撞”后汽车通常制动减速，行人与汽车分离，行人在汽车前部以与碰撞速度相近的速度撞击路面，产生“二次碰撞”。有的事故中，行人还会被再次碾压，发生“三次碰撞”，如图4-69所示。但乘用车与行人“一次碰撞”的部位和汽车碰撞部件的形状、刚度等是决定行人受伤害严重程度的主要因素。行人与乘用车碰撞的部位如图4-70所示。

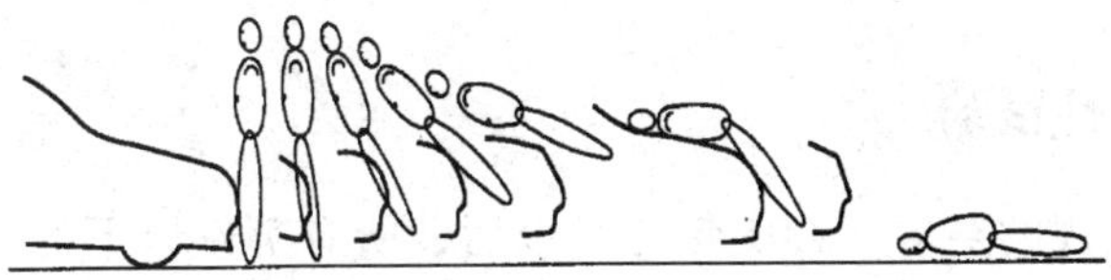
图4-69　撞人事故中行人动态示意图

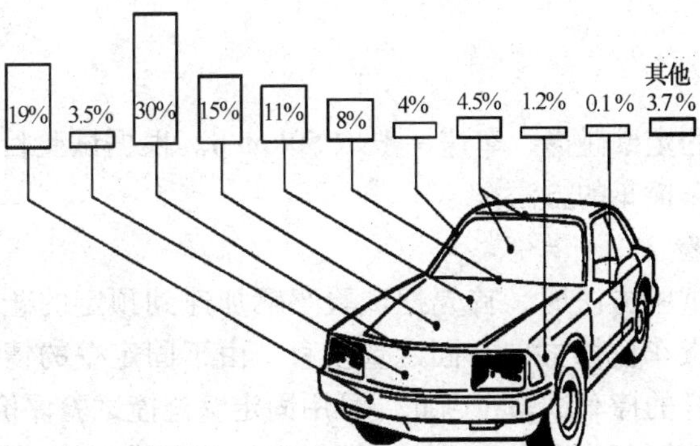

图4-70　行人与乘用车部位碰撞结果统计

设计合理的保险杠不仅应考虑到内部被动安全性，而且也应顾及外部被动安全性。为此，要求车辆前后均应装有保险杠。从减轻事故中受伤程度看，行人与保险杠的碰撞部位在膝盖以下为好，希望保险杠降低，但保险杠过低，会增大头部在发动机罩或风窗玻璃上的撞击速度，所以，保险杠高度值常为330~350mm，以保证大部分行人的碰撞部位发生在膝盖以下。保险杠不应有尖角和突出部，并应适当软化。

从安全角度看，发动机罩前端圆角半径应大些，机罩高度低，风窗玻璃倾角小。在头部撞击区应适当软化，并且取消突出部，如雨刮刷在停止状态时，应位于发动机罩下，不设导雨槽等。

2. 载货汽车的外部被动安全性

与乘用车相比，载货汽车质量、刚度和尺寸都要大得多，在与乘用车正面相撞时，乘用车损坏比载货汽车严重得多。如果两者尺寸相差悬殊，乘用车往往“楔入”载货汽车下面，乘用车的前部折叠区不能发挥作用，而导致乘坐区受到破坏。特别是一般载货汽车后部不装保险杠，当发生追尾碰撞事故时，跟随行驶的乘用车“楔入”的可能性增大。因此，对于尾部离地高度不小于0.7m的车辆应装后保险杠，其离地高度为0.38~0.56m。在载货汽车尾部安装缓冲装置，可以减小追尾碰撞时乘用车的损坏程度。

载货汽车与行人相撞时造成的伤亡也远比乘用车严重。发生碰撞时，无论是长头还是平头驾驶室载货汽车，都不会发生乘用车事故中的行人身体在发动机罩上的翻转过程。此时，碰撞直接作用在行人头部或胸部，身体上部直接被抛向前方，在很短时间内行人速度被加速到载货汽车的速度，易于造成人员伤亡。如果不采取制动措施，行人将被碾在车下。驾驶室上突出的后视镜、驾驶员上车踏板以及保险杠等也容易使行人头部、骨盆和大腿受伤。

六、被动安全性试验

根据国家有关法规的要求，2003年7月以后，所有7座以下的乘用车必须通过碰撞安全性试验。汽车被动安全性试验应尽量再现典型的公路撞车事故的现象，试验中要测定车辆的变形、减速度及负荷。必要时把假人设置在车内，测定有关部位的负荷及变形情况。

1. 实车碰撞法

常用的是实车对固定壁碰撞，车速一般取50km/h。根据试验目的不同，也可采用可动壁撞静止车辆或以车撞车的方法。

1)固定壁碰撞试验

采用固定壁碰撞试验方法时，首先把试验车辆加速到预定的碰撞速度，然后与固定壁进行碰撞。通常，汽车碰撞方向与固定壁垂直。由于固定壁的情况不变，可取固定试验特性，并可重复同样的撞车试验，因此，可用固定壁碰撞试验评价汽车安全性。

根据碰撞范围的不同可分为全宽碰撞（图4-71）和偏置碰撞（图4-72）。汽车碰撞方向也可与固定壁成一定的角度。有时还可在固定壁前面附加各种形状的障碍物，以研究汽车在不同碰撞情况下的特征。

正面碰撞中的试验车以及侧向碰撞中的移动障碍壁可用电机牵引来加速，也可以用牵引车牵引来加速。

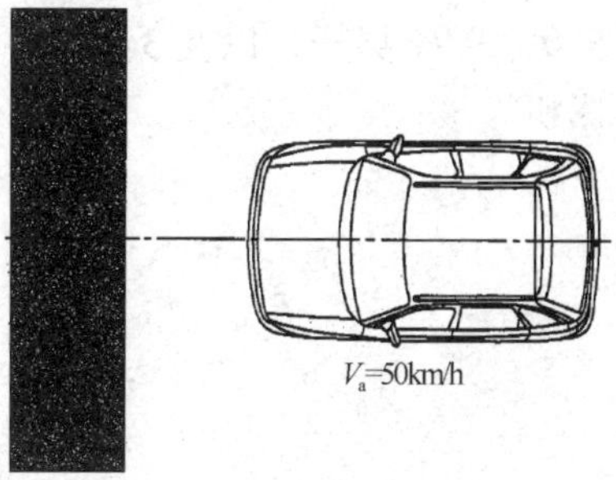

图 4-71　正面全宽碰撞试验沥青混凝土障碍壁

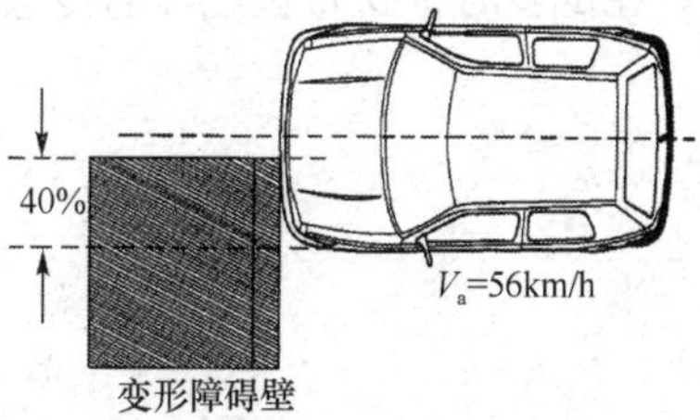

图 4-72　40% 重叠偏置碰撞试验蜂窝状铝合金变形壁

2）移动壁碰撞试验

移动壁碰撞试验常用于测试试验车的侧撞和尾撞安全性。试验时，在能行走的台车上装备有一定撞车面积的可移动壁，加速到预定速度后碰撞处于静止状态的试验车。为进行反复试验，台车的构造需要坚固耐用。试验时，应该给碰撞后的试验车留出足够的滑动范围。

在侧向碰撞试验时，试验车静止，移动障碍壁向前运动，其运动方向与试验车中轴线成 27°夹角，速度为 53km/h，如图 4-73 所示。移动障碍壁的碰撞材料为铝制蜂窝状材料。

为了检查车辆碰撞后双方车辆的外形和刚度的变化情况，要进行车对车的碰撞试验，一般有正面碰撞、侧面碰撞和尾部碰撞三种。

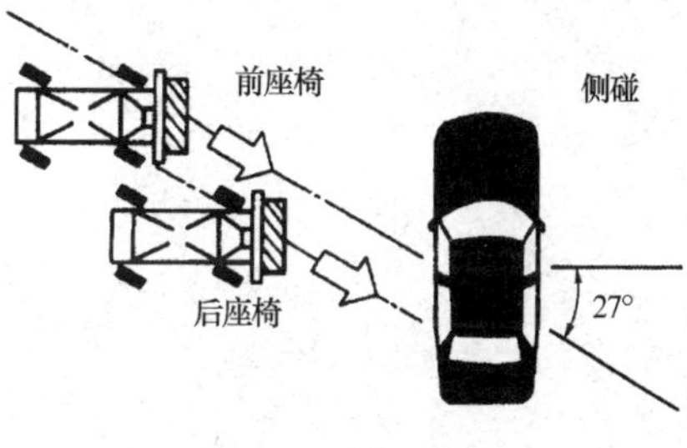

图 4-73　侧面碰撞

2. 模型撞车法

在新车设计阶段可以采用模型撞车法，一般用 1∶2 模型。这种试验方法费用较低，准备时间短，且便于多方案比较。如果仅对某些部件进行变形研究，可采用 1∶1 的复合试验车，即在现在生产的车辆上作一定改动，装上研究的部件所构成的试验车作撞车试验。这种方法常用于理论研究和局部改进。

3. 部件试验

常用静态加载法对车门、车顶、驾驶室后围、座椅和安全带进行强度和刚度试验。用冲击试验测定保险杠的性能，测定发生事故时仪表板、转向盘等部件对人体的伤害程度。

4. 假人试验

为了确定撞车试验中车内乘员所受伤害的严重程度，广泛采用专门制作的模拟人（假人）。其各部肢体在形状、运动学和动力学性能方面都与真人严格相似，头部还附有软化材料模拟肌肉和皮肤。在头、胸、背和大腿部都装有传感器，以测定减速度和负荷。用于侧向碰撞试验的假人是专门设计的，与正面碰撞试验用的假人有很大区别，价格也更高。

一个完整的试验用“假人”系列包括：5% 妇女、95% 男子，以及 3 岁、6 岁、10 岁等的儿童。在试验时，要布置足够的传感器和摄影机。

第五章　汽车的通过性和行驶平顺性

第一节　汽车的通过性

在一定载质量下，汽车能以足够高的平均车速通过各种坏路及无路地带和克服各种障碍的能力，称为汽车的通过性。坏路及无路地带是指松软土壤、沙漠、雪地、沼泽等松软地面以及坎坷不平地段；各种障碍是指陡坡、侧坡、台阶、壕沟等。

汽车通过性可分为轮廓通过性和牵引支承通过性。前者是表征车辆通过坎坷不平路段和障碍（如陡坡、侧坡、台阶、壕沟等）的能力；后者是指车辆能顺利通过松软土壤、沙漠、雪地、冰面、沼泽等地面的能力。

农林区、矿区、建设工地等使用的车辆和军用车辆，经常行驶在坏路和无路地面上。因此，要求这些汽车应具有良好的通过性。

一、汽车通过性的评价指标

1. 轮廓通过性及其评价指标

当通过坎坷不平路段和障碍时，由于汽车与不规则地面的间隙不足，可能出现汽车被托住而无法通过的现象，称为间隙失效。中间底部的零件碰到地面而被顶住的间隙失效称为顶起失效，前端或车尾触及地面而不能通过的间隙失效称为触头失效或托尾失效。

与间隙失效有关的整车几何尺寸，决定着汽车的轮廓通过性，称为汽车通过性的几何参数。主要包括：最小离地间隙、接近角、离去角、纵向通过角、最小转弯直径等，其数值范围，见表5-1。

1）最小离地间隙

最小离地间隙 h 指满载和静止时，汽车除车轮之外的最低点与支撑平面之间的距离，用于表征汽车无碰撞地越过石块、树桩等障碍物的能力。汽车前桥、飞轮壳、变速器壳、消声器和主传动器外壳等与地面的间隙较小。前桥的离地间隙一般比飞轮壳的离地间隙小，以便利用前桥保护较弱的飞轮壳免受冲碰；后桥内装有直径较大的主传动齿轮，一般离地间隙最小，见图5-1。

2）接近角

接近角 γ_1 指满载和静止时，自车身前端突出点向前车轮所引切线与路面之间的夹角（图5-1），表征汽车接近障碍物（如小丘、沟洼地等）时，不发生碰撞的能力。接近角 γ_1 越大，越不易发生触头失效。

3）离去角

离去角 γ_2 指满载和静止时，自车身后端突出点向后车轮所引切线与路面之间的夹角

(图 5-1)，表征汽车离开障碍物（如小丘、沟洼地等）时，不发生碰撞的能力。离去角 γ_2 越大，越不易发生托尾失效。

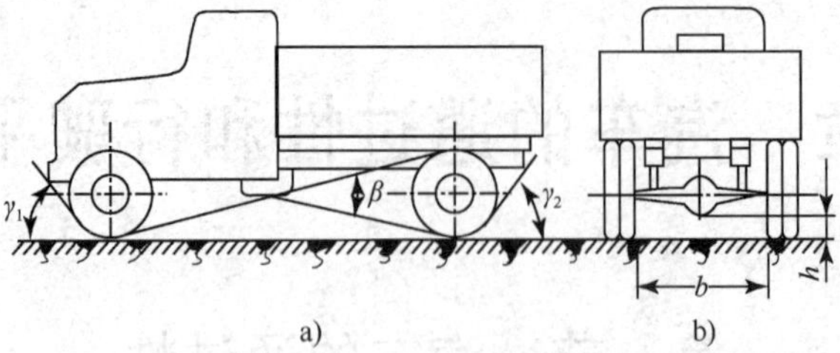

图 5-1 汽车通过性几何参数

h-最小离地间隙；b-两侧轮胎内缘间距；γ_1-接近角；γ_2-离去角；β-纵向通过角

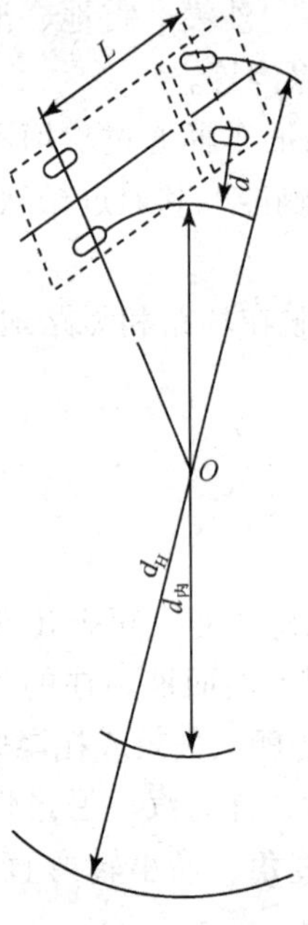

图 5-2 最小转弯直径和内轮差

4）纵向通过角

纵向通过角 β 指满载和静止时，在汽车侧视图上通过前、后车轮外缘做切线交于车体下部较低部位所形成的最小锐角，表征汽车可无碰撞地通过小丘、拱桥等障碍物的轮廓尺寸。纵向通过角 β 越大，汽车顶起失效的可能性越小。

5）最小转弯直径和内轮差

最小转弯直径 d_H 指转向盘向左或向右转到极限位置，汽车以最低稳定车速转向行驶时，车辆外转向轮印迹中心在其支承面上的轨迹圆直径中的较大者，表征汽车在最小面积内的回转能力和通过狭窄弯曲地带或绕过障碍物的能力。内轮差 d 指：转向轴和末轴的内轮印迹中心在车辆支承平面上的轨迹圆半径之差（图 5-2）。

GB 7258—2004/XG3—2008《〈机动车运行安全技术条件〉国家标准第 3 号修改单》规定：机动车辆的最小转弯直径，以前轮轨迹中心为基线，测量其值不得大于 24m。当转弯直径为 24m 时，前转向轴和末轴的内轮差（以两内轮轨迹中心计）不得大于 3.5m。

6）转弯通道圆

转向盘转至极限位置，汽车以最低稳定车速转向行驶时，车辆所有点在车辆支承平面上的投影均位于圆外的最大内圆称为转弯通道内圆；包含车辆所有点在车辆支承平面上的投影均位于圆内的最小外圆称为转弯通道外圆。转弯通道外圆与转弯通道内圆间的通道称为转弯通道圆，见图 5-3。

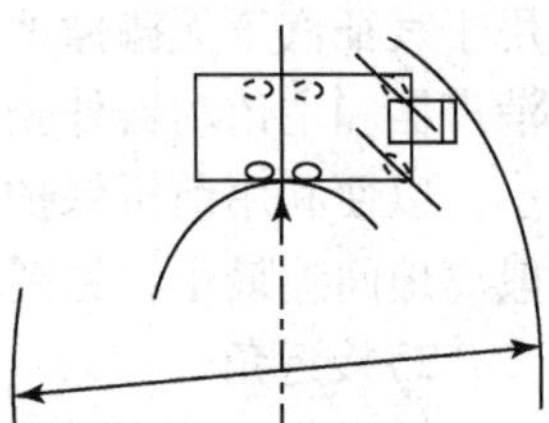

图 5-3 转弯通道圆

车辆有向左和向右转弯通道圆。转弯通道圆的最大内圆直径越大，最小外圆直径越小，车辆所需的通道宽度越窄，通过性越好。

汽车通过性的几何参数　　表 5-1

汽车类型	驱动形式	最小离地间隙 h（mm）	接近角 γ_1（°）	离去角 γ_2（°）	最小转弯直径 d_H（m）
乘用车	4×2	120~200	20~30	15~22	14~26
	4×4	210~370	45~50	35~40	20~30
载货汽车	4×2	250~300	25~60	25~45	16~28
	4×4、6×6	260~350	45~60	35~45	22~42
越野车（乘用）	4×4	210~370	45~50	35~40	20~30
客车	6×4、4×2	220~370	10~40	6~20	28~44

2. 牵引支承通过性

牵引支承通过性的主要评价指标包括：最大单位驱动力、附着质量、附着质量系数及车辆接地比压。

1)最大单位驱动力

在松软地面上行驶时，驱动轮对地面施加向后的水平力，使地面发生剪切变形，相应剪切变形所构成的地面水平反作用力，称为土壤推力；而轮胎对土壤的压实作用、推移作用而分别产生的压实阻力、推土阻力，以及轮胎变形引起的弹滞损耗阻力之和统称为土壤阻力。牵引车的挂钩牵引力等于土壤最大推力与土壤阻力之差，表征了土壤强度的储备能力。可用于车辆加速、上坡、克服道路不平的阻力和牵引与挂钩连接的挂车等装备，反映了汽车通过无路地带的能力。

为了充分利用地面提供的挂钩牵引力，保证汽车的通过性，除了减小行驶阻力外，还必须增加汽车的最大单位驱动力。汽车的最大单位驱动力 F_{xmax} 为：

$$F_{xmax} = \left(\frac{T_{emax} \cdot i_g \cdot i_0 \cdot i_R \cdot \eta_t}{G \cdot r}\right)_{max} \tag{5-1}$$

式中：i_R——分动器传动比；

F_{xmax}——汽车的最大单位驱动力，N。

低速行驶时，若忽略空气阻力，最大单位驱动力等于最大动力因数。为了获得足够大的单位驱动力，要求越野汽车有较大的比功率以及较大的传动比。因此，必须提高发动机功率，并在传动系中增加副变速器或分动器，以增大传动系的总传动比。同时，限制额定载质量也能提高单位驱动力，还能降低滚动阻力。

2)附着质量和附着质量系数

附着质量指汽车驱动轴的载质量 M_φ，附着质量系数 K_φ，即汽车附着质量 M_φ 与总质量 M 之比。

汽车在松软地面上行驶，首先应满足附着条件的要求，即：

$$M_\varphi \cdot g \cdot \varphi_g \geq M \cdot g \cdot \psi \tag{5-2}$$

式中：ψ——道路阻力系数；

φ_g——滑动附着系数。

由式（5-2），要满足附着条件，汽车的附着质量系数 K_φ 应满足：

$$K_{\varphi} = \frac{M_{\varphi}}{M} \geqslant \frac{\psi}{\varphi_{g}} \tag{5-3}$$

K_{φ} 值大时，有利于汽车在坏路面上行驶，通过性得以提高。为了保证汽车的支承通过性，应对其提出明确的要求。例如，意大利规定 4×2 牵引车组成的汽车列车的附着质量系数不小于0.27，英国规定为0.263。全轮驱动汽车的附着质量系数为1，其通过性较非全轮驱动的汽车要好得多。

3）车轮接地比压

车轮接地比压 p 指车轮对地面的单位压力。汽车在松软地面上行驶时，其滚动阻力系数和附着系数都与车轮接地比压直接有关。车轮接地比压小，轮辙深度小，进而车轮的行驶阻力和车轮沉陷失效的概率就小。同样，当汽车行驶在黏性土壤和松软雪地上时，降低车轮接地比压可使得车轮接地面积增加，提高地面承受的剪切力，使车轮不易打滑。

车轮接地比压 p 与轮胎气压 p_{w} 有关，车轮在硬路面上承受额定载荷时，其关系式为：

$$p = K_{w} \cdot p_{w} \tag{5-4}$$

式中：p——车轮接地比压，kPa。

系数 $K_{w}=1.05 \sim 1.20$，其大小取决于轮胎刚度。轮胎的帘布层多时，其 K_{w} 值较大。

车轮的接地比压与轮胎气压成正比，当汽车在松软地面上行驶时，降低车轮接地比压，可减小轮辙深度，从而可减小滚动阻力。

二、汽车的倾覆失效

1. 汽车纵向倾覆

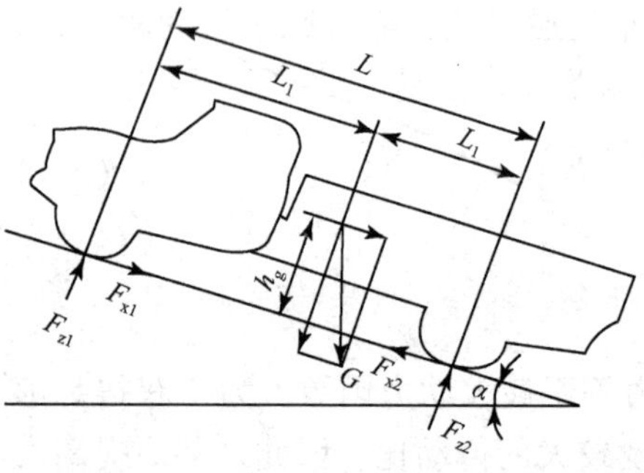

图5-4 汽车在纵坡上等速行驶时的受力图

汽车上坡行驶时，随着纵向坡度的增大，前轮的地面法向反作用力不断减小。当坡度足够大时，前轮的地面法向反作用力为零。此时，前轮将失去转向操纵能力，并可能产生纵翻。另外，如果上坡行驶所需的驱动力大于附着力时，会出现驱动轮滑转现象。

总重为 G 的汽车在纵向坡道上等速行驶时的受力情况如图5-4所示。随着坡度角 α 增大，前轮的地面法向反作用力 F_{z1} 逐渐减小，当 $F_{z1}=0$ 时，汽车将绕后轴纵翻。当坡度较大时，车速较低。若忽略空气阻力，则此时有：

$$L_{2} \cdot G \cdot \cos\alpha - h_{g} \cdot G \cdot \sin\alpha = 0$$

式中：G——汽车总量，N；

h_{g}——质心高度，m；

α——坡度角，(°)；

L_{2}——质心距后轴的距离，m。

整理得，汽车纵翻时的坡度角 α_{f} 满足：

$$\tan\alpha_{f} = \frac{L_{2}}{h_{g}}$$

汽车在坡度角 α 大于 α_f 的道路上行驶时，汽车将发生纵向翻倾。当质心高度 h_g 较小，质心距后轴的距离 L_2 较大时，汽车较不易发生纵翻。

另一方面，汽车所能驶上的最大坡道，受到附着条件限制。因此，汽车上坡时也可能发生车轮滑转。越野汽车大多是全轮驱动，当以较低速度等速上坡时，若道路的滑动附着系数为 φ_s，有：

$$G \cdot \sin\alpha_h = G \cdot \cos\alpha_h \cdot \varphi_s$$

车轮发生滑转所对应的坡度角 α_h 满足：

$$\tan\alpha_h = \varphi_s$$

若在坡度 $\alpha > \alpha_h$ 的道路上行驶，汽车将发生纵向滑移。为避免汽车纵翻，汽车纵向滑移应发生在纵翻之前，即应满足 $\alpha_h < \alpha_f$。此时，应满足如下条件：

$$\frac{L_2}{h_g} > \varphi_s \tag{5-5}$$

2. 汽车侧向倾覆

与纵翻比较，汽车侧翻更为常见。侧翻分为由于侧坡引起的侧翻和由于侧向惯性力引起的侧翻两种情况。

1）侧坡引起的侧翻

汽车在侧坡上直线行驶时，当坡度角 β 大到使重力通过一侧车轮接地中心，而另一侧车轮的地面法向反作用力等于零时（图 5-5），则汽车将发生侧翻。此时有：

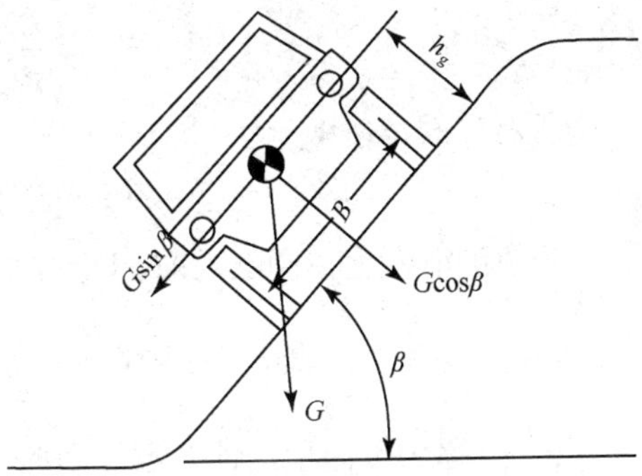

图 5-5　汽车的侧翻

$$G \cdot h_g \cdot \sin\beta = G \cdot \frac{B}{2} \cdot \cos\beta$$

式中：h_g——汽车质心高度，m；

β——坡度角，(°)；

B——轮距，m。

侧翻时，侧向坡度角 β_f 满足：

$$\tan\beta_f = \frac{B}{2 \cdot h_g}$$

为了防止侧翻，汽车质心高度 h_g 应较小，轮距 B 应较宽。

同样，在侧向力作用下汽车也可能发生侧滑，此时有：

$$G \cdot \sin\beta_h = G \cdot \cos\beta_h \cdot \varphi_g$$

侧滑对应的侧向坡度角 β_h 满足：

$$\tan\beta_h = \varphi_g$$

若使侧滑发生在侧翻之前，β_h 应小于 β_f，此时所应满足的条件是：

$$\frac{B}{2 \cdot h_g} > \varphi_g \tag{5-6}$$

2）侧向惯性力引起的侧翻

汽车高速曲线行驶时，由于惯性力的作用也可能导致侧翻。汽车等速圆周运动时的受力情况，见图5-6，若车速为 V_a，圆周半径为 R，汽车总重为 G，则所产生的惯性力 F_j 为：

$$F_j = \frac{G}{g} \cdot \frac{V_a^2}{12.96 \cdot R}$$

式中：F_j——惯性力，N；

G——汽车总重，N；

V_a——汽车速度，km/h；

R——圆周半径，m。

侧翻时，有：

$$F_j \cdot h_g = G \cdot \frac{B}{2}$$

因此，侧翻时所对应的车速 V_{af} 为：

$$V_{af} = \sqrt{\frac{6.48 \cdot g \cdot B \cdot R}{h_g}}$$

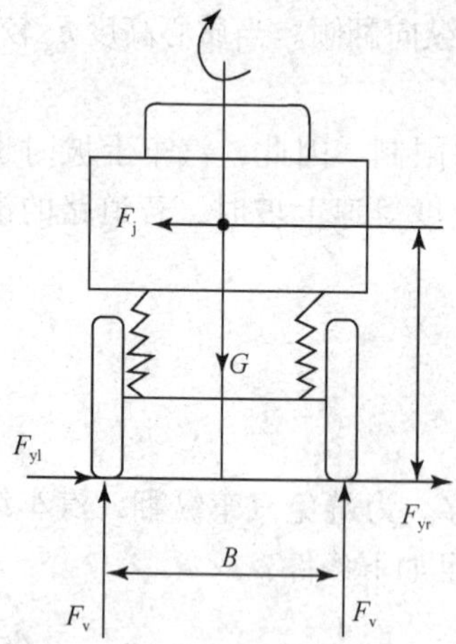

图5-6　汽车圆周行驶受力情况

在惯性力 F_j 作用下，汽车也可能发生侧滑，此时有：

$$F_j = \frac{G}{g} \cdot \frac{V_a^2}{12.96 \cdot R} = G \cdot \varphi_g$$

所对应的车速 V_{ah} 为：

$$V_{ah} = \sqrt{12.96 \cdot R \cdot g \cdot \varphi_g} = 3.6\sqrt{R \cdot g \cdot \varphi_g}$$

若使侧滑发生在侧翻之前，V_{ah} 应小于 V_{af}，此时须满足的条件也是：

$$\frac{B}{2 \cdot h_g} > \varphi_g$$

$\frac{B}{2 \cdot h_g}$ 称为侧向稳定性系数。因此，为了保证汽车高速行驶的横向稳定性，汽车都力求保持一定轮距，并尽量降低质心高度，以增大汽车的侧向稳定性系数。

三、结构因素对汽车通过性的影响

1. 行驶系结构

1)汽车车轮

轮胎花纹、结构参数、气压等对汽车越野行驶的滚动阻力和附着能力有较大影响。

(1)轮胎花纹。轮胎花纹对附着系数有很大影响。轮胎花纹可分为三类：通用花纹、越野花纹以及混合型花纹。通用花纹有纵向肋，花纹细而浅，在较好路面上行驶时，其附着性较好且滚动阻力较小。

越野花纹宽而深，在松软地面上行驶时，嵌入土壤的花纹增加了土壤的剪切面积，提高了附着系数。当路面潮湿时，由于只有凸起部分与地面接触，压强增大，可以挤出水层保持足够的附着系数。在矿山、建筑工地以及一些在松软路面上使用的越野汽车均选用越野花纹轮胎。

混合花纹介于通用花纹与越野花纹之间，适用于在城市乡村之间路面上行驶的汽车。

现代重型载货汽车驱动轮的轮胎也采用这种花纹。

(2)轮胎直径与宽度。增大轮胎直径和宽度都能降低轮胎的接地比压。但增大轮胎直径会使惯性增大，汽车重心升高，还需增大传动系传动比。增大轮胎宽度不仅能降低轮胎接地面比压，还允许胎体有较大的变形，因此，可降低轮胎气压。若将后轮的双胎换为一个断面比普通轮胎大2～2.5倍的低气压拱形轮胎，接地面积将增大1.5～3倍，接地比压大幅减小，使汽车在沙漠、雪地、沼泽等地面上行驶的通过性得以提高。但这种特种轮胎，由于花纹较大，气压过低，不宜在硬路面上工作，否则轮胎将过早损坏和迅速磨损。

(3)车轮和驱动桥。实践证明，在松软的地面上，采用双轮胎车轮的滚动阻力比采用单轮胎车轮的滚动阻力大，因此，采用单轮胎可减小行驶阻力。增加驱动桥数，不但增大了附着质量及驱动轮接地面积，发挥了更大的驱动力并减少了滑转，而且有利于提高通过垂直台阶和壕沟的能力。因此，越野汽车都采用全轮驱动。

(4)前轮距和后轮距。在松软地面上行驶时，各车轮都要克服形成轮辙的阻力。如果前、后轮距相等，且轮胎宽度相同，则前、后轮辙重合，后轮可沿被前轮压实的轮辙行驶，滚动阻力减小，可以提高汽车通过性。所以，多数越野车的前轮距与后轮距相等。

(5)前、后车轮接地比压。前、后轮距相等的汽车行驶在松软地面时，当前轮接地比压比后轮的接地比压小20%～30%时，汽车滚动阻力最小。为此，设计汽车时，可将负荷合理分配于前、后轴，也可改变前、后轮的气压，以产生不同接地比压。

(6)从动车轮数和驱动车轮数。在越野行驶中，经常以很低的车速去越过某些障碍物，如台阶、壕沟等。后轮驱动的4×2汽车的越障能力比4×4汽车约降低一半。

驱动轮及其数目对上坡时通过性有很大影响。前驱动汽车上坡时的通过性最差，全轮驱动车辆的爬坡能力最大。此外，增加汽车驱动轮数，还可以提高附着质量，增大驱动轮与地面的接触面积，改善汽车通过性。因此，越野汽车都采用全轮驱动。

2)悬架

装用非独立悬架多轴驱动的越野汽车通过坎坷不平地面时，常会引起某个驱动车轮的垂直载荷大幅度减小，乃至离开地面而悬空，使驱动车轮失去与地面的附着而影响其通过性。独立悬架和平衡式悬架允许车轮与车架间有较大的相对位移，使驱动车轮与地面经常保持接触，可以保证有较好的附着性能。同时，独立悬架可显著地增大汽车的最小离地间隙，提高汽车的通过性。

2. 传动系结构

1)副变速器和分动器

越野汽车传动系中增设了副变速器，或使分动器具有低挡，可以增大总传动比，获得足够大的驱动力；同时，可使汽车能在极低的速度下稳定行驶，减轻对土壤的剪切破坏，提高附着力。

2)液压传动

装有普通机械传动系的汽车在起动或负荷变化时，由于各部件刚性结合传递转矩，因此，驱动轮转矩急剧上升，对土壤产生振动和剪切，土壤结构被破坏，使轮辙加深，起步及行驶困难。

传动系装有液压变矩器或液压耦合器时，能提高发动机工作稳定性，使汽车长时间低速稳定行驶，以减小滚动阻力并提高附着力。而液压传动能使驱动轮转矩逐渐而平顺增长，防止土壤被破坏和车轮滑移。液压传动还能消除机械式传动系经常发生的扭转振动现象，避免驱动力的周期性冲击，可减轻土壤结构的破坏，减小轮辙深度，从而提高附着力，避免车轮滑转。

3)差速器

普通齿轮差速器的内摩擦力矩很小，可以忽略不计，故左、右半轴的转矩近似相等。这样，如果一侧驱动轮与路面的附着较差（例如，陷入泥泞或在冰面上），其驱动力受附着力的限制等于 F_φ 时，在另一侧驱动轮的驱动力与之相等。因此，汽车驱动力的最大值 F_{max} 为：

$$F_{max} = 2 \cdot F_\varphi$$

由于受到附着力的限制，汽车会因最大驱动力 F_{max} 过小而失去通过性。

高摩擦式差速器的内摩擦力矩 T_r 较大，因而，传动轴输入的转矩不是平均分配到各驱动轮上。如果一侧驱动轮由于附着力不足而滑转，因其转速增大，传给它的转矩就会减小 $\frac{T_r}{2}$，而另一侧车轮的转矩就会增大 $\frac{T_r}{2}$。因而，汽车驱动力最大值 F_{max} 为：

$$F_{max} = 2 \cdot F_\varphi + \frac{T_r}{r}$$

式中：r——轮胎半径，m。

可见，采用高摩擦式差速器后，汽车驱动力的最大值增大 $\frac{T_r}{r}$。越野汽车常采用高摩擦式差速器，例如凸轮式、蜗杆式等。这时总驱动力力可增加 10% ~15%，因而，提高了汽车的通过性。

为避免因一侧驱动轮受附着力限制而滑转，进而使整车驱动力受到限制，某些汽车装有差速锁，以便必要时锁止差速器。

4)驱动防滑系统（ASR）

在汽车行驶时，如路面的附着系数小，经常出现驱动轮滑转现象。此时，汽车动力性的发挥受到限制，产生的驱动力很小，不足以克服行驶阻力，使汽车的通过性受到限制；驱动轮胎滑转还增强了轮胎磨损，降低了轮胎的使用寿命，并使汽车抗侧向力的能力下降，易于发生侧滑，影响汽车行驶的横向稳定性。

ASR 系统的主要作用是，自动调节发动机输送到驱动轮的转矩。汽车行驶中，若一侧车轮滑转超过规定值时，控制系统发出控制指令，对滑转车轮施加制动，使之减速。当减速至规定值后，停止制动。若又开始滑转，则重复上述循环过程。在对滑转车轮施加制动的同时，对另一侧无滑转车轮施加正常的驱动力矩，其效果相当于差速锁的作用。另外，在驱动轮滑转时，ASR 系统自动向驾驶员发出警报，提示不要猛踏加速踏板，注意转向盘操作。采用 ASR 系统后，改善了汽车的方向稳定性、起步能力和驱动力的发挥，还减轻了驾驶员的工作强度。

随着电子技术的发展，汽车防抱死制动系统（ABS）在汽车上的应用逐渐增大，ASR 系统是 ABS 系统的延伸，前者用于保证汽车在制动过程中的稳定性和转向性能，而后者用于在驱动工程中保证驱动的附着条件，充分发挥驱动力，保护汽车驱动稳定性。

四、使用因素对汽车通过性的影响

1. 行驶车速

汽车在低速行驶时，其土壤剪切和车轮滑转的倾向减少。因此，在困难路段低速行驶，可改善汽车通过性。越野汽车所要求的最低稳定车速如表5-2所示。为此，越野汽车传动系最大总传动比一般较大，其最低稳定行驶速度 V_{amax} 为：

$$V_{amax} = 0.377 \cdot \frac{n_{min} \cdot r}{i_g \cdot i_0 \cdot i_R}$$

式中：V_{amax}——最低稳定行驶速度，km/h；

n_{min}——发动机的最低稳定转速，r/min。

越野汽车的最低稳定车速　　表5-2

汽车质量（10^3kg）	<19.6	<63.7	<78.4	>78.4
最低稳定车速（km/h）	≤5	≤2～3	≤1.5～2.5	≤0.5～1

2. 轮胎气压

越野汽车的轮胎气压应较低，以增大轮胎与地面的接触面积，降低单位压力，使轮辙深度减小，进而降低滚动阻力。降低轮胎气压增大接地面积后，胎面凸起部分嵌入土壤的数目增多，因而，可显著提高附着系数。但当汽车在硬路面上行驶时，降低轮胎气压可使轮胎的变形过大而导致滚动阻力显著上升，并缩短轮胎使用寿命。

为了提高越野汽车通过松软地面的能力，同时减小在硬路面上行驶时的滚动阻力，可装用轮胎中央充气系统，使驾驶员能够根据道路情况，随时调节轮胎气压。通常，越野汽车的超低压轮胎的气压可以在49～343kPa范围内变化。

3. 车轮防滑链

汽车在表面泥泞而下层坚硬（如雨后的泥路）的道路上行驶时，提高其通过性的最简单办法是在轮胎上套上防滑链条。链条能挤开表面水层而直接与地面坚实部分接触，进而可以提高附着力。

4. 驾驶技术

驾驶技术对汽车通过性的影响很大，为提高汽车的通过性，应注意以下几点：

①通过沙地、泥泞、雪地等松软地面时，应该选用低速挡，以保证车辆有较大的驱动力和较低的行驶速度。行驶中，应避免换挡和加速，并保持直线行驶。

②后轮为双胎的汽车，两胎之间常会夹杂泥石，或车轮表面黏附泥土，使附着系数降低，增强滑转的趋势。此时，可以适当提高车速，将车轮上的泥甩掉。

③传动系装有差速锁时，应在到达可能使车轮滑转的地段前就将差速器锁住。因为车轮滑转后，土壤表面就会被破坏，滑动附着系数下降，再锁住差速锁时就不会起显著的作用。当离开坏路地段后，应脱开差速锁。

④为了提高越野汽车的涉水能力，应注意发动机的分电器总成、火花塞、曲轴箱通气口等处的密封，并提高空气滤清器的位置，不得使其浸入水中。

第二节　汽车的行驶平顺性

汽车的行驶平顺性指：汽车在行驶过程中，保证乘员不会因车身振动而引起不舒服和疲劳的感觉以及保持所运货物完整无损的性能。由于行驶平顺性主要根据乘员的舒适程度评价，因此又称为乘坐舒适性。

汽车是一个复杂得多质量振动系统，其车身通过悬架与车桥连接，而车桥又通过弹性轮胎与道路接触。发动机、驾驶室等固定于车架上时，其间也衬有橡胶垫。在激振力作用（如道路不平而引起的冲击和加速、减速时的惯性力等）下，或当发动机、传动系等在运转中发生振动时，系统也将激发复杂的振动，从而，对乘员的生理反应和所运货物的完整性产生不利影响。由于车身振动频率较低，其共振区通常在低频范围内。为了保证汽车具有良好的平顺性，应使车身共振时所对应的行驶速度尽可能地远离汽车的经常行驶速度。

汽车在坏路面上行驶时，常因振动过大而被迫降低行车速度，其实际行驶速度主要取决于行驶平顺性；其次，振动产生的动载荷，会加速零件磨损乃至引起损坏；此外，振动还会消耗能量，使燃料经济性变坏。因此，减轻汽车振动，提高汽车的平顺性，不仅关系到乘坐舒适和所运货物的完整，而且关系到汽车运输生产率、燃料经济性、使用寿命和工作可靠性等。

一、汽车行驶平顺性的评价标准

汽车行驶平顺性的评价方法，通常是根据人体对振动的生理反应及振动对保持货物完整性的影响来制订的，并用振动的物理量，如频率、振幅、加速度、加速度变化率等作为行驶平顺性的评价指标。

1. 汽车振动及其传递途径

行驶中的汽车是一个复杂的振动系统，其振动的激发源主要是路面凹凸不平产生的冲击、轮胎和传动轴以及发动机转矩变化引起的冲击。这些激发源，尤其是路面凹凸不平引起的振动大多与车速相关，车速增大后，振动频率和强弱会产生相应的变化。

汽车是由轮胎、悬架、坐垫等弹性、阻尼元件和悬架质量及非悬架质量构成的复杂振动系统。各激发源的激励沿不同的路径传至乘员。

因路面、轮胎等产生的振动，受到悬架振动特性的影响后再传给车身，通过车身传到乘客的脚部，同时通过座椅传给乘客的臀部和背部，还经由转向系以转向盘抖动的形式传到驾驶员手部。

因发动机、传动系等的运转而产生的振动，通过支承发动机、变速器和传动轴的缓冲橡胶块，经衰减后传给车身，再经上述途径传至人体各个部位。

当振动的频率超过 40 Hz 以上，便形成噪声传进人的耳朵。

任何一个“振动系统”均有一个“固有频率”，当外界激振频率接近或等于其“固有频率”时，将出现“共振”现象，产生剧烈的振动，既会影响汽车的操纵稳定性，也会影响汽车的行驶平顺性。

该振动系统的“输出”是人体或货物受到的振动，其中最重要的是振动的频率和振动的加速度。

研究汽车行驶的平顺性实际上要解决两方面的问题：一是如何避免汽车这个“振动系统”的“共振”现象；二是使“振动系统”输出的振动频率避开人体敏感的范围，振动加速度不超过人体所能承受的强度。

2. 人体对振动的反应

人体对振动的反应既与振动频率以及强度、振动作用方向和暴露时间有关，也与乘员的心理、生理等状态有关。

大量试验表明，人体对不同方向的振动的感受存在差异，对上、下振动的忍耐性最强，其次是前、后振动，对左、右振动最敏感。人体上、下振动的共振点大约在 4 ~ 8 Hz，水平振动的共振点大约在 1 ~ 2 Hz。如果在共振点上施加振动，人体的抗振能力会严重下降，氧气消耗量剧增，能量代谢加快。

暴露时间是指人体处于振动环境中的时间。暴露时间越长，人体所能承受的振动强度越小。

20 世纪 70 年代初，国际标准化组织（ISO）在综合了大量有关人体全身振动的研究成果的基础上，制定了国际标准 ISO2631《人体承受全身振动评价指南》。经过对该标准的修订和补充，于 1997 年公布了 ISO2631-1：1997（E）《人体承受全身振动评价——第一部分：一般要求》，该标准评价长时间作用的随机振动和多输入点多轴向振动环境对人体的影响时，能更好地符合人的主观感觉。我国对相应标准进行了修订，公布了 GB/T 4970—2009《汽车平顺性试验方法》。

IS02631-1：1997（E）《人体承受全身振动评价——第一部分：一般要求》规定的人体坐姿受振模型，见图 5-7。表明在进行汽车平顺性评价时，应考虑三个输入点 12 个轴向的振动。即：除了考虑座椅支承面所输入的三个方向的线振动外，还要考虑三个方向的角振动（r_x、r_y 和 r_z），以及座椅靠背和脚支承面两个输入点各三个方向的线振动。

此标准根据人体对不同频率振动的敏感程度不同，规定了各轴向 0.5 ~ 80 Hz 的频率加权函数（渐进线），见图 5-8。考虑到不同输入点、不同轴向的振动对人体影响的差异，标准还给出了各轴向振动的轴加权系数 k，见表 5-3。即：对于三个输入点 12 个轴向，分别选用相应频率加权函数和相应的轴加权系数 k。

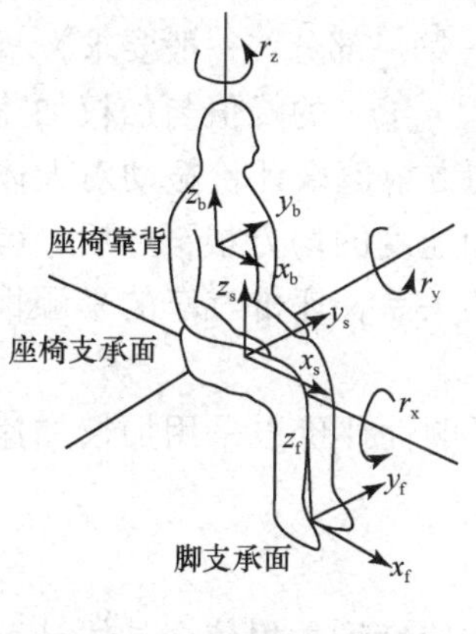

图 5-7　人体坐姿受振模型图

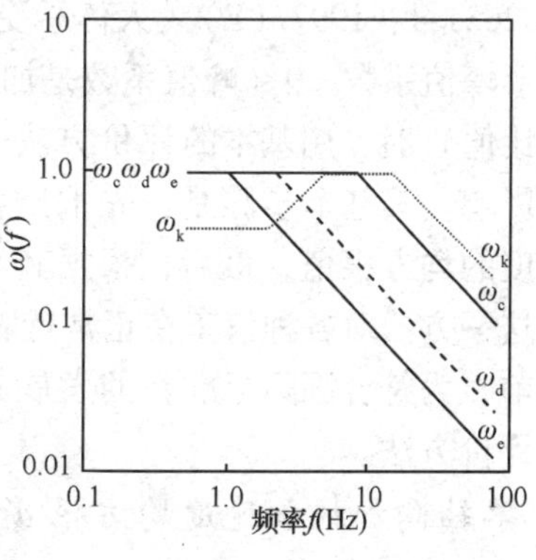

图 5-8　各轴向频率加权函数（渐进线）

频率加权函数、轴加权系数　　表5-3

位置	坐标轴	频率加权函数	轴加权系数 k
座椅支撑面	x_s	w_d	1.00
	y_s	w_d	1.00
	z_s	w_k	1.00
	r_x	w_e	0.63
	r_y	w_e	0.40
	r_z	w_e	0.20
靠背	x_b	w_c	0.80
	y_b	w_d	0.50
	z_b	w_d	0.40
脚	x_f	w_k	0.25
	y_f	w_k	0.25
	z_f	w_k	0.40

由表5-3可见，座椅面输入点的三个线振动的x_s、y_s、z_s的轴加权系数$k=1$，大于其余各轴向的轴加权系数，因而是12个轴向中人体最敏感的。ISO2631-1：1997（E）《人体承受全身振动评价——第一部分：一般要求》还规定，当评价振动对人体健康的影响时，就考虑x_s、y_s、z_s这三个轴向，并规定靠背水平轴向x_b、y_b可以由座椅面水平轴向x_s、y_s代替，且取轴加权系数$k=1.4$，表明其比垂直轴z_s向更敏感。我国的相应标准GB/T 4970—2009《汽车平顺性试验方法》规定，评价汽车平顺性就考虑x_s、y_s、z_s这三个轴向。

由图5-8可见，座椅面垂直轴向z_s的频率加权函数w_k最敏感频率范围为4～12.55Hz。试验表明，在4～8 Hz这个频率范围，人的内脏器官会产生共振，而在8～12.5 Hz频率范围内的振动对人的脊椎系统影响很大。座椅面水平轴向x_s、y_s的频率加权系数w_d的最敏感频率范围为0.5～2 Hz。振动频率大约在3 Hz以下时，水平振动比垂直振动更敏感，且汽车车身部分系统在此频率范围会产生共振，故应对水平振动给予充分重视。

二、平顺性的评价方法

ISO2631-1：1997（E）《人体承受全身振动评价——第一部分：一般要求》规定，当振动波形峰值系数<9（峰值系数是加权加速度时间历程$a_w(t)$的峰值与加权加速度均方根值的比值）时，用基本的评价方法——加权加速度均方根值来评价振动对人体舒适和健康的影响。其基本步骤是：先求出各个单轴向加权加速度的均方根，然后，得到总加权加速度的均方根值，最后，根据其与人的主观感觉的关系，评价汽车的平顺性。根据测量，这一方法对各种汽车在正常行驶工况下均适用。

目前，为符合国际标准新的发展趋势，我国关于平顺性评价也采用加权加速度的均方根值评价方法。

1. 单轴向加权加速度均方根 a_w

用基本的评价方法来评价时，先计算各轴向加权加速度均方根值。具体计算方法有如下两种：

(1)对记录的加速度时间历程 a_t，通过相应频率加权函数 $\omega(f)$ 的滤波网络，得到加权加速度时间历程 $a_w(t)$，按下式计算加权加速度均方根值 a_w：

$$a_w = \left[\frac{1}{T}\int_0^T a_w{}^2(t)\,dt\right]^{\frac{1}{2}}$$

式中：T——振动的分析时间，一般取 T = 120 s；

a_w——加权加速度均方根值，m/s^2。

频率加权函数 $w(f)$（渐进线）可用以下公式表示（式中频率 f 的单位为 Hz）：

$$w_k(f) = \begin{cases} 0.5 & (0.5 < f < 2) \\ f/4 & (2 < f < 4) \\ 1 & (4 < f < 12.5) \\ 125/f & (12.5 < f < 80) \end{cases}$$

$$w_d(f) = \begin{cases} 1 & (0.5 < f < 2) \\ f/2 & (2 < f < 80) \end{cases}$$

$$w_c(f) = \begin{cases} 1 & (0.5 < f < 8) \\ 8/f & (8 < f < 80) \end{cases}$$

$$w_e(f) = \begin{cases} 1 & (0.5 < f < 1) \\ 8/f & (1 < f < 80) \end{cases}$$

式中：f——频率，Hz。

(2)对记录的加速度时间历程 $a(t)$ 进行频谱分析，得到功率谱密度函数 $G_a(f)$，然后，再按下式求出单轴向加权加速度均方根 a_w：

$$a_w = \left[\frac{1}{T}\int_{0.5}^{80}\omega^2(f)\cdot G_a(f)\,df\right]^{\frac{1}{2}}$$

2. 总加权加速度均方根值 a_{w0}

当同时考虑椅面 x_s、y_s、z_s 这三个轴向振动时，三个轴向的总加权加速度均方根 a_{w0} 按下式计算：

$$a_{w0} = [(1.4\cdot a_{xw})^2 + (1.4\cdot a_{yw})^2 + a_{zw}^2]^{\frac{1}{2}}$$

式中：a_{xw}——前、后方向（x 轴方向）加权加速度均方根值，m/s^2；

a_{yw}——左、右方向（y 轴方向）加权加速度均方根值，m/s^2；

a_{zw}——上、下方向（z 轴方向）加权加速度均方根值，m/s^2。

3. 加权振级与加权加速度均方根值的换算

在具体测量时，有些“人体振动测量仪”采用加权振级 L_{aw} 作为测量指标。加权振级表明振动的量级，可以理解为用分贝值表示的加权加速度均方根值，与加权加速度均方根值 a_w 有如下关系：

$$L_{aw} = 20\cdot\lg\frac{a_w}{a_0}$$

式中：a_0——参考加速度均方根值，$a_0 = 10^{-6} m/s^2$。

L_{aw}——加权振级，dB。

在1~80 Hz振动频率范围内，人体对振动的主观感觉之间的对应关系，见表5-4。把经计算得到的加权加速度均方根值a_w与之比较，便可评价汽车的平顺性。

a_w和L_{aw}与人的主观感觉之间的关系 表5-4

a_w（m/s²）	L_{aw}（dB）	人的主观感觉
<0.315	110	没有不舒适
0.315~0.63	110~116	有一些不舒适
1.5~1.0	114~120	相当不舒适
0.8~1.6	118~124	不舒适
1.25~2.5	112~128	很不舒服
>2.0	126	极不舒服

三、影响汽车行驶平顺性的因素

1. 悬架结构

改善平顺性的基本措施是：减小悬架刚度，降低固有频率，以减小因路面不平所引起乘员承受的加速度值。为此，需要采用软弹簧及较低轮胎气压。但悬架刚度也不宜过小，否则，会使非悬架质量高频振动幅值加大，影响操纵稳定性；还会引起紧急制动时汽车"点头"现象和转弯时车身侧倾等不良现象。

对于载荷变化较大的公共汽车和载货汽车，为满足不同载荷对悬架刚度的不同需要，常采用非线性悬架，即变刚度悬架。载荷较小时，悬架刚度较小，以避免振动频率过高而使平顺性变差；当载荷较大时，悬架刚度急剧增大，使汽车的侧倾和纵向角振动减轻。

前、后悬架的固有频率应避开激振频率，以避免出现"共振"现象。另外，由于来自路面的激振先作用于前轮，然后才作用到后轮，因此，为减轻由此引起的纵向角振动，前悬架的固有频率应略低于后悬架，亦即前悬架刚度应略低于后悬架。

2. 悬架阻尼

悬架系统的阻尼主要来自减振器、钢板弹簧叶片之间的摩擦以及轮胎变形时橡胶分子间的摩擦。其作用是迅速衰减车身振动，减小传递给乘员或货物的振动加速度，缩短振动时间，改善行驶平顺性；同时还能改善车轮与道路间的接触状况，防止车轮跳离地面，提高操纵稳定性。在使用中，应防止减振器失效及弹簧片生锈卡滞，影响汽车行驶的平顺性。

3. 轮胎

轮胎对行驶平顺性的影响主要取决于轮胎的径向刚度，适当减小轮胎径向刚度，可以改善行驶平顺性。比如，采用子午线轮胎时，由于径向刚度减小，轮胎的静挠度增加40%以上，其行驶平顺性得到改善。但轮胎刚度过低，会增大轮胎侧偏，影响汽车的操纵稳定性。在使用中，通过动平衡试验消除轮胎的动不平衡，也是保证行驶平顺性的必要措施。

4. 座椅

座椅的布置对平顺性有较大的影响。接近车身中部的座位振幅较小，前、后两端的座位振幅较大。在相同频率下，在不同座位上的乘员感受到的振动加速度就不一致。所以，乘用车的座位均布置在前、后轴轴距之内。载货汽车和公共汽车，为了减小前、后方向的振幅，应尽量缩小座位在高度方向上与重心间的距离。

坐垫具有一定的减振作用。应适当选择坐垫的刚度和阻尼，以使人体—座椅系统的固有频率避开人体最敏感的频率范围（4 ~8 Hz），同时应使阻尼系数达到0.2以上。

5. 非悬架质量

非悬架质量的大小直接影响到传递至车身上的冲击力，因而对汽车的平顺性有较大影响。非悬架质量越小，则冲击力越小；反之，将加大。非悬架质量对行驶平顺性的影响，常用非悬架质量 M_f 与悬架质量 M_g 之比 $\frac{M_f}{M_g}$ 来评价。此比值越小，行驶平顺性越好。现代乘用车的 $\frac{M_f}{M_g}$ 一般在10.5% ~14.5%范围内。

四、汽车行驶平顺性试验

汽车行驶平顺性试验要采集各种振动与冲击信号，特别是大量随机的振动信号，然后以计算机为主体，配以采样、模—数转换以及各种软硬件的数据处理系统，进行平顺性评价指标、频谱以及频率响应函数的处理。测试仪器系统包括加速度传感器、前置放大器和磁带记录仪或数据采集器。平顺性试验的主要内容如下：

1. 汽车悬架系统的刚度、阻尼和惯性参数的测定

通过测定轮胎、悬架、坐垫的弹性特性（载荷与变形的关系曲线），可以求出在规定载荷下轮胎、悬架、坐垫等的刚度。由加、卸载曲线包围的面积，可以确定这些元件的阻尼。另外，还要测量悬架（车身）质量、非悬架（车轮）质量、车身质量分配系数等。

2. 悬架系统部分固有频率（偏频）和阻尼比的测定

将汽车前轮、后轮分别从一定高度抛下，记录车身和车轮质量的衰减振动曲线，分别求得车身质量和车轮质量振动周期 T 、T' ，见图5-9。然后，按下式算出各部分固有频率。

车身部分固有频率 f_0 ：

$$f_0 = \frac{\omega}{2 \cdot \pi} = \frac{1}{T}$$

车轮部分固有频率 f_1 ：

$$f_1 = \frac{\omega_l}{2 \cdot \pi} = \frac{1}{T'}$$

车身和车轮部分的衰减率 τ 和 τ' 分别为：

$$\tau = \frac{A_1}{A_2}$$

$$\tau' = \frac{A'_1}{A'_2}$$

然后，按下式求出车身和车轮部分阻尼比 ξ 和 ξ' ：

$$\xi = \frac{1}{\sqrt{1 + \frac{4 \cdot \pi^2}{\ln^2 \tau}}}$$

$$\xi_1 = \frac{1}{\sqrt{1 + \frac{4 \cdot \pi^2}{\ln^2 \tau'}}}$$

用同样方法可以求出“人体—座椅”系统之间的部分固有频率和阻尼比。

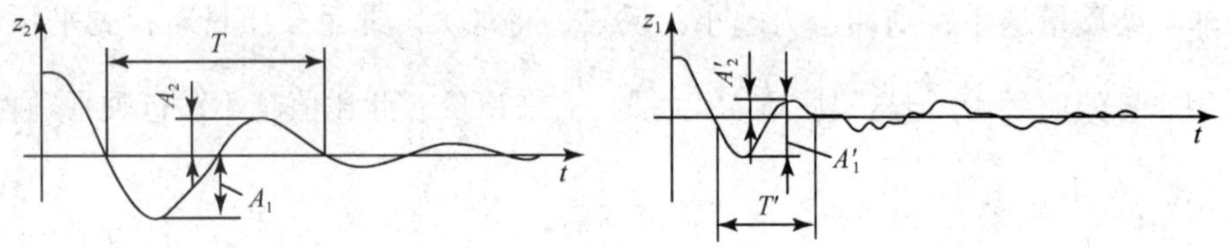

图 5-9 悬架系统衰减振动曲线

a）车身振动；b）车轮振动

3. 汽车振动系统的频率响应函数的测定

在实际随机输入的路面上或在电液振动台上，给车轮以 0.5 ~ 30Hz 范围的振动输入，记录车轴、车身、坐垫上各测点的振动响应；然后，由数据统计分析仪处理，按车轴/输入、车身/车轴、坐垫/车身可相应得到车轮、悬架、坐垫各环节的频率响应函数。其幅频特性的峰值所在频率即为各环节的固有频率，根据共振时的振幅 A 近似求出各环节的阻尼比 ξ：

$$\xi = \frac{1}{2\sqrt{A^2 - 1}}$$

4. 实际路面随机输入的行驶试验

此项试验是评定汽车平顺性的最主要试验。按照 GB/T 4970—2009《汽车平顺性试验方法》进行。

各种车辆因工作条件不相同，其试验要求的路况、车速、传感器安装位置等也有所不同。

平顺性随机输入试验主要以总加权加速度均方根值 a_w 来评价。根据试验中记录的振动加速度的时间历程，通过数据处理设备得到加速度功率谱密度，并可计算各 1/3 倍频程带宽中心频率 f_{ci} 的加速度均方根 a_i，进而可求得 a_w。这些评价指标随车速的变化曲线称为“车速特性”，可用于在整个使用车速范围内全面地评价汽车平顺性。

5. 汽车驶过凸块或凹坑脉冲输入行驶试验

在汽车行驶时，偶尔会遇到凸块或凹坑，其冲击会影响汽车的平顺性，严重时会影响人体健康，破坏运载的货物。此项试验按 GB/T 4970—2009《汽车平顺性试验方法》进行。汽车以一定车速驶过规定尺寸的三角形凸块得到脉冲输入，用坐垫上和地板上加速度最大值或加权加速度最大值作为评价指标。

第六章　汽车运输组织概论

汽车运输组织是在实践中发展起来的关于汽车运输资源合理配置和运用的理论和技术，其目的是通过研究和控制汽车在运输网络上的流动，实现人和物迅速、安全、经济、方便、准时等的运输，进而创造空间价值和时间价值。科学合理的组织汽车运输，对于提高汽车运输效率，降低运输成本，为社会生产和人民生活提供高质量的运输服务具有重要作用。

第一节　汽车运输过程

一、汽车运输的功能

汽车运输分为直达运输、干线运输和短距离集散运输 3 种形式，如图 6-1 所示。因此，汽车运输有“通过”运输和“送达”或“集散”的功能，尤其是“送达”或“集散”功能作为其他几种运输方式（管道除外）的终端运输手段，是交通运输系统中不可缺少的组成部分，在综合交通运输体系中发挥着非常重要的作用。随着高速公路网络化建设的不断完善，常利用高速公路进行干线运输，汽车运输作为一种具有功能齐全（“通过”和“送达”或“集散”齐备）的运输体系将发挥着越来越重要的作用。

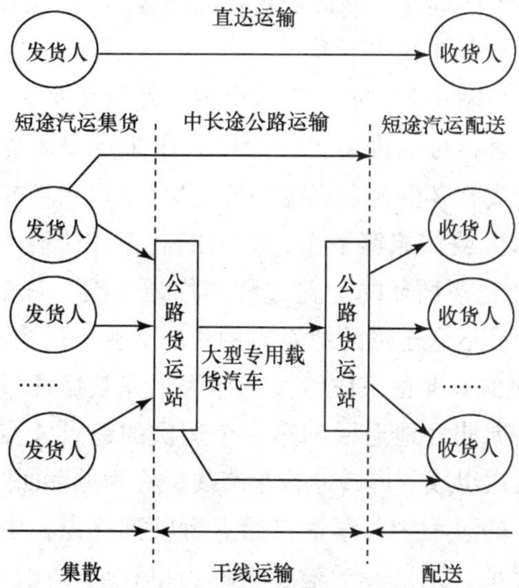

图 6-1　公路运输功能示意图（货运为例）

二、运输需求

汽车运输的基本任务是高质量的满足社会生产和人民生活对汽车运输所提出的各种运输需求。

运输需求是在一定时期内，社会经济生活对人或货物的空间位移所提出的有支付能力的需要。运输需求一般包含以下6项要素：

①运输需求量，也称流量，通常用货运量或客运量来表示，用来说明货运需求或客运需求的数量与规模。

②流向，指货物或旅客发生空间位移的空间走向，表明客、货流的产生地和消费地。

③运输距离，也叫流程，指货物或旅客所发生的空间位移的起始地至到达地之间的距离。

④运价，指运输单位质量或体积的货物和运送单位旅客所需的运输费用。

⑤流时和流速。流时指货物或旅客发生空间位移时从起始地至到达地之间的时间；流速指货物或旅客发生空间位移时从起始地至到达地之间单位时间内的位移。

⑥运输需求结构。指按不同货物种类、不同旅客出行目的或不同运输距离等对运输需求的分类。

三、汽车运输过程

汽车运输过程指利用汽车使货物或旅客的位置发生转移的过程。通过运输，货物或旅客被移动一定距离，即完成运输工作。其主要环节包括：

①准备工作：向起运地点提供运输车辆。

②装载工作：在起运地点进行货物装车或旅客上车。

③运送工作：在路线上由运输车辆运送货物或旅客。

④卸载工作：在到达地点卸载或下客。

一个完整的运输过程如图6-2所示。汽车由停车场（库）K 空驶一段距离 L_v 到达起运地点 A 点准备装货或上客，称为准备工作阶段；在 A 点完成货物装载或上客的过程称为装载工作阶段；把货物或旅客由 A 点运输一段距离 L_1 到达目的地 B 点称为运送工作阶段；在目的地 B 将货物卸下或使旅客下车，称为卸载工作阶段。准备、装载、运送和卸载四个工作阶段构成一个完整循环的运输过程，称为运次。若车辆在 B 点卸载完毕后，又在原地装载或上客，而后运送至目的地 C 点卸货或下客，也构成一个运次，但由于从 B 点到 C 点的运输过程中缺少了准备工作阶段，称为不完整循环过程的运次。如果车辆在完成运输工作过程中，又周期性地返回到第一个运次的起点 A 点，该过程称为周转。一个周转可由一个或几个运次组成。周转的行车路线，称为循环回路。

如果在完成运输工作的过程中，车辆自始点行驶到终点，中途为了部分货物的装卸和部分旅客上、下车而停歇，则这一运输过程称为单程或车次。就运输对象而言，单程（车次）由两个或两个以上的运次构成。

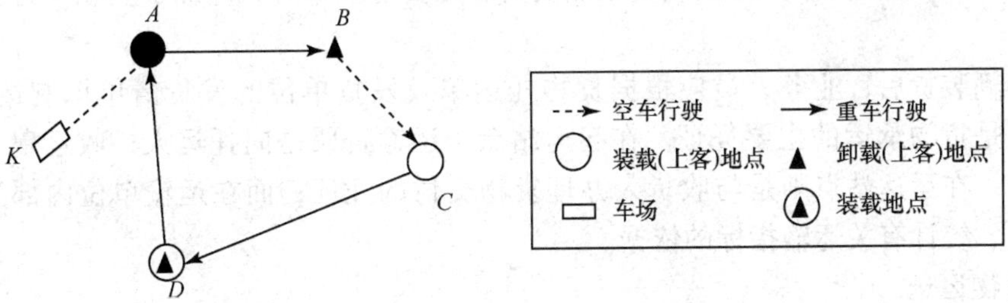

图 6-2　汽车运输过程示意图

四、汽车运输作业程序

1. 汽车货运作业程序

汽车货运作业基本程序包括：货物托运、派车装货、运送与交货、运输统计与结算等，见图 6-3。

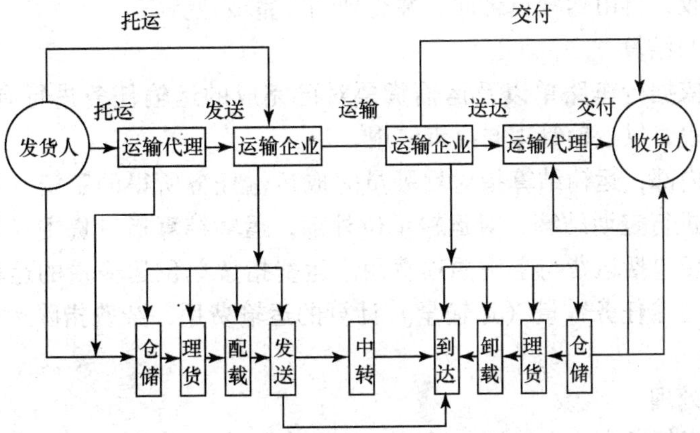

图 6-3　汽车货运生产作业流程

1) 货物托运

货物托运是货主（单位）委托运输企业为其运送货物，并办理相关手续的统称。具体包括托运、承运及验货等项工作环节。

办理托运，一般采用书面方式，先由货主填写托运单。托运单是货主（托运方）与运输单位（承运方）之间就货物运输所签订的契约，规定了承运方与托运方在货物运输过程中的权利、义务和责任，是货主托运货物的原始凭证，也是运输单位承运货物的原始依据。再根据托运单，货主负责将货物按期按时提交给运输单位，并按规定的方式支付运费；运输单位则负责将货物安全运送到托运方指定的卸货地点，交给收货人。

货物承运是指承运方对托运的货物进行审核、检查、登记等受理运输业务的工作过程。货物承运自运输单位在托运单上加盖承运章后开始。

2) 派车装货

运输单位的调度人员根据所承运的货物和运输车辆的情况编制车辆的运行作业计划。

据此填发“行车路单”，派车到装货地点装货。在货物装车时，应保证货物完好无损和计量准确。

在车辆装货后，业务人员应根据货物托运单及发货单位的发货清单填制运输货票。运输货票是货物承运的主要凭证。在起运站点，运输货票是向托运人核收运费、缴纳税款的依据；在运达站点则是与收货人办理货物交付的凭证；而在运输单位内部又是清算运输费用、统计有关运输指标的依据。

3）货物运送

在运送货物过程中，调度人员应做好运输线路上车辆运行的管理工作，掌握各运输车辆的工作进度，及时处理车辆在运输过程中临时出现的各类问题；同时，驾驶人员应做好运货途中的行车检查，既要保持货物完好无损、无漏失等，又要保持车辆技术状况完好。

4）货物交付

货物运达收货地点，应正确办理交付手续和交付货物。整车货物运达时，收货人应及时组织卸车；同时，驾驶员应对所卸货物计点清楚。货物交接卸车完毕后，收货人应在运输货票上签收，再由驾驶员带回，并交到调度室或业务室。

5）运输统计与结算

运输统计指依据行车路单以及运输货票对已完成的运输任务进行有关指标的统计，生成有关统计报表，供运输管理与决策使用。

对运输单位内部，运输结算指对驾驶员完成运输任务所得的工资（包括基本工资与附加工资）收入进行定期结算；对运输单位外部，运输结算指对货主（托运人）进行运杂费结算。运杂费包括运费与杂费两项费用。运费指按单位运输量的运输价格（即收费标准）及所完成运输任务数量（运输量）计算的运输费用，杂费指除运费之外所发生的其他费用。

6）货运事故处理

货物在承运责任期内，在装卸、运送、保管、交付等作业过程中所发生的货物损坏、变质、误期及数量差错等，称为货运事故，也称商务事故。货运事故往往造成经济损失，货运事故处理应做好以下工作：

①查明原因、落实责任，事故责任方应按有关规定计价赔偿事故造成的经济损失。

②承运、托运双方应积极采取补救措施，力争减少损失，并防止损失继续扩大，做好货运事故的记录。

③若对事故处理有争议，应及时提请交通运输主管部门或运输经济合同管理机关调解处理。

2. 汽车客运作业程序

汽车客运作业基本程序包括：发售客票、行包受理、候车服务、客车准备、组织乘车与发车、客车运送、客车到达、交付行包以及其他服务作业等内容，见图6-4。

1）发售客票

车票是旅客和客运经营者发生供求关系的依据，也是旅客支付票价和乘车的凭证。旅客是否购到所需班车的车票，是其能否如期到达旅行目的地的前提。因此，必须合理组织售票工作，应迅速、方便、准确地将客票售给旅客，以便旅客能提前托运行包和按时乘车。

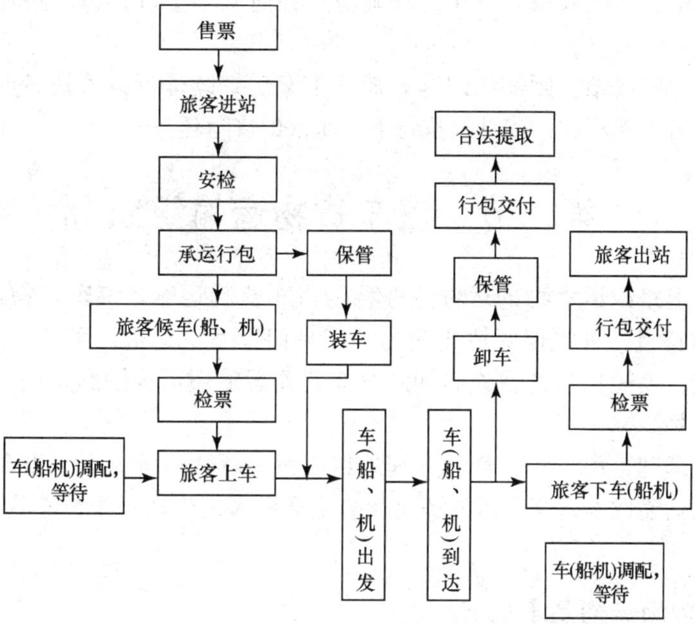

图6-4　汽车客运生产作业流程

客票发售方式通常有固定窗口售票、车上售票、电话或信函订票及候车室内流动售票等。

2)行包受理托运

行包即行李、包裹等，是旅客运输的重要组成部分。旅客随身携带一些生产或生活物品能否安全、及时运送，直接关系到旅客的切身利益。因此，确保行包安全无损和准确及时地运至目的地，是行包运输工作组织的基本要求。

3)候车服务

旅客候车服务工作是汽车客运站服务作业中的重要环节，良好的候车服务将有助于客运工作有序地进行。包括：保持候车室清洁卫生；必需的饮水供应；提供候车座椅；方便旅客获得旅行信息和资料，如客运班次表、客运线路分布图、票价表、转换乘时刻表以及交通常识等。客流量较大的客运站还应设置问讯处和小件物品寄存处。此外，还应对候车旅客提出的各种合理要求提供相应服务。

4)组织乘车与发车

组织乘车与发车作业过程中，首先应由站务人员和行车人员对进站待运客车进行车厢清理，防止无票人员或携带违禁品人员上车；之后由站务人员按售出车票组织旅客排队、顺序检票、排队上车、对号入座，旅客上车入座后，由站务人员或乘务人员通报本次班车的终点站、中途停靠站、途中用餐与住宿站点以及预计到达时间等，检查是否有误乘的旅客并及时予以纠正；然后，正确填写行车路单中的有关事项，交客车驾驶员。发车准备工作就绪后，即由车站发出发车指令。客运班车应努力做到正点发车。

5)客车到达

班车到站后，站务人员与行车人员办理接车手续，指引车辆停放，并向旅客通报站名，检验车票，引导、照顾旅客下车，准确清点并向旅客交付行包，同时处理其他临时遇到的问题。

若客车到站为中途站，则需组织本站旅客上车后继续运行；若是终点站，则客运车辆经清扫或检查后入库停放，或继续执行下一车次的客运任务。

第二节　汽车货物运输组织

使用汽车沿道路载运货物的运输业务称为汽车货物运输。汽车货物运输具有面广、点多、分散等的特点，可实现两地之间的“门到门”直达运输，可节约中转装卸费用，并减少货损货差，缩短货物的在途时间。汽车货物运输还可为铁路运输、水路运输、航空运输等集散货物。

运用现代管理理论和方法，科学合理地组织汽车货物运输，对于提高汽车货物运输的生产率，降低运输成本，高质量的满足社会生产和人民生活对于汽车货物运输的需求，具有重要意义。

一、汽车货物运输基本形式

1. 普通货物运输

对运输、装卸、保管等没有特殊要求的一般货物运输，如煤炭、建材、粮食、化肥、日用工业品等运输称为普通货物运输。

2. 集装箱运输

集装箱运输指把一定数量的货物放在一个便于运输、搬运、装卸、储存等的集装箱内来进行货物运输的运输组织形式。汽车集装箱运输起源于为水路、铁路等集装箱的集散，目前，已发展到道路集装箱的“门到门”直达运输。即使如此，道路集装箱运输不像铁路运输和航空运输那样有自身的集装箱标准体系，其运输的集装箱主要是国际标准集装箱、铁路集装箱、航空集装箱等。

从事道路集装箱中转业务的货运站称为集装箱中转站，其功能和建设要求见GB/T 12419—2005《集装箱公路中转站级别划分、设备配备及建设要求》。

3. 危险货物运输

凡具有爆炸、易燃、毒害、腐蚀、放射性等性质，在运输、装卸和储存保管过程中，容易造成人身伤害和财产损毁而需要特别防护的货物，均称危险货物。该类货物的位移即为危险货物运输。

根据国家标准 GB 6944—2005《危险货物分类和品名编号》，按危险货物的主要特性和运输要求分为九类。

4. 特种货物运输

在货物运输中，有一部分货物因其本身的性质、质量、体积等特殊，而对装卸、运送和保管等环节有特殊要求，这类货物统称为特种货物。该类货物的位移即为特种货物运输。特种货物通常可分为长大、笨重货物、贵重货物和鲜活易腐货物。

①长大、笨重货物

长大货物：凡整件货物，长度在6m及6m以上，宽度超过2.5m，高度超过2.7m时，称为长大货物，如大型钢梁、起吊设备等。

笨重货物：货物每件质量在4t以上（不包括4t）称为笨重货物，如锅炉、大型变压器等。

笨重货物又可分为均重货物与集重货物。均重货物是指货物的质量能均匀或近乎均匀地分布于装载底板上。而集重货物是指货物的质量集中于装载车辆底板的某一部分，在装载集重货物时，需要铺垫一些垫木，使质量能够比较均匀地分布于底板。

②贵重货物

贵重货物指价格昂贵，运输责任重大的货物。贵重货物可分为：货币及主要证券、贵重金属及稀有金属，珍贵艺术品、贵重药材和药品、贵重毛皮、珍贵食品、高级精密机械及仪表、高级光学玻璃及其制品、高档日用品等。

③鲜活易腐货物

鲜活易腐货物指在运输过程中，需要采取一定措施，以防止货物腐坏变质或运输的动、植物死亡。车辆运输的鲜活易腐货物主要有：鲜鱼虾、鲜肉、瓜果、蔬菜、牲畜、观赏性的野生动物、花木秧苗、蜜蜂等。

二、汽车货物运输组织方法

充分挖掘运输潜力，以既有的车辆设备能力完成更多的运输量，是提高运输生产效率和管理水平的重要途径。为此，必须合理组织汽车货物运输，包括采用先进的货运组织形式、选择最优行驶路线以及合理选用载运车辆等。

1. 货运车辆运行组织方式

1)多班运输组织

多班运输指一辆车在一天24小时之内工作2个或3个班次，其出发点是“人休车不休”。其基本组织方法是每车配备两名以上的驾驶员，分日夜两班或三班轮流运输。

组织多班运输主要应解决好劳动组织和行车调度，劳动组织的首要任务是安排好驾驶员的工作、休息和学习时间，同时也应考虑到定车、定人和车辆维修的安排；另外，组织多班运输时，由于夜班比日班条件差，应尽量把较困难的货物运输任务安排在白班。

2)直达运输组织

直达运输是指每辆车装运货物后由起点经过全线直达终点，卸货后再装货或空车返回，即货物中间不换车，如图6-5a）所示。

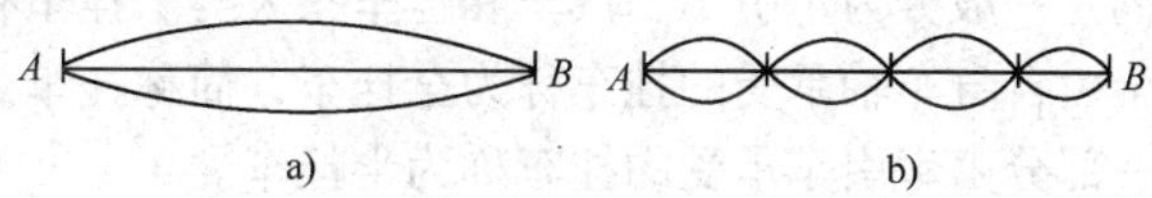

图6-5 行车组织方法简图

a)直达行驶法；b)分段行驶法

采用直达运输时，因车辆在路线上运行时间较长，为保证驾驶员休息和行车安全，驾驶员每天的工作时间不应超过8h。在特殊条件下可适当延长，但最多不可超过12h。在工作日内最多每经过4h要休息一次，休息时间在0.5h以上，以便进餐和检查车辆。

车辆采用直达运输，因途中无需换装，从而可以减少货物装卸作业劳动量。直达行驶法适用于货流稳定，但运量不大的货运任务，如零担货物的长途运输等。

采用直达运输时，驾驶员的工作制度可根据具体情况采取以下几种方式：

①单人驾驶制。单人驾驶制指车辆在整个周转时间内，由一个驾驶员负责全程运输。在整个周转结束后，在路线起点驾驶员换班。

②双人驾驶制。双人驾驶制是指车辆在周转时间内，由两个驾驶员轮流驾驶，以缩短周转时间，提高车辆的有效利用程度和货物运送速度。

③换班驾驶制。换班驾驶制是指车辆由一组驾驶员共同负责，每个驾驶员负责固定路段的驾驶任务，换班后再休息。

3）分段运输组织

分段运输是指将货物全程的运输路线适当的分成若干段，称为区段。在区段的衔接点，货物由前一个区段的车辆转交给下一个区段的车辆接运，如图6-6b）所示。

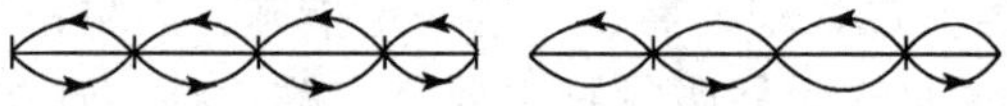

a) b)

图6-6 分段行驶法示意图

a）短路段工作法；b）长路段工作法

在分段运输过程中，采用载拖式牵引车或半挂车运输货物可以提高运输效率。这样，货物在路段衔接处只需换牵引车，可避免货物多次倒装，缩短停歇时间，减少货物货差。为此，组织分段行驶法时，需要在路段衔接处设置相应的站点、场地和装卸设备，以供汽车换装货物或交换牵引车之用。

采用分段运输，每个货运站各自分管所属路段的车辆和货运组织管理工作。根据货运站在所属路段中的位置不同，可分为短路段和长路段两种工作方法。

当货运站设在两个路段的衔接处时，称为短路段行驶法，如图6-6a）所示。其路段的长度应使车辆能在驾驶员的一个工作班时间内完成一个周期，宜采用单人驾驶制。

当货运站设在路段中间，且将货运站所属路段分成两个区段时，称为长路段工作法，如图6-6b）所示。使用长路段工作方法可使货运站的数目减半。工作制度宜采用换班驾驶制，一个驾驶员负责由货运站到路段起点这一段，另一个驾驶员负责由货运站到路段终点这一段。

4）定挂汽车列车运输组织

汽车运输所用车辆，一般分为牵引车、汽车和挂车三大类。挂车有以下两种：

①挂车总质量完全由自身车轴承受的挂车称为全挂车，简称挂车。

②挂车总质量的一部分由牵引车承受的挂车称为半挂车。

使用由汽车与挂车或由牵引车与半挂车构成的汽车列车，则可以实行汽车列车运输。汽车列车比普通汽车有较多的轴数和较大的承载面积，因而，其承载能力更大，运输效率更高，运输成本更低。

汽车列车在运行和装卸作业时，汽车（或牵引车）与挂车不分离，这种定车、定挂的组织形式称为定挂运输组织方式。其运输组织方式基本与单车类似。采用定挂运输组织方式时，应注意以下几方面的问题：

(1)合理调度装卸作业。汽车列车增加了货物的装载量，同时也增加了货物的装卸工作量。因此，如不提高装卸作业效率，就会使装卸停歇时间延长，影响运输生产率。在组织定挂运输时，应加强货物装卸现场的调度与指挥，并应采用高效率的装卸设备，合理组织装卸作业，缩短停歇时间。

(2)保证足够长度的装卸作业面。汽车列车总长度比单车长，应保证有足够长度的装卸作业面。在装卸时，汽车列车应与装卸作业线平行，这样有利于汽车和挂车同时进行货物装卸。另外，装卸现场的场地和出入口应便于调车作业。

(3)装载和运行应满足有关标准要求。汽车列车装载货物的规格和尺寸，按照有关交通法规以及汽车货物运输规则的有关要求办理。由于汽车列车行驶稳定性较差，货物装载高度和质量应进行限制，严禁超载，以确保行驶安全性。另外，汽车列车运行易受道路几何条件限制，尤其是弯道半径、路面质量等影响汽车列车的行驶速度、安全性和通过性。因此，在运输组织之前应采取适当措施。

5)甩挂汽车列车运输组织

甩挂运输指按照预定计划，汽车列车在各装卸作业点甩下已到达目的地的挂车，然后挂上另一挂车继续运行的运输组织方式。

甩挂运输使载货汽车的停歇时间缩短到最低限度，不用等待货物的装卸，从而可充分发挥其运输效能，提高运输生产效率。

甩挂运输适用于装卸能力不足、运距较短、装卸时间占汽车列车运行时间比重较大的运输条件下采用。常用甩挂运输组织方式有：

(1)一线两点甩挂运输。一线两点甩挂运输（图6-7）是短途往复式运输线路上通常采用的甩挂形式。汽车列车往复于两装卸作业点之间，在线路两端根据具体条件做甩挂作业。根据货流情况或装卸能力的不同，可组织“一线两点，一端甩挂（装甩卸不甩、卸甩装不甩）”或“一线两点，两端甩挂”。该组织形式适用于装卸点固定、运量大的运输条件下。例如：在散货码头、矿山、煤矿等生产基地，集装箱堆场与码头、机场车站间的短途运输。

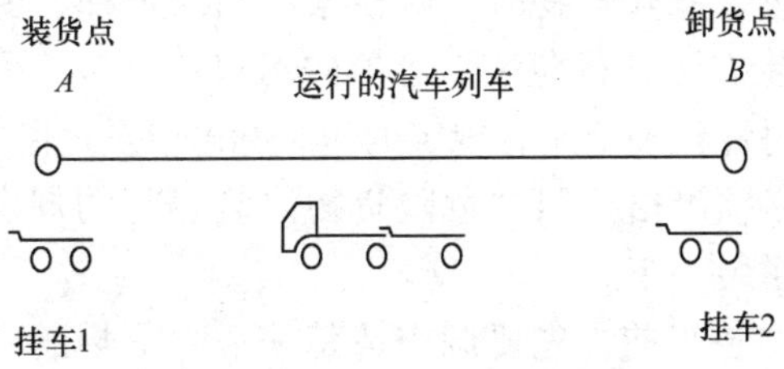

图6-7　一线两点甩挂作业示意图

(2)循环甩挂运输。循环甩挂运输（图6-8）要求在闭合循环回路的各装卸点上，配备一定数量的周转集装箱或挂车。汽车列车每到达一个装卸点后，甩下所带的集装箱或挂车，装卸人员迅速完成主车的装（或卸）作业，并为车辆挂上事先准备好的集装箱（挂车）。然后，继续向下一个目的地行驶。随后，装卸人员开始装（或卸）甩下的挂车或集装箱。

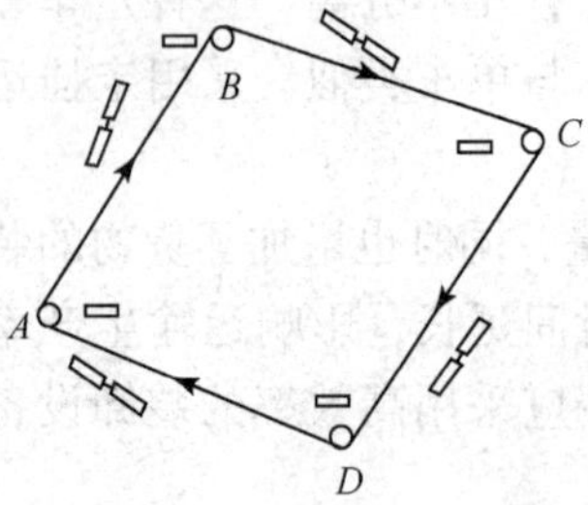

图 6-8　循环甩挂汽车列车作业示意图

循环甩挂运输的实质是利用循环调度的方法组织封闭回路上的甩挂作业，不仅提高了载运能力，缩短了装卸作业停歇时间，而且还提高了运输效率。因此，在组织循环甩挂作业时，一方面要满足循环调度的基本要求；另一方面应选择运量较大、稳定且适宜于组织甩挂作业的运输条件。

(3)驮背运输作业。甩挂运输组织方法已运用于集装箱或挂车的换载作业中。其方法是，在多式联运各运输工具的连接点，由牵引车将载有集装箱的挂车或普通挂车直接开上铁路平板车或船舶，而后摘挂离去。集装箱挂车或普通挂车由铁路车辆或船舶载运至前方换装点，再由该点的牵引车开上车船挂上集装箱挂车或普通挂车，直接运往目的地。

6)集装箱运输组织

公路集装箱运输有以下几种形式：

①公路集装箱直达运输，即由汽车或汽车列车独立承担全程运输任务。

②公路、铁路等集装箱联运，即由汽车运输部门与铁路运输部门共同完成集装箱运输任务，以发挥铁路运输能力大和汽车运输机动灵活的特点。

③公路、水路等集装箱联运，即由汽车运输部门与水路运输部门共同完成集装箱运输任务，进出口货物运输多采用这种形式。

7)危险货物运输组织

危险货物运输管理应遵照交通部门制定的《汽车运输危险货物规则》和《汽车运输、装卸危险货物作业规程》的规定执行。

危险货物运输应注意的事项如下：

①托运与承运。托运危险货物仅限于汽车运输危险货物品名列表内所列载的货物，托运时须提交技术说明书。承运危险货物，须经有关部门审核批准，危险货物托运单必须是红色或带有红色标志，以引起注意。

②包装与标志。在包装危险货物时，应根据不同的货种、要求用特定的材料来制造容器，并要以一定的包装方法进行包装。容器的封口、衬垫、捆扎以及每件最大质量等都必须符合规定要求，每件包装上应有规定的包装标志以及危险货物包装标志。

③配装。危险货物必须严格按照“危险货物混装表”的规定进行配装，不同性质而相互有影响的货物不得拼装一车。

④装车。在危险货物装车前，先要调查清楚该危险货物的特性、处理方法、防治措施等。作业场所应选在避免日光照射、隔离热源和火源、通风良好等的地点。要详细检查所装危险货物与运输文件上所载内容是否一致，容器、包装、标志等是否完好。

⑤运送。应选择技术良好，熟悉道路的驾驶员承担危险货物运输任务。

⑥卸车交付。在危险货物卸车时，不得采用抛扔、坠落、拖拽等处理方法，并避免货物之间的撞击和摩擦。要做到交付无误，交付后对车辆进行清洗、消毒等处理。

⑦泄漏处理。在装运危险货物中，出现泄漏现象，应按规定的防护办法及时采取措施。

⑧消防措施。装运危险货物的车辆发生火灾，有关人员应根据所装货物特性，采取不同的灭火方法，立即尽力扑救，防止火势蔓延，减少损失。

2. 车辆行驶路线及其选择

行驶路线指车辆完成运输工作的运行线路，包括空驶和有载行程。车辆以不同行驶路线完成运输任务所获得的运输效益差别很大。因此，在组织运输生产时，应选择运输时间短、费用省、运输效益高的最经济的运行线路，是组织汽车货运的重要工作。

1）往复式行驶路线

往复式行驶路线指车辆在2个装卸作业点之间的线路上，作一次或多次重复运行的行驶路线。根据汽车的载运情况，可分为单程有载往复式、回程部分有载往复式和双程有载往复式3种。单程有载往复运输的生产率最低；回程部分有载指回程途中，有一段路径承运货物或全程有载但实载率低的往复运输，通过回程配载，可使里程利用率得以提高；双程有载往复的里程利用和实载率最高，因而，运输效率最高，见图6-9。

2）环形行驶路线

连接不同运输任务的装卸点的道路构成的封闭路线称为环形行驶路线。由于各装卸点的位置分布不同，因而环形路线有不同形状，如图6-10所示。选择环形线路，应以完成同样货运任务时，里程利用率最高，即空驶行程最短为原则。

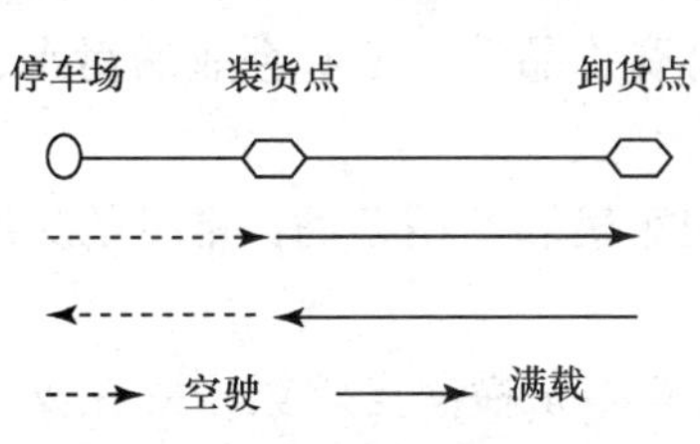

图6-9　双程有载往复运输

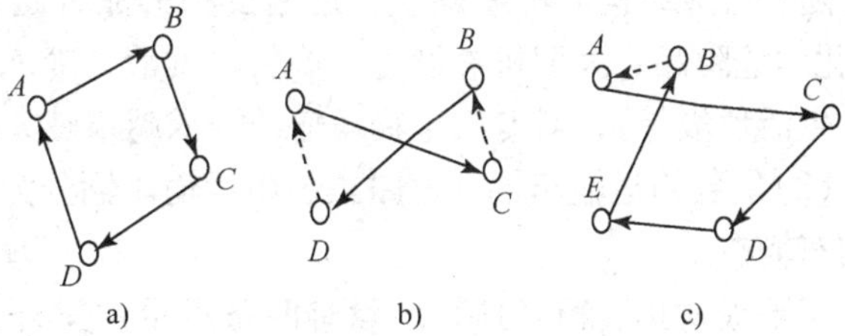

图6-10　环形路线示意图

3）汇集式行驶路线

汇集式路线是指车辆由起点发车，在货运任务规定的各货运点依次进行装（或卸）货，并且每运次装（或卸）货量都小于一整车，车辆完成各货运点运输任务以后，最终返回原出发点的行驶路线。汇集式运输有三种形式：

①分送式。车辆沿运行路线上各货运点依次进行卸货。

②收集式。车辆沿运行路线上各货运点依次进行装货。

③分送—收集式。车辆沿运行路线上各货运点分别或同时进行分送及收集货物。

3. 货运车辆的选择

运输车辆的选择，主要指车辆类型的选择和车辆载质量的选择。

合理选择车辆，不仅可以保证货物完好，而且可以提高载质量利用率、装卸工作效率，缩短运输时间，并减少运输费用。

通常情况下，车辆选择的基本要求是保证运输费用最少。其影响因素主要包括：货物类型、特性与批量，装卸方法，道路与气候条件，货物运送速度以及材料消耗量等。

1）车辆类型的选择

车辆类型的选择，主要指对通用车辆和专用车辆的选择。

专用车辆就是具有专用设备装置，适应于专门运输任务或特种物资运输的车辆。专用车辆主要用于运输特殊货物，或在有利于提高运输工作效果的情况下装置随车装卸机械而用于运输一般货物。针对不同类型货物的运输需要采用相应专用车辆，可以保证货物完好，减少劳动消耗量，改善劳动条件，提高行车安全以及运输经济效果。

(1）专用车辆的使用特点。根据货物的特性、包装物的类型和形状采用相应的专用车辆，如拦板式货车、罐式汽车、厢式车、冷藏冷冻车、平板车、散装水泥车以及挂车等，不但可以保证货物完好无损，改善劳动条件，提高行车安全，还可降低运输成本。如采用具有气动式卸货机构的水泥车与通用车相比，可以减少水泥损失和运输费用30%左右；采用面粉专用车与通用车相比，袋装面粉运输费用可降低1倍左右。

货运汽车专用化的最大特点就是减少或不进行运输包装而采用散装运输，从而节约大量的包装材料，减少运输成本。

货运车辆专用化还能避免环境污染和货物污染（如食品运输），减少货损货差，避免运输事故。

载质量相同的通用车辆与专用车辆相比，因专用车辆上增加了若干附属设备，其有效载质量有所降低。

随着产业结构的不断调整，运输货物的品种越来越多，因其物理、化学等品性不一（如化学危险品、大型机械设备、饮料、鲜活、冷冻、易腐物品等，工矿企业的污水、灰渣，生活垃圾等），对专用车辆运输的需求越来越大。

(2）集装箱运输车辆。道路集装箱运输车辆分为通用车辆和专用车辆，常见的集装箱专用车辆有：

①平板式集装箱半挂车。除有两条承重主梁外，还有多条横向支承梁，并在支梁上铺有花纹钢板或木板，同时，按集装箱的尺寸和角件的规格要求，装设固定装置。因而，既能装运国际标准集装箱，又能装运一般货物。

②骨架式集装箱半挂车。骨架式半挂车仅由底盘骨架构成，专门用于运输集装箱。运输时，集装箱也作为半挂车的结构件。因此，其自身整备质量较轻，结构简单，维修方便，在专业集装箱运输企业中普遍采用。

③鹅颈式集装箱半挂车。该种半挂车是专门运载40ft集装箱的骨架式半挂车，其车架前端拱起的部分称作鹅颈。当半挂车装载40ft集装箱后，车架的鹅颈部分可插入集装箱底部的鹅颈槽内，从而，降低了车辆的装载高度。

此外，集装箱半挂车的类型还有带浮动轮的摆臂悬架式集装箱半挂车、可伸缩式集装箱半挂车、自装自卸集装箱车、拖车等。

2）载质量的选择

选择汽车载质量的首要因素是货物批量。进行大批量货物运输时，在道路法规允许的范围内采用载质量大的汽车较为合理。当货物批量有限时，汽车载质量需与货物批量相适应。载质量过大时，将增加材料与动力消耗量，提高运输成本。在特殊情况下，对于在往复式路线上以汇集式的方式运输小批量货物时，也可选择载质量较大的车辆。

三、汽车货物运输运价

汽车货物运输的运价有计程运价和计时运价两种。计程运价又按整车运输和零担运输分别计算。整车运输以吨公里计价，零担运输以公斤公里为单位，按货物等级、一次托运质量、运距等计价。我国将汽车运输的普通货物，根据各类货物运输组织工作的难易程度不同，分为三等。以普通中型吨位车辆，在正常营运路线从事长途整车运输一等货物的运价为基本运价。以基本运价为基础，零担、短途、二等货物和三等货物，以及一些专项物资或非营运路线单程货物运输和在特殊运行条件下运输的货物，运价在一定幅度内进行加成或减成。对短途运输货物的运价，按递进递增原则采取里程分段或基本运价加吨次（一吨货物托运一次为一吨次）费的办法计算。特种货物（长大、笨重、危险、贵重、鲜活等货物）因有其货物分类表，可按不同级别实行幅度不同的加成运价。专用汽车运输（液灌汽车、冷藏汽车和其他专用车）特定货物和应托运人要求以小型车辆运输货物，也实行加成运价。如果专用汽车载运普通货物，则按普通货物运价计费。计时运价以吨位小时为单位计价，适用于特大型汽车或挂车以及计时包车运输的货物。此外，随货物运输而发生的空驶调车、装卸延滞、装货落空、停运（由于客观原因）、保管货物等事项，也都按一定的标准收费。

第三节　汽车旅客运输组织

用车辆沿道路载运旅客的运输业务称为汽车旅客运输。由于其独特的优势，汽车旅客运输在综合运输体系中占据了重要地位。其不仅承担了铁路、水路和航空客运的集散任务，还直接担负相当数量的旅客直达运输任务。

根据旅客的出行需求和客流的特点，科学合理的组织汽车旅客运输，对于提高汽车客运生产率、降低运输成本，提高汽车旅客运输的服务质量，具有重要作用。

一、汽车旅客运输的基本形式

1. 按旅客出行目的分类

1)生产性（或工作性）客运

生产性（或工作性）客运指运送因外出、通勤、上学等旅客的汽车客运。其主要特点是运输时间比较集中，运量较大且有规律性，旅客对运送时间的要求较高。

2)生活性（或消费性）客运

生活性（或消费性）客运指运送探亲访友、旅游观光等旅客的汽车客运。其主要特点是随机性大，流量与流向难以掌握。

2. 按服务区域分类

1)城市客运

城市客运是一种主要为城市及郊区居民的出行乘车需要提供的短途客运系统。其主要特点是行车频率高，旅客运距短，交替频繁，停车次数多，客流在时间、空间上分布很不均匀。

现代化的城市规划综合考虑了工业区，商业区，科研教学机构，文化娱乐场所，居民生活区等各个方面的设置要求。现今，城市规模愈来愈大，空间范围愈来愈广。为了保证城市各项生产、生活等活动的正常展开，不仅需要有多种多样的客运工具相配合，而且要使人们能够安全、迅速、便利地来往于各活动区间。目前，城市客运除汽车运输方式外，还包括有地下铁道，有轨电车，无轨电车等，在城市郊区的偏远乡、镇、村等，汽车客运是主要甚至唯一的交通运输方式。

2)城间公路客运

城间公路客运是一种通常用大型客运车辆作为主要载运工具，以班车客运形式为主体，行驶于连接城市间公路干线上的长途客运系统。其主要特点是客流相对稳定，一般情况下，短时间内不会出现偶然的高峰，旅客平均运距较长，车辆行驶营运速度较高。

3. 按经营服务形式分类

1)班车客运

班车客运是以大型客车为主要载运工具，按照既定的客车运行周期和班车时刻表，定线、定点、定时运行和停靠，并按里程计费的客运方式，是公路旅客运输的一种基本营运形式。

2)包车客运

包车客运是一种以大型客车为主要载运工具，按事先预约并办妥用车手续，根据用户要求的用车或等待时间、起讫地点、行驶线路等运行，按行程或时间计费的客运形式。

3)旅游客运

旅游客运是以大、中型客车为主要载运工具，以运送旅游者游览观光为目的的旅客运输。其营运线路至少有一端位于游览点，通常配备有随车导游人员。

4)出租汽车客运

出租汽车客运是以乘用车和小型客车为主要载运工具，根据用户要求的用车时间、起讫地点和行驶线路，能定点（或沿途）招揽顾客，按里程或时间计费的客运方式。

4. 按服务性质分类

1)营业性客运

营业性客运指为持有效乘车凭证的旅客提供有偿服务的客运形式，如长途汽车客运。

2)非营业性客运

非营业性客运是为旅客提供无偿服务的客运形式，如私人汽车，企、事业单位用车等。

二、公路旅客运输组织

1. 客运班车选择

在选用公路客运车型时，应考虑以下方面。

1)用途

用于旅客联运和旅游线路上的客车，应选用速度高、舒适性好的客车；对长途直达线路，应尽可能选用具有较高行驶速度和较大行李舱的客车；对于城郊短途运输的客车，在道路条件允许时，应选用速度较低和载客量较大的大型通道车；对旅客较少的边远山区，应配备小型客车；农村短途运输客车，可适当改装车身，增加站位以及方便旅客携带物品。

2)客流量

在运输旺季，平均日客流量较大（>500p）且比较集中的线路，宜选用大型客车，如果客流量分散，可视情况选用中型或小型客车；日客流量较小（<200p）时，应视客流集散程度，选用中型或小型客车。

3)公路条件

在等级较高、客流量大的干线公路，可配备大型或中型客车；对等级较低的干线或支线公路，可根据客流量大小选用中型或小型客车；对经济条件较差和客流量较少的边远山区、林区和牧区，宜选用小型客车；对道路条件好、客流量大的短途班车，则应选用大型客车。

4)舒适性需求

对于乘车旅游和长途旅行，以及生活水平较高的地区所用的客车，可选用舒适性较高的高档客车；但一般短途旅客对舒适性要求较低，可选用中、低档客车。

5)运输成本

在选用车型时，应选用运输成本较低、利润较高、投资回收期较短等的客车。选用车型往往要综合考虑，要在综合分析客流构成的基础上确定所选车的档次，以满足不同层次旅客的出行需求，更好地吸引客流，以提高运输效益。

2. 客运班次运行组织

1)客运班次计划及编制

客运班次安排是车站提供客运服务的依据，主要包括行车路线、发车时间、起讫站点名称、途经站以及停靠站点等。合理安排客运班次，可以方便旅客乘车，省时省钱，客车运行不超载、不空驶等。

客运班次一经公布，不应频繁变更。安排客运班次时应考虑以下因素：

①根据旅客流向及变化规律，兼顾始发站及各中途站旅客乘车需要，确定班次起讫点和停靠站点。

②班次数量应满足旅客出行需要。

③班次时刻应适应旅客出行规律。

④各线路班次安排要与其他交通工具的到发时间相衔接。

⑤节假日客流量增大时，要及时采取增加班车或组织专车、提供包车服务等措施。

⑥另外，安排班次时刻，应考虑车辆运行时间、旅客中途膳食地点、驾驶员作息时间以及行包装卸等站务作业安排。

2)客车运行循环序号的编制

(1)客车运行循环序号。客运班次确定后，应安排车辆如何运行，即编制客车运行循环序号。客运班次有短、长途班次之分，每辆车每天行驶一个或两个班次，甚至几天才一个班次。通过合理编配，确定需要多少辆客运班车，即编出多少个循环序号（俗称行车路牌）。一个循环序号，是指一辆客车在一天内的具体运输任务，运行指定的一个或几个班次。全部循环序号包括了运输公司所有参与运营车辆的全部班次。循环序号的内容一般包括代号名称、班次的起讫站名、开到时间、距离里程、车日行程等相关内容。由于班车运行是连续的，编排循环代号要合理分配运行任务，各个代号的车日行程要基本相当，代号与代号要首尾相连，便于循环，使各单车均衡地完成生产任务，如表6-1所示。

客车运行周期循环表 表6-1

路牌号	车次	起点	终点	开车时间	到达时间	距离（km）	车日行程（km）
2086	1962	南京	上海	7：00	10：05	310	620
……							

(2)客车运行周期循环。编制运行周期循环表，首先要确定客车运行周期循环。客车运行周期循环方式主要有大循环、小循环与定车定线等。

①大循环运行。它指将全部计划编号统一编成一个周期，全部车辆按确定的顺序循环始终的运行方式。该方式适用于各条线路道路条件相近、车辆基本相同的情况。优点是每辆客车的任务安排基本相同；缺点是循环周期长，运行线路频繁更换，且一旦局部计划被打乱，会影响整个计划的进行。

②小循环运行。它指把全部计划编号分成几个循环周期，将车辆划分为几个小组分别循环。其优点是有利于掌握运行线路和客流的变化情况，有利于安全运行和提高服务质量；缺点是客车运用效率较大循环低。

③定车定线运行。它指将某一车型固定于某条线路运行的方式，一般当道路条件复杂或拥有较多车型时采用，或在多班次班线时采用。其优点是有利于驾乘人员较详细地了解、掌握运行线路和客流的变化等情况，有利于搞好优质服务；缺点是客车不能套班使用，对提高车辆运用效率有一定影响。

(3)编制客车运行周期表的要求。编制客车运行周期表要满足以下条件：

①保证全部客运班次均有车辆参与运输。

②充分发挥每辆车的运输效率。

③循环周期不宜过长，以便于安排车辆的维修以及驾驶员、乘务员的食宿和休息。

3)客车运行作业计划

客车运行周期循环表编好后，开始编制车辆运行作业计划。步骤如下：

(1)确定相关数据资料。包括营运线路图、线路客运量（范围）、车日行程、车站作业时间、营运车辆类型、车辆数以及定额载客量、车辆工作率、实载率、营运速度、维修计划等信息资料。

(2)计算开行的客运班次数目：

$$n = \frac{\bar{q}_i}{q_0 \cdot \varepsilon}$$

式中：$\bar{q}_i$ ——该月份 i 线路日均客流量，p/d；

q_0 ——每车额定载客量，p；

ε ——实载率，%；

n ——客运班次数，次。

(3)确定班次时刻和路牌，如表 6-2 所示。

客运班次时刻表及路牌　　表 6-2

路牌	班次	起点	终点	发车时间	到达时间
1	101	A	B	6：30	12：20
2	102	B	A	13：30	19：20
…	…	…	…	…	…
10	201	D	A	7：00	12：00
11	202	A	D	13：00	18：00
…	…	…	…	…	…
20	506	C	A	8：00	13：20
21	507	A	C	12：00	17：20

(4)月度客车运行作业计划。调度工作是企业生产管理中非常重要的环节，其核心是车辆调度。企业调度应以车辆运行为中心，通过科学运行作业计划，将企业内各职能科室、车队、车站、车间等基层生产单位联结成有机整体，并保持与港口、火车站、飞机场等的衔接和配合。客运调度是保证客运正常高效运行的关键环节。

客运调度室要根据循环序号，综合考虑企业客运车辆的实际情况，如车辆型号、技术性能、额定座位、完好率、工作率、平均车日行程、实载率等，预留一定量的机动运力，同时考虑与车辆维修计划协调一致等，然后统筹安排，编制客车运行计划，并组织执行。月度客车运行作业计划一般按月编制。

3. 公路快速客运

公路快速客运是以高等级公路为依托，以 GPS 技术、移动通信技术以及计算机网络为支撑，采用技术先进的快速车辆运送旅客，并利用高效的通信信息技术作为管理手段，通过科学有效的运输组织，实现旅客和信息安全、准确、快速流动的公路客运过程。

1)公路快速客运的基本特征

公路快速客运在营运车辆、路况、服务、经营形式等方面都有明显特征。

①客流量大，发车密度高。

②良好的道路通行条件，运送速度快。

③高速客车。

④优质的运送服务。

2)公路快速客运的系统结构

(1)发达的售票系统。与一般公路客运相比，实载率对公路快速客运效益的影响更大。必须通过发达的售票系统、良好的售票服务、完善的售票体系等尽可能提高实载率。

(2)便利的疏导系统。公路客运的优势是“门到门”运输，乘客关心的是整个出行的时效。要提高时效，公路快速客运不仅要提高途中的运送速度，而且，还必须在两端具备良好的疏导系统，应从站点选择和专设疏导两方面来考虑。

(3)标准、规范的“软”服务体系。软服务包括候车服务、上车服务、途中服务等环节。要做到优质运送服务，必须建立标准、规范的服务制度，避免服务过程的随意性或因人、因时而异。

(4)公路快速客运系统其他要素的配置。

①站场配置：总体原则是小候车室、大停车场、足够的发车位。既要满足快速客运的需要，又要尽可能节约站场投资。

②运力配置：要根据客流的特征选择车型及其档次。运力投放时，应正确处理规模与效益的关系，不能盲目追求规模。

③投资配置：公路快速客运是公路运输行业新的经济增长点，存在着巨大的获利潜力。在投资配置上，应将发展快速客运与搞好普通公路客运放在同样重要的位置。

4. 旅游运输组织

现代旅游业是在现代化交通运输的基础上发展起来的。汽车运输机动灵活、分布面广、适应性强等特点，对发展旅游事业具有重要促进作用。因此，为加强旅游运输组织工作，应根据旅游业的地域性、季节性、综合性、多样性等特点和要求，做好以下工作：

1)宣传旅游资源

旅游资源是组织客源的基本条件。公路客运部门应配合当地旅游部门做好旅游资源宣传工作。主要宣传内容为旅游资源的特点和游览价值，旅游区（点）的经途以及与各种交通工具的衔接，旅游区的游览常识和有关事宜等。

2)旅游运输车辆的配备

旅游运输车辆的配备原则如下：

①运送旅客能力应当同旅游出行人数相适应。

②车型等级和旅客的需要相适应。

③根据旅游季节性适时调整需备车辆数。

3)确立旅游营运方式

旅游营运方式包括以下若干种。

①旅游班车。采用一般班车形式，并根据各旅游区（点）的旅客流量及旺淡季节制定班期及班次运行的时刻表。在车站售票，按点运行。

②旅游专车。规定游览线路、旅游天数（一日游或数日游）、各游览点的到、开、停留时间及食宿地点，游览专线应配置不同等级的车型，便于游客选乘。

③旅游包车。由旅游集体或单位根据需要包用。客运站也可派有关人员有目的地上门办理包车业务，计费标准，应根据《运价规则》规定办理，并可酌情优惠。

④汽车旅馆游览。即游览车具有卧车设备，或由公共汽车拖挂卧车车辆，或用双层车辆，上层是卧车，供旅客旅途躺卧，中途也可停车休息。

⑤旅游联运。为方便旅客，汽车运输业应积极开展旅游联运，力争“一条龙”服务。

5. 汽车旅客运输的运价

公路旅客运输的运价主要按车型类别确定。公路旅客运价有以人公里为单位的计程运价和以座位小时为单位的计时运价。计程（站间和里程分段）运价用于计算公路客运班车票价和计程客运包车运费；计时运价用于计算计时客运包车运费。普通大型客车沿正常营运路线运输旅客的运价称为旅客基本运价。旅客凭客票乘坐汽车客运班车，其所付费用称为汽车客票价。客票价根据运价和每一位旅客乘车的计费里程计算。旅客乘坐普通大型客运班车的票价是按旅客基本运价计算的普通客票价。乘坐舒适性较好、营运速度较高的宽座客运班车的宽座客票价和小型车客票价，按旅客基本运价提高一定幅度来计算；乘坐城乡公共汽车的票价和农村偏远地区的客车票价，按旅客基本运价降低一定幅度来计算。计程旅客包车和计时旅客包车的运费，根据其核定载客量及包用车型的基本运价按包用里程、小时计算。此外，还有随旅客运输业务而发生的包车取消费和包车空驶损失费、包车停歇延滞和供车延误费、补票费、退费费等。

三、城市公共汽车客运组织

公共交通是城市发展的必然产物，是城市客运系统的重要组成部分。

公共交通系统具有运载量大、运送效率高、能源消耗低、相对污染少、运输成本低等优点。因此，要解决大、中城市目前普遍存在的交通拥挤、交通事故频繁和环境污染等问题，应特别重视优先发展城市公共交通。

1. 公共交通系统概述

城市公交系统包括车辆、车道、场站、运行等4个组成因素。

1）车辆

从车体构造上看，公共汽车分为：小型公共汽车、标准公共汽车、铰接公共汽车、双层公共汽车等几种类型。

2）车道

公共汽车的运行车道，可安排在市区街道或快速道路上与一般车辆混用。但由于交通拥挤，常导致营运效率很低。因此，应采用“优先处理”的观念规划公共汽车系统的车道，提高公共交通系统的道路条件。

3）场站

公交场站是公交公司运营管理的基层单位，分公交车场和公交车站两类。其技术业务是：组织车辆运行、车辆停放保管、执行技术维护、车辆故障修理等。

公交车场按功能可划分为综合车场（包括停车场和维护场）、维修场和中心停车场。

公交车站分为首末站、中途停靠站和枢纽站。首末站是综合车辆掉头、停放、上下客和候车等多种设施的小型服务性车站，也是调度人员组织车辆运行和司售人员休息的场所；中途停靠站供线路运营车辆中途停靠，为乘客上下车服务；枢纽站为多条公交线路的交汇处和集散点。

4）运行

公共汽车的运行一般由起点开始，依路线行进，并按车站位置停靠、上下乘客，至终点为止。

2. 车辆调度形式及其选择

车辆调度形式指营运调度措施计划中所采取的运输组织形式。可分为以下类型：

1)按工作时间分类

按车辆的工作时间分为正班车、加班车和夜班车。正班车是每条营运线路上必须安排的一种车辆运行方式，要求车辆在全部营运时间内连续行驶。加班车则是辅助运行方式，往往在客流高峰时，在某一段或某几段时间内上线行驶。夜班车指车辆在夜间上线工作的调度形式。

2)按行程范围分类

按车辆的行程分为全程车和区间车。全程车是基本运行方式，要求在线路始末站之间按规定时间往返行驶。区间车则是辅助运行方式，在高客流区段往复行驶，以满足交通需求。

3)按车辆停靠方式分类

按停靠方式分为全站车和快车。全站车是基本运行方式，要求在路线的各固定停靠站点，依次停靠，供乘客上下。快车是为加快车辆周转，采取越站运行的调度形式，包括大站车与直达车两种。

营运线路上应以全程、正班车作为基本调度形式，应该具备全程、全站等双向的特点，同时根据客流的分布特征辅以其他辅助形式。车辆调度形式根据客流沿路段分布的不均匀系数 k 确定，其计算方法为：

$$k = \frac{Q_{\mathrm{i}}}{Q}$$

式中：Q_{i}——统计期内营运线路某路段客流量，$i=1,2\cdots,n$，p/d；

Q——各路段平均客流量，p/d；

n——营运线路的路段数。

当 k 大于界限值 k_0 时，可选定相应的调度形式，如表6-3所示。k_0 可根据客运服务要求以及客运供需条件确定。

车辆调度形式选定的路段不均匀系数界限值　　表6-3

调度行式	区间车	快车	高峰加班车
界限值 k_0	1.2~1.5	1.2~1.4	1.4~2.0

3. 行车作业计划

公共汽车行车作业计划，即公共汽车行车时刻表，指在已有路线网的基础上，根据企业运输生产计划和客流变化规律编制的生产作业性计划，是营运组织工作的基本条件。

编制公共汽车行车作业计划，必须在路线客流调查的基础上，根据有关基础数据，分别按不同车辆调度形式进行。主要包括：确定车辆运行定额、计算车辆运行参数以及编制行车作业计划图表等内容。

1)车辆运行定额的确定

车辆运行定额主要包括：单程时间、周转时间、计划车容量等。

①单程时间：指车辆完成一个单程的运输工作所耗费的时间，包括单程行驶时间和中间站停站时间，通常分路段与时间段，采取观测统计的方法确定。

②始末站停站时间：包括为车辆调车、办理行车文件手续、车辆清洁、行车人员休

息与交接班、乘客上下车以及停站调节等必需的停歇时间。在客流高峰期间，为加速车辆周转，车辆在始末站的停站时间，原则上不应大于行车间隔的2~3倍。在平峰期间始末站停站时间的确定，需要考虑车辆清洁、行车人员休息、调整行车间隔以及车辆日常维护等因素，适当确定。

③周转时间：等于单程时间与平均始末站停站时间之和的2倍。车辆的沿线周转时间应按不同的客流量确定。

④计划车容量：指行车作业计划限定的车辆载容量，又称计划载客量定额。可按下列公式确定：

$$q = q_0 \cdot \gamma$$

式中：q——计划车容量，p；

q_0——额定载客量，p；

γ——满载率定额。

一般高峰期的满载率定额$\gamma \leqslant 1.1$；平峰期间的满载率定额$\gamma \geqslant 0.5 \sim 0.6$。

2)线路车辆运行参数

(1)线路车辆数。即组织公共汽车线路营运所需车辆数，包括组织线路营运所需车辆总数与营业时间内各时间段所需车辆数。

在实际工作中，确定线路总车辆数，以高峰小时所需车辆数为准，确定营业时间内各时间段所需车辆数，则根据该段时间内最高路段客流量以及计划车容量确定。当有多种调度形式时，线路车辆数为各种调度形式下的所有车辆数之和。即：

$$A = A_z + A_w = A_a + A_b + A_c$$

式中：A——线路车辆总数，辆；

A_z——正班车数，辆；

A_w——加班车数，辆；

A_a——全程车，辆；

A_b——区间车，辆；

A_c——快车数，辆。

在确定路线车辆数时，除考虑客流量大小、车辆调度形式外，还要充分考虑服务质量要求。其最低线路车辆数的确定值为：

$$A_{\min} = \frac{T}{t_{\max}}$$

式中：$A_{\min}$——最低线路车辆数，辆；

$t_{\max}$——最大允许行车间隔，min；

T——车辆周转时间，min。

(2)行车间隔。正点行车时，前、后两辆车到达同一停车站的时间间隔称为行车间隔，又称车距。可按下式确定：

$$t_i = \frac{T_i}{A_i} = \frac{60}{f_i} = \frac{60 \cdot q_0 \cdot \gamma}{q_i}$$

式中：t_i——第i时间段内的行车间隔，min；

A_i ——第 i 时间段内的线路车辆数，辆；

T_i ——第 i 时间段内的车辆周转时间，min；

f_i ——第 i 时间段内的行车频率；

q_i ——第 i 时间段内的营运线路高峰路段客流量，p。

在营业时间内，不同时间段投入的车辆数以及周转时间会有不同，因此，行车间隔应分别予以确定。对呈现小数的行车间隔值还要进行取整数处理，使之确定为适当的行车间隔。

3)行车作业计划的编排

编制公共汽车行车作业计划，是合理进行车辆运行组织和劳动组织，提高服务质量的重要手段。

编制行车作业计划应遵循以下步骤进行：首先，调查、预测线路客流；然后，确定车辆运行定额与车辆的调度形式；最后，计算车辆运行参数，并编制行车时刻表。公共汽车行车时刻表，一般包括车辆行车时刻表以及车站行车时刻表两种类型。

车辆行车时刻表指按行车班次制定的车辆沿路线运行时刻表，列有该班次车辆出场（库）时间，每周转时间内到达沿线各站的时间与开出时间，在一个车班内需完成的周转次数以及回场时间等。通常按各行车班次（路牌）制定，即同一营运线路每天出车序号相同的车辆按同一时刻表运行。

车站行车时刻表指路线始末站以及重点中间站的行车时刻表，用于规定在该线路行驶的各班次公共汽车在每周转中到达和开出该站的时间。

第四节　汽车运输效率评价指标

一、汽车运输统计指标

1. 运量

汽车在每一运输过程中，所运送的货物质量称为货运量，单位为 t；所运送的旅客人数称为客运量，单位为 p。客运量和货运量统称为运量。

2. 周转量

周转量指运量与货物或旅客所移动的距离之积，单位为 t · km 或 p · km。

3. 运输量（产量）

运输量（产量）是汽车运输所完成的运量及周转量的统称。运输量（或产量）包括运量和周转量两种指标。

4. 单车产量

单车产量指运输企业在统计期内平均每辆车所完成的周转量。

5. 车吨（客）位产量

车吨（客）位产量指运输企业在统计期内平均每吨（客）位所完成的周转量。

6. 车日

车日指运输企业的营运车辆在企业内的保有日数。在统计期内，企业所有营运车辆的车日总数，称为总车日，记为 U 。根据车辆的技术状况和工作状况，总车日 U 分为完好车日 U_a 和非完好车日 U_n 。完好车日 U_a 包括工作车日 U_d 和待运车日 U_w ；非完好车日 U_n 则包括维修车日 U_m 和待废车日 U_b 。由于待运车日、维修车日和待废车日中，车辆均处于非运输工作状态，因而称为停驶车日，记为 U_p 。

7. 车时

车时指营运车辆在企业内的保有小时数。企业所有营运车辆的车时总数，等于营运车辆数与其在企业内保有小时数的乘积。按照车辆的技术状况和工作状况，总车时 T 可分为工作车时 T_d 和停驶车时 T_p 。车辆在运输工作中具有行驶和停歇两种状态，所对应的车时分别为行驶车时 T_t 和停歇车时 T_s 。行驶车时 T_t 包括：重车行驶车时 T_{tl} 和空车行驶车时 T_{tv} 。根据引起车辆停歇的原因，停歇车时 T_s 包括：装载车时 T_l 、卸载车时 T_u 、技术故障车时 T_{st} 以及组织故障车时 T_{so} 。依据导致车辆停驶的具体原因，停驶车时 T_p 可分为维修车时 T_m 、待运车时 T_w 和待废车时 T_b 。

二、运输车辆利用单项指标

运输车辆利用单项指标分别从时间、里程、速度、吨（或客）位以及车辆动力等方面的利用程度反映运输车辆的利用状况。

1. 车辆时间利用指标

车辆的时间利用指标主要有完好率、工作率、总车时利用率及工作车时利用率等。

1)完好率

车辆完好率 α_a 指统计期内企业营运车辆的完好车日 U_a 与总车日 U 之比。完好率表明了总车日可以用于运输工作的最大可能性，故又称完好车率。完好率以百分比表示，其不足之百分数值为非完好率 α_n 。

$$\alpha_a = \frac{U_a}{U} \cdot 100\% = \frac{U - U_n}{U} \cdot 100\%$$

$$\alpha_n = \frac{U_n}{U} \cdot 100\% = (1 - \alpha_a) \cdot 100\%$$

式中：U_n ——统计期内企业营运车辆的非完好车日，天。

完好率也可作为车辆技术管理指标，用以表示企业营运车辆的技术完好状况和维修工作水平。提高完好率的主要途径：合理组织车辆的维修工作、提高维修工作品质、合理选择和利用车辆、提高驾驶技术以及适时处理报废车辆等。

2)工作率

工作率 α_d 指统计期内工作车日 U_d 与总车日 U 之比，反映企业总车日的实际利用程度，故又称工作车率或出车率。α_d 也用百分比表示，其不足之百分数值表示停驶率 α_p 。

$$\alpha_d = \frac{U_p}{U} \cdot 100\% = \frac{U - U_n - U_w}{U} \cdot 100\%$$

$$\alpha_p = 1 - \alpha_d$$

式中：U_w——统计期内企业营运车辆完好车日中未工作（停驶）车日，天。

工作率反映了企业营运车辆的技术状况以及运输组织工作水平。其提高途径主要有：提高完好率、提高运输组织水平以及加强运输市场竞争，多组织运输业务等。

3）总车时利用率

总车时利用率ρ指统计期工作车日内，车辆在线路上的工作车时T_d与总车时之比，用以表明工作车日中用于出车时间的长短，故又称昼夜时间利用系数。

$$\rho = \frac{T_d}{24 \cdot U_d} \cdot 100\%$$

对于单个车辆，在一个工作日内的车时利用率为：

$$\rho = \frac{T_d}{24} \cdot 100\%$$

提高总车时利用率的途径是提高运输工作的组织管理水平。如：合理组织、合理调度货源和采用多班制等。

4）工作车时利用率

工作车时利用率δ指统计期内，车辆在线路上的行驶车时T_t与工作车时T_d之比，用以表示车辆在线路上行驶时间的百分比。

$$\delta = \frac{T_t}{T_d} \cdot 100\% = \frac{T_t - T_s}{T_d} \cdot 100\%$$

式中：T_s——车辆在线路上工作时的非行驶车时。

提高运输工作的组织管理水平是提高工作车时利用率的主要途径。

但是，提高汽车的总车时利用率和工作车时利用率时，不能人为增加空驶车时，而应当通过增加重车行驶车时以及减少线路停歇时间（含装卸停歇车时）提高汽车的车时利用率。因而，仅用总车时利用率以及工作车时利用率评价汽车的车时利用程度是不够的，如果这两个指标高，则不一定表明车辆得到有效地利用，还应与其他指标（如里程利用率）结合使用。

2. 车辆速度利用指标

车辆速度指平均每单位时间内的行驶里程。在相同的运行时间和运载条件下，汽车行驶的快慢影响着所完成的运输量。因此，发挥汽车的速度性能，提高运输速度，可以提高汽车运用效率。

车辆速度利用指标包括技术速度v_t、运送速度v_c、营运速度v_d和平均车日行程$\bar{L}_d$。

1）技术速度

技术速度v_t指车辆在行驶车时内的平均速度，用以表示车辆行驶的快慢。

$$v_t = \frac{L}{T_t}$$

式中：L——车辆所驶过的距离，km；

v_t——车辆在行驶车时内的平均速度，km/h；

T_t——车辆行驶车时，h。

车辆行驶车时包适与交通管理、会车等因素有关的短暂停歇时间。影响技术速度的因素：驾驶技术水平、车辆结构与性能、道路交通条件以及气候条件等。

2)运送速度

运送速度 v_c 是车辆在运送时间内的平均速度，用以表示车辆运送的快慢，也是评价运输服务品质的一个指标。

$$v_c = \frac{L}{T_c}$$

式中：T_c ——运送时间，h；

v_c ——车辆在运送时间内的平均速度，km/h。

运送时间是自起运点出发至到达终运点时所历经的时间，不包括始末点的装卸作业（或乘客上下车）时间，但包括途中的各类停歇时间。

影响运送速度的主要因素：技术速度、企业营运组织工作水平、旅客乘车秩序以及货物紧固以及包装状况等。

3)营运速度

营运速度 v_d 指车辆在工作车时内的平均速度，用以表示车辆在工作时间内有效运转的快慢。

$$v_d = \frac{L}{T_d} = \frac{L}{T_t + T_s}$$

式中：T_d ——车辆在线路上的工作车时，h；

v_d ——车辆在工作车时内的平均速度，km/h；

T_s ——车辆的各类停歇车时（含始末点的装卸作业车时），h。

营运速度的主要影响因素：车辆的技术速度、运输距离、运输组织、装卸机械化水平等。

4)平均车日行程

平均车日行程 $\bar{L}_d$ 指统计期内平均每一工作车日车辆所行驶的里程，用以表示车辆在统计期工作车日内有效运转的快慢。数值上等于车辆在统计期工作车日内的总行程 $\sum L$ 与工作车日 U_d 之比。

$$\bar{L}_d = \frac{\sum L}{U_d}$$

式中：$\sum L$ ——车辆在统计期工作车日内的总行程，km；

$\bar{L}_d$ ——平均车日行程，km/车日；

U_d ——工作车日，车日。

工作车日内的总行程为：

$$\sum L = \sum T_d \cdot v_d = \sum T_d \cdot \delta \cdot v_t$$

因此，平均车日行程既是一个以“车日”为时间计算单位的速度利用指标，同时又是一个车辆的速度和时间综合利用的评价指标。

影响平均车日行程的因素：营运速度、车辆的工作制度以及调度形式等。

3. 车辆行程利用指标

车辆的行程利用指标，即行程利用率 β，是指统计期内车辆的载质行程与总行程之比，用以表示车辆总行程的有效利用程度，又称行程利用系数。

$$\beta = \frac{L_1}{L} \times 100\%$$

式中：L——统计期内车辆总行程，km；

L_1——统计期内车辆的载质行程，km。

总行程等于载质行程与空车行程之和，空车行程包括空载行程和调空行程。前者是指车辆由卸载地点空驶至下一个装载地点的行程，后者是指由车场（库）供应空车至装载地点，或由最后一个卸载地点空驶回车场（库），以及空车开往加油站、维修地点进行加油、维修等的行程。

影响行程利用率的主要因素：运输任务的分布及运输工作量在一定时间内所占比重，运输过程的组织，起运地点与到达地点的分布，以及所用车辆对不同运输对象的适应能力等。

提高里程利用率，是提高车辆运输工作生产率和降低运输成本的有效措施。

4. 车辆载质（或客）量利用指标

车辆载质（或客）量利用指标是用以表示车辆载质（或客）能力有效利用程度的指标，包括利用率及实载率两项指标。

1）载质（或客）量利用率

载质（或客）量利用率γ指车辆在载质行程中，实际完成的运输周转量与额定载质（或客）量得到充分利用时所能完成的运输周转量之比。其中，载质量利用率又称动载质量利用率，载客量利用率又称满载率。动载质量利用率或满载率为：

$$\gamma = \frac{\sum P}{\sum P_0} \times 100\% = \frac{\sum (qL_1)}{\sum (q_0 L_1)} \cdot 100\%$$

式中：$\sum P$——统计期内实际完成的运输周转量之和，t·km 或 p·km；

$\sum P_0$——统计期内，当载质行程汽车额定载质（或客）量充分利用时所能完成的运输周转量之和，t·km 或 p·km；

q——车辆的实际载质（或客）量，t 或 p；

q_0——车辆的额定载质（或客）量，t 或 p。

一个运次（或某一路段）中，载质行程L_1为固定值。因此：

$$\gamma = \frac{q}{q_0} \times 100\%$$

此时，γ分别称为静载质量利用率或路段满载率。可见，静载质量利用率（或路段满载率）表示车辆额定载质（或客）量的利用程度，与载质（或客）行程无关；而动载质量利用率表示车辆在运行中载质量的实际利用程度，与载质行程有关。

影响载质（客）量利用率的主要因素：货（或客）流特性、运输距离、车辆容量性能以及对所运货（或客）的适应程度、装车与理货技术以及运输组织工作水平。

2）实载率

实载率ε指车辆实际完成的运输周转量，与汽车在总行程中额定载质（或客）量得以充分利用时所能完成的运输周转量之比，用以表示车辆在总行程中载质（或客）能力的有效利用程度，又称作总车吨（或客）位公里。

$$\varepsilon = \frac{\sum (qL_1)}{\sum (q_0 L)} \times 100\%$$

由于$\beta = \dfrac{L_1}{L}$，因此得：

$$\varepsilon = \frac{\beta \cdot \sum (qL_1)}{\sum (q_0 L_1)} \times 100\% = \gamma \cdot \beta$$

由此可见，实载率综合反映了车辆行程利用率β和载质（或客）量利用率γ对运输过程的影响，能够较全面评价在车辆结构不同和企业运输组织不同时，车辆的有效利用程度。

5. 车辆的动力利用指标

车辆动力利用指标又称为拖运率θ，指挂车所完成的货物周转量与主和挂车合计完成的货物周转量之比。用以评价车辆动力的利用程度。

$$\theta = \frac{\sum P_t}{\sum P_m + \sum P_t} \cdot 100\%$$

式中：$\sum P_t$——统计期内挂车完成的货物周转量，t · km；

$\sum P_m$——统计期内主车完成的货物周转量，t · km。

影响拖运率的主要因素：汽车与挂车性能、驾驶技术水平、道路条件以及运输组织工作水平等。

评价车辆利用程度的各项指标均从某一方面反映出车辆的利用程度以及运输工作条件对车辆运用的影响。但为了从数量、质量以及经济上全面评价车辆的运输工作效果，尚有待建立将上述相互关联的各项指标综合起来的综合指标。

三、运输车辆利用综合指标——运输生产率

运输生产率指单位时间内运输车辆所完成的产量。单位时间可采用小时、日、月、年等不同统计时间；产量可采用货（或客）运量或周转量、出租汽车客运的收费里程或收费停歇时间等；运输车辆则可根据统计计算目的，采用单车或车组、车队、企业的全部车辆等，也可采用车辆的一个吨位或客位。对以上进行不同组合，可得若干汽车运输生产率的计量单位，如：平均车（时）产量、平均日产量、车吨（或客）位月产量、单车年产量、企业年产量等。根据单位时间的性质不同，还可分为工作生产率和总生产率，前者指单位工作车时完成的产量，后者指单位总车时完成的产量。按运输方式的不同，运输生产率还可分为载货汽车运输生产率、载客汽车运输生产率等。

车辆的结构及性能、自然气候、道路交通、运输条件和运输组织等因素对于汽车运输过程中的时间、速度、行程、载质量等的利用程度产生直接影响，其综合作用决定了汽车运输生产效率的高低。评价汽车运输生产效率的指标是汽车的运输生产率，提高运

输生产率是汽车运输企业的基本任务之一。

1. 汽车货运生产率

1)工作生产率

载货汽车的工作生产率指平均每工作车时车辆所完成的货运量或周转量，用以评价车辆在工作时间内的生产效率。

一般情况下，载货汽车的运输工作是以运次为基本运输过程进行组织的。

一个运次内的货运量 Q_c 和周转量 P_c 分别为：

$$Q_c = q_0 \cdot \gamma$$

$$P_c = Q_c \cdot L_1 = q_0 \cdot \gamma \cdot L_1$$

式中：L_1 ——平均到一个运次的载质行程，km；

Q_c ——一个运次内的货运量，t；

P_c ——一个运次内的周转量，t · km。

完成一个运次的工作车时 T_c 为完成该运次的行驶时间 T_t 和停歇时间 T_s 之和。其中，车辆在一个运次中的停歇时间主要为装卸货物而停歇的时间，即：

$$T_c = T_t + T_s = \frac{L_1}{\beta \cdot v_t} + T_s$$

式中：T_c ——完成一个运次的工作车时，h；

T_t ——完成该运次的行驶时间，h；

T_s ——停歇时间，h。

单位工作车时完成的货运量 W_q 和周转量 W_P 分别为

$$W_q = \frac{Q_c}{T_c} = \frac{q_0 \cdot \gamma}{\dfrac{L_1}{\beta \cdot v_t} + T_s}$$

$$W_p = \frac{P_c}{T_c} = \frac{q_0 \cdot \gamma \cdot L_1}{\dfrac{L_1}{\beta \cdot v_t} + T_s}$$

式中：W_q——单位工作车时完成的货运量，t/h；

W_p——单位工作车时完成的周转量，t · km/h。

2)总生产率

载货汽车总生产率指平均每总车时（在册车时）车辆所完成的货运量或周转量，用于评价车辆在企业在册时间内的生产效率和运用效果。

在统计期平均每一总车时内，车辆在线路上的实际工作车时 T'_d 为：

$$T'_d = \frac{D_d \cdot T_d}{24D} = \left(\frac{D_d}{D}\right) \cdot \left(\frac{T_d}{24}\right) = a_d \cdot \rho$$

因此，载货汽车每一总车时完成的货运量 W'_q 和周转量 W'_P 分别为：

$$W'_q = a_d \cdot \rho \cdot W_q$$

$$W'_P = a_d \cdot \rho \cdot W_P$$

影响载货汽车生产率的因素：额定载质量 q_0 、载质量利用率 γ 、载质行程 L_1 、里程利用率β、技术速度v_t以及装卸停歇时间T_s。影响总生产率的因素还有工作率α_d及总车时利用率ρ。除额定载质量q_0外，在计算载货汽车的生产率时，各指标值均为统计期内每运次的平均值。

不难看出：运距一定时，汽车额定载质量q_0越大，载质量利用率γ越高，技术速度v_t越快，里程利用率β越高，以及装卸停歇时间T_s越小，则工作生产率W_q或W_P越高。但当运距增加时，以运量表示的生产率W_q趋于下降，而以周转量表示生产率W_P则趋于增加。

2. 汽车客运生产率

1)工作生产率

汽车客运的工作生产率指平均每工作车时车辆所完成的客运量或周转量，用于评价客运车辆在线路上在工作时间内的利用效果。

汽车客运含市内公共汽车运输和公路客运两类，一般以单程为基本运输过程进行组织。其共同特点是在一个单程内，乘客在沿途各停车站上下车而使车辆在各路段的实际载客人数有所不同。在一个单程内，车辆实际完成的客运量Q_n和周转量P_n分别为：

$$Q_n = q_0 \cdot \gamma \cdot \eta_a$$

$$P_n = Q_n \cdot \bar{L}_P$$

式中：γ——满载率；

Q_n——车辆实际完成的客运量，P；

P_n——车辆实际完成的周转量，p·km；

q_0——额定载客人数，p；

η_a——乘客交替系数；

$\bar{L}_P$——平均运距，km。

平均运距$\bar{L}_P$指统计期内所有乘客的平均乘车距离。乘客交替系数η_a指在一个单程内，各路段平均载客客位中每客位实际运送的乘客人数，用单程路线长度L_n与平均运距L_P之比表示：

$$\eta_a = \frac{L_n}{\bar{L}_P}$$

客运车辆完成一个单程的工作车时T_n包括行驶时间T_t和在沿途各站的停歇时间T_{ns}：

$$T_n = T_t + T_{ns} = \frac{L_n}{\beta \cdot v_t} + T_{ns}$$

式中：T_n——完成一个单程的工作车时，h；

T_t——行驶时间，h；

T_{ns}——沿途各站的停歇时间，人。

这样，客运汽车平均每工作小时完成的客运量W_q和周转量W_P分别为：

$$W_q = \frac{Q_n}{T_n} = \frac{q_0 \cdot \gamma \cdot \eta_a}{\dfrac{L_n}{\beta \cdot v_t} + T_{ns}}$$

$$W_P = \frac{P_n}{T_n} = \frac{q_0 \cdot \gamma \cdot \eta_a \cdot \bar{L}_P}{\dfrac{L_n}{\beta \cdot v_t} + T_{ns}} = \frac{q_0 \cdot \gamma \cdot L_n}{\dfrac{L_n}{\beta \cdot v_t} + T_{ns}}$$

式中：W_q ——平均每工作小时完成的客运量，p/h；

W_P ——平均每工作小时完成的周转量，p·km/h。

比较客、货运生产率计算公式，以每小时运量为单位的客运生产率公式中多了一项乘客交替系数 η_a，这是由客运以单程为基本运输过程，乘客在沿途时有上、下车这一特点决定的。以每小时周转量为单位的客运生产率公式与货运生产率公式在形式上一致，但各影响因素的含义因运送对象的不同而有差异。

实际上，在货运中也有以单程为基本运输过程的运输形式，如，邮件以及其他小批货物的分发和集中。此时，以每小时运量（t/h）为单位的货运生产率公式与以每小时运量（p/h）为单位的客运生产率公式相似。

2）总生产率

客运汽车总生产率指单位总车时内车辆所完成的客运量 W'_q 和周转量 W'_P。其总生产率公式的推导过程与货运汽车总生产率的推导过程类似，所得客运总生产率计算公式与货运汽车总生产率计算公式在形式上完全一致，但各因素的含义有所不同，应采用相应不同的单位。

四、汽车的运输成本

汽车运输成本是评价汽车运输经营效果的综合性指标。在汽车运输生产过程中，人力和物力的节约或浪费、运输生产率的高低、运输服务品质的好坏、运输组织水平的高低和车辆维修品质的好坏等，最终都以货币的形式反映到成本指标上来，影响着运输成本的大小，决定着汽车运输经济效益的好坏。

因此，在保证汽车运输服务品质的前提下，不断降低运输成本，对于运输企业的生存和发展至关重要。

1. 汽车运输费用

汽车运输的全部费用，按照与车辆运行的关系可分为变动费用 C_c、固定费用 C_f 和装卸费用 C_s 三项。其中：装卸费用常实行单独核算，故汽车运输费用包括变动费用和固定费用。

变动费用 C_c 指与汽车行驶有直接关系的费用，又称汽车运行费用，通常按每公里行程消耗的费用计算，包括：运行材料（燃料、润滑油、轮胎等）费、车辆折旧费、车辆维修费、养路费以及其他与车辆行驶有关的费用。

固定费用 C_f 指与车辆行驶无直接关系但为组织运输所产生的费用，又称企业管理费，常按车辆每在册车时或车日所消耗的费用计算，包括：职工工资和奖金、行政办公费、水电费、房屋维修费、牌照费、职工培训费以及固定设施折旧费等。

2. 汽车运输成本

汽车运输成本指完成每单位运输工作量所支付的费用。由于汽车运输费用 C 包括变动费用 C_c 和固定费用 C_f 两项，与之相对应，汽车运输成本 S 为变动成本 S_c 与固定成本 S_f 之和。即：

$$S = S_c + S_f$$

式中：S_c ——变动成本，指统计期内单位运输量的变动费用，元；

S_f ——固定成本，指统计期内单位运输量的固定费用，元。

1)汽车货运成本

汽车货运成本 S_g 表示为每吨公里货物周转量的变动费用 S_c 与固定费用 S_f 之和。

$$S_c = \frac{v_d \cdot C_c}{W_P}$$

$$S_f = \frac{C_f}{W_P}$$

式中：v_d ——车辆的营运速度，km/h；

S_c ——每吨公里货物周转量的变动费用，元/（t·km）；

S_f ——每吨公里货物周转量的固定费用，元/（t·km）；

C_c ——折算到车辆每公里行程的变动费用，元/km；

W_P ——车辆的工作生产率，t·km/h；

C_f ——折算到车辆每工作车时的固定费用，元/h。

v_d 可表示为：

$$v_d = \frac{L}{T_d} = \frac{\dfrac{L_l}{\beta}}{\dfrac{L_l}{\beta \cdot v_t} + T_s} = \frac{L_l \cdot v_t}{L_l + \beta \cdot v_t \cdot T_s}$$

利用营运速度 v_d 和货运工作生产率 W_P 的计算公式，得到汽车货运成本 S_g 的表达式为：

$$S_g = \frac{1}{q_0 \cdot \gamma \cdot \beta}\left\{C_c + \frac{C_f(L_l + \beta \cdot v_t \cdot T_s)}{v_t \cdot L_l}\right\}$$

2)汽车客运成本

用类似方法，可得汽车客运成本 S_b 的计算公式为：

$$S_g = \frac{1}{q_0 \cdot \gamma \cdot \beta}\left\{C_c + \frac{C_f(L_n + \beta \cdot v_t \cdot T_s)}{v_t \cdot L_n}\right\}$$

式中：S_g ——汽车客运成本，元/（p·km）。

第七章　汽车使用安全与公害

汽车的诞生和发展对人类发展生产，建设物质文明和精神文明，促进社会进步中发挥了重要作用；但随着汽车保有量的日益增加，由其引起的交通事故和公害又对人类及其生存环境造成了很大威胁。因此，安全地使用车辆，避免道路交通事故造成的人员伤亡和物质损失，同时加强汽车运用过程中的公害控制，减轻其对人类生存环境的影响，是人类社会不得不面临的现实问题。

第一节　汽车使用安全

随着社会的发展、进步，旅客和货物的运输量日益增多，特别是随着机动车拥有量的扩大，道路交通事故日益严重，已成为和平时期严重威胁人类生命财产安全的社会问题。因此，深入分析道路交通事故的影响因素，探索防治对策具有重要现实意义。

一、道路交通事故及构成要素

道路交通事故是指车辆在道路上因过错或者意外造成的人身伤亡或者财产损失的事件。

道路交通事故与以下六个要素有关。

1. 车辆要素

车辆要素指道路交通事故一定与车辆（包括各种机动车和非机动车）有关，通常限于车辆造成的人身伤亡和财产损失的事件。道路交通事故包括：机动车与机动车、机动车与非机动车、机动车与行人等之间发生的交通事故。

2. 道路要素

道路要素指道路交通事故是在公用道路上发生的。《中华人民共和国道路交通安全法》规定，道路指“公路、城市道路和虽在单位管辖范围但允许社会机动车通行的地方，包括广场、公共停车场等用于公众通行的场所”。只供本单位车辆和行人通行的，交通管理部门没有义务对其进行管理的，不具有公共使用性质的场所，不能算作道路。不在上述规定道路上发生的事故并不是道路交通事故。

3. 运动要素

运动要素指道路交通事故应发生在行驶或停放过程中。停放过程应理解为交通单元的停车过程，而交通单元处于静止状态停放时所发生的事故（如，停车后装卸货物时发生的伤亡事故）不属于交通事故。而停车后溜车所发生的事故，在公路上属于交通事故，在货场里则不算交通事故。所以，关键在于交通事故各当事方中是否至少有一方车辆处于运动状态。例如：乘车人在车辆行驶时，由车上跳下造成的事故属于交通事故；停在路边的车辆，被过往车辆碰撞发生事故，由于对方车辆处在运动中，因而，也是交通事故。

4. 事态要素

事态要素指交通事故是与道路交通有关的事态或现象，即发生碰撞、碾压、刮擦、翻车、坠落、失火等其中的一种或几种。若没有交通事态，则不属于交通事故。如：行人或旅客因疾病造成的伤亡不属于交通事故。

5. 后果要素

道路交通事故应是造成人身伤亡或者财产损失的损害后果的事件，这种后果不包括间接的损害后果。如果没有造成人身伤亡和财产损失的损害后果的发生，或后果轻微，没有达到道路交通管理部门规定的标准，就不能形成交通事故。例如，如果旅行过程中仅造成了精神损失，则不能称作交通事故。

6. 过错或者意外要素

它指事故是出于人的意料之外而偶然发生的事件，当事人的心理状态是过错或者意外。若事故发生时，当事人心理状态处于故意，则不属于交通事故。

故意是指行为人明知自己的行为会发生危害的结果，并希望或有意地放任这种结果的发生。事故本身包含非故意的要求，如果故意造成人身伤害或财产损失，自杀或制造车辆事故，则不属于交通事故。

二、交通事故现象

交通事故现象也称交通事故的形式或具体形态。交通事故可分为碰撞、碾压、刮擦、翻车、坠车、爆炸和失火等 7 种现象。

①碰撞，指交通强者（相对而言，下同）的正面部分与他方接触，或同类车的正面部分相互接触。碰撞可以发生在机动车之间、机动车与非机动车之间、机动车与行人之间、非机动车之间、非机动车与行人之间，以及车辆与其他物体之间。

②碾压，指作为交通强者的机动车，对交通弱者如，自行车、行人等的推碾或压过。尽管在碾压之前，大部分均有碰撞现象，但在习惯上一般都称为碾压。

③刮擦，指侧面部分与他方接触，造成自身或他方损坏。刮擦主要表现为车刮车、车刮物和车刮人。

根据运动情况，机动车之间的刮擦可分为会车刮擦和超车刮擦。

④翻车，通常指在没有发生其他事态的前提下，车辆部分或全部车轮悬空、车身着地等的现象。翻车一般分为侧翻和滚翻两种，车辆一侧轮胎离开地面称为侧翻，所有车轮都离开地面称为滚翻。

⑤坠车，即车辆的坠落，包括车辆离开地面的落体过程。常见的坠落形态是车辆跌落到与路面有一定高度差的路外。如：坠落桥下、坠入山涧等。

⑥爆炸，指将爆炸物品带入车内，在行驶过程中，由于振动等原因，而引起突爆造

成事故。若无违章行为，则不算是交通事故。

⑦失火，指车辆在行驶过程中，由于人为的或技术上的原因引起的火灾。常见的失火原因：乘员使用明火，违章直流供油，发动机回火，电路系统短路、漏电等。

交通事故发生的现象有的是单一的，有的是两种以上并存的。对两种以上并存的现象，一般按交通事故现象发生时间的先后顺序加以认定，如刮擦后翻车确定为刮擦，碰撞后失火确定为碰撞等；也有按主要现象认定的，如碰撞后碾压认定为碾压。

三、道路交通事故的分类

对道路交通事故进行分类，目的在于对道路交通事故以不同的角度和方法进行分析研究和处理。常用道路交通事故的分类方法如下。

1. 按后果分类

道路交通事故等级划分标准，是事故处理和统计工作中都要涉及到的一个重要问题。根据所造成的人身伤亡或者财产损失的程度和数额，道路交通事故分为轻微事故、一般事故、重大事故和特大事故四类：

①轻微事故，指一次造成轻伤 1 ~2 人，或者机动车事故造成的财产损失不足 1 000 元，非机动车事故不足 200 元的事故。

②一般事故，指一次造成重伤 1 ~2 人，或者轻伤 3 人以上，或者财产损失不足 3 万元的事故。

③重大事故，指一次造成死亡 1 ~2 人，或者重伤 3 人以上，10 人以下，或者财产换失 3 万元以上不足 6 万元的事故。

④特大事故，指一次造成死亡 3 人以上，或者重伤 11 人以上，或者死亡 1 人同时重伤 8 人以上，或者死亡 2 人同时重伤 5 人以上，或者财产损失 6 万元以上的事故。

在道路交通事故统计中，死亡的判定以事故发生后 7 天内的死亡为限；重伤和轻伤分别按司法部、最高人民法院、最高人民检察院、公安部发布的《人体重伤鉴定标准》和《人体轻伤鉴定标准（试行)》执行；财产损失指所造成的车辆、财产直接损失折价，不含现场抢救（险)、人身伤亡善后处理的费用，也不含停工、停产、停业等所造成的财产间接损失。

但在道路交通事故处理中，死亡则不以事故发生后 7 天为限；财产损失还应包括现场抢救（险)、人身伤亡善后等处理的费用，但不包括停工、停产、停业等所造成的财产间接损失。

2. 按交通工具分类

根据肇事交通工具的类型，可以把道路交通事故分为以下三类：

①机动车事故，指在当事方中机动车负主要以上责任的事故。但在机动车与非机动车或行人发生的事故中，机动车负同等责任的，也应视为机动车事故。

②非机动车事故，指畜力车、二轮车、自行车等非机动车辆负主要以上责任的事故。在我国，因骑自行车人的过失或违反交通规则所造成的交通事故，即自行车事故，是非机动车事故的主要类型。

③行人事故，指由于行人的过失或违反交通规则而发生的交通事故，包括行人负主

要责任的机动车和非机动车压死或撞死行人的事故，也包括火车在铁路道口撞死、撞伤人的事故。

3. 其他分类方法

除以上分类方法外，常用的分类方法还有：

①按事故对象分类。如：车辆间的交通事故、车辆与行人的交通事故、机动车对非机动的交通事故、车辆单独事故、车辆对固定物的事故、铁路道口事故等。

②按事故发生地点分类。交通事故发生地点一般是指事故发生在哪一级道路；此外，还可以按事故发生在道路交叉口或路段分类。

③按事故发生时的气候情况分类。如：可以按雨、雪、雾等分类。

④按发生事故的道路特征分类。如：可以按道路线形、路面类型、路面状况等分类。

⑤按伤亡人员的职业类型分类。

⑥按肇事者所属行业分类。

⑦按肇事驾驶员所持驾驶证种类、驾龄等分类。

四、道路交通事故的影响因素

人、车、路是构成交通系统的基本要素，道路交通事故是在特定交通条件下，人、车、路、环境等诸要素配合失调而引发的。

1. 人的因素

在道路交通环境中，人的组成主要涉及机动车驾驶员、行人、骑自行车人以及车辆乘员（有时还包括兽力车驭手）。而在发达国家或发达地区，则主要是汽车驾驶员和乘员。

研究表明，人在交通事故中所起的作用相对于车辆、道路来说是主要的。这是因为，人的个体经常受其身体及心理状态的影响，而人的群体又受制于个体之间的差异、教育与道德以及环境等，从而，使人在交通活动中成为难以控制和最不稳定的因素。人对交通事故形成的影响，主要表现在以下几个方面：

①自身的生理、心理等状态不符合交通安全的要求。

②违章行走、违章操作、违章装载、违章行驶等。

③对他人的交通动态及道路变化、气候变化、车况变化观察疏忽或措施不当等。

发生人为责任事故的原因有以下几方面：

1)驾驶员因素

驾驶员的操作特性（如：反应过程、判断过程、操作过程等）和心理特性（如：性格、气质、情感、意志等）对于驾驶员责任事故的发生有重要影响。研究证明：反应灵敏、判断准确、操作得当和性格理智、道德观念强、自觉性强且具有果断意志品质的驾驶员具有较强的驾驶适宜性，发生交通责任事故的可能性较小。

因每个驾驶员之间的生理与心理特征，如身高、性别、性格、经验等有很大差异，故其处理信息、判断和反应能力存在很大差异；同时，道路交通系统非常复杂，涉及很多的因素。因此，在驾驶过程中所表现出来的不安全行为的形式各异，主要表现为：

①不遵守交通法规，违章行车。

②疲劳驾车；酒后开车。

③行车速度过快；忽视警告标志、警告信号。

④视力较差；听觉失常。

⑤注意不够；判断不准；反应时间过长。

⑥心理素质较差。

⑦操作不符合规定，出现错误；驾驶技术不熟练。

⑧汽车技术状况不良，如制动器失效、转向失控、轮胎不合格、灯光不全或不合格等。

2)行人（骑自行车人）因素

行人责任事故的发生，既与保护行人安全措施的完善程度有关，也与行人本身的因素有关。行人对车辆、交通规则等的认识水平，行人的行动特征，如观察、判断、动作等，行人的心理特性、道德意识等均对行人责任事故的发生有重要影响。

行人是构成道路交通的重要的要素之一，占交通参与者的多数。与机动车、非机动车比较，行人在交通参与者中是交通弱者。行人是交通参与者中最复杂的因素，由于性别、年龄等的不同，反应速度、动作灵活性等表现差异大；一般情况下，行人行走无固定方向和位置且行走中变化大，随意性和习惯性较强；同时，行人的流量与时间、地点关联十分紧密，表现出很强的时间性和区域性。

行人事故多数是因为行人进入行车道而造成的。在行人事故中，最常见的驾驶员错误是视觉探测不当，或停在路旁的车辆引起驾驶员的知觉延误，导致对行人发现的延误。

在自行车事故中，责任属于骑车人的约占 1/3 ~ 1/2。骑自行车人发生交通事故，与骑车人的骑车技能、心理素质和状态具有一定关系。

自行车事故的主要原因是违章行驶，如骑车带人载货、双手撒把或单手撑伞骑车、扶肩并行、攀扶其他车辆、与机动车抢道等；也有因机动车驾驶员视觉探测不当，而引起知觉延误造成自行车事故的。

近年来，由于电动自行车的出现使得自行车事故的数量有所增加。这主要是由于电动自行车的体形较大、时速较高，同时，城市道路上没有其相应的专用行驶道路的缘故。

此外，气候、道路类型、交通流状况等客观因素的变化也是造成自行车事故的重要间接原因。

2. 车辆因素

车辆是现代道路交通的运载工具，是道路交通系统的重要组成元素。我国城市道路及公路上行驶的机动车辆主要有汽车（包括大、小客车，重型、轻型载货汽车，客货两用车等）、拖拉机（包括转向盘式、手扶式拖拉机等）、摩托车（包括三轮式、二轮式摩托车等）等。由于车辆原因所引发的交通事故以及严重程度，与车辆的安全性能、技术状况以及车辆管理工作的有效程度等因素有关。

车辆安全性能包括两个方面：一是车辆的主动安全性，即车辆所具备的避免事故的能力，如制动和转向系统的性能、驾驶室视野、前照灯配光性能等；二是车辆的被动安全性，即车辆具有的发生事故后减轻人身伤害的能力，如座椅安全带、缓冲防撞部件、安全气囊等。车辆在使用过程中的技术状况与汽车使用的合理性、车辆维护和修理质量密切相关。

车辆因素导致道路交通事故的直接原因是安全技术状况不良。主要表现在以下几个方面。

①车辆制动器失效或制动效果不佳。

②转向系统失控。

③机件失灵、灯光失效。

④驾驶视野条件不佳。

⑤操纵机构各连接部位不牢靠。

⑥轮胎爆胎。

⑦机件承受反复交变载荷，发生疲劳失效。

⑧车辆装载超高、超宽、超载以及货物绑扎不牢。

由车辆因素导致道路交通事故的间接原因，主要是车辆管理制度、车辆检测和维修制度不完善。

车辆管理工作包括车辆技术管理、运行管理、户籍管理等。使用必要行政手段和法律措施，对车辆的生产和运行进行有利于交通安全的引导和约束，避免不合理使用，可在预防车辆事故方面发挥重要作用。

车辆检测制度不完善或执行不力，检测方法落后，缺乏对汽车技术状况，特别是汽车安全性的有效监控；车辆维修制度不完善或执行不力，维修品质差，均会使车辆带“病”行驶，也是因技术状况不良而导致交通事故的重要原因。

3. 道路与交通环境因素

道路与交通环境作为构成道路交通的基本要素，对交通安全的影响不容忽视。在某些情况下，道路与交通环境因素可能成为导致交通事故的主要原因。

1)道路

影响道路交通事故发生的道路因素包括：线形设计要素（包括平面、纵断面、横断面以及平纵线形组合等)、视距、交叉口（包括平面交叉和立体交叉）等。

道路线形几何要素的不合理以及不良的线性组合，是导致交通事故的主要原因。要充分利用道路几何组成部分的合理尺寸和线形组合，创造连续的、清晰顺畅的行车方向和便于识别方向的导向线。公路线形是公路的骨架，若线形要素组合不当，不能适应驾驶员的运动视觉和心理效应的要求，将会降低公路的安全性与舒适性，降低公路通行能力，严重时将增加交通事故。

路面状况不良（如潮湿、结冰等）使轮胎与路面间附着系数下降，严重影响汽车的行驶稳定性和制动性能，易于导致交通事故。

不同类型和等级的道路，由于车道宽度、车道数、路肩、中央分隔带等设置的不同，对交通安全也有极大影响。

视距是保证道路行车安全的重要因素之一。在平曲线与竖曲线上超车时，发生的道路交通事故，经常是由于视距不足而引起，因此，视距与道路的平面线形和纵断面线形有密切关系。

2)道路交通设施

道路交通设施可以分为交通信号和交通安全设施。

交通信号是指挥车辆、行人前进、停止或者转弯的特定信号，包括：交通信号灯、交通标志、交通标线和交通警察的指挥。交通信号灯规定了车辆通过交叉口的运行次序，减少或消除了冲突点，可以大大降低交叉口的事故率。道路交通标志用图形符号、颜色和文字向交通参与者传递特定的信息，是使交通法规其体化、形象化，用于管理交通的设施。道路交通标线是由标划于路面上的各种线条、箭头、文字、立面标记、突起路标和轮廓标等所构成的交通安全设施，是引导驾驶员视线、管制驾驶员驾驶行为的重要手段。

道路交通安全设施是道路交通系统中不可缺少的重要组成部分，主要包括：安全护栏、隔离设施、防眩设施和诱导设施等。安全护栏是沿着道路路基边缘或中央隔离带设置的一种安全防护设施。防眩设施是防止在夜间行车时受对向车辆前照灯眩目的构造物，设置于中央分隔带上，主要包括：防眩板、防眩网等。视线诱导设施是一种沿车道两侧设置，用以指示道路方向、车行道边界以及危险路段位置等的设施的总称，按功能可分为：轮廓标，分流、合流诱导标，指示性或警告性线性诱导标。

3)交通环境

在交通环境中对交通安全影响最大的是交通流量和交通构成。

交通流量大小直接影响驾驶员的心理紧张程度，从而，影响着当交通事故率的高低。当交通流量大时，因车辆相互干扰、互成障碍，所以，常导致交通事故的发生；当交通流量小时，往往由于以过高车速行驶而导致交通事故。

在混合交通环境下，行人、骑自行车人、各种车辆等相互干扰，交通条件复杂，易于导致交通事故。

4. 交通管理

交通管理是有关部门依据具体交通情况所采取的一系列具有针对性的措施。交通管理的目的在于协调人、车、路诸要素在交通过程中的相互关系，保障交通的畅通和安全。交通管理范围包括：机动车驾驶员考核、发证、审验；交通安全宣传教育；机动车登记，发放牌证，以及对机动车的安全检验；交通指挥疏导，维护交通秩序，处理交通事故；清除路障，设置与管理交通标志、标线等设施。交通管理的完善与有效程度对交通事故的影响十分重大。

5. 其他影响因素

交通事故的影响因素可归结到人、车、路、环境和交通管理诸方面。然而，如果从宏观的角度来讨论问题，影响交通事故的因素还有许多。

1)人口和文化因素

我国人口众多，随着城镇化进程的加快，大量农村劳动力涌入城市，刺激了城乡间道路的交通需求。其交通观念、出行习惯与城市道路交通的需求不适应或者不协调，促使交通冲突乃至交通事故的频繁发生。

其次，社会整体文化，尤其是交通文化以及交通安全文化的发展速度滞后于道路交通的发展速度，与现代道路交通管理的需求不协调。

再者，由于的机动车驾驶人群体数量激增，但规范机动车驾驶人的职业道德体系的形成滞后。

2)经济的快速增长

经济的快速增长促进了交通发展，为改善交通安全提供了保障和物质基础。经济发展的必然结果是地区间的交流与合作加强，交通需求激增，交通需求与交通供给之间矛盾加剧。由此，形成的负面影响就是交通事故的增多。

3)机动化水平

近年来，我国机动车拥有量以年均10%以上的速度增长。机动车增长速度超过了道路的增长速度，使道路基础设施不完善以及交通安全设施滞后，道路安全状况更加严峻。同时，车辆种类增多，性能差异也在加大，在行驶过程中车辆行驶速度的离散性，也会造成交通事故多发以及较高的致死率。

4)经济政策

对外贸易日益加强，境内外旅游市场日趋成熟、商贸活动日益频繁，促进了交通需求和机动车数量的急剧增长；各种新型信贷、税收等政策的出台改变了人们的消费观念和消费结构，旅游、休闲、私人购车等活动，进一步加大了交通供需矛盾；某些交通运输从业单位，尤其是个体运输户片面追求经济效益，不规范营运，超速、超载、超限运输、车辆带“病”上路等的行为，严重威胁着道路交通安全。

此外，气候、地理条件等因素对道路交通安全也有重要影响。

五、道路交通事故的预防措施

道路交通事故是由人、车、路、交通环境等诸多因素共同影响下的复杂交通事件。因此，必须把人—车—路—环境作为一个有机整体进行分析和处理，谋求该系统的平衡。保障交通安全、预防交通事故可从以下几方面着手。

1. 改善交通环境

改建、扩建现有道路并增设各种安全设施，兴建有完善安全设施的高等级公路，可以大幅度提高道路交通的安全水平。

在汽车行驶过程中，驾驶员所依据的信息主要来自道路和交通环境。因此，道路的技术特征应满足车辆的运动特性和驾驶员的心理效应，便于驾驶员快速做出正确的抉择；公路设计特性和交通设施应标准化，有利于驾驶员适应不同类型公路上的行车期望；线形设计要素（包括平面、纵断面、横断面以及平纵线形组合等）、视距、交叉口（包括平面交叉和立体交叉）等应满足安全行车的要求。

道路平面线形由直线、圆曲线、缓和曲线等三个几何要素组成；纵断面线形由平坡线、坡线、竖曲线等三个几何要素组成。平面线形和纵断面线形均应根据地形、地物和沿线环境条件，对几何要素进行合理的组合，满足行车安全、舒适、美观等，以及与环境协调、工程经济等的要求。纵断面线形应与地形相适应，形成视觉连续、平顺而圆滑的线形，避免在短距离内出现频繁起伏。

在交叉口处应预定走错路线后调整行车路线的措施，预防在不正确的行车路线上行使。在交叉口上，应采取分隔带，以限止驾驶员驶入左侧行车道，避免事故的发生。

正确布置道路标志与方向指示牌，可有效防止驶入错误的路口而引起的交通事故。

其尺寸应当与行车道的车速相适应，使得驾驶员能够清楚看见并理解。在立体交叉口上，应设置相应路线标志和禁止驶入叉道的标志。

2. 改善汽车的使用安全性

汽车安全性能涉及主动安全性和被动安全性两个方面。主动安全性反映了在驾驶员的正常操纵状况下，汽车能够按照驾驶员的意志运行，避免或减少事故发生可能性的能力，通常取决于汽车的动力性、制动性、操纵稳定性、可靠性、汽车照明、仪表、信号设施、驾驶员工作环境品质等综合因素。对于高速行驶的车辆来讲，空气动力稳定性也是不可忽视的影响因素。被动安全性指汽车在发生事故的过程中以及之后，保证乘员不受伤害或最大限度减少伤害程度的能力，包括：汽车的耐撞性能、抗滚翻性能、吸能结构和乘员的约束系统等。应防止因车辆设计或制造缺陷而导致事故，且一旦汽车发生事故时，应具有减轻乘员伤害程度的结构措施。

汽车的主动安全性装置主要有汽车防抱死制动系统（ABS）、汽车驱动防滑系统（TCS/ASR）、汽车主动悬架（AS）、汽车四轮驱动（4WD）、汽车四轮转向（4WS）、汽车自动变速系统（AT）和汽车自动避撞系统（CA）等。

汽车的被动安全性装置主要包括：安全气囊、安全带、安全门锁和各种吸能装置。

被动安全性的研究主要是通过汽车的碰撞实验，根据生物力学和人体强度学的研究成果，得出在汽车碰撞中危险的部位数据和提出的结构要求，进行开发设计和装置配备。

汽车在使用过程中，其技术状况和决定行驶安全的制动性、操纵稳定性等是不断变化的。因此，应加强车辆技术状况和安全性能的检测和维护工作，发现异常或故障应及时维修。汽车安全性能应满足 GB 7258—2004/XG3—2008《〈机动车运行安全技术条件〉国家标准第 3 号修改单》的要求。该标准规定了机动车整车以及主要总成、发动机、转向系、制动系、照明信号和其他电气设备、行驶系、传动系、车身、安全防护装置等有关运行安全的基本技术要求及其检验方法；还规定了机动车的环保要求以及消防车、救护车、工程救险车和警车的附加要求，适用于在我国道路上行驶的机动车。对于营运车辆，其综合性能应满足 GB 18565—2001《营运车辆综合性能要求和检验方法》和 JT/T 198—2004《营运车辆技术等级划分和评定要求》的规定，从事不同运输业务的车辆，运输车辆的技术等级应满足有关标准的相应规定。

3. 发展汽车行驶安全新技术

1）发展汽车行驶安全监控技术

改善汽车的主动安全性，不能脱离人车环境系统。在理想的人车环境系统中，既要加强人对车辆的控制，又要发展车辆的自动控制系统。应将人、车融为一体，即汽车时刻都能按照驾驶员的控制意图正常行驶，同时，它也能时刻向驾驶员反馈各种正确的信息，使驾驶员做出正确的判断，并使汽车不断地适应环境的变化。

随着汽车行驶监控新技术开发研究的深入，除了应该对汽车性能参数进行有效的检测外，还必须研究汽车的设计效果和使用性能，发现汽车使用工况在复杂环境条件下的变化规律。在此基础上，对汽车施加相应的控制策略，以得到在汽车行驶工况下所期望的响应。

（1）现代汽车行驶监控系统的功能。

①通道数多，可检测多种信号类型，能同时对汽车的多个性能参数进行检测。

②具有信号双重传输能力，即在测控过程中，既能检测系统的各种运行参数，又能适时对系统施加一定的控制。

③能监控和调试汽车电子控制装置的通信能力以及通信过程。

④信号调理电路模块化，能够保证系统的体积小，便携性能好。

⑤应用场合的多样性，采用汽车本身范围内的遥控方式操纵测试系统。

(2)现代汽车行驶监控系统的特点。从汽车行驶安全的技术构成来看，驾驶员驾驶汽车时要完成对环境和车辆的感知—判断—操作的闭环过程，要经过周而复始的循环才能完成对汽车的操纵和控制。因此，监控系统的技术构成应有以下特性：

①视认特性。主要包括视野性能、被视认性、防炫目性等。

②车辆底盘电子综合控制装置。实现驾驶员行为特性、车辆性能和环境三者之间相互作用的协调，以及与各自特性的最佳匹配。

③信息传递技术。驾驶员操纵和控制汽车，必须不断从各个方面获得所需的信息，借助微处理器处理，以警示和帮助驾驶员及时处理各种情况，实现人机互补的合作“伙伴”关系。

2)未来汽车安全新技术

未来的汽车会成为各种尖端电子技术的载体，安全技术将成为“智能运输系统”(ITS)的关键组成部分，汽车的“主动”和“被动”安全项目会不断增加。除了应用防抱死制动装置和安全气囊、高位安装示警停车灯、CSR大灯（复杂路面折射灯）、转弯指示灯、防水玻璃、四轮转向、车速以及牵引力控制装置、无线电呼救信号系统和吸能车身结构等技术外，汽车的安全新技术主要围绕下面三个领域：一是信息安全，该技术将向驾驶员提示潜在的危险；二是控制安全，该技术将帮助驾驶员减少事故的机会，使汽车听从驾驶员的指挥；三是冲撞安全，该技术将减少事故发生后的人员伤害率。

汽车主动安全技术的发展重点是瞌睡警告、高功能尾灯、夜间行人监控和自动制动系统、预检转弯监测系统、车道保持系统等。瞌睡警告，在仪表板监控器里，内置一套控制台数码照相机和红外发光二极管监测驾驶员眼睛和眉毛的位置。一旦发现驾驶员眼睛和眉毛的位置超出了监控范围，则该系统的ECU就发出警告信号，蜂鸣器发出警告声音。高功能尾灯，当高速大容量的ECU处理驾驶模型（加速与制动操作）和路上障碍物等外部处理源时，制动灯和高位安装停车信号灯的灯光会在汽车制动前接通。汽车前照灯灯光和尾灯光线形成的图形相配合改善了驾驶员和行人的能见度。夜间行人监控和自动制动系统，采用红外线（立体摄影）照相机监测并提醒驾驶员注意在视野之外可能出现的行人。预检转弯监测系统，通过装在汽车前保险杠两侧上的2个小型控制台数码相机来显示汽车左、右侧驶来的车辆，当汽车驶近一个交叉路口或发现侧面有汽车驶过时，系统开始起动，使该车显示在汽车仪表板的显示屏上。车道保持系统，用位于风窗玻璃中心的1个控制台数码照相机监测白色的车道分界线，当汽车越线时，转向触发器会自动起动，使汽车回到自己的车道内。

4. 强化对交通参与者的安全教育

提高驾驶员的安全意识对减少交通事故有重要意义。为此，应采取以下措施：

①研究驾驶员的生理和心理特性，研究疲劳、饮酒以及药物等因素对行车安全的

影响。

②严格驾驶员培训、考核和发证工作，加强驾驶员的甄选和管理。

③加强交通安全宣传教育，完善驾驶员常规培训教育制度。在提高驾驶技能的同时，加强其交通道德意识、交通法治意识和交通安全意识。

④加强交通执法的效果和力度，有效杜绝各类驾驶员的违章行为。预防疲劳驾驶，杜绝酒后驾驶等。

加强对行人交通安全宣传教育，增加行人的安全常识，增强行人的安全意识，提高行人遵守交通法规的自觉性，是行人交通安全管理的重要内容。

为此，应建立全民交通安全教育体系，分层次、分阶段对所有道路使用者进行科学、合理的教育与培训，以适应我国机动化的发展；对涉及安全的关键岗位的从业人员和管理人员提出具有一定文化程度和专业知识的要求，并且要有继续受教育的相关要求，逐步实施对关键岗位从业人员实行持证上岗制度，进一步提高交通安全行业从业人员和管理人员的素质。

5. 加强交通安全管理

交通安全管理是在对道路交通事故进行充分研究并认识其规律的基础上，由国家行政机关根据有关法律、法规、标准规范，采用科学的管理方法，在社会公众的积极参与下，对构成道路交通系统的人、车、路、交通环境等要素进行有效的组织、协调、控制等，以实现防止事故发生、减少死伤人数和财产损失、保证道路交通安全、畅通等目标的管理活动。

1)交通安全管理的依据

道路交通法规是依据国家宪法制定的强制性行政命令和规章制度。它既是人们行车、走路、使用道路时必须遵循的规范，又是道路交通管理部门查处交通违章、裁定事故责任、进行交通安全管理等的重要依据。

2)交通安全管理的主要措施

加强交通安全管理的主要措施如下：

①制定完善的交通法规，强调法制，按全国统一的法规和条例维持正常的交通秩序。

②完善交通管理体制，统一筹划，协调管理工作。

③加强车辆驾驶员的培训和管理，开展并强化交通安全教育，普及交通安全知识。

④加强科学的管理方法，提高管理人员的技术素质，实现交通管理技术的现代化。

3)交通安全管理的作用

交通安全管理有如下作用：

(1)对道路交通行为的规范作用。通过交通法规的制定和执行，规范交通参与者的行为准则，规定交通行为的过程要求和处理原则，保证道路交通的有序进行。

(2)对道路交通安全的保障作用。通过一系列强制性的管理活动，使所有交通参与者统一于交通法规的原则和诸项规定之下，从而减少交通冲突，降低事故发生率。

(3)对道路交通畅达的改善作用。通过对交通安全设施的科学布设和交通秩序的有效维护，可减少交通堵塞，保证交通通畅。通过有效的交通管理，创造良好的交通条件，使各种运输工具发挥最大的效能，尽可能地提高道路的利用率，提高运输经济效益和社会效益。

(4)对社会生活秩序的稳定作用。通过对交通事故的正确处理，化解矛盾，减少冲突，降低损失，保证社会的安定，增加社会的凝聚力。

(5)对道路交通功能的促进作用。通过道路交通管理活动，保证汽车运输的畅达，减轻环境污染，降低能源消耗，从而，最大限度地发挥道路交通的功能，为国民经济建设服务。

(6)对精神文明建设的推动作用。通过交通安全的宣传教育，增强交通参与者的安全意识，帮助人们正确处理生产与安全、速度与效益、局部与全局、个体利益与国家利益等关系，推动我国精神文明建设进程。

4)交通安全管理的对象

交通安全管理的对象，是构成道路交通系统的人、车、路、环境等诸要素以及其相互关系。

(1)人员。凡是参与道路交通活动的人，都是道路交通管理的对象。这里特别提出，驾驶员是导致交通事故发生的重要因素，因此，特别要注重对驾驶员的管理。

(2)车辆。车辆是道路交通安全的关键，必须依照国家相关法律、法规以及技术标准，从新车的设计、制造，在用车的登记、检测、维护等方面着手，对车辆进行全面管理和控制。

(3)道路。道路是安全行驶的基础。对道路所实施的交通管理，主要是对道路进行安全核查，以及对道路附属设施进行管理，使道路的性质、功能适应道路交通需求，并保障对道路的科学、有效地使用。

(4)道路交通环境。凡是对正常的道路交通活动有影响的物体和行为环境，都是道路交通管理的对象。对道路交通环境的管理，主要是对道路的三维空间以及周边建筑、视觉污染等与交通活动直接相关的物体及行为环境进行监督和管理。加强道路交通环境管理对实现道路交通安全管理的目标有重要影响。

5)加强交通安全管理的若干措施

①建立统一的道路交通管理体制。

②建立完善的道路交通安全法规体系。为适应新形势的要求，针对交通参与者行为、汽车技术、道路设施与环境、交通运输等诸因素，应建立相应法规体系，并且逐步实现与国际接轨。

③在保证统一立法的前提下，根据各部门的管理职能执法。健全监督、检查机制，纠正执法偏差，规范执法行为。

④制定道路交通安全规划。将道路交通安全规划列为道路交通发展规划的一部分，确定道路安全的近期与中远期目标，统一部署道路交通安全研究、安全策略、资金等的落实和实施。

⑤在改革道路交通安全管理体制的基础上，建立从国家到地方，职责明确、高效优化、协调一致的交通安全管理机构；培育行业协会，鼓励行业协会的发展，将部分业务职能委托给行业协会承担，让行业协会成为政府与道路使用者以及企业之间沟通的桥梁；建立国家级道路交通安全研究机构，跟踪时代的发展和技术进步，承担前瞻性、全局性

重大交通安全项目的研究，为政府的决策服务。

⑥建立完善的机动车辆认证、管理以及报废制度。新生产的机动车辆坚持安全认证，对在用机动车辆实行科学、合理的安全检测，老旧车辆严格遵守报废规定。其目的是使机动车辆始终保持良好的技术状态，以减少因机械故障所造成的变通事故。

⑦建立道路交通事故数据库系统，并与相关统计数据系统联网，提高统计数据的可靠性，完善和维持连续、统一、可靠的数据库系统。为掌握全国道路交通安全动向，评价安全措施的效果，制定交通安全的宏观政策和具体对策提供依据。

6. 建立车辆技术状况监控体系

车辆检测制度的制定和汽车综合性能检测站的建设是车辆技术状况监控体系的重要内容。

1)车辆检测制度的制定

推广检测诊断技术，实行定期检测，建立车辆技术状况监控体系，是监控汽车的技术状况，保障汽车运行安全的重要措施。为此，应建立适合本地区情况的车辆行业管理检测制度，以确保车辆技术状况良好。对营运车，按行驶里程或行驶时间，实行定期或不定期检测；对非营业性运输车辆，实行不定期检测；对维修车辆，实行质量抽检。检测项目应满足综合性能检测的要求，并要建立管理制度，严格执行检测标准。

2)汽车综合性能检测站的建设

建设汽车综合性能检测站是加强车辆技术管理的重要措施。应合理规划、管理和监督，以使汽车综合性能检测站与车辆检测诊断工作协调发展，布局合理，避免盲目性；对汽车综合性能检测站的检测条件、检测品质和管理水平等进行管理和监督。

7. 提高汽车维修品质

汽车维护是保持车容整洁，及时发现和消除故障及其隐患，防止车辆早期损坏的技术作业。车辆维护应贯彻以预防为主、强制维护的原则。

维修厂（场）必须认真进行维护作业，确保维护品质。车辆维护后，应将车辆维护的级别、项目等填入车辆技术档案，并签发合格证。

汽车修理是消除故障及其隐患，恢复汽车的工作能力和良好技术状况的技术作业。车辆修理应贯彻视情修理的原则，即根据车辆检测诊断和技术鉴定的结果，视情按不同的作业范围和深度进行，既要防止因拖延修理而造成车况的恶化，又要防止因提前修理而造成浪费。

送修车辆和总成修竣检验合格后，承修单位应签发出厂合格证，并将技术档案、修理技术资料和合格证移交送修单位。

六、汽车安全驾驶

汽车安全行驶指汽车能够适应运行条件和交通环境的变化，有效地发挥其速度性能而不发生交通事故，并能圆满地完成运输任务。汽车安全运行的关键是安全驾驶。汽车驾驶是一项涉及人、车、路、环境等因素的系统控制问题。在现代化交通系统中，要在一定速度的前提下合理地使用车辆，驾驶员必须具备安全行车知识，如交通规则、交通心理、车辆行驶原理和安全性能、汽车维护与检测诊断常识、事故原因以及预防等，以保证驾驶员能够在复杂的交通环境中正确理解和遵守各项交通法规，选择合理的驾驶方法以避免交通事故；同时，能够根据汽车的运行情况，及时对车辆进行维护作业，以保障车辆技术状况良好，确保安全运行。

汽车驾驶过程由起步、选择车速、保持安全间距、会车、超车、转向、掉头、倒车、滑行、制动、停车等环节组成。从外界条件来看，还有一些特殊环境下的驾驶，如夜间行车、雨、雾、雪天行车、坏路以及无路条件下的行车等。在驾驶过程中所应注意的安全问题如下。

1. 起步

起步前应进行如下检查：汽车前、后和车下是否有人或障碍物，货物装载和紧固情况或乘客状态，观察周围环境和交通状况。

起步准备：起动发动机并察听运转情况；观察各仪表指示状况，特别是冷却液温度、机油压力指示值；发动机温度达40℃以上时，关好车门，系好安全带。

起步过程：通过后视镜观察后方有无来车；鸣笛；放松驻车制动；适当选择变速器挡位，对装手动变速器的车辆，空车可用二挡，重车用一挡，对装自动变速器的车辆，一般选用D挡起步；缓抬离合器踏板；适当踩加速踏板缓缓起步。

2. 选择车速

车速与行车安全有密切关系。提高车速，可缩短运输时间、提高运输效率；但车速过快，汽车制动距离大大增长，且易于丧失操纵性。因此，提高车速的基本前提是必须确保行车安全。

车速快慢是相对的，高速行车与安全行车的根本区别不在于车速快慢，而在于所使用的行驶车速是否危及行车安全。高速行车指驾驶员不顾道路状况和交通环境，采用挤、抢、钻的方法盲目开快车。车速越快，制动距离越长，当遇有紧急情况时，发生事故的可能性也就越大；车速越高，转弯时的离心力就越大，极易造成车辆侧滑甚至翻车；在凸凹不平的道路上高速行车，常会因振动加剧而使车辆悬架机构、行驶机构、车架、轮胎等损坏或发生故障而导致行车事故；高速行车还会使驾驶员动视力下降、视野范围变窄，从而，难以全面正确地感知车内、外情况，再加上精神高度紧张所带来的疲劳等，发生事故的可能性就会越大；高速行车时，超车的机会相对增多，从而，增加了道路上的交织点，扰乱了正常行驶的交通流和行车秩序，进而也对行车安全造成影响。

因此，遵章守法，准确判断交通条件，掌握适当车速，适时制动停车，既能确保安全行车，又能平安顺利地完成运输任务。

3. 安全间距

在汽车行驶过程中，同车道内同向行驶的车辆间应保持必要的距离；会车或超车时，应有一定的侧向间距。安全间距过小，就有可能导致碰撞、挤擦事故；但间距太大，则会使道路上的通车量下降。

同向行驶的前、后车之间的安全间距主要取决于制动停车距离，而制动距离不仅与汽车的制动性能和制动初速度有关，还与驾驶员采取制动的时间和方法有关。所以，合适的安全间距主要由后车的车速、制动减速度和后车驾驶员的反应时间确定。当汽车制动系统的技术状况正常时，不同车速下的安全间距，见表7-1。

常见车速下的安全间距　　表7-1

制动类型 \ 车速(km/h)		10	20	30	40	50	60	70	80
$j_1 = j_2$	液压制动	8.1	11.1	14.2	17.2	20.3	23.3	26.4	29.4
	气压制动	8.6	12.2	15.8	19.4	23.0	26.6	30.2	33.8
$j_1 = 5m/s^2$	液压制动	8.8	14.2	21.1	29.5	39.5	51.0	64.0	78.6
$j_2 = 2.5m/s^2$	气压制动	9.4	15.3	22.7	31.7	49.2	54.3	68.0	83.0

注：j_1、j_2 表示前、后车的制动减速度。

车速越快，侧向安全间距应越大。一般情况下，时速在40km/h以下时，侧向间距应在0.75m以上；时速为40～70km/h时，同向行驶车辆的侧向间距应保持1～1.4m，逆向行驶的车辆则应保持1.2～1.4m；时速高于70km/h时，侧向间距不应小于1.4m。

4. 会车

在汽车运行中，与对面汽车相互交会的机会很多。发现对面来车需要会车时，首先应做到先让、先慢或先停，根据道路交通情况，同时准确判断来车的速度、距离以及装载情况，选择适当的侧向安全间距，运用适当的车速并选择较宽阔、坚实的路段靠右侧行进而会车。

在山区弯道处会车时，由于视线受阻，应先鸣号，注意前方来车；在陡坡道上会车时，应做到下坡车让上坡车先行，尽量避免在危险路段会车。

夜间会车，在距来车150m时，应将远光灯改为近光灯；在相距50m时，互闭大灯而改用小灯，靠公路右侧缓行，以防炫目，确保会车安全。

5. 超车

由于运行在道路上的各个车辆的车型、车况、运输任务、驾驶员的经验和性格等不同，因而行车速度不一定相同，运行中的超车会经常发生。一般情况下，超车应在视线清楚、道路宽度能保证有足够的侧向安全距离，并在对方150m以内无来车的路段上进行。超车前，先鸣号并开左转向灯向前、后车辆发出超车信号，待前车示意允许超车并向道路右侧避让时，从左侧保持足够侧向安全距离迅速超越；超越后，关闭左转向灯，同时开右转向灯，在不影响被超车辆行驶的情况下驶入原行驶车道。应注意的是：超车前，驾驶员应根据本车车速和加速性能以及被超车辆的车速，正确判断超车所需的时间和超车距离，尤其要看清将超车路段内的交通情况，并正确掌握侧向安全距离。

6. 掉头和倒车

车辆在掉头、倒车时必须谨慎驾驶，尽量在道路宽阔、交通情况不复杂的地段进行。在掉头、倒车时，应观察好周围的情况，选定进、退路线和目标；如对后方情况看不清时，应有人在车下指挥；倒车时，车速要慢，同时必须控制前轮位置，应掌握“慢行车、快转向、多进少退”的方法。

7. 安全滑行

滑行指在车辆驾驶过程中的具有预见性的、提前减速的操作方法。正确、合理的滑行，用自然减速代替使用制动器，可以达到减少制动消耗、降低磨损和节省燃油的目的。但若运用不合理，就会使磨损和油耗增大，甚至造成事故。滑行应在发动机不熄火和制动有效的条件下进行。在泥泞、积雪、结冰、陡坡、窄路、急转弯、傍山险路等道路上，以及在视线不良、装载危险品及超高、超长、超宽等物资时，严禁滑行，以防发生意外事故。

第二节 汽车的公害及防治

因汽车在道路上行驶而产生的损害人体健康和人类生活环境的污染现象称为汽车公害。

汽车公害包括排放公害、噪声公害和电波公害三个方面，以及制动蹄片、离合器摩擦片、轮胎的磨损物和汽车运行所扬起的粉尘等。其中，排放公害对人类的生活环境影响最大，其次是噪声公害；电波公害可对电视和无线电产生电波干扰，但并不直接影响人们的身体健康；粉尘对环境的污染只是在交通密度大的车流附近较为突出。

一、排放公害

1. 汽车的排放污染物及危害

汽车排出气体中的有害成分有 CO、HC、NO_x、SO_2、铅化物、炭烟和油雾等。其中，CO、HC 和 NO_x 是主要污染物质。这些有害物质散发到空气中达到一定的浓度后，将对人类的生存环境造成危害。这些有害物质大部分从排气管排出，此外还有曲轴箱通风污染（主要是 HC）以及从燃油箱和燃油供给系逸出的汽油蒸气污染等。汽车排放的有害物质通过人的呼吸进入人体后，将使人的神经系统、消化系统和呼吸系统受到损害。

CO 进入人体后，人体就会因缺氧而出现各种中毒症状，如头晕、恶心、四肢无力，严重时甚至昏迷不醒直至死亡。

高污度的 HC 对人体有一定的麻醉作用。HC 对大气的严重污染，主要在于其与 NO_x 在阳光下形成的光化学烟雾。

发动机排出的 NO_x 主要是 NO 和 NO_2。NO 毒性不大，但浓度过高时会引起中枢神经障碍；NO_2 有刺激性气味，吸入肺部后与肺部的水结合可形成可溶性硝酸，严重时会引起肺气肿。

NO_2 与 HC 在太阳光紫外线作用下，经一系列光化学反应可形成一种毒性较大的浅蓝色烟雾，即光化学烟雾，其主要成分是臭氧、醛等烟雾状物质。光化学烟雾滞留在大气中时，会使人感到呼吸困难，头昏目眩、眼红咽痛，甚至引起中枢神经的瘫痪、痉挛等。

在使用加有四乙基铅抗爆剂的汽油时，燃烧产物内有铅化物排入大气，如吸入人的肺部会影响造血功能；此外，对消化系统和神经系统也有影响。

炭烟是柴油机排放的主要有害成分。炭烟本身对人体健康的直接影响不大，对人体危害大的是炭烟颗粒上夹附着的 SO_2 和多环芳香烃、苯并芘等有害物质。它们不仅对人的呼吸系统有害，还会使人致癌。

2. 汽车排放污染物的形成

汽车所排放废气中的有害成分及其浓度取决于燃烧前混合气的形成、燃烧时的燃烧条件和排气系统的反应条件。

发动机所燃用的汽油或柴油均是各种碳氮化合物的混合物。燃料在空气不充足的条件下燃烧时，便会因不完全燃烧而生成 CO；此外，若燃烧后的温度很高，也会使在正常燃烧情况下形成的少量 CO_2 分解成 CO 和 O_2。

HC 是未燃燃料，燃料未完全燃烧的中间产物和部分被分解的产物的混合物。因此，一切妨碍燃料燃烧的条件都是 HC 形成的原因。发动机燃用的混合气过浓、过稀或雾化不良，点火能量不足造成点火过迟，火焰难以传递到的低温缸壁的激冷作用，都是影响 HC 形成的重要因素。

NO_x 是在高温条件下，N_2 和 O_2 反应生成的，其形成机理较为复杂。目前普遍认为，燃烧气体的温度和氧的浓度，以及其停留在高温下的时间是影响 NO_x 生成的重要因素。

在使用加有四乙基铅抗爆剂的汽油时，燃烧产物内有铅化物排入大气。

炭烟是燃油在高温缺氧的情况下燃烧的产物，即在燃烧室空气不足的局部高温区，燃烧的中间产物 C—C、C—H 裂化聚合成炭粒，随废气排入大气，形成炭烟。

3. 影响汽车排放污染物形成的使用因素

混合气浓度、点火系统技术状况、配气相位以及发动机工况等均对汽车排放污染物的形成及其浓度有重要影响。

1)混合气浓度

图 7-1 为有害气体排放浓度与空燃比的关系。

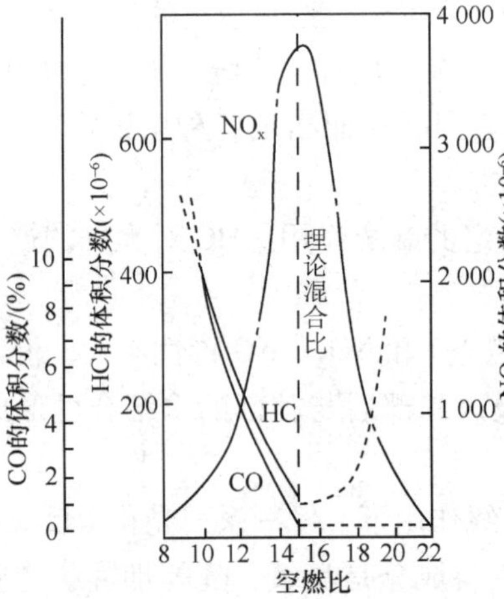

图 7-1　有害气体排放浓度与空燃比的关系

①混合气过浓，即空燃比小于理想空燃比（14.8）时，因空气量不足使燃料不能完全燃烧。随空燃比下降，CO 和 HC 浓度增加；但因混合气中氧的浓度低，NO_x 的浓度降低。

②混合气过稀，即空燃比大于理想空燃比时，随空燃比增大，火焰传播中断现象越

严重，因此 HC 浓度增大。由于稀混合气的燃烧温度低，抑制了 NO_x 的生成，因此 NO_x 的浓度下降。此时排气中含有的少量 CO 主要由 CO_2 分解形成，浓度小且变化不大。

③比理论空燃比大 10% 左右的稀混合气，对降低 CO 和 HC 的排放有利，但此时 NO_x 的排放量最大。

2)点火系统技术状况

点火提前角增大时，汽缸内循环压力和温度提高，废气中 NO_x 浓度随之增大；反之，NO_x 浓度降低。

点火滞后时，因补燃增多，排气系统温度升高，废气中的 HC 浓度有所减小；若点火过迟，因燃烧速度慢，HC 的浓度又有所提高。但点火滞后将会引起发动机功率下降，油耗增加。

点火系统技术状况不良，点火能量不足时，由于燃烧缺火现象而使 HC 的浓度增大。

3)配气相位

发动机配气相位是否正确对废气中有害气体的浓度有较大影响。

进气门早开，会使残余在汽缸中的废气量增加，新鲜混合气被废气稀释，降低了燃烧温度，从而 NO_x 排放量减少。进气门早开还会使废气流入进气管，从而减少了 HC 的排放量，但开的过早反而会增加 HC 的排放量。

排气门早关，由于废气排放不完全，NO_x 的排放量减少。排气门早关对 HC 的影响较难观察，首先因含 HC 多的废气被保留在缸内而减少了 HC 的排放，然后将因混合气变稀使燃烧情况恶化而增加了 HC 的排放；若排气门关闭较晚时，没有排出的废气被回吸，使 HC 的排出量又略有增加。

4)发动机工况

发动机排出有害气体的浓度受混合气浓度（空燃比）的影响很大。混合气处于理论空燃比或较稀时，CO 和 HC 排放量较低。可燃混合气的浓度主要取决于发动机的工况，即发动机的负荷与转速以及发动机的热状况和工作稳定性。

(1)发动机负荷的影响。汽油机怠速时，由于转速低，进气系统内空气流速低，使汽油雾化不良，汽油与空气混合不均匀，混合气在各缸内的分配也不均匀；同时缸内压力、温度低，汽油汽化不良。为避免汽缸缺火，在怠速工况下，发动机燃用浓混合气，从而使所排出废气中的 CO 和 HC 浓度大大增加。柴油机怠速时，虽喷入燃烧室内的燃料较其他工况少，但因此时喷入的燃料分布不均匀，局部过浓，致使 CO 的生成量增大，但与汽油机相比仍少得多。

小负荷（节气门开度 25% 以下）工况下，进入汽缸的可燃混合气较少，缸内残余废气比例相对较大，不利于燃烧。因此发动机在小负荷工况下须燃用较浓混合气，使排出的废气中的 CO、HC 浓度较大。

中等负荷（节气门开度 25% ~80%）工况下，发动机燃用较稀的经济混合气，废气中的 CO 和 HC 的浓度均较小。

大负荷（节气门开度 80% 以上）工况下，发动机燃用较浓的功率混合气，废气中的 CO 和 HC 浓度增大，而 NO_x 浓度有所减小。柴油机在大负荷条件下工作时，如汽车加速、爬坡或超载时，CO 和 HC 的排放量增加不多，但生成的 NO_x 明显增大，并产生大量黑烟。

(2)发动机转速的影响。发动机转速通过对进气过程、混合气形成以及燃烧过程的作用影响有害气体的形成以及浓度。

在混合气浓度一定的情况下，汽油发动机排出的废气中的 CO、HC 随转速提高而下降，当转速达到最高转速的 65% ~75% 时，NO_x 达到最大值。

柴油发动机转速提高时，废气中的 CO、HC 和 NO_x 浓度均有所下降；在最高转速时，CO 浓度继续下降，而 HC 和 NO_x 浓度增大，这是由于此时燃烧时间短，燃烧条件恶化，发动机工作强度大的缘故。

发动机曲轴转速对于排放污染物浓度的影响，见图 7-2。

(3)发动机热状况的影响。发动机的热状况对废气中有害成分的浓度有直接影响。发动机工作温度提高时，缸壁温度也高，缸壁的激冷作用减弱，排出的 HC 浓度下降；NO_x 的排放量与燃烧的最高温度有关，缸壁温度升高时，NO_x 的排放量也增加；供油系统过热时，发动机会产生气阻现象，此时由于混合气过稀而熄火，废气中 HC 的浓度增大。HC 排放浓度与发动机冷却液温度的关系，见图 7-3。

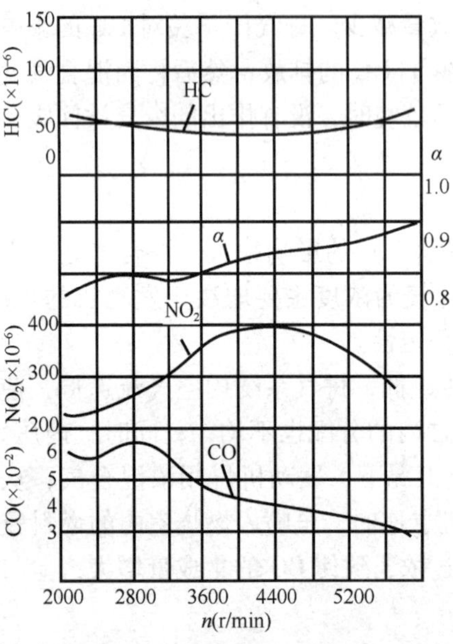

图 7-2　汽油机曲轴转速对排气有害成分影响

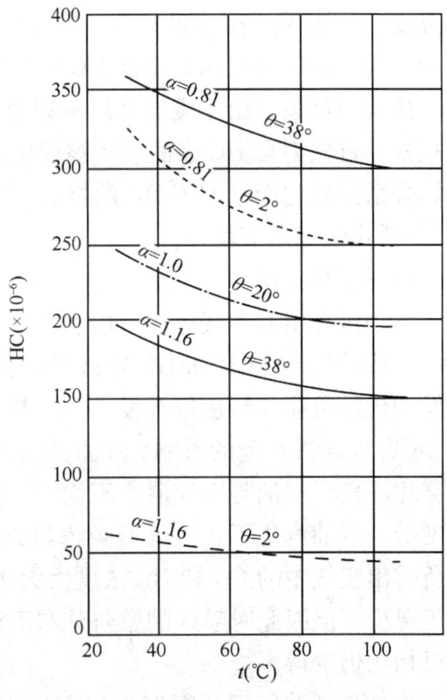

图 7-3　HC 排放量与冷却液温度的关系

(4)发动机工况的稳定性。在使用过程中，发动机的负荷和转速是随时间不断变化的。汽油机在怠速、减速和低转速工况下，由于混合气较浓且不均匀，废气中不完全燃烧的物质较多，HC 和 CO 排放浓度大；而柴油机由于混合气中的空气充足，HC 的浓度很小，CO 含量甚微。

在加速和高转速时，NO 浓度明显增大。发动机加速运行时，由于要求发出较大功率，须将汽缸内燃气的温度提高。由于在短时间内供应了过量的燃料，混合气过浓，因

此既会产生大量的 NO_x，又会引起燃料的不完全燃烧，导致 CO 和 HC 排放量增大。

发动机工况对排气有害成分的影响，见图 7-4。

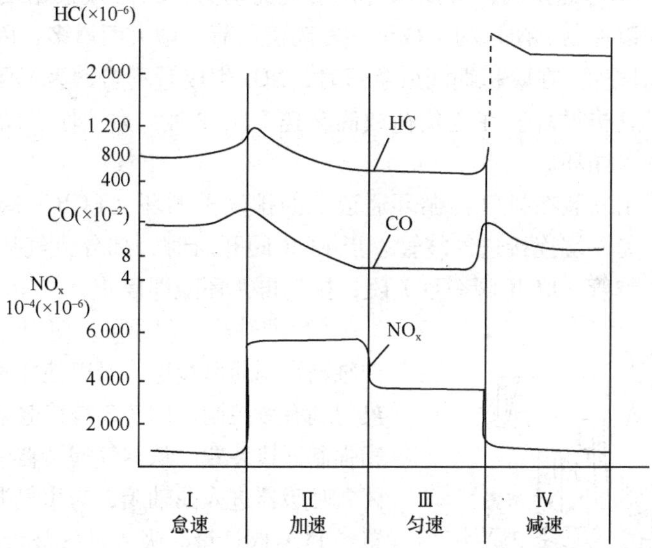

图 7-4　排气有害成分浓度与汽车运行工况的关系

4. 降低汽车排气污染的主要措施

在用车的排放直接受新车排放水平的影响，为保证在用车排放达标，首先新车必须达标。在用汽车的排放治理措施包括：保持发动机良好技术状况，改善燃料品质，采用排放控制装置（如汽油机采用三元催化反应器等），I/M 制度，合乘乘用车，停放收税，停车限制，交通高峰时间通行税和单/双日行车，合理驾驶等。

1)采用排气净化装置

常用的排气净化装置包括：催化转化装置、排气再循环和曲轴箱强制通风等。

(1)催化转化装置。催化转换装置是利用催化剂的作用将排气中的 CO、HC 和 NO_x 转换为对人体无害的气体的一种排气净化装置，也称作催化净化转换器。金属铂、钯或锗均可作催化剂，用以促进反应的进行。

催化转换器有氧化催化转换器和三元催化转换器两类。氧化催化转换器以二次空气为氧化剂，只将排气中的 CO 和 HC 氧化为 CO_2 和 H_2O，因此也称做二元催化转换器。三元催化转换器以排气中的 CO 和 HC 作为还原剂，把 NO_x 还原为 N_2 和氧 O_2，而 CO 和 HC 在还原反应中被氧化为 CO_2 和 H_2O。因此，可同时减少 CO、HC 和 NO_x 的排放。当同时采用两种转换器时，通常把两者放在同一个转换器外壳内，并把三元催化转换器置于氧化催化转换器前面。排气经过三元催化转换器之后，部分未被氧化的 CO 和 HC 继续在氧化催化转换器中与供入的二次空气进行氧化反应。

(2)排气再循环系统。排气再循环（EGR）指把发动机排出的部分废气回送到进气歧管，并与新鲜混合气一起再次进入汽缸。废气中含有大量的 CO_2，因其不能燃烧却能吸收大量的热，使汽缸中混合气的燃烧温度降低，减少了 NO_x 的生成量。排气再循环是净化

NO_x 的主要方法。

在新鲜的混合气中掺入废气之后，混合气热值降低，致使发动机的有效功率下降。为了做到既能减少 NO_x 的排放，又能保持发动机的动力性，必须根据发动机运转工况对再循环的废气量加以控制。NO_x 的生成量随发动机负荷的增大而增多，因此，再循环的废气量也应随负荷而增加。在暖机期间或怠速时，NO_x 生成量不多，为了保持发动机运转的稳定性，不进行排气再循环。在全负荷或高转速下工作时，为了使发动机有足够的动力性，也不进行排气再循环。

再循环废气量由安装在排气再循环通道上的排气再循环（EGR）阀自动控制。通道的一端通排气门，另一端连接进气歧管。当 EGR 阀开启时，部分废气从排气门经排气再循环通道进入进气歧管。EGR 阀一旦关闭，排气再循环随即停止。

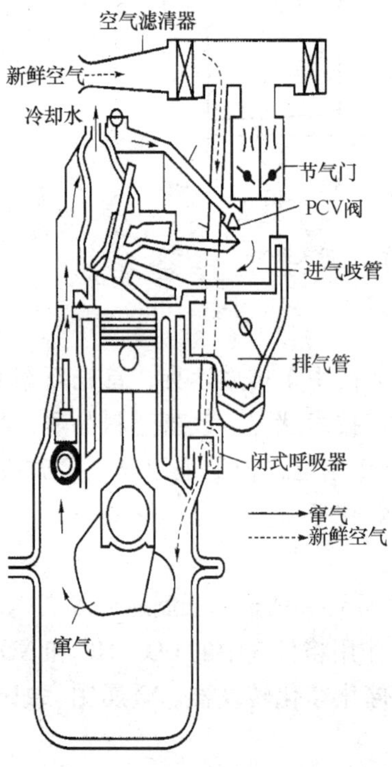

图 7-5　封闭式曲轴箱强制通风装置

(3) 曲轴箱强制通风。使用封闭式带 PCV 阀的曲轴箱强制通风装置，可以使曲轴箱窜气造成的污染得到有效控制。图 7-5 是普遍采用的封闭式曲轴箱强制通风装置。从空气滤清器引入新鲜空气，经闭式呼吸器进入曲轴箱，与窜气混合后，从汽缸盖罩经 PCV 阀计量后吸入进气歧管进入汽缸内烧掉。高速、高负荷时，进气歧管真空度减弱，一旦窜气量过多而不能完全吸尽时，窜气会从曲轴箱倒流入空气滤清器，吸入进气管进入汽缸烧掉。

(4) 其他。

曲轴箱储存和吸附法也是控制汽油蒸发、减小 HC 污染的有效方法。

曲轴箱储存法的原理：停车时，通过管道把燃油供给系统中蒸发出的汽油蒸气导入曲轴箱进行储存；运行时，经压力调节阀把汽油蒸气吸入进气管。

吸附法是利用装在容器中的活性炭吸附汽油蒸气，并在行车时由新鲜空气使汽油蒸气脱离活性炭而导入进气系统。

2) 保持发动机良好技术状况

(1) 保持汽缸压缩压力正常。发动机压缩压力低时，发动机起动困难，燃烧不完全，油耗增大，排气中的 CO 和 HC 浓度增大。因此，若发现汽缸压缩压力值不符合制造厂规定的标准，应查找原因进行调整和修复。

(2) 保持供油系技术状况良好。供油系统的正确调整影响混合气浓度，因此对有害气体排放的浓度影响很大。供油系统的调整，应着重把握好混合气浓度以及怠速的调试。

采用汽油喷射系统可改善发动机的动力性和经济性，同时可以降低对大气的污染。但采用单点喷射仍存在各缸分配不均匀的情况；而多点喷射的结构因喷嘴细小，使用中容易堵塞，因此要注意清洗。

柴油机供油系统的循环供油量、供油压力和喷油提前角，均影响柴油喷入汽缸的量和雾化品质，应按使用说明书的规定正确调整。

因空气滤清器滤网堵塞，使进气阻力增大时，进入汽缸的空气量下降，混合气变浓，CO 和 HC 排放量增加。因此，应重视空气滤清器的清洁和维护。

(3)保持点火系统技术状况良好。点火系统应能在各种工况下产生足够点火能量的电火花。若火花弱或某缸断火，就会使相应汽缸燃烧不良或不能着火燃烧，从而增大排气污染。

正确的点火正时对发动机的动力性、经济性以及排放性能的影响极大。虽然适当推迟点火可以提高排气温度，使 HC 在排气过程中燃烧掉，减少 NO_x 排放量；但点火提前角不应过小，否则会使发动机的动力性和经济性明显下降。

火花塞间隙应符合规定标准。

(4)正确调整气门间隙，保持正确配气相位。发动机配气相位是否正确，对废气中有害气体的浓度有较大影响。

进气门早开，会使残余在汽缸中的废气量增多，新鲜混合气被废气稀释，降低了燃烧温度，从而 NO_x 排放量减少。进气门早开还会使废气流入进气管，从而减少了 HC 的排放量，但开的过早反而会增大 HC 排放量。

排气门早关，由于废气排放不完全，NO_x 排放量减少。排气门早关对 HC 的影响较难观察，首先因含有 HC 的废气被保留在缸内减少了 HC 的排放，然后因混合气变稀使燃烧情况恶化而增加 HC 的排放；若排气门关闭较晚时，没有排出的废气被回吸，使 HC 的排放量又略有增加。

3)实施 I/M 制度

I/M（Inspect Maintenance）制度是世界上发达工业国家和地区对在用车进行强制性定期检测，并对出现故障的车辆进行强制修理的制度。I/M 制度通过对在用车辆的强制性定期检测，以及时发现车辆故障，并实行强制修理，使在用车辆恢复和保持出厂时的原厂标准和符合国家规定的排放控制值，该制度可防止在用车辆因故障而引起的排放超标和大气环境的污染，是一项行之有效的汽车维护的重要措施之一。

I/M 制度通过对在用车辆排放（尾气排放、蒸发排放、颗粒排放等）进行控制，防止其排放净化系统被拆除、损坏、性能失效或恶化，充分发挥在用车本身的净化能力，保证排放达标的制度。I/M 制度是以国家的排放法规为依据，并根据在用车的特点和各地的具体情况加以选择和补充制定的专项法规。具体手段是加强在用车定期维护，同时通过由管理部门认定的检测站，对本辖区在用车辆进行检测和监控。一旦发现排放超标的车辆，则强制该车进入具备维修资格的维修企业进行维护和修理。

I/M 制度主要包括：I/M 制度法规及规章、I/M 制度规范、检测方法、标准及测试设备、质量控制和保证手段、维修技术人员培训以及设备鉴定、I/M 制度信息统计以及反馈等。

4)合理驾驶

驾驶技术对降低汽车有害气体的排放十分重要。驾驶车辆时，应尽量减少发动次数；避免连续猛踏加速踏板；行驶时，保持适当节气门开度和发动机正常热状况（冷却液温度 80 ~ 90℃），以降低有害气体排放量。

5. 排放污染物限值

GB 18285—2005《点燃式发动机排气污染物排放限值及测量方法（双怠速法及简易工况法）》和 GB 3847—2005《车用压燃式发动机和压燃式发动机汽车排气烟度排放限值及测量方法》，规定了在用汽油汽车和柴油汽车的排放污染物限值和测量所应满足的要求。

1）点燃式发动机汽车排气污染物限值

装用点燃式发动机的在用汽车，排气污染物排放限值，见表 7-2。

在用汽车排气污染物排放限值（体积分数） 表 7-2

车型	类别			
	怠速		高怠速	
	CO	HC（$\times 10^{-6}$）	CO	HC（$\times 10^{-6}$）
1995 年 7 月 1 日前生产的轻型汽车	4.5%	1 200	3.0%	900
1995 年 7 月 1 日起生产的轻型汽车	4.5%	900	3.0%	900
2000 年 7 月 1 日起生产的第一类轻型汽车	0.8%	150	0.3%	100
2001 年 10 月 1 日起生产的第二类轻型汽车	1.0%	200	0.6%	150
1995 年 7 月 1 日前生产的重型汽车	5.0%	2 000	3.5%	1 200
1995 年 7 月 1 日起生产的重型汽车	4.5%	1 200	3.0%	900
2004 年 9 月 1 日起生产的重型汽车	1.5%	250	0.7%	200

2）压燃式发动机汽车排气烟度限值

①GB 3847—2005《车用压燃式发动机和压燃式发动机汽车排气烟度排放限值及测量方法》实施后，经形式核准批准生产的在用汽车，应按自由加速—不透光烟度法的要求进行试验，所测得的排气光吸收系数应不大于车型核准批准时的自由加速排气烟度排放限值，再加 0.5m^{-1}。

②自 2001 年 10 月 1 日起至 2005 年 6 月 30 日期间生产的汽车，应按自由加速—不透光烟度法的要求进行试验，所测得的排气光吸收系数应满足：自然吸气式，2.5m^{-1}；涡轮增压式，3.0m^{-1}。

③自 1995 年 7 月 1 日起至 2001 年 9 月 30 日期间生产的在用汽车，应按自由加速试验—滤纸烟度法的要求进行试验，所测得的烟度值应不大于 4.5Rb；1995 年 6 月 30 日以前生产的在用汽车，则应不大于 5.0Rb。

6. 汽车排放污染物检测

1）检测工况

（1）双怠速工况。双怠速工况是怠速工况和高怠速工况的合称。怠速工况指离合器接合、变速器挂空挡、加速踏板与手控节气门处于松开位置时的发动机运转工况；而高怠速工况指在怠速工况条件下，通过加大节气门开度，使发动机转速升至 50% 额定转速时的发动机运转工况。装用汽油发动机的汽车应在双怠速工况下检测所排出废气中的 HC 和 CO 浓度。

(2) 循环工况。工况法是将汽车若干常用工况和排放污染较重的工况结合在一起测量排放污染物的方法。工况法循环试验模式应最大限度的重现汽车运行时的排放特性。

与怠速法相比，工况法检测结果能全面评价车辆的排放水平，但比怠速法复杂得多。用工况法试验时，要采用汽车底盘测功机以及惯性模拟装置、气体分析仪等设备，和保证发动机按试验程序运转所需的程序自动控制系统。

根据 GB 18285—2005《点燃式发动机汽车排气污染物限值及测量方法》的规定，自 2005 年 7 月 1 日起，全国点燃式发动机在用汽车排放监控，采用双怠速法排气污染物排放限值及测量方法；在机动车保有量大、污染严重的地区，也可按规定采用简易工况法。常用的简易工况法为稳态工况法（ASM）和瞬态工况法。稳态工况法，见图 7-6。

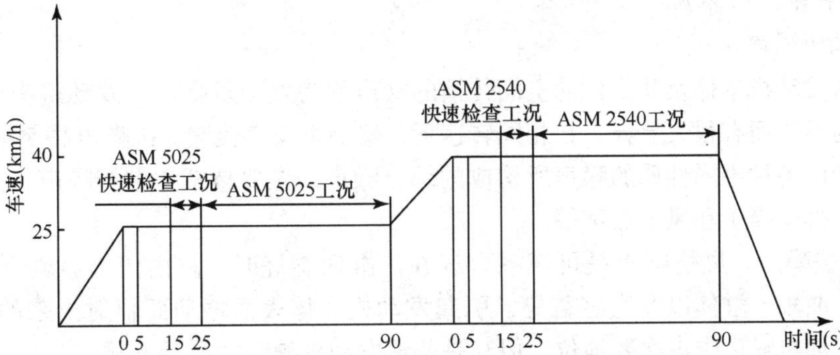

图 7-6　稳态工况法（ASM）实验运转循环

(3) 自由加速工况。装用柴油发动机的汽车应在自由加速工况下检测所排出废气中的烟度或不透光度。

自由加速工况指在发动机怠速下，迅速但不猛烈地踏下加速踏板，使喷油泵供给最大油量。在发动机达到调速器允许的最大转速前，保持此位置。一旦达到最大转速，立即松开加速踏板，使发动机恢复至怠速。其测试程序（图 7-7）为：

①吹除积存物：按自由加速工况进行三次，以清除排气系统中的积存物。

②测量取样：将抽气泵开关置于加速踏板上，按自由加速工况以及规定的循环测量 4 次，取后 3 次读数的算术平均值即为所测烟度值。

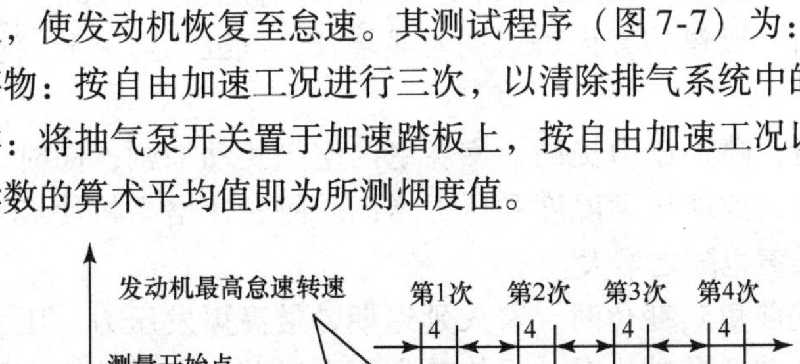

图 7-7　自由加速工况

2)检测设备

采用双怠速法对点燃式发动机汽车的排放污染物进行检测时，所使用的检测仪器为不分光红外线气体分析仪。

柴油机自由加速烟度检测所用的仪器为滤纸式烟度计或不透光烟度计。

二、噪声公害

汽车噪声源于发动机、传动系统、轮胎传递动力、运动所发出的工作声响和车身干扰空气发出的各种声响。噪声的强弱不但与汽车和发动机的类型以及技术状况好坏密切相关，还与车速、发动机转速、载荷以及道路状况有关。

1. 汽车噪声的来源

1)发动机噪声

直接从发动机本体及其附件向空间传播的噪声称为发动机噪声。发动机噪声随机型、运行工况的不同而有很大差异。在相同转速下，柴油机噪声较汽油机噪声高5～10dB。发动机噪声是由各种不同性质的噪声所构成的综合噪声，主要包括：燃烧噪声、机械噪声、进气噪声、排气噪声和风扇噪声等。

(1)燃烧噪声。燃烧噪声是可燃混合气在汽缸内燃烧时，缸内压力急剧上升冲击活塞、连杆、曲轴、缸体以及汽缸盖等，引起发动机壳体表面振动而辐射出来的噪声。燃烧噪声在汽油机噪声中占次要地位，但却是柴油发动机噪声的主要来源。

影响燃烧噪声的主要因素包括：发动机转速以及稳定性、负荷、点火或喷油时间、不正常燃烧等。

汽油机产生爆燃、表面点火、运转不平稳以及不正常燃烧时，汽缸压力剧增。由于汽缸内气体的冲击作用，可听到“敲缸”或“粗暴”的工作声响，会使燃烧噪声增大。

负荷对发动机的燃烧噪声也有很大影响。在怠速或小负荷时，参与燃烧的燃油少，压力增长率低，相应的燃烧噪声也明显下降；反之，则燃烧噪声增强。

发动机加速运转时，燃料的着火延迟期明显增长，汽缸压力上升较快，因而产生较大噪声。

柴油机转速升高时，喷油压力提高，燃烧室内空气扰动加剧；同时，由于活塞的漏气损失和散热损失减少，致使压缩温度和压力增高。故转速增高将使最大爆发压力和压力增长率增大，燃烧噪声也随之增大。

当点火（或喷油提前角）变化时，着火延迟期、最高爆发压力、压力增长率随之变化。当点火（或喷油提前角）减小时，可使最高压力以及压力增长率下降，从而使燃烧噪声减小。

(2)机械噪声。机械噪声是发动机运转过程中，活塞与汽缸壁的敲击、气门开闭的冲击、正时齿轮运转、喷油泵泵油以及其他运动部件工作所发出的声响。机械噪声在很大程度上取决于发动机转速，是汽油发动机噪声的主要来源。

活塞对汽缸壁的敲击，通常是发动机的最大机械噪声源。由于二者之间存在间隙，且作用在活塞上的气体压力和惯性力的方向周期性变化，使活塞在往复运动过程中对汽缸壁的侧向推力方向和接触面发生周期性变化，从而产生对汽缸壁的强烈冲击。

活塞敲击声的强弱取决于汽缸内最大爆发压力、活塞与缸壁的间隙、发动机转速、负荷以及汽缸的润滑条件。冷起动时，活塞与缸壁之间间隙较大，噪声尤为明显；活塞敲击声随转速的增高而增大。无负荷时进气量少，汽缸压力低，活塞敲击大幅度下降。汽缸压力随负荷提高而增大，活塞的敲击也因之增大。润滑油有阻尼和吸声作用，因此，如果活塞与缸壁之间有足够的润滑油，可以降低活塞敲击噪声。

影响气门开、关噪声的主要因素是气门的运动速度。高速时，气门噪声增大的主要原因是惯性力过大。

正时齿轮驱动配气机构、喷油泵等时载荷周期性变化，由于齿轮的制造误差和表面粗糙度导致其啮合时产生噪声。

柴油机喷油系统的噪声主要是由于喷油泵、喷油器和高压油管系统的振动引起的。

(3)进、排气噪声。进、排气噪声属于空气动力性噪声。指在进、排气过程中，由于气体流动和气体压力波动引起振动而产生的噪声，其强弱随发动机负荷和转速的不同而变化。

进气噪声随转速的提高而增强。转速提高，吸入空气的流速增大，同时进气管入口处空气脉动的强度和频率随之提高。进气噪声随负荷增大略有增加。

排气噪声与发动机排量、有效功率、有效转矩、平均有效压力、排气口面积等有关。

降低进、排气噪声的主要措施是使用消声效果好的消声器。

(4)风扇噪声。风扇噪声主要是空气动力性噪声，由旋转噪声和涡流噪声以及机械振动引起的噪声所组成。旋转噪声是由叶片切割空气，引起空气压力波动而激发出的噪声；涡流噪声是由于叶片旋转时产生空气涡流而造成的；机械振动噪声是由于气流引起风扇、导向装置（护风圈）或散热器的振动，以及其他外部振动激发的机械振动而引起的。

风扇噪声是汽车的最大噪声源之一。近年来，由于车内普遍安装了空调系统和排气净化装置等，使发动机罩内温度上升、冷却风扇负荷加大，所产生的噪声更为强烈。风扇噪声与发动机的转速有密切关系。

2)传动系统噪声

传动系统噪声包括变速器噪声、传动轴噪声和驱动桥主传动器噪声。其中变速器是主要噪声源，齿轮传动机械噪声是变速器噪声的主要组成部分。产生齿轮传动噪声的直接原因是轮齿啮合时产生的撞击声，随着轮齿之间滑动的变化和由于摩擦力变化造成的摩擦声，以及因齿轮误差与刚性的变化而引起的撞击声。

变速器噪声与变速器形式、挡位等因素有关，并随汽车行驶状态、速度、负荷等的变化而变化。其变化情况大致分为两种：一是随汽车速度的增加单调增大；二是在某一速度时呈最大值。

齿轮噪声的小部分以声波直接向外界传出，大部分则受到壳体的阻碍而转化成变速器、后桥等的激振，并转化成噪声传播。

减小齿轮噪声应从设计、制造精度、加工方法等方面入手，降低因啮合而引起的撞击声和激振声，还应注意齿轮的安装精度和啮合印迹的调整。

汽车传动轴噪声是由于发动机的转矩波动、变速器以及驱动桥等振动输入、万向节输入与输出的转速和转矩不均衡，以及传动轴本身的不平衡等引起的。传动轴噪声的能量一般很小，在传动系噪声中不占主要地位。

此外，传动系统噪声还有轴承声响、齿轮搅动润滑油的声响。与齿轮噪声相比，这些噪声的强度较弱，仅占次要地位。

3）轮胎噪声

轮胎直接发出的噪声包括：轮胎花纹噪声、道路噪声、弹性振动噪声以及轮胎旋转时的空气噪声。

汽车在行驶时，因轮胎胎面花纹槽内的空气在接地时被挤压，并有规则地排出，使周围空气压力变化，所产生的噪声称为花纹噪声。花纹噪声在轮胎噪声中占主要地位。

轮胎驶过凹凸不平路面时，凹凸坑内的空气受挤压和排放而产生的噪声称为道路噪声。其产生机理与花纹噪声相同，均是由轮胎和路面相互作用而产生的。

弹性振动噪声是由于轮胎不平衡、胎面花纹刚度变化或路面凹凸不平等原因激发轮胎振动而产生的噪声。

空气噪声是轮胎旋转时，搅动周围空气而产生的空气振动声。在一般行驶条件下，由于车速较低，空气噪声可以忽略。

影响轮胎噪声的因素很多，除轮胎花纹外，车速、负荷、轮胎气压、轮胎磨损程度以及路面状况等对轮胎噪声的影响也很大。

随着车速的提高，轮胎噪声相应增大。其原因为轮胎花纹内的空气容积变化速度加快，“气泵”声增大；胎面花纹承受的激振力增大，振动声也随之增大。

负荷不同时，轮胎花纹的挤压作用也产生变化。随着载荷增加，胎面花纹的变形增大，胎肩逐渐接触地面，容易形成“封闭的空腔”而使噪声增大。

轮胎气压增大，轮胎变形小；反之，则变形增大。因此，对于齿形花纹轮胎来说，气压高时噪声小，气压低时噪声大。

胎冠尺寸增大，花纹接地状态产生变化，使噪声增大。当进一步磨损时，花纹逐渐磨平，槽内空气量减少，噪声降低。

路面状况对轮胎噪声的影响主要是路面的粗糙度和潮湿程度。由于路面粗糙度不同所引起的轮胎噪声变化为7dB左右；湿路面比干路面的噪声大10dB左右，其增大的程度随路面含水量而变化。湿路面的轮胎噪声主要是因为溅水造成的。

4）其他

此外，汽车噪声还包括高速行驶时车身干扰空气噪声、制动噪声、储气筒放气声、扬声器声以及各种专用车辆上动力装置噪声等。

2. 汽车噪声排放限值

汽车噪声排放检测指标包括：汽车加速行驶车外噪声、汽车定置噪声、客车车内噪声、驾驶员耳旁噪声等。

1）车内噪声

根据GB 7258—2004/XG3-2008《机动车运行安全技术条件》国家标准第3号修改单，车内噪声应满足：

（1）客车以50km/h的速度匀速行驶时，客车车内噪声不应大于79dB（A）。

（2）汽车（三轮汽车和低速载货汽车除外）驾驶员耳旁噪声声级不应高于90dB（A）。

2）车外噪声

根据 GB 1495—2002《汽车加速行驶车外噪声限值及测量方法》，车外最大允许噪声级应符合表7-3的规定。

汽车加速行驶车外噪声限值　　表7-3

汽车分类	噪声限值（dB（A））	
	第一阶段（2002年10月1日~2004年12月30日期间生产的汽车）	第二阶段（2005年1月1日以后生产的汽车）
M_1	77	74
M_2（$G \leqslant 3.5t$）或 N_1（$G \leqslant 3.5t$）： $G \leqslant 2t$ $G \leqslant 3.5t$	 78 79	 76 77
M_2（$3.5t < G \leqslant 5t$）或 M_3（$G \geqslant 5t$）： $P < 150kW$ $P \geqslant 150kW$	 82 85	 80 83
N_2（$3.5t < G \leqslant 12t$）或 N_3（$G \geqslant 12t$）： $P < 75kW$ $75kW \leqslant P < 150kW$ $P < 150kW$	 83 86 88	 81 83 84

注：1. *M* 类（载客汽车）：至少有4个车轮的载客机动车辆；或者有三个车轮，且厂定最大总质量不超过1t的载客机动车辆。

M_1 类：除驾驶员外，乘客座位数不超过8个的客车。

M_2 类：除驾驶员外，乘客座位数超过8个，厂定最大总质量不超过5t的客车。

M_3 类：除驾驶员外，乘客座位数超过8个，厂定最大总质量超过5t的客车。

2. *N* 类：至少有4个车轮的载货机动车辆；或者有三个车轮，且厂定最大总质量不超过1t的载货机动车辆。

N_1 类：厂定最大总质量不超过3.5t的载货汽车。

N_2 类：厂定最大总质量超过3.5t，但不超过12t的载货汽车。

N_3 类：厂定最大总质量超过12t的载货汽车。

3）汽车定置噪声

汽车定置噪声指车辆不行驶，发动机处于空载运转状态下的排气噪声和发动机噪声。根据 GB 18565—2001《营运车辆综合性能要求和检验方法》的规定，汽车定置噪声的限值，见表7-4。

3. 汽车噪声实验方法

检测噪声时，所采用的检测仪器为声级计。若要进行频谱分析，则需采用频率分析仪。声级计是一种能够把声音的响度，按人耳听觉近似值测定出来的仪器，由传声器、放大器、听觉修正计权网络、指示仪表和校准装置构成。测定噪声频谱的仪器称为频率分析仪或频谱仪，由滤波器、测量放大器和指示装置组成。

1）车内噪声的检测

测量跑道应是有足够长度、平直、干燥的沥青路面或混凝土路面；测量时的风速不大于3m/s；车辆门窗应关闭，车内其他辅助设备若是噪声源，测量时是否开动，应按正常使用情况而定；车内本身的噪声比所测的车内噪声至少低10dB；除驾驶员和测量人员外，车内不应有其他人员。

汽车定置噪声限值　　表 7-4

<table>
<tr><td rowspan="2">车辆类型</td><td rowspan="2" colspan="2">燃料种类</td><td colspan="2">车辆出厂日期</td></tr>
<tr><td>1998 年 1 月 1 日以前</td><td>1998 年 1 月 1 日及以后</td></tr>
<tr><td>乘车</td><td colspan="2">汽油</td><td>87</td><td>85</td></tr>
<tr><td>微型客车、载货汽车</td><td colspan="2">汽油</td><td>90</td><td>88</td></tr>
<tr><td rowspan="3">轻型客车、载货汽车、越野车</td><td rowspan="2">汽油</td><td>$n_0$①≤4300r/min</td><td>94</td><td>92</td></tr>
<tr><td>n_0 >4300r/min</td><td>97</td><td>95</td></tr>
<tr><td colspan="2">柴油</td><td>100</td><td>98</td></tr>
<tr><td rowspan="2">中型客车、载货汽车、大型客车</td><td colspan="2">汽油</td><td>97</td><td>95</td></tr>
<tr><td colspan="2">柴油</td><td>103</td><td>101</td></tr>
<tr><td rowspan="2">重型载货汽车</td><td colspan="2">P② <147kW</td><td>97</td><td>95</td></tr>
<tr><td colspan="2">P >147kW</td><td>103</td><td>101</td></tr>
</table>

注：① n_0 为发动机额定转速。

② P 为发动机额定功率。

测量时，应在人耳附近布置测点，话筒朝向车辆前进方向。驾驶室内噪声测点位置，见图 7-8；客车车内噪声测点可选择在车厢中部以及后排座位的中间位置。

检测时，车辆以常用挡位，以 50km/h 以上的不同车速匀速行驶，分别进行测量。

测量驾驶员耳旁噪声时，汽车空载、静止且置变速器于空挡，门窗紧闭，发动机应处于额定转速状态。

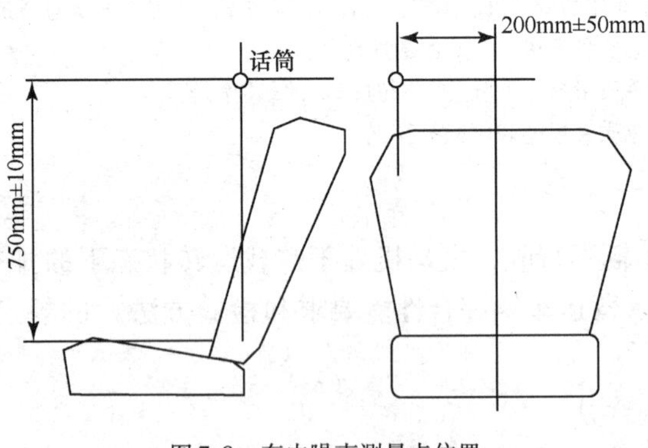

图 7-8　车内噪声测量点位置

2）车外噪声的检测

测量场地应平坦空旷，在测量中心半径为 50m 范围内不应有大的反射物。

测量的场地，见图 7-9。话筒置于 20m 跑道中心点的两侧，各距中心线 7. 5m、距地面高度 1. 2m，话筒平行于地面，其轴线垂直于车辆行驶方向。

被测汽车应空载；装用规定轮胎，轮胎气压达到厂定空载状态气压；技术状况应符合该车型的技术条件；有两个或更多驱动轴时，测量时应为常用的驱动方式；如果装有带自动驱动机构的风扇，应保持其自动工作状态。

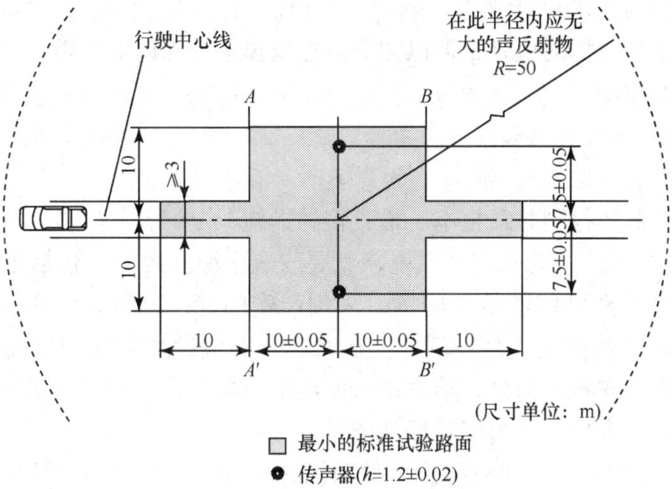

图 7-9　汽车车外噪声检测场地

(1)加速行驶车外噪声的检测方法。按规定选择汽车挡位和接近速度。对于装用手动变速器的 M_1 类和 N_1 类汽车不多于 4 个前进挡时，应用第二挡进行测量；多于 4 个前进挡的变速器时，应分别用第二挡和第三挡进行测量。其接近 AA'线时的稳定速度一般取 50km/h。

汽车以规定挡位和稳定速度接近 AA'线，速度变化应控制在 ±1km/h 之内。

当汽车前端到达 AA'线时，必须尽可能地迅速的将加速踏板踩到底来加速行驶，汽车将沿测量区中心线直线加速行驶，并保持不变，直到汽车尾端通过 BB'线时再尽快地松开加速踏板。

(2)匀速行驶车外噪声的测量方法。车辆用常用挡位，节气门保持稳定，以 50km/h 的车速匀速通过测量区域。测量车辆驶过时声级计的最大读数。往返各测量 1 次，同侧 2 次测量结果之差不应大于 2dB。若只用一个声级计测量，同样的测量应进行 4 次，即每侧测量 2 次。

4. 汽车定置噪声的检测

车辆位于测量场地中央，变速器挂空挡，拉紧驻车制动器，离合器接合。发动机机罩、车窗与车门应关上，车辆的空调器及其他辅助装置应关闭。测量时，发动机的冷却液温度、润滑油温度等应符合生产厂的规定。

在检测排气噪声时，传声器与排气口端等高，但距地面不得小于 0. 2m。传声器参考轴应与地面平行，并和通过排气口气流方向且垂直于地面的平面成（45° ±10°）的夹角。传声器朝向排气口，距排气口端 0. 5m，放在车辆外侧。发动机测量转速取（$3/4n_0$ ±50r/min）（n_0 为发动机额定转速）。

测量时，待发动机稳定在上述转速后，测量由稳定转速尽快减速到怠速过程的噪声，然后记录下最高声级。重复进行试验，直到连续出现三个读数的变化范围在 2dB（A）之内为止，并取其算术平均值作为测量结果。

5. 汽车噪声的控制措施

为了人类的健康，改善学习、工作和生活环境，那么控制噪声、减轻噪声对环境的干扰十分必要。其措施如下：

1)开发低噪声车辆

常用的噪声控制技术包括吸声、隔声、消声、隔振和阻尼减振，也称为无源控制技术。根据噪声产生和传播的机理，可以把噪声控制技术分为以下三类：

①对噪声源的控制。

②对噪声传播途径的控制。

③对噪声接受者的保护。

其中：对噪声源的控制是最根本、最直接的措施。

(1)降低发动机噪声。降低发动机噪声就要改造振源和声源，包括用有限元法等方法分析设计发动机，提高机体的结构刚度，采用严密的配合间隙，改善燃烧的工作过程，进而降低燃烧噪声以及机械噪声。例如：在油底壳上增设加强筋和横隔板，以提高油底壳的刚度，减少振动噪声；另外，给发动机涂阻尼材料，阻尼材料能把动能转变成热能，把阻尼材料与零件结合成一体可消耗振动能量。

(2)降低进气系统噪声。进气噪声是发动机的主要噪声源之一，是空气动力噪声，随发动机转速的提高而增强。对此，最有效的方法是采用进气消声器。常用类型有阻性消声器（吸声型）、抗性消声器（膨胀型、共振型、干涉型和多孔分散型）和复合型消声器。将其与空气滤清器结合起来（即在空滤器上增设共振腔和吸声材料）就成为最有效的进气消声器，消声量可超过 20dB。

(3)降低排气系统噪声。排气噪声主要由排气压力的脉动噪声，气流通过气门座时所发出的涡流噪声，边界层气流扰动噪声和排气口处的喷流噪声所组成。优化设计性能良好的消声器，是降低汽车噪声的重要手段之一。但是，降低排气噪声与提高动力性是一对矛盾，因为降低排气噪声与降低排气背压对排气管直径的设计有着相矛盾的要求。前者要求有较小的直径，而后者却相反。对此，采用并联流路的双功能消声器，在同时减小背压和降低气流噪声方面颇为有效。另外，对于排气歧管到消声器入口的一段管路采用柔性管，其减振、降噪效果明显，可降低 7dB 左右。

(4)降低传动系噪声。降低传动系噪声一般采取的措施是：

①选用低噪变速器。

②是发动机、变速器、主减速器等部件与底盘用橡胶垫进行柔性连接，从而达到隔振目的。

③控制转动轴的平衡度，降低扭转振动。

(5)降低车身噪声。随着车速提高，车身噪声越来越大。车身噪声是空气动力噪声，可用如下方案来降低车身噪声：

①对车身进行流线型设计，实现光滑过渡。

②在车身与车架之间采用弹性元件连接。

③进行室内软化，如在顶棚及车身内蒙皮间使用吸声材料。

④另外，轮胎也是一个噪声源。轮胎的轮距越大，则噪声越大。选用有合理花纹的钢丝帘布子午线轮胎是降低轮胎噪声的有效方法。

(6)其他措施。除了在设计上使用优化方法和零件的优化选用，对汽车噪声进行控制外，还可以采用以声消声的主动控制技术，对噪声进行控制。其原理是利用电子消声系统产生与噪声相位相反的声波，使两者的振动相互抵消，以降低噪声。

2)道路交通科学管理

(1)控制或限制鸣号。从利于市容和降低噪声出发，应严格执行禁止鸣号区的规定，减小主动噪声。

(2)限制车辆的运行路线。汽车噪声污染的大小与车速和车辆品质密切相关。与乘用车等轻型车相比，载货汽车产生的噪声强度高10%左右。在市中心主干道采取限车驶入、限时通行的办法，不让大型车辆入城或规定其行驶的时间线路，这样可控制大量的社会机动车辆和大型车辆通入市区，是降低噪声行之有效的措施。

(3)控制车速。车速与噪声强弱有关，车速越快，噪声越大，紧急制动增多。车速提高一倍，噪声要增加6～10dB；当车速高于70km/h，汽车噪声与轮胎噪声相比最多差3dB，说明此时轮胎噪声已成为主要噪声源。合理设置限速标志，控制车速，可有效地降低噪声污染。

3)控制噪声传播

(1)搞好城市绿化：绿色植物具有吸声作用，可以有效地减少噪声污染。

(2)修建隔音设施：随着车速提高，轮胎噪声成为汽车噪声的主体，应根据实际路面的情况，修建隔音墙或隔声窗，设置屏障等人为减小噪声的措施。

4)科研成果应用

(1)研究汽车智能子系统，减少汽车振动，降低汽车噪声。同时应提高汽车零部件的可塑性和整车的可塑性。

(2)研究汽车在多场耦合作用下，噪声产生机理，减少多场作用产生噪声。

(3)研究车—路—人噪声传播机理，研究低噪声路面、低噪声轮胎和隔声设备，以降低汽车噪声对人类的影响。

三、电波公害及防治

1. 汽车电波公害

任何一个具有电感和电容的闭合回路都会形成振荡，对外发射电磁波。汽车的电器系统中装有很多具有不同电感和电容的电气装置，如发电机、调节器、点火线圈、火花塞、电扬声器和各种继电器等。因此，汽车在工作时，成为电磁波的发射源。在汽车电器系统中，以点火系所造成的干扰最为严重，其次是发电机、调节器以及各种开关和继电器。

电波的危害虽然没有排放和噪声对人类生存环境所造成的影响那么严重，但随着汽车保有量的不断增加，汽车电波所造成的对无线电等的干扰，已引起了人们的普遍关注和重视。

1)发动机起动时的电波干扰

在发动机起动时，在起动机开关和起动继电器触点通断瞬间，以及起动机通电过程中电刷与整流子换向瞬间，由于电流很大和瞬间通断，造成蓄电池端电压剧烈波动，引起起动开关、起动继电器触点和起动机电刷与整流子间产生强烈的电火花。由于电火花本身是一束束断续的脉冲放电电流，因此不仅会激起电磁波的辐射干扰，而且反过来又会加剧汽车电系的电压波动和电流的断续，进而加大了电感性电器（包括起动机和继电器）激起的由电磁感应产生的瞬间过电压（包括负向脉冲电压）。其峰值约为 - 30 ~ + 125V，持续时间约为 200ms。

2) 发电机发电时的电波干扰

在发电机励磁回路中，如果引线接触不良、电刷与滑环接触不良、电压调节器触点接触不良（包括正常通断）等，不仅会引起发电机励磁电流的通断突变，而且会使电枢绕组激起异常电压以及瞬间过电压。与此同时，还会导致导线连接点、电刷与滑环间、电压调节器触点间产生电火花而形成电磁波辐射干扰。

3) 火花塞点火时的电波干扰

在点火系的高压线路中，火花塞的电火花所产生的电磁波被金属机件所屏蔽。但在外部线路中，若高压线与点火线圈，分电器盖的高压线插孔之间，高压线与火花塞连接处，以及分火头与分电器盖高压线插孔之间有间隙时，也会产生电火花，所产生的电磁波辐射对无线电通信等造成电波干扰而形成电波公害。

4) 其他因素造成的电波干扰

汽车电器中有很多电感性器件和接触开关。汽车在工作过程中，由于开关触点、继电器触点和电机电刷接触不良，以及供电导线连接或搭铁不良造成的时通时断，都会激起瞬间过电压。其瞬间过电压的脉冲峰值与导通电流值、电感量和通断速率成正比，持续时间一般为 100ms。瞬间过电压引起电源电压波动，极易在电路连接点或接触面间产生电火花，并加剧瞬间过电压，而瞬间过电压又会加剧电火花。如此反复，不仅会冲击工作中的汽车电器，而且还会对周围环境造成电磁波干扰。

2. 电波公害的防治

控制汽车电磁波污染的有效方法是限制点火系的电波强度。为减小电波干扰，很多国家制定了汽车干扰电波强度的限制规定，并对汽车点火系电波强度制定了相应标准。同时，在标准中还规定了测量的仪器和方法。

防止汽车电波干扰的有效措施有如下几点：

①确保汽车电系各连接点接触良好，搭铁点搭铁良好，并对点火系机外高压电路采取有效的屏蔽措施。

②采用无触点的车用电器，如电子开关、电子继电器、无刷发电机等，或者对现有的有触点车用电器采取灭弧措施，如在其触点两端并接电容器、压敏电阻器等。

③为不影响点火性能并减弱电波，可在高压回路中串接 15kΩ 左右的电阻。

④加强车身屏蔽，如在车身各附件，特别是点火系周围的车身附件与车架、机体间采用专用电缆连接，并与蓄电池共点搭铁。

第八章　汽车运行材料及合理使用

汽车运行材料指燃料、润滑材料、轮胎、冷却液和制动液等。汽车运行材料使用是否合理，对于维持汽车的正常工作和良好的技术状况，保证汽车的使用可靠性，延长汽车的使用寿命，均有直接影响。据统计，全国营运汽车平均运输成本中，汽车运行材料消耗为40%以上，所占比例最高。其中燃料消耗约占运输成本的20%~30%，润滑材料约占1%~3%，轮胎消耗约占10%~15%。因此，合理使用与节约汽车运行材料，对提高汽车的使用经济性、降低汽车的运输成本等具有重要作用。

第一节　汽车燃料及合理使用

一、汽油及合理使用

1. 汽油的使用性能

1)蒸发性

汽油由液态转化为气态的性能称为汽油的蒸发性。汽油蒸发性不好，则混合气形成不良；但是，如果汽油的蒸发性太好又会使汽油机燃油供给系产生气阻，阻碍汽油流动，并导致使用中的蒸发损失增加。因此，汽油应具有适当的蒸发性。蒸发性可用汽油馏出(10%、50%、90%等）温度评价。燃料规范把汽油的蒸发性分为不同级别，可根据不同季节和地区采用不同蒸发性的汽油。

2)抗爆性

抗爆性指汽油在发动机中燃烧时，不发生爆燃的能力。汽油的抗爆性可用汽油的辛烷值评价。

辛烷值是代表点燃式发动机燃料抗爆性的一个约定数值，采用在规定条件下的标准发动机试验中，与标准燃料进行比较的方法测定。测定的方法有马达法（MON）和研究法（RON）两种。试验方法不同时，测得的辛烷值也不同。汽油的辛烷值越高，其抗爆性越好。

3)氧化安定性

氧化安定性指在正常的储存与使用过程中，保持其性质不发生永久性变化的能力。安定性差的汽油易发生氧化反应，生成胶状与酸性物质，使辛烷值降低，酸值增加。在使用过程中，可生成燃烧室沉积物和进气门沉积物等，使燃油供给系统的油路、量孔、喷孔、喷油器等结胶堵塞，进气门黏着关闭不严。

4)腐蚀性

如果汽油中有元素硫、活性或非活性硫化物、水溶性酸或碱等存在时，就具有腐蚀性。若汽油具有腐蚀作用，就会腐蚀运输设备、储油容器和发动机零部件，因此要求汽油无腐蚀性。

5)无害性

汽油成分不仅直接影响汽车的排放污染，还关系到汽车排放污染控制装置的作用。所以，对汽油中的有害物含量也应当控制。

6)清洁性

清洁性主要指汽油中是否含有机械杂质和水分。

机械杂质会堵塞燃油供给系统的量孔、喷孔和汽油喷射系统的喷油器，机械杂质进入燃烧室会使燃烧室沉积物增加，加速汽缸壁、活塞环等的磨损。

水分对金属零件有锈蚀作用。水分混入汽油中，可破坏汽油的品质，加速汽油的氧化，并与汽油中的低分子有机酸生成酸性水溶液，腐蚀零件。

2. 汽油的牌号

根据 GB 17930—2006《车用汽油》，车用无铅汽油按研究法辛烷值（RON）划分为90 号、93 号和97 号三种牌号。

3. 汽油的选用

除了要按照汽车使用说明书要求选用汽油外，还应注意以下几点：

①根据发动机压缩比选择汽油的抗爆性（牌号），压缩比越大，汽油的抗爆性要求越高。

②装有三效催化转换器和氧传感器的汽车应选择含铅量低的汽油。

③推广使用加有汽油清净剂的无铅汽油。

④注意无铅汽油低硫含量、低烯烃含量的发展趋势。

⑤注意汽油品质是影响汽车技术状况和汽车排放的重要因素。

⑥根据季节选择汽油的蒸发性，冬季应选择蒸气压大的汽油，夏季应选择蒸气压较小的汽油。

部分汽车汽油发动机的主要技术特性和所要求的汽油牌号，见表 8-1。

部分汽车汽油机主要技术特性和要求的汽油牌号　　表 8-1

汽车型号	发动机型号 结构特征	功率（kW）/转速（r/min）	排量（L）	压缩比	无铅汽油牌号（号）
北京 BJ2020SG	BY492QS	62.5/3 800	2.45	9.2	90
上海桑塔纳 2000	闭环电控多点喷射	72/5 200	1.80	9.0	>90
奥迪 200（C3V6FL）	V6，电控多点喷射	102/5 500	2.598	9.0	93
奥迪 A6	配备三效催化转化器的电控多点喷射	140/6 000	2.771		97
捷达 GT	EA133 电控多点喷射	74/5 800	1.595	8.5	90
红旗 CA7220E	CA488 电控多点喷射	73.5/5 200	2.194	9.0	90
富康	JU5JP/K1.6L 电控多点喷射	65/5 600	1.587	9.6	90
雅阁（2.0）	F20B1	108/6 000	2.0	9.1	93

二、柴油及合理使用

1. 柴油的使用性能

1）低温流动性

评价柴油低温流动性的指标有凝点、浊点、冷凝点等。凝点指柴油在规定条件下冷却至失去流动能力的最高温度。柴油的凝点直接决定其使用的温度条件，据此划分轻柴油牌号。浊点指在规定条件下，柴油冷却至由于蜡晶体出现而呈雾状或浑浊时的温度。冷滤点指在规定条件下，20mL 柴油开始不能通过过滤器时的最高温度。

柴油的低温流动性，不仅关系到柴油机燃料供给系在低温下能否正常供油，而且关系到柴油在低温下的储存、运输、倒装等作业。

2）燃烧性

柴油的燃烧性指柴油的发火性，即柴油自燃的能力。

燃烧性良好的柴油，其自燃点低，在燃烧室内易于形成高密集度的过氧化物，成为着火中心，故着火延迟期短，整个燃烧过程发热均匀，气体压力升高率平缓，发动机运转平稳。

柴油燃烧性的评价指标是柴油的十六烷值。十六烷值高，燃烧性能好；但十六烷值太高时，柴油低温流动性、雾化和蒸发性能均会变差。因此，通常要求柴油的十六烷值在 40 ~60 之间。

3）雾化和蒸发性

柴油机喷油持续时间和混合气形成时间极为短促，柴油的雾化和蒸发性决定了混合气形成的速度和品质。如果雾化和蒸发性差，可能产生以下不良后果：

①未蒸发的柴油分解析出炭粒，产生黑烟，使油耗和排放污染物增加。

②未分解和燃烧的柴油经汽缸壁渗入油底壳，稀释发动机润滑油，影响正常润滑。

③喷雾品质低，因混合气不均匀而产生后燃现象，使发动机过热，功率下降。

④发动机难以起动。

若柴油的雾化和蒸发性过强，则储存和运输中蒸发损失大，安全性差。

4）安定性

柴油的安定性指柴油在储存、运输和使用过程中保持其外观颜色、组成和使用性能不变的能力。

柴油的安定性不好，就会氧化结胶，在燃烧室内生成积炭、胶状沉积物，附在活塞顶和气门上，甚至造成气门关闭不严。同时，还易使燃油滤清器堵塞，在喷油器针阀上生成漆状沉积物，造成针阀黏滞，形成积炭，使喷雾恶化，甚至中断供油，干扰正常燃烧，从而使排放污染增加。

5）腐蚀性

柴油中的腐蚀性物质有硫、硫醇硫、有机酸、水溶性酸或碱。由于柴油属于中等馏分，其中硫、硫醇硫的含量相对较多，对零件的腐蚀作用强，而且会促进发动机沉积物的生成。

6）无害性

柴油中的芳烃含量、硫含量等，对柴油发动机的排放污染影响很大。

柴油中的芳烃（特别是多环芳烃）含量对柴油发动机颗粒物的排放影响最大。另外，柴油的十六烷值的高低对柴油发动机的排放污染影响也很大。

7）清洁性

柴油清洁性的评定项目是水分、灰分和机械杂质。

柴油机燃料供给系有许多精密偶件，若柴油中混入坚硬的杂质，就会堵塞油路并使机件产生磨料磨损。同样，水分能增强硫化物对金属零件的腐蚀作用。

2. 柴油的牌号

轻柴油的牌号是按凝点划分的，GB/T 19147—2009《车用柴油》按凝点将其分为10号、5号、0号、-10号、1-20号、-35号和-50号7个牌号。

3. 柴油牌号的选用

轻柴油的牌号应根据风险率为10%的最低气温进行选择。

各地区风险率为10%的最低气温，见表8-2。某月风险率为10%的最低气温值，表示该月中最低气温低于该值的概率为0.1。风险率为10%的最低气温不仅是选择柴油牌号的依据，也是选择发动机润滑油、车辆齿轮润滑油和制动液的依据。

选择轻柴油牌号时，一般应使最低使用温度等于或略高于轻柴油的冷滤点。应满足以下条件：

①10号轻柴油：适用于有预热设备的柴油机。

②5号轻柴油：适用于风险率为10%的最低气温在8℃以上的地区使用。

③0号轻柴油：适用于风险率为10%的最低气温在4℃以上的地区使用。

④-10号轻柴油：适用于风险率为10%的最低气温在-5℃以上的地区使用。

⑤-20号轻柴油：适用于风险率为10%的最低气温在-14℃以上的地区使用。

⑥-35号轻柴油：适用于风险率为10%的最低气温在-29℃以上的地区使用。

⑦-50号轻柴油：适用于风险率为10%的最低气温在-44℃以上的地区使用。

另外，轻柴油使用前要进行沉淀或滤清。

三、天然气及合理使用

1. 天然气的组分和特性

天然气的主要物化特性如下：

①天然气的主要组分是甲烷。在多数天然气中，甲烷占90%以上，有的高达95%~98%。

②天然气的低热值一般为33~38MJ/m^3，有的高达40~64 MJ/m^3。

③天然气的密度为0.71~0.89kg/m^3。甲烷含量高时，则密度小；含己烷至戊烷的量多时，则密度大。

④天然气理论空燃比一般为9.4~12.3。其中下限是属于含甲烷较高的天然气，上限是属含甲烷相对较低的天然气。

部分地区风险率为10%的最低气温（单位:℃）　　表8-2

	1月	2月	3月	4月	5月	6月	7月	8月	9月	10月	11月	12月
河北省	-14	-13	-5	1	8	14	19	17	9	1	-6	-12
山西省	-17	-16	-8	-1	5	11	15	13	6	-2	-9	-16
内蒙古自治区	-43	-42	-35	-21	-7	-1	1	1	-8	-19	-32	-41
黑龙江省	-44	-42	-35	-20	-6	1	7	1	-6	-20	-35	-43
吉林省	-29	-27	-17	-6	1	8	14	12	2	-6	-17	-26
辽宁省	-23	-21	-12	-1	6	12	18	15	6	2	-12	-20
山东省	-12	-12	-5	2	8	14	19	18	11	4	-4	-10
江苏省	-10	-9	-3	3	11	15	20	20	12	5	-2	-8
安徽省	-7	-7	-1	5	12	18	20	20	12	5	-2	-8
浙江省	-4	-3	1	6	13	17	22	21	15	8	2	-3
江西省	-2	-2	3	9	15	20	23	23	18	12	4	0
福建省	-1	-2	3	8	14	18	21	20	15	8	1	-3
台湾省	3	0	2	8	10	16	19	19	13	10	1	2
广东省	1	2	7	12	18	21	23	23	20	13	7	2
广西壮族自治区	3	3	8	12	18	21	23	23	19	15	9	4
湖南省	-2	-2	3	9	14	18	22	21	16	10	4	-1
湖北省	-6	-4	0	6	12	17	21	20	14	8	1	-4
四川省	-21	-17	-11	-7	-2	1	2	1	0	-7	-14	-19
贵州省	-6	-6	-1	3	7	9	12	11	8	4	-1	-4
云南省	-9	-8	-6	-3	1	5	7	7	5	1	-5	-8
西藏自治区	-29	-25	-21	-15	-9	-3	-1	0	-6	-14	-22	-29
新疆维吾尔自治区	-40	-38	-28	-12	-5	-2	0	-2	-6	-14	-25	-34
青海省	-33	-30	-25	-18	-10	-6	-3	-4	-6	-16	-28	-33
甘肃省	-23	-23	-16	-9	-1	3	5	5	0	-8	-16	-22
陕西省	-17	-15	-6	-1	5	10	15	12	6	-1	-9	-15
宁夏回族自治区	-21	-20	-10	-4	2	6	9	8	3	-4	-12	-19

⑤天然气的理论混合气热值为32.2～34.2 MJ/m^3。

根据GB 18047—2000《车用压缩天然气》，天然气的主要技术指标，见表8-3。

压缩天然气的技术指标　　表8-3

项　目	技术指标
高位发热量（MJ/m^3）	>31.4
总硫（以硫计）（mg/m^3）	≤200
硫化氢（mg/m^3）	≤15
二氧化碳	≤3.0%
氧气	≤0.5%
水露点（℃）	在汽车驾驶的温度地理区域内，在高操作压力下，水露点不应高于-13℃；当最低气温低于-8℃，水露点应比最低气温低5℃

注：本标准中气体体积的标准参比条件是压力101.325kPa，温度20℃。

2. 天然气发动机和天然气汽车技术

1)天然气发动机技术

天然气在汽车发动机上应用的方式如下:

①按照点火方式，可分为电火花点火和柴油引燃式。由于天然气的着火温度高，因此要靠电火花点火；或者喷入少量柴油，首先被压燃再引燃天然气。

②按照供气方式，可分为缸外（进气管）预混合供气和缸内直接喷气。

③按照燃烧方式，可分为预混合燃烧和扩散燃烧。预混合燃烧指在点火系统点火或引燃柴油自燃前，进入汽缸内的气体燃料与空气预先混合均匀，此时缸内各处的混合比一致；而扩散燃烧是指气体燃料以一定提前量在点火或引燃前喷入缸内，因而在着火时，缸内燃料与空气并未混合均匀，燃料边扩散，边燃烧。

④按照控制方式，可分为机械控制式和电子控制式。

2)天然气汽车技术

天然气汽车技术涉及以下几个方面:

①加气站技术。气体燃料在汽车上的充加比液体燃料复杂，因而，需要技术含量很高的加气站设备，投资也较高。

②发动机技术。气体燃料的性质不同于汽油、柴油等，因此，气体燃料的混合、燃烧方式、发动机燃烧室结构、点火系统等都需要进一步研究。

③气瓶技术。由于汽车的移动性，气体燃料气瓶的品质是重要技术问题，特别是在各种苛刻条件下气瓶的安全性问题不可忽视。

④混合与控制技术。汽车的速度和负荷总在变化，且气体燃料相对于液体燃料又难以控制，因此，根据汽车运行工况的要求给发动机提供适量、优质的混合气是混合与控制系统的重要技术问题。

3. 天然气汽车的优缺点

在使用中，天然气汽车的优缺点表现在以下几个方面:

①可替代汽油、柴油等，充分利用天然气资源。

②减小大气污染。天然气汽车的排放污染物小于汽油、柴油等汽车的排放污染物。

③经济性好。在全球范围内，油价普遍高于气价。

④使用天然气比使用汽油更安全。汽油与空气形成的混合气，着火极限是13% ~ 76%，遇微小火花极易着火；而天然气与空气形成的混合气，着火极限是5% ~15%。同时，由于天然气比空气轻，即使有泄漏，极易被微风驱散，所以不易形成可燃混合气，故使用安全性好。

⑤使用性能好，燃烧室积炭少；燃烧产物中不含液体燃料成分，对润滑油影响小。

⑥天然气有较好的抗爆性。天然气的辛烷值高（RON 可达 130）。所以，天然气应用于汽油机，可适当增大发动机压缩比和点火提前角，以提高发动机性能。

⑦天然气携带性差。天然气只能在低温下液化，且技术要求很高，造价也高；目前，多采用高压存储在气瓶内，不仅导致汽车自身质量增大，空间减小，同时还限制了汽车续驶里程。

⑧与使用液体燃料的汽车相比，动力性有所下降。若使用双燃料，需要增加供给气

体燃料、储存气体燃料的系统，使汽车成本提高。

四、甲醇燃料及合理使用

甲醇的分子式为 CH_3OH，是最简单的化工基础原料和清洁燃料，是一种可再生、可循环的绿色能源。甲醇燃料作为汽车替代燃料从 20 世纪 20 年代开始研究，到 20 世纪 80 年代已得到国际认可。其动力性、适应性、环保性、经济性等已为国内外能源界、化工界等广泛认同。

1. 甲醇的性能

甲醇是一种无色、透明的液体，基本无味，能与水按照任何比例互溶。

甲醇的性能与汽油相似，在不对现有发动机进行改造的前提下，可以使用甲醇与汽油的混合燃料，是一种较为理想的汽车代用燃料。

因甲醇分子中含氧，所以燃烧速度快，燃烧后所造成的污染程度较汽油轻。

甲醇燃烧后的体积增大率比汽油高，因此有利于发动机功率的提高。

甲醇的沸点为 64.8℃。相对于汽油来说，醇的沸点低，混合使用时有助于汽油与空气的混合，但因缺少低沸点高挥发性的组分，所以对发动机起动不利。此外，由于甲醇的汽化潜热大而产生的冷却效应，妨碍其完全汽化。从另一方面看，甲醇燃料汽化潜热大，可以降低进气温度，从而提高充气效率，同时可改善燃烧后发动机内部冷却条件，提高发动机的动力性。

甲醇与汽油混合后，其混合液蒸气压比纯净汽油高得多。

甲醇的辛烷值（RON）可达 110，所以抗爆性好。

甲醇汽油在理论空燃比下形成的混合气的热值大体上与汽油燃料在相同条件下一样。所以，只要供给质量适当的混合气，并不会影响发动机的功率输出。

2. 车用甲醇汽油

GB/T 23510—2009《车用燃料甲醇》规定了车用燃料甲醇的要求、试验方法、检验规则以及标志等。GB/T 23799—2009《车用甲醇汽油（M85）》标准，规定了由 84% ~ 86%（体积分数）的甲醇与 14% ~16%（体积分数）车用汽油以及改善使用性能的添加剂调和而成的车用甲醇汽油（M85）的术语和定义、缩略语、要求和试验方法等。

3. 甲醇汽油的使用

1）甲醇汽油与其他物质的相容性

物质相容性包括对金属的腐蚀性，对弹性体塑料的侵害，以及对油箱和管线的影响。随着温度升高，含氧化合物含量、含水量、锈蚀程度等均增加，物质相容性变差，所以，甲醇燃料对燃料系统和弹性体有侵害，应合理选择有关部件的材料。

2）甲醇汽油的吸水性

甲醇汽油的吸水性比较强，当输送管线或油罐有水分存在时，甲醇会吸收水分，并与自身混溶。当甲醇汽油中的水分达到一定时，会使甲醇汽油分层或混浊，从而影响品质。

3）甲醇汽油燃料的使用注意事项

①混合燃料的分层。甲醇与汽油混合后的稳定性与甲醇含量、混合温度、大气湿度等有关。

②合理调整发动机的有关系统以适应甲醇的性能。

③要进一步解决低温起动性问题。

④尽管甲醇汽油的清洁性较好，但其受空燃比的影响较大，要细心调节。另外，甲醇燃烧后的废气中醛的含量较高，对人的眼、鼻等有刺激。

⑤重视对发动机的腐蚀和磨损问题。甲醇是单沸点，汽化潜热高，容易成液态落在汽缸壁上；甲醇易吸水，与水结合和发动机滑润油易形成乳化液。这些都妨碍润滑油的润滑作用，使磨损增大。另外，甲醇对非金属有溶胀作用。

五、生物柴油简介

生物柴油是由动、植物油脂与醇（例如甲醇或乙醇）经酯交换反应制得的脂肪酸单烷基酯。生物柴油的原料来源主要有油料作物、油料林木果实、油料水生植物以及动物油脂、废餐饮油等。常用的油料作物主要有大豆和油菜籽，油料林木果实主要是油棕和黄连木，油料水生植物主要指工程微藻等。这些动物和植物油脂与甲醇或乙醇等低碳醇在酸或碱性催化剂作用下，在 230～250℃ 的高温下进行转酯化反应，生成脂肪酸甲酯或乙酯，再经洗涤干燥即可形成生物柴油。生物柴油是一种用油菜籽等可再生植物油加工制取的新型燃料。

1. 生物柴油的性能

与柴油相比，生物柴油具有下述性能：

①具有优良的环保特性。生物柴油中硫含量低，因而，氧化硫和硫化物的排放低；生物柴油中不含芳香族烷烃，因而，废气对人体的损害低于柴油；生物柴油含氧量高，与普通柴油相比，燃烧时排烟少，CO 的排放减少约 10%；生物柴油的生物降解性高。

②具有较好的发动机低温起动性能。

③具有较好的润滑性能，可延长喷油泵柱塞套筒的寿命。

④具有较好的安全性能。由于闪点高，生物柴油不属于危险品，便于运输、储存、使用等。

2. 生物柴油的标准

GB/T 20828—2007《柴油机燃料调合用生物柴油（BD100）》规定了生物柴油（BD100）的术语和定义、分类、技术要求、试验方法、检验规则以及标志、包装、运输和储存等。

生物柴油的生产标准评定项目包括相对密度、动态黏度、闪火点、硫含量、残留量、十六烷值、灰分、水分、总杂质、三酸甘油酯、游离甘油等。生物柴油标准的规范，推动了生物柴油在汽车工业中的正式应用。

3. 生物柴油的应用

美国是最早研究生物柴油的国家，行车实验表明，生物柴油在使用中没有结胶现象，有害污染物排放量可降低 80% 以上，被列为重点发展的清洁能源之一。

我国在生物柴油应用方面也取得了很大的进展，交通运输部西部交通建设科技项目“道路运输新能源生物柴油应用技术研究”通过了项目的验收。

“道路运输新能源生物柴油应用技术研究”项目历经实验室研究和道路运行试验研究，优选出了BDG25生物柴油/柴油改性混合燃料配方，并完成了道路运输车辆燃用BDG25生物柴油/柴油改性混合燃料的经济性和使用可靠性研究；提出了BDG25生物柴油/柴油改性混合燃料的混配技术方案，和营运车辆燃用BDG25生物柴油/柴油改性混合燃料的应用技术方案等相关政策建议。

在实车道路运行试验中，公交客车燃用BDG25生物柴油/柴油改性混合燃料，每年可替代25%的石化柴油，烟度排放大幅度降低，燃料费用可节约5%以上。

六、汽车使用中的节油措施

影响燃油消耗量的因素较多且较复杂。在汽车结构参数确定的情况下，汽车使用节油的途径和措施如下：

1. 燃料的合理使用与节油

汽车的燃料经济性与燃料的雾化和燃烧性密切相关。提高燃料品质，合理使用燃料，使燃料燃烧及时、完全，充分利用燃料放出的热能，是重要的节油途径。

燃料的蒸发性对可燃混合气的燃烧有重要影响。充分利用轻质汽油组分，能改善其燃烧性能，提高热能利用率。与使用终馏点240℃的汽油相比，使用终馏点205℃的汽油，油耗降低5% ~8%。

按地区、分季节供应不同蒸发性的汽油，规定相应的饱和蒸气压指标，既能保证在寒冷地区使用时的低温起动性和燃烧性，又不致在高温地区产生气阻，从而经济合理地利用燃料。

要使燃料在发动机中形成均匀、经济的可燃混合气，不仅要求燃料雾化良好，还必须保持最佳的空气—燃油混合比。在保证动力性能前提下，使发动机常用工况处于经济性最佳的区域。发动机燃用较稀的混合气时，既有利于改善燃烧，又可充分利用发动机的后备功率，提高燃料经济性。油耗随过量空气系数 a 的变化而变化。当 $a=1$ 时，油耗比 $a=1.11$ 时约大4%；而当 $a=0.88$ 时，油耗比 $a=1.11$ 时增加18%。

2. 润滑油（脂）的合理使用与节油

合理使用润滑油（脂），提供良好的润滑，降低摩擦磨损，提高油品的抗氧化安定性、洁净分散性，可以提高汽车的动力性、经济性、可靠性等。

选用合适黏度的润滑油，改进润滑性能，降低边界摩擦等，可减少燃料消耗。在满足摩擦副润滑的条件下，降低机油和齿轮油的黏度，对降低汽车燃油消耗有一定作用。发动机润滑油的100℃黏度每降低1mm²/s，大约节省燃料1.5%；发动机正常运转时，理论上每降低一个SAE黏度等级，可节省燃料0.5% ~2.5%。

齿轮油的低黏度化和多级油化，可以减小齿轮运转时的搅油阻力，提高传递效率，减少燃油消耗。

多级油由低黏度油加黏度指数改进剂配制而成，有良好的黏温性能。低温时，多级油黏度小，有较好的低温流动性。根据测定，发动机起动时的磨损占总磨损量的50%，多级油低温性能好，可保证低温下迅速起动，因而能大大减小磨损和燃油消耗。高温时，多级油还能保持一定的黏度，形成足够的油膜厚度。所以，使用多级油既能保证良好润滑，又可改善燃料经济性。使用SAE10W/30或10 W/40发动机润滑油比使用SAE40发动机润滑油节省燃料2.4%左右。

摩擦副处于边界润滑状态时，油中的减磨剂可使摩擦力减小，达到运动流畅、降低能耗的目的。发动机润滑油中加入一定量的减磨剂，可节约燃油1%左右，同时可减小摩擦磨损的影响。

润滑油的热氧化安定性是在高温下，油品抵抗氧化变质的能力；润滑油的清净分散性是油品抑制胶膜、沉淀等形成的性能。这两种性能的提高，可以延长润滑油的使用期，减轻燃烧室中积炭的生成，从而避免不正常燃烧，降低燃油消耗量，提高发动机的工作可靠性和动力性，延长使用寿命。

3. 汽车的正确维护、调整与节油

在使用过程中，汽车技术状况不断变化，及时进行技术维护和调整，不仅可以减轻磨损，提高汽车动力性、经济性、可靠性，延长使用寿命，而且还可以降低燃油消耗。

曲轴、连杆机构以及配气机构的技术状况对汽车燃油消耗有较大影响。汽缸压缩压力大，混合气燃烧速度快，热损失少。而汽缸、活塞环及气门、气门导管等零件的磨损，会使汽缸压缩压力降低，曲轴箱窜气量增加，导致油耗增大。当上述摩擦副严重磨损时，油耗将增加4% ~6%。

发动机点火系维护的要求是要保证其适时产生强烈的电火花。火花弱或点火正时失准，混合气则不能燃烧或燃烧速度降低，热量损失增多，进而耗油量增加。因此，应经常保持火花塞清洁，间隙合乎规定，且发动机点火提前角正确。

气门间隙过大或过小，都能使发动机耗油量增加并影响动力输出。气门间隙过小时，气门关闭不严，压缩和燃烧时缸内气体泄漏多，耗油量增大，功率下降；气门间隙过大，气门开启高度减小且开启时间缩短，发动机进气量减少，而废气在汽缸中残留的较多，同样使耗油量增加，功率随之降低。

润滑系正常工作对减小燃油和润滑油消耗，减少机械摩擦损失和提高发动机功率有重要意义。在满足发动机润滑效果的前提下，应选黏度较小的润滑油；应按时更换润滑油滤清器滤芯，保持滤清器的滤清效果；要经常保持润滑油面稍低于油尺的上标线，添加润滑油时，应掌握“勤加少加”的原则。加油过多会增加曲轴转动时的阻力，易引起润滑油窜进燃烧室烧掉，增加润滑油的消耗量，同时积炭增加；但加油过少，会造成润滑不良。

摩擦副间隙过大或过小，都使摩擦阻力增大，机件磨损加剧，耗油量增加。在维护修理时，必须保证主轴承、连杆轴承等松紧适度。

轮毂轴承间隙过小，会使滚动阻力增大，耗油量增加。间隙过大时，车轮歪斜，增大行驶阻力，因而增大了耗油量。前束不准确，转向轮滚动阻力增加，耗油量也会增加。

行车制动间隙的调整，应该保证既能可靠制动，又能可靠分离，没有放松拖滞现象。若间隙过小，阻滞力增加，增大燃油消耗量；若间隙过大，则制动不灵，影响安全。驻车制动间隙过小不仅增大耗油量，也易使制动盘烧坏。因此，应适时检查和调整制动间隙。

离合器踏板的自由行程太小，则离合器易打滑，产生摩擦而消耗功率，使耗油量增大，并加速零件磨损。如自由行程太大，则分离不良，换挡困难，变速器内有撞击声。

轮胎类型和气压是影响滚动阻力大小的主要因素。根据试验，轮胎气压比正常值降低50～100kPa（0.5～1.0bar），油耗增大5%～10%；子午线轮胎的滚动阻力比一般轮胎低30%，用其代替斜交帘线轮胎可节油3%～8%。

经常检查变速器、差速器以及其他部位是否漏油，油面高度是否合乎规定，差速器通气塞是否良好。对经常涉水的车辆更要及时检查，如发现有水应及时换油。季节更替时，应及时更换油料牌号。如冬季使用夏用齿轮油，燃料消耗增加8%～10%。

4. 汽车在高原、严寒等地区的维护与节油

高原地区大气压力低，空气稀薄。海拔高度每升高1 000m，空气压力约降低9.3kPa。这样，汽车在海拔5 000m的高原上行驶时，大气压力只有53.2kPa左右。如供油量不变，则混合气变浓，燃烧不完全，发动机功率下降，耗油量增加。因此，为节约燃油，可以适当减少供油量。

在高原地区工作时，汽油发动机的汽缸压力降低，不易发生爆振燃烧，应当增大提前点火角，以提高功率，减少油料消耗。一般海拔每升高1 000m可提前2°～3°。同时，为了提高燃烧速度，减少积炭生成，火花塞间隙可比原规定数据增大，车况较好的可增加0.25mm，车况较差的可增加0.15mm。

北方地区冬季气温低，润滑油黏度变大，进气管温度以及空气流速低，混合气品质变劣，蓄电池供电量不足，因而汽车起动困难，增大耗油量。对此，除要求使用黏温特性较好的润滑油以及挥发性较高的燃油外，还可采用下列措施：

①预热润滑油。

②改善燃料雾化条件。

③保证蓄电池良好放电。

④正确暖机。

5. 合理驾驶与节油

驾驶技术是影响汽车油耗的重要因素。驾驶操作合理，可以大大降低汽车的燃料消耗。根据试验，技术水平不同的驾驶员，在同一条路线驾驶同一辆汽车，油耗可相差20%～25%。

1）保持正常工作温度

汽车行驶中要保持发动机的正常工作温度（80～90℃），温度过高或过低都会使油耗增加。低温条件下起动时，要进行预热；发动机起动后，应低速运转升温，待冷却液温度升至50～60℃后再挂挡起步；汽车在行驶中，应使发动机冷却液温度保持在80～90℃，并注意经常检查冷却液量、保温罩和百叶窗的状况以及冷却系统的工作情况。

2）掌握经济车速

汽车在行驶中，耗油量最小的速度，即经济速度。高于或低于经济速度，都会增加耗油量。空气阻力与速度的平方成正比，因而，车速增高时功率消耗大幅增加，汽车燃油消耗量增大；反之，若低于经济速度，虽然空气阻力减小，但节气门开度减小，发动

机负荷率降低，热量损失增多，耗油量增大。

3)减少起动、停车、倒车、制动次数

要减少燃油消耗，必须计划行车，避免途中停车，行驶中不要跟得太紧，避免走走停停，以节约起动油耗。停车时要选择便于起步的地点，在不违反交通规则的条件下，尽量停在下坡平坦道路上，以减少起步时的油料消耗。停车时要看好位置，减少前进和倒车的次数，尽量一次到位。根据试验，汽车前进和倒退一次移动3.5m，就要消耗汽油50mL。

正确判断道路情况，避开不利的时机和路段，保持相应车速，减少制动次数，减轻制动强度，提高平均车速以节约燃油。根据试验，汽车以30km/h行驶时，每制动一次，就多消耗汽油66mL。

4)合理使用挡位

在道路状况相同时，使用不同的挡位，发动机的工况不同，油耗也不同。合理使用挡位包括正确选择最佳挡位和及时换挡。在一般道路上行驶时，应尽可能采用高挡行驶，避免长时间高挡低速行驶或低挡高速行驶。汽车行驶中，尽量少用中间各挡，起步后及时换至高挡。汽车换挡过程中要做到“脚轻手快”。

“脚轻”即轻踩加速踏板，缓慢加油。加速踏板开度的大小，发动机转速高低和变化，影响着供油装置起作用的时刻和时间。加速太猛，会使供油装置的附加供油机构起作用，增加不必要的燃油消耗。同时，发动机转速上升过快，所需克服的旋转件惯性阻力矩也增大，会使油耗增大。发动机加速，破坏了正常的工作过程，导致各项工作指标均降低，猛加速比缓慢加速多耗油30%左右。如果汽车速度在25km/h和50km/h之间来回变动，则油耗相当于以50km/h车速稳定行驶油耗的两倍。因此，控制加速工况，保持车速相对稳定，对提高汽车燃料经济性有重要作用。

“手快”关系到换挡过程长短。及时换挡能使汽车速度不因此而产生急剧波动。手快须与脚轻紧密配合，协调一致，才能实现换挡过程中燃料的节约。如手脚配合不当，在离合器还没有完全接合时就猛踩加速踏板，发动机高速空转，必然造成油耗增加。

第二节　汽车润滑材料及合理使用

一、发动机润滑油及合理使用

1. 发动机润滑油的作用

发动机润滑油又称为发动机润滑油，在发动机上使用时，其作用如下：

1)润滑作用

发动机工作时，许多机件在高速运动并传递动力，进而产生摩擦力，导致摩擦副间产生摩擦磨损。因此，发动机都设有润滑系统，通过油泵强制循环或通过飞溅的方法将润滑油送到各个润滑点，保证机件的良好润滑和正常运转。

2)冷却作用

发动机工作时，润滑油不断的从汽缸、活塞、曲轴等摩擦表面上吸取热量，并传导到其他温度较低的零件上，或把热量消散在油底壳中，进而散发到大气中。

3）洗涤作用

发动机润滑油在循环时，可把摩擦面上的脏杂物带走，送到油底壳。然后，再经过机油滤清器滤清，把这些脏杂物截留在滤清器中，滤清后的润滑油又继续进行洗涤作用。这样往复循环，即可使机件保持清洁及正常运转。

4）密封作用

发动机各机件间，如汽缸与活塞、活塞环与环槽间都有一定间隙。润滑油到达汽缸润滑表面后，填满了活塞与汽缸间的间隙，形成油封面，起到密封作用。从而保证了发动机输出功率不降低，也阻止了废气窜入曲轴箱。

5）防锈防腐作用

润滑油特别是加有防锈添加剂或防腐添加剂的润滑油吸附在金属表面，可以防止酸性气体和水对金属的腐蚀或锈蚀。

6）消除冲击负荷

在传递负荷时，轴承间隙里的润滑油承受冲击负荷起到缓冲作用，有助于降低发动机工作噪声，并防止金属与金属间的直接接触，减小磨损。

2. 发动机润滑油的工作环境

汽车发动机润滑油除起润滑、冷却、洗涤、密封、防锈、消除冲击负荷等作用外，其工作环境十分恶劣。

发动机通常采用自流、飞溅和压力润滑三种润滑方式。润滑油在飞溅和循环润滑中，不断与各种金属部件以及空气接触，在金属的催化下与氧反应，促使油料不断老化变质。

在工作过程中，润滑油与各处高温机件接触。如汽缸中上部温度为180～270℃，曲轴箱平均油温为85～95℃。在高温下，润滑油氧化变质剧烈。

发动机工作时，若汽缸密封不良，燃烧废气和未燃气体不断的窜入曲轴箱，将导致润滑油严重变质。此外，灰尘、金属磨屑、积炭等都会污染润滑油。

由于工作条件差，因此要求发动机润滑油须经过深度精制，并添加各种改善使用性能的添加剂，使油品有适宜的黏度和良好的黏温性能、良好的热氧化安定性、洗涤性、抗腐蚀性、抗泡沫性，并有适宜的低温流动性等，以保证发动机在复杂的条件下正常工作。

3. 发动机润滑油的分类

1）黏度等级

世界上广泛采用美国汽车工程师学会（SAE）的发动机润滑油黏度分类法。

参照美国汽车工程师学会SAE J300《发动机油黏度分类》，我国制定了GB/T 14906—1994《内燃机油黏度分类》，确定了发动机润滑油的黏度等级（表8-4）。该分类标准采用含字母W和不含W两组黏度等级系列，前者以最大低温黏度、最高边界泵送温度以及100℃时最小运动黏度划分，后者仅以100℃时运动黏度划分。

黏度牌号也有单级油和多级油之分。

任何一个牛顿油可标为单级油。一些经黏度指数改进剂调配，具有多黏度等级的产品是非牛顿油，应标注适当的多黏度等级。

我国发动机润滑油的黏度分类（GB/T 14906—94） 表 8-4

SAE 黏度等级号	最大低温黏度		最高边界泵送	100℃时的运动黏度（mm^2/s）	
	黏度（Pa·s）	温度（℃）	温度（℃）	最小	最大
0W	3 250	-30	-35	3.8	—
5W	3 500	-25	-30	3.8	—
10W	3 500	-20	-25	4.1	—
15W	3 500	-15	-20	5.6	—
20W	4 500	-10	-15	5.6	—
25W	6 000	-5	-10	9.3	—
20	—	—	—	5.6	小于 9.3
30	—	—	—	9.3	小于 12.5
40	—	—	—	12.5	小于 16.3
50	—	—	—	16.3	小于 21.9
60	—	—	—	21.9	小于 26.1

2）性能等级

发动机润滑油性能等级，是根据发动机润滑油在台架试验中所表现出的润滑性、清净分散性、抗氧抗腐性等确定的。

在较长的时期内，世界上许多国家采用美国石油学会（API）发动机润滑油使用性能分类法。

GB/T 7631.3—1995《内燃机油分类》非等效采用美国汽车工程师学会《发动机油性能及发动机使用分类（SAE J183—1991）》制定。该标准规定了汽车用以及其他固定式内燃机润滑油（汽油机润滑油和柴油机润滑油）的品质等级分类。

发动机润滑油是根据产品特性、使用场合和使用对象详细分类的。汽油机润滑油第一个字母用 S 表示，柴油机润滑油第一个字母用 C 表示，具体分类见表 8-5 和表 8-6。

汽油机润滑油品质分类 表 8-5

品种代号	特性和使用场合
SC	用于载货汽车、客车或其他汽油机以及要求使用 API SC 级油的汽油机润滑油。可控制汽油机润滑油高低温沉积物及磨损、锈蚀和腐蚀
SD	用于载货汽车、客车和某些乘用车的汽油机，以及要求使用 API SD、SC 级的机油。此种油品控制汽油机高低温沉积物、磨损、锈蚀和腐蚀的性能优于 SC，并可代替 SC
SE	用于乘用车和某些载货汽车的汽油机以及要求使用 API SE、SD 级的机油。此种油品的氧化性能及控制汽油机高温沉积物、锈蚀和腐蚀的性能优于 SD 或 SC，并可代替 SD 或 SC
SF	用于乘用车和某些载货汽车的汽油机以及要求使用 API SF、SE 级的机油。此种油品的抗氧化和抗磨性能优于 SE，还具有控制汽油机沉积、锈蚀和腐蚀的性能，并可代替 SE、SD 或 SC
SG	用于乘用车、载货汽车和轻型载货汽车的汽油机以及要求使用 API SG 级油的汽油机。SG 级还包括 CC（或 CD）的使用性能。此种油品改进了 SF 级油，控制发动机沉积物、磨损和油的氧化性能，并具有抗锈蚀和腐蚀的性能，并可代替 SF、SF/SD、SE 或 SE/CC
SH	用于乘用车和轻型载货汽车的汽油机以及要求使用的 API SH 级油的汽油机润滑油，SH 级在汽油机磨损、锈蚀、腐蚀及沉淀物的控制和油的氧化方面优于 SG，并可代替 SG

柴油机油品质分类　　表 8-6

品种代号	特性和使用场合
CC	用于在中到重负荷下运行，并包括一些重负荷汽油机。对于柴油机具有控制高温沉积物和轴承腐蚀的性能，对于汽油机具有控制锈蚀、腐蚀和高温沉积物和轴承腐蚀的性能
CD	用于需要高效控制磨损和沉积物或使用包括高硫燃料非增压、低增压和增压式柴油机以及国外要求使用 API CD 级油的柴油机。具有控制轴承腐蚀和高温沉积物的性能，并可代替 CC 级油
CD-Ⅱ	用于要求高效控制磨损和沉积物的重负荷二冲程柴油机以及要求使用 API CD-Ⅱ级油的柴油机润滑油，同时也满足 CD 级油的性能要求
CE	用于在低速高负荷和高速高负荷条件下运行的低增压和增压重负荷柴油机以及要求使用 API CE 级油的柴油机，同时也满足 CD 级油的性能要求
CF-4	用于高速四冲程柴油机以及要求使用 API CF-4 级油的柴油机。在油耗和沉积物控制方面性能优于 CE 级油，该级油品特别适用于高速公路行驶的重负荷载货汽车

发动机润滑油的命名和标记，应包括使用性能级别代号和黏度级别代号两部分。例如，一个特定的汽油机润滑油产品可命名为 SE 30；一个特定柴油机润滑油产品可命名为 CC 10W/30；一个特定汽油机/柴油机通用油可命名为 SE/CC 15W/50。

4. 发动机润滑油的选用

1）发动机润滑油的选用原则

发动机润滑油的选用原则是按照使用地区的气温选用合适的黏度等级，按照汽车发动机结构特点和汽车使用的工况特点选用合适的品质等级。

2）黏度等级的选择

发动机润滑油黏度等级应根据汽车发动机使用所在地区的气温来选择，可参考表8-7。为避免冬夏季换油，可选用多级油。

发动机润滑油黏度等级选用　　表 8-7

黏度等级	使用温度范围（℃）	黏度等级	使用温度范围（℃）
0W	−45 ~ −15	20	−10 ~ 30
5W	−40 ~ −10	30	0 ~ 30
10W	−30 ~ −5	40	15 ~ 50
15W	−25 ~ 0	5W/30	−40 ~ 30
20W	−20 ~ 5	10W/30	−30 ~ 30
25W	−15 ~ 10	15W/30	−25 ~ 50

选用机油的黏度级时，还必须考虑发动机的负荷、转速和磨损情况。如果发动机负荷大、转速低或磨损严重时，应选用黏度较大的机油，反之则应选择黏度较小的机油。

3）品质等级的选择

选择发动机润滑油品质等级时，可参考下述方法：

（1）查阅汽车使用说明书或维修手册进行润滑油品质等级的选用。

（2）按照发动机润滑油使用性能分类方法中的特性和适用场合中描述的使用范围选用。

(3)根据柴油机的强化系数来选用柴油机润滑油。柴油机的强化系数代表了发动机的热负荷和机械负荷，可由下式计算：

$$K_{\varphi}=P_{e}\cdot C_{m}\cdot Z$$

式中：K_{φ}——强化系数；

P_{e}——汽缸平均有效压力，MPa；

C_{m}——活塞平均线速度，m/s；

Z——冲程系数，四冲程 Z = 0.5，二冲程 Z = 1.0。

然后，可由计算出的 K_{φ} 值选出品质等级适当的柴油机润滑油。

当 $K_{\varphi}<30$ 时为普通柴油机，其发动机上部活塞环区的温度一般在 230℃左右，可选用 CA 级柴油机润滑油；当 $K_{\varphi}=30\sim50$ 时，可选用 CC 级柴油机润滑油；当 $K_{\varphi}>50$ 时，柴油机属于高增压柴油机，活塞上部温度比较高，机械负荷也比较大，应选用 CD 级以上级别的柴油机润滑油。

(4)根据发动机结构选择了润滑油的品质等级后，遇到下列五种苛刻使用条件之一者，润滑油品质等级应酌情提高一级。

①汽车长期处于停停开开的使用状态，如邮递车和出租车等，润滑油易产生低温油泥。

②长时期低温、低速（0℃、16km/h 以下）行驶，易产生低温油泥。

③长时期在高温、高速下工作，尤其是满载或超载长距离条件下工作。

④牵引车或中型以上载货汽车，满载或长时间拖挂车行驶。

⑤使用场所灰尘大。

部分汽油发动机的技术特性和要求的汽油机润滑油规格，见表 8-8；部分柴油发动机的技术特性和要求的柴油机润滑油规格，见表 8-9。

5. *发动机润滑油的劣化与更换*

发动机油在使用过程中，由于添加剂的消耗，高温氧化，燃烧产物的影响，外部尘埃、水分等的混入，使发动机油劣化变质。

发动机润滑油劣化变质后，沉积物增多、润滑性能下降，使零件腐蚀和磨损增大。因此，应适时更换发动机润滑油。

1)定期换润滑油

发动机润滑油的劣化，尤其是化学变化，受使用时间的影响较大。定期换油就是按照行驶里程或使用时间与发动机润滑油使用性能的变化之间的规律，确定换润滑油时期。换油期与发动机润滑油的使用性能级别、发动机技术状况和运行条件有关。

2)按质换润滑油

对能反映在用发动机润滑油品质的一些有代表性项目的规定限值，据其进行机油的更换。为了正确判断发动机润滑油的报废标准，国内外都进行了大量研究，科学方法是通过化验润滑油的黏度、酸值、闪点、水分、铁含量、正戊烷不溶物数值来决定机油是否应该报废。当在用发动机润滑油有一项指标达到换油指标时应更换新油。现行在用发动机润滑油换油指标国家标准是 GB/T 8028—1994《汽油机油换油指标》和 GB/T 7607—2002《柴油机油的换油指标》。

部分汽油发动机的技术特性和要求的汽油机润滑油规格　　表 8-8

汽车型号	发动机型号 结构特征	功率（kW）/ 转速（r/min）	转矩（N·m） /转速（r/min）	排量（L）	压缩比	汽油机 润滑油规格
解放 CA1046L	CA488	65/4 500	157/2 800	2.21	8.1	SF 10W/30
东风 EQ1092	EQ6100-Ⅰ 改进型	99/3 000	353/1 200～1 600	5.42	7.0	SD30 或 SD10W/30
北京切诺基	HX	77.2/5 000	179.5/2 400～2 600	2.45	8.6	SG
富康	TU5JP/K1.6L 电控多点喷射	65/5 600	135/3 000	1.587	9.6	SF10W/40 或 SG10W/40
夏利 TJ7100	TJ376Q-E 电控多点喷射	40.5/6 000	80.5/3 600	0.993	9.5	SE5W/30 或 SE10E/30
捷达 GT	EA113 Motronic 电控多点喷射	74/5 800	150/3 800	1.595	8.5	SF
红旗 CA7220E	CA488 电控多点喷射	73.5/5 200	170/2 800～3 200	2.194	9.0	SF10W/30 或 SF15W/40
皇冠 CROWN	2JZ－CE	170/6 000	290/4 800	2.997	10.0	SG 或 SH

部分柴油发动机的技术特性和要求的柴油机润滑油规格　　表 8-9

汽车型号	发动机型号 结构特征	缸径（mm） ×行程（mm）	排量 （L）	压缩比	最大功率（kW） /转速（r/min）	最大转矩/ （N·m）/ 转速（r/min）	柴油机润 滑油规格
解放 CA1091k2	CA 6110A ω 型燃烧室	110×120	6.842	17	103/2 900	392/1 800～ 2 000	CC
南京依维柯 8140.27s	8140.27 涡轮增压	93×92	2.499	18	76/3 800	230/2 200	CD
黄河 JN1181C13	X6135	135×140	12	16.5	154.4/2 100	785/1 300	CC 或 CD
斯太尔 1491	WD615 67/77 ω 型燃烧室， 增压中冷型	126×130	9.7	16	206/2 400	1 070/1 400	CD15W/40

3）监测下的定期换润滑油

在规定发动机润滑油换油期的同时，应监测在用油的综合指标，必要时可提前更换机油。

目前，发动机润滑油的更换多采用定期换油。这主要因为汽车拥有量大，而每辆汽车的发动机润滑油用量很少，油样化验费用高，所以定期换油较经济。随着对在用发动机润滑油油质分析技术的进步和广泛应用，定期换油法结合简易快速在用发动机润滑油分析法作为定期换油合理性的监测手段会得到更广泛的应用。

6. 代石油燃料发动机润滑油简介

1)天然气发动机润滑油

由于天然气的抗爆性好，所以其发动机的压缩比一般比汽油机的高。天然气发动机在介于富气与贫气间的条件下操作时，燃烧温度较高，易生成 NO_x，促进润滑油硝化和氧化变质，从而，要求润滑油有更好的抗硝化、抗氧化能力；天然气燃料对发动机进、排气门以及阀座没有润湿作用，易造成气门与座的磨损嵌入；如果灰分不当会导致火花塞脏污而失火；由于天然气发动机的工作温度相对较高，因此其润滑油的润滑性更显得重要。

所以，天然气发动机润滑油性能的关键因素：控制好润滑油的碱值和灰分，以中和由于燃料燃烧和润滑油氧化产生的副产品，以防发动机部件腐蚀及氧化产物的沉积；采用适当抗磨剂复配，以保证有足够的抗磨性、抗擦伤性等。

2)醇类燃料发动机润滑油

醇类或含醇燃料在使用过程中，或多或少会有醇类物质进入到润滑油里去。从而导致黏度指数改进剂从油中沉淀出来并生成油泥。

醇类吸湿性强，因此，醇类或含醇燃料在使用过程中会有水分进入。醇类冷凝进入摩擦副油膜（如汽缸壁），可使部分油膜溶解脱落，影响摩擦副的正常润滑。醇燃料含水时会使燃料分层，进而影响到燃料系统和正常的燃烧过程。

甲醇燃料燃烧生成甲酸（蚁酸），由于其酸性较高，进入润滑油后，会与碱性清净剂发生中和作用，因而无游离甲酸存在。而当用过的润滑油碱值消耗殆尽时，存在着甲酸腐蚀磨损的潜在危险。

乙醇燃烧过程中会氧化生成乙醛和乙酸，由此产生对金属部件的腐蚀磨损。

综上所述，醇类燃料发动机润滑油应充分考虑到醇及其燃烧产物的性质和影响，要强化油品的防锈蚀、抗乳化和油泥分散性。

二、齿轮润滑油及合理使用

齿轮润滑油也称齿轮油，用于机械式变速器、主传动器、转向器等的润滑。

1. 齿轮油的使用性能

为了保证齿轮传动的良好润滑，在各种使用条件下均正常运转，齿轮油的性质应满足如下要求。

1)油性和极压性

油性是指润滑剂介于运动着的润滑面之间所具有的降低摩擦作用的性质。

润滑剂的极压性能是在摩擦面接触压力非常高、油膜容易产生破裂的极高压力的润滑条件下，防止烧结、熔焊等摩擦面损伤的性能，有时也叫承载能力、抗胶合性或油膜强度等。

2)热氧化安定性

润滑油抵抗热和氧化作用的能力就是热氧化安定性。润滑油热氧化安定性好，可以延长使用期，而且不会因氧化生成有机酸和沉淀等氧化产物，造成对金属的腐蚀或磨损。

3）低温操作性和黏温性

齿轮油应具有良好的低温操作性和黏温性。在低温下应保持必要的流动性，以保证轴承等零件的润滑和车辆起动。齿轮油的工作温度范围较宽，不但要求低温起动性好，而且要求高温时黏度不能太小，即有良好的黏温性。

4）抗腐性和防锈性

在齿轮传动装置的工作条件下，齿轮油防止齿轮、轴承腐蚀和生锈的能力，叫做抗腐性和防锈性。

齿轮油除上述要求的使用性能外，还有一些与发动机润滑油相同的使用性能，例如抗泡性、清洁性等。

2. 齿轮润滑油的黏度等级

国际上广泛采用美国汽车工程师学会（SAE）的车辆齿轮油黏度分类法。

我国 GB/T 17477—1998《驱动桥和手动变速器润滑剂黏度分类》，等效采用美国汽车工程师协会标准 SAEJ 306—2005《汽车齿轮润滑剂黏度分级》，见表 8-10。齿轮油的黏度等级分为两组黏度等级系列，用含字母 W 和不含字母 W 表示。字母 W 表示冬用齿轮油，以低温黏度达到 150Pa·s 时的最高温度和 100℃时的最低运动黏度划分。不含字母 W 表示夏季用齿轮油，以 100℃时的运动黏度范围划分。

齿轮油的黏度等级也有单黏度等级和多黏度等级之分，例如 SAE 80W/90 表示一个多黏度等级的车辆齿轮油。

车辆齿轮油的黏度分类　　表 8-10

SAE 黏度级号	黏度达到 150Pa·s 时的最高温度（℃）	100℃时的运动黏度（mm^2/s）	
		最低	最高
70W	-55	4.1	
75W	-40	4.1	
80W	-26	7.0	
85W	-12	11.0	
90		13.5	<24.0
140		24.0	<41.0
250		41.0	

3. 齿轮润滑油的品质等级

国际上广泛采用美国石油学会（API）的车辆齿轮油使用性能分类法，根据其特性和使用要求等划分为 GL-1～GL-6 六个等级。

参照美国石油学会（API）和美国军用车辆齿轮油规格，并结合我国的实际情况，按品质不同把我国车辆齿轮油分成普通齿轮油（CLC）、中负荷车辆齿轮油（CLD）和重负荷齿轮油（CLE）三类。车辆齿轮油分类标准是 GB/T 7631.7—1995《润滑剂和有关产品的分类 第 7 部分：C 组（齿轮）》，其分类方法，见表 8-11。

车辆齿轮油的分类　　表 8-11

代号	组分、特性和使用说明	使用部位
CLC（GL-3）	由精制矿物油加入抗氧剂、防锈剂、抗泡剂和少量极压剂等制成。适用于中等速度和负荷比较苛刻的手动变速器和螺旋伞锥轮的驱动桥	手动变速器、螺旋锥齿轮的驱动桥
CLD（GL-4）	由精制矿物油加入抗氧剂、防锈剂、抗泡剂和极压剂等制成。适用于在低速高转矩、高速低转矩等操作条件下使用的各种齿轮，特别是客车和其他各种车辆用的准双曲面齿轮	手动变速器、螺旋锥齿轮和使用条件不太苛刻的准双曲面齿轮的驱动桥
CLE（GL-5）	由精制矿物油加入抗氧剂、防锈剂、抗泡剂和极压剂等制成。适用于在高速冲击负荷或高速低转矩操作条件下使用的各种齿轮，特别是客车和其他各种车辆的准双曲面齿轮	操作条件缓和或苛刻的准双面齿轮以及其他各种齿轮的驱动桥，也可用手动变速器

4. 齿轮润滑油的选用

与发动机润滑油的选择一样，车辆齿轮油的选择也包括使用性能级别的选择和黏度级别的选择两个方面。

1)使用性能级别的选择

车辆齿轮油使用性能级别的选择主要根据齿面压力、滑移速度和温度等工作条件，而这些工作条件又取决于传动装置的齿轮类型，所以，一般可按齿轮类型、传动装置的功能等来选择车辆齿轮油的使用性能级别。

一般来说，驱动桥主传动器工作条件苛刻，而双曲线齿轮式主传动器更为苛刻，对齿轮油使用性能要求更高。

为了减少用油级别，在汽车各传动装置对齿轮油使用性能级别要求相差不大情况下，可选用同一使用性能级别的齿轮油。

2)黏度等级的选择

车辆齿轮油黏度级别的选择，主要根据最低气温和最高油温，并考虑车辆齿轮油换油周期较长的因素。

车辆齿轮油的黏度应保证低温下的车辆起步，又能满足油温升高后的润滑要求。

如前所述，车辆齿轮油以表观黏度 150Pa·s 时作为低温流动性的极限，所以在 SAE 黏度分类中表观黏度为 150Pa·s 时的最高温度，就是保证低温操作性能的最低温度。

由此可知，黏度级为 75W、80W 和 85W 的双曲线齿轮油的最低使用温度分别为 -40℃、-26℃和 -12℃。也就是说，车辆使用地区的最低气温不应低于所选齿轮油的上述各温度。若传动装置不是双曲线齿轮，使用最低气温可比上述相应的温度更低些。

黏度级别选择应同时考虑高温时的润滑要求。一般来说，车辆齿轮油允许的承载最小黏度为 86.3 ~215.8mm^2/s。

5. 齿轮润滑油的劣化与更换

车辆齿轮油在使用中，也有一个品质变化、品质监控问题。使用条件不同，车辆齿轮油换油标准也有差异。国外公司采用定期换油的方法，双曲面齿轮油换油周期为 $2\times10^4 \sim 2.5\times10^4$km。

我国普通车辆齿轮油换油品质指标标准，见表8-12。该标准推荐的换油里程为4.5×10^4km。在使用过程中，有任何一项指标达到上述标准时，则应该更换齿轮油。

普通车辆齿轮油的换油指标（SH/T 0475—1992） 表8-12

项 目		品质指标
100℃时的运动黏度变化率（%）	超过	+20 ~ -10
水分（质量分数）（%）	大于	1.0
酸值增加量（mg KOH/g）	大于	0.5
戊烷不溶物（质量分数）（%）	大于	2.0
铁含量（质量分数）（%）	大于	0.5

三、汽车用润滑脂的合理使用

1. 汽车用润滑脂的使用性能

润滑脂由基础油（润滑液体）、稠化剂和添加剂三部分组成。

润滑脂的润滑性质取决于所用润滑液体的润滑性质，润滑液体作为润滑脂的基础油非常重要，常用的润滑液体有矿物油、合成油、酯类油和硅油等。

稠化剂是润滑脂的重要组分，其性质和含量决定了润滑脂的黏稠程度以及耐水、耐热等使用性能。

润滑脂常用添加剂有胶溶剂、抗氧化剂、极压添加剂、防锈、防腐蚀剂、抗水剂和拉丝性增强剂等。

汽车上有许多部件采用润滑脂润滑，且各部件的工作条件都有差异。如：汽车轮毂轴承是使用润滑脂的主要部位，不仅要求润滑脂能满足轮毂轴承的高速剪切，同时还要减摩耐磨、适应高温的影响（特别是汽车在山区行驶时，长时间使用行车制动器的情况下）；汽车钢板弹簧的润滑，不仅要满足润滑，还要抗冲击、抗水等。所以润滑脂还要具备一些特殊性质和使用性能。

①稠度。稠度是指像润滑脂一类的胶凝性物质，在受力作用时抵抗变形的程度，一般用锥入计测定稠度。美国润滑脂协会（NLGI）按润滑脂在25℃时的工作锥入度将润滑脂分为9个牌号，我国国家标准GB/T 7631.8—1990《润滑剂和有关产品的分类 第8部分：X组（润滑脂）》也采用该分类法，见表8-13。

稠度等级和锥入度范围 表8-13

级号	000	00	0	1	2	3	4	5	6
25℃时的工作锥入度范围	445 ~ 475	400 ~ 430	355 ~ 385	310 ~ 340	265 ~ 295	220 ~ 250	175 ~ 205	130 ~ 160	85 ~ 115

②低温性能。汽车在寒冷地区使用时，要求润滑脂在低温条件下仍能保持良好的润滑性能，取决于润滑脂低温条件下的相似黏度和低温转矩。

③高温性能。润滑脂高温性能好，可以保持其在较高使用温度下的附着性能，其变

质失效过程也较缓慢。润滑脂的高温性能可用滴点、蒸发量和轴承漏失量等指标进行评定。

④抗水性。润滑脂的抗水性表示润滑脂在大气湿度条件下的吸水性能，要求润滑脂在储存和使用中不具有吸水的性能。

⑤防腐性。防腐性是润滑脂阻止与其相接触金属被腐蚀的能力。润滑脂产生腐蚀性的原因主要是由于氧化产生酸性物质所致。

⑥机械安定性。润滑脂机械安定性指润滑脂在机械工作条件下抵抗稠度变化的能力。机械安定性差的润滑脂，在使用中容易变稀甚至流失，影响脂的寿命。

⑦胶体安定性。胶体安定性指润滑脂在储存和使用时避免胶体分解，防止液体润滑油析出的能力，即润滑油与稠化剂结合的稳定性。

⑧氧化安定性。在储存与使用时，润滑脂抵抗大气的作用，保持其性质不发生永久变化的能力称为氧化安定性。

⑨极压性与抗磨性。涂在相互接触的金属表面间的润滑脂所形成的脂膜，具有承受负荷的特性称为润滑脂的极压性。在苛刻条件下使用的润滑脂，需要添加极压添加剂，以增强其极压性。

2. 汽车用润滑脂的选用

1)汽车用润滑脂的类别

润滑脂的分类方法可分为三种：按润滑脂稠化剂类型分类和命名，按润滑脂使用性能或使用场合分类和命名，按润滑脂国家标准分类体系表分类和命名。在实际使用中，习惯上按润滑脂稠化剂类型分类和命名。

GB/T 7631. 8 –1990《润滑剂和有关产品（L类）的分类第8部分：X组（润滑脂)》规定了按使用要求对润滑脂分类的体系，该分类体系等效地采用了ISO的分类方法。

润滑脂类型用一组（5个）大写英文字母组成的代号来表示，每个字母及书写顺序如表8-14所示。

润滑脂标记的字母顺序 表8-14

L	X（字母1）	字母2	字母3	字母4	字母5	稠度等级
润滑剂类	润滑剂组别	最低操作温度	最高操作温度	水污染 （抗水性、防锈性）	极压性	稠度号

润滑脂按稠化剂的类型分类和命名是最方便和通用的方法，汽车上常用的几种润滑脂有：

(1)钙基润滑脂、合成钙基润滑脂。钙基润滑脂是用天然脂肪酸钙皂稠化中等黏度矿物油制成，并以水作为胶溶剂。钙基脂的滴点在75～100℃之间，使用温度不超过60℃。否则，钙基润滑脂就会变软流失，不能保证润滑。钙基润滑脂具有良好的抗水性，遇水不易乳化变质，适用于潮湿环境或与水接触的各种机械部位的润滑。在汽车底盘上的某些润滑点都是用钙基脂来润滑的，主要利用其抗水性好的特点。钙基脂使用寿命较短，是目前要淘汰的品种。

按其锥入度，钙基润滑脂分为1、2、3、4个牌号。号数越大，脂越硬，滴点越高。

(2)石墨钙基润滑脂。石墨钙基润滑脂是由动植物油钙皂稠化中等黏度的矿物油，并加入一定量片状石墨制成。石墨钙基润滑脂具有较好的极压性能和抗磨性能，并具有较好的抗水性，即能适应重负荷、粗糙摩擦面的润滑，又能适应与水或潮气接触的设备的润滑。石墨钙基脂适用于工作温度在60℃以下的压延机人字齿轮、汽车钢板弹簧、吊车、起重机齿轮转盘等粗糙、低速、重负荷的摩擦部位。石墨钙基脂不适用于滚动轴承及精密机件的润滑。

(3)钠基润滑脂。钠基脂耐热性好，其滴点高达160℃，可在120℃条件下较长时间工作并保持润滑性；钠基脂附着性强，可用于振动大、温度高的滚动轴承上，并有较好的承压性能，适应负荷范围较大。但钠基脂耐水性差，遇水易乳化，所以，不能用于与潮湿空气或水接触的润滑部位。钠基润滑脂可用于汽车、拖拉机等轮毂轴承润滑，按其锥入度分为2、3号两个牌号。

(4)钙钠基润滑脂。钙钠基脂有较好的抗水和耐热性。抗水性优于钠基脂，耐热性优于钙基脂。可以适应湿度不大、温度较高的工作条件，但不适于低温工作条件。常用于各种类型的电动机、汽车、拖拉机和其他机械设备滚动轴承的润滑，使用温度不高于90～100℃。钙钠基脂按其锥入度分为1、2号两个牌号。

(5)汽车通用锂基脂。汽车通用锂基润滑脂具有良好的高、低温性能，可在－30～120℃的宽温度范围内使用。同时，该种润滑脂有良好的防水性、防锈性等，可在潮湿和与水接触的机械部件上使用。另外，通用锂基润滑脂有良好的机械安定性、胶体安定性、氧化安定性、抗水性和润滑性，在高速运转的机械剪切作用下，润滑脂不会变稀流失，进而能保证良好的润滑。汽车通用锂基脂适用于－30～120℃温度范围内汽车轮毂轴承、底盘、水泵等摩擦副的润滑。进口汽车和国产汽车普遍推荐使用汽车通用锂基脂。汽车通用锂基脂的锥入度指标在2号脂的范围内。

2)汽车润滑脂的选择

汽车润滑脂的选用包括润滑脂的品种和稠度级号的选用。主要考虑因素有温度、转速、负荷和工作环境。

润滑脂的品种选择就是根据工作温度、工作环境、负荷和转速、进行操作时的温度范围、水污染和极压性的选择，也可按汽车使用说明书要求选用。

汽车上的主要润滑部位多用锂基脂；对受冲击载荷以及在极压条件下工作的钢板弹簧则用石墨钙基脂；对工作温度过高或过低的地区应选特殊润滑脂（如低温润滑脂、高温润滑脂等）；为保护蓄电池接线柱，可用工业凡士林。

汽车润滑脂品种选择可参考表8-15。

汽车润滑脂的选择　　表8-15

润滑脂	应用部位
汽车通用锂基润滑脂（GB/T 5671—1995）	轮毂轴承、水泵轴承、起动机轴承、发电机轴承、离合器分离轴承和底盘用脂润滑部位
石墨钙基润滑脂（SH/T 0369—1992）	钢板弹簧

稠度级号选用可根据加脂方式、气温、工作温度等选择。一般多用 2 号润滑脂。

3. 汽车用润滑脂的使用注意事项

汽车用润滑脂的使用注意事项如下：

①根据润滑部位的要求，按照汽车使用说明书的规定，使用规定种类、牌号的润滑脂。

②新润滑脂和废润滑脂无论是否同一种类，都不容许混合。

③严防机械杂质混入脂中。

④脂的加注量不要过多。

4. 汽车用润滑脂的变质与检验

在使用过程中，润滑脂的变质主要是由于润滑脂本身发生的物理、化学变化以及异物混入而引起。

由于温度升高和空气的影响，润滑脂发生氧化，在化学成分上发生变化，抗氧化剂被消耗并生成氧化产物，使脂的滴点下降、锥入度减小，产生腐蚀物质。此外，由于蒸发和氧化使基础油量减少，锥入度减小。

在使用中由于受离心力的作用，促进分油，也易引起润滑脂锥入度减小。另外，由于机械剪切作用，使稠化剂的结构破坏，可引起锥入度的增大或减小。

润滑脂的滴点降低，锥入度增大均可增加漏失量，如锥入度变得过小则会影响润滑。

在使用中，由于异物混入可使润滑脂变质。其内部因素是轴承磨损的金属粉末混入脂中，外部因素是混入机械杂质、水分等。润滑脂混入杂质后，会使摩擦副产生较大磨损，而混入水分会使润滑脂变质。

润滑脂变质程度可通过检验来判断。可检验使用中的脂的稠度、滴点、酸值等的变化，检验脂中由于轴承磨损或从外部混入的铁、铜等，以及用电子显微镜观察稠化剂破坏的程度。

第三节　汽车其他工作液及合理使用

一、汽车液力传动油及合理使用

1. 汽车液力传动油的作用

目前，装备自动变速器的汽车越来越多。汽车自动变速器所用汽车液力传动油是一种多功能工作液，也称 ATF。其主要功能有：

①液力、液压传递介质。在转矩变换中作为流体动力能的传动介质，作为伺服机构和压力环路静压能的传递介质，在离合器中作为滑动摩擦能的传递介质。

②热能传递介质。由于摩擦片表面接触瞬间温度可达 600℃，自动变速器用液力传动油也可作为热传递介质，以控制摩擦副表面温度，防止烧结。

③润滑介质。作为齿轮、轴承等的润滑液体。

2. 汽车液力传动油的性能

汽车液力传动油应具有的主要特性有：

1）黏度

液力传动油的使用温度范围一般为 -25 ~ 170℃，因此，要有较高的黏度指数和较低的倾点。作为传递介质必须要求较低的高温黏度，而作为润滑介质，又希望有一定的黏度，否则润滑不良且易泄漏。

低温黏度应满足自动变速器低温起动性和泵送性要求，还考虑了离合器摩擦片烧伤的危险。

液力传动油应在高、低温条件下都能正常工作，所以，必须有适当的黏度、良好的低温流动性和黏温性能。

2）热氧化安定性

汽车行驶中，自动变速器中液力传动油的温度一般在 80 ~ 88℃之间，但在苛刻运行条件下，可高达 150 ~ 170℃。若热氧化安定性差，则液力传动油易于氧化，产生油泥、漆膜和腐蚀性酸，黏度会发生变化，从而引起摩擦特性变化，进而使离合器打滑，腐蚀零件，传动操作变坏，并堵塞液压控制系统和排油管路等。

3）摩擦特性

液力传动油要求有适当的油性，即要求有相匹配的静摩擦系数和动摩擦系数，且在全部操作温度范围内摩擦特性不变。

4）与密封材料的适应性

液力传动油对自动变速器中各部分的密封材料必须相适应，不使之发生膨胀、收缩、硬化等不良影响。

5）剪切稳定性

在进行动力传递时，液力传动油受到的剪切力很大。若剪切稳定性差，易使油品的黏度降低，油压降低，离合器打滑。因此，要求液力传动油有良好的剪切稳定性。

6）抗泡沫性

液力传动油在工作中产生泡沫，不仅影响自动变速器控制的准确性，还影响变矩器的性能，破坏正常润滑，是离合器烧蚀、打滑等故障产生的主要原因之一。因此，液力传动油应有良好的抗泡沫性。

7）抗磨性能

在自动变速器中有很多诸如星形齿轮传递，为满足润滑，所用传动油要有较好的抗磨性能。抗磨性还与离合器的传动，变速器的寿命以及变速特性有关。

8）防腐性能

液力传动装置中的铜接头，铜管道、有色金属轴承、止推轴承等的氧化腐蚀应严加控制，否则会影响整个传递系统的工作可靠性以及寿命。

3. 汽车液力传动油的分类及典型规格

1）汽车液力传动油的分类

在 ISO6743/4 分类标准中，液力传动油分为 HA 油（适用于自动传动）和 HN 油（适用于功率转换器）。美国材料试验学会（ASTM）和美国石油学会（API）把液力传动油按使用分类，曾分为 PTF-1、PTF-2 和 PTF-3。其中前二种与 ISO 相同，所增加的 PTF-3 是拖拉机用油，见表 8-16。

国外液力传动油的使用分类　　表 8-16

分类	适用范围	规格举例	国内常用油名
PTF-1	适用于乘用车、轻型载货汽车的自动传动装置	通用汽车公司（GM）Dexron； 福特汽车公司（Ford）M2C33-F 或 G，M2C138-CJ，M2C166-H； 克莱斯勒（Chrysler）MS-3256 或 4228； SAE J311b-71	8 号液力传动油，自动变速器油
PTF-2	适用于重型载货汽车、履带车、越野车的功率转换器和液力耦合器等	通用汽车公司 Truck 和 Coach 阿里森（Allison）C-3 型 SAE J1285-80	6 号液力传动油，功率转换器油
PTF-3	适用于农业和野外建筑机械的液压、齿轮和制动等装置	约翰·狄尔（John-Deere） JDT303 或 J-14B 或 J-20A 玛塞－费格森 M-1135 福特 M23C41A	拖拉机液压/齿轮两用油

注：PIF 为 Power Transmission Fluid 的缩写。

2）汽车液力传动油的规格

在美国，液力传动油主要规格系列为通用汽车公司的 Dexron、福特汽车公的 Mercon、埃里逊公司的 Allison 和卡特皮勒公司的 TO 系列规格。

国产液力传动油按 100℃时的运动黏度分为 6 号和 8 号两个牌号。其中：8 号油品质水平相当于通用汽车公司的 DexronⅡD 油，主要用作乘用车的自动变速器传动油；6 号油相当于埃列逊公司 Allison C-3 油，主要用于内燃机车或载货汽车的液力变矩器。另外还有拖拉机液压、传动两用油。

4. 汽车液力传动油的选用

汽车液力传动油可按以下几个标准选用：

①按照液力传动油使用分类中各类油的适用范围来选择。

②按照车辆使用说明书的规定来选择。

③一般乘用车和轻型载货汽车自动变速器都选用符合通用公司 DEXRON 规格的液力传动油。

④重负荷车辆的自动变速器可选用埃里森的 ALLISON C-3 或 C-4 规格的液力传动油。

⑤国产 8 号液力传动油可用于乘用车和轻型载货汽车的自动变速器，国产 6 号液力传动油可用于重型载货汽车、工程机械等的液力传动系统。

5. 液力传动油使用注意事项

液力传动油使用注意事项如下：

①注意保持油温正常（80～85℃）。

②经常检查油位。自动变速器油位不能过高或过低，否则易出故障。

③按照车辆使用说明书的规定更换液力传动油和过滤器（或清洗滤网），同时拆洗自动变速器油底壳。

④检查油面和换油时，应注意油液的状况。

⑤换油时应将油底壳和油路（特别是变矩器）清洗干净，按需要量加入新油。

⑥不同牌号、不同品种的液力传动油不能混用。

二、汽车制动液及合理使用

1. 汽车制动液的使用性能

汽车制动液的工作温度范围很宽。当气温低时，制动液黏度会增大，低温流动性差；而工作温度高时，易产生气阻。当制动液遇潮吸水后，会使沸点下降，易于形成气阻。同时制动液不应对液压制动系统产生腐蚀。因此，汽车制动液应具有以下使用性能。

①高温抗气阻性。如果制动液沸点过低，在高温时会蒸发成蒸汽，使液压制动系管路中产生气阻，导致制动失灵。为保证行车安全，要求制动液具有高沸点、低挥发性，且夏天不易产生气阻。

制动液高温抗气阻性的评定指标是平衡回流沸点、湿平衡回流沸点和蒸发性。

②运动黏度。在使用温度范围内，汽车制动液应有很好的流动性，使系统内的压力能随制动踏板的动作迅速上升和下降，橡胶皮碗能在制动缸中顺利滑动。因此，要求制动液在很宽的温度范围内保持适当黏度。

③与橡胶配伍性。制动液不应对制动系中的橡胶件造成显著的溶胀、软化或硬化等不良影响。

④金属腐蚀性。液压制动系的主缸、轮缸、活塞、复位弹簧、导管和阀等零件，主要采用金属材料制成，制动液应不腐蚀金属。

⑤稳定性。制动液的稳定性包括高温稳定性和化学稳定性，即制动液在高温时与相容液体混合后其平衡回流沸点较为稳定。

⑥耐寒性。制动液的耐寒性是指制动液在低温条件下的流动性和外观变化。

⑦溶水性。制动液吸水后应能与水互溶，不产生分离和沉淀。

⑧抗氧化性。为防止零件腐蚀，要求制动液在高温条件下具有良好的抗氧化性。

⑨润滑性和材料适应性。为保证橡胶皮碗能在制动缸中顺利地滑动，要求制动液具有润滑性；同时，也要求制动液与液压制动系的零件相适应。

2. 汽车制动液的分类及典型规格

美国联邦政府运输安全部（DOT）制定的联邦机动车辆安全标准（FMVSS）FMVSS No. 116DOT_3、DOT_4 和 DOT_5，是世界公认的汽车制动液通用标准。参照该标准，国际标准化组织（ISO）也于20世纪70年代制定了ISO4925—1978《机动车制动液》。

我国汽车制动液标准为GB 10830—1998《机动车制动液使用技术条件》和GB 12981—2003《机动车辆制动液》。

根据GB 12981—2003《机动车辆制动液》，将汽车制动液使用技术条件分为JG_3、JG_4和JG_5三级。

GB 12981—2003《机动车辆制动液》规定，制动液系列代号由符号（HZY）和标记

（阿拉伯数字）两部分组成。其中 H、Z、Y 分别为合成、制动和液体的汉语拼音首字母，阿拉伯数字为区别本系列各标准的标记，如 HZY3、HZY4 和 HZY5。

国内制动液与国外制动液规格对照，见表 8-17。

汽车制动液分类对照　　表 8-17

GB 12981	GB 10830	FMVSS Mo. 116	其　他
HZY3	JG_3	DOT_3	ISO 4925
HZY4	JG_4	DOT_4	—
HZY5	JG_5	DOT_5	SAE J1705

3. 汽车制动液的选用

优先选用合成制动液，选用时应该注意以下几点：

①了解理化性能：如透明度，有无沉淀和异味、黏度、使用温度等。

②不同规格的制动液不能混用：不同类型的制动液混合后，因组分不同，可能发生反应、分层或沉淀而堵塞制动系统。

③注意防火：制动液中含有机溶剂，易燃、易挥发，因此要注意防火，远离火源，防止日晒雨淋，避免吸水变质而影响使用性能。

④按照 GB 12981—2003《机动车辆制动液》，各级制动液主要特性和推荐使用范围，见表 8-18。

JG 系列汽车制动液的主要特性和推荐使用范围　　表 8-18

级别	制动液的主要特性	推荐使用范围
JG_3	具有良好的高温抗气阻性能和优良的低温性能	适合于广大地区的乘用车和轻型客车
JG_4	具有优良的高温抗气阻性能和良好的低温性能	相当于 DOT_4 的水平，我国广大的地区均可使用
JG_5	具有优异的高温抗气阻性能和低温性能	相当于 DOT_5 的水平，供特殊要求车辆使用

在汽车制动液的使用过程中还应注意：

①防止水分或矿物油混入。

②汽车的制动液更换期一般是两年。

三、汽车发动机冷却液及合理使用

1. 汽车发动机冷却液的使用性能

发动机工作时，汽缸内部产生高温、高压气体。为保证发动机正常工作，应对其进行冷却；同时，为防止发动机在严寒季节不发生缸体、散热器和冷却系管道的冻裂，还应对发动机冷却系防冻；另外，还要求冷却系用冷却介质防腐蚀、防水垢等。所以，现代发动机（水冷式）都应使用冷却液。

为保证汽车发动机正常工作并延长使用寿命，冷却液应具备以下性能。

①低温黏度小，流动性好。低温黏度越小，说明冷却液流动性越好，其散热效果越好。

②冰点低。若冷却液的冰点达不到所要求的低温时，发动机冷却系统就可能被冻裂。因此，要求发动机冷却液的冰点要低。

③沸点高。发动机冷却液应在较高温度下不沸腾，可保证汽车以满载、高负荷工作时正常运行。同时，沸点高则蒸发损失也少。

④防腐性好。冷却液要接触多种金属材料，如果对金属有腐蚀性，就会影响发动机正常工作，甚至造成事故。

⑤不产生水垢，不起泡沫。水垢对发动机冷却系的散热效果影响很大。发动机冷却液如果产生气泡，不仅会降低传热性，加剧气蚀，同时还会造成冷却液溢流而损失。

另外，还要求汽车冷却液传热效果好，不损坏橡胶制品，热化学安定性好，蒸发损失少，热容量大，价廉、无毒等。

2. 汽车发动机冷却液的规格

SH 0521—1999《汽车及轻负荷发动机用乙二醇型冷却液》规定了汽车和轻负荷发动机用乙二醇冷却液及其浓缩液的技术要求，所属产品适用于汽车和轻负荷发动机冷却系。按照冰点，冷却液分为 -25 号、-30 号、-35 号、-40 号、-45 号和 -50 号六个牌号。

3. 汽车发动机冷却液的选用

选用冷却液时，其冰点要比车辆运行地区的最低气温低 10℃左右。

应注意乙二醇冷却液的最低和最高使用浓度。一般规定最低使用浓度为 33.3%（体积分数），此时冰点不高于 -18℃，低于此浓度时则冷却液的防腐蚀性不够；而最高使用浓度为 69%（体积分数），此时冰点为 -68℃，高于此浓度时则冰点反而会上升。全年使用冷却液的车辆，其最低使用浓度为 50%（体积分数）左右为宜。

4. 汽车发动机冷却液使用注意事项

除正确选择冷却液的规格外，还应注意以下几点：

①加注冷却液前，应对发动机冷却系进行清洗。最简单的方法是打开散热器放水阀，用自来水从加水口冲洗。

②冲洗后，加注冷却液，并检查冷却液的密度。

③乙二醇—水型冷却液中的水在使用中较易蒸发，应及时添加适量的水。应定期（如每年入冬前）检查冷却液的密度，如密度变小，就说明乙二醇含量不足，冰点高，应及时加充冷却液（或浓缩型冷却液）。

④乙二醇有毒，在使用乙二醇型冷却液时切勿用口吸。

⑤使用过程中，冷却液中的添加剂不断消耗。因而使用一定时间后，应更换冷却液。一般规定 1～2 年，或按照冷却液使用说明执行。

⑥不同牌号冷却液不可混用。

第四节 汽车轮胎的合理使用

轮胎是汽车行驶系的主要组成部分，轮胎的合理使用，关系到安全行车、能源节约和运输成本的降低。轮胎技术状况的好坏可使汽车油耗在 10%～15% 范围内变化，轮胎费用约占汽车运输成本的10%以上。

一、汽车轮胎的构造

汽车用有内胎轮胎由外胎、内胎和垫带等组成，见图8-1。外胎主要由胎面橡胶层、缓冲层或带束层、帘布层和胎圈四部分组成，见图8-2。

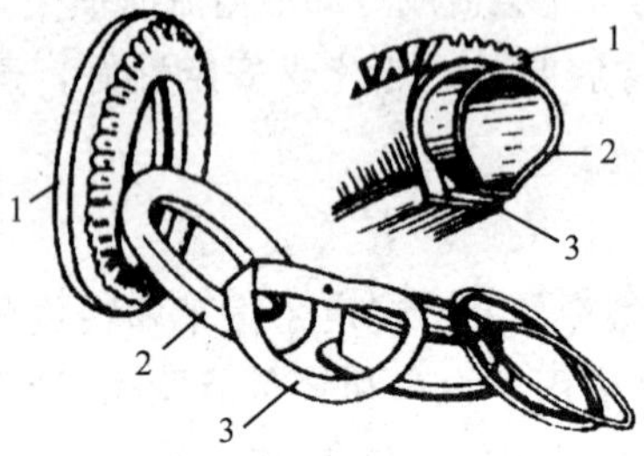

图8-1　有内胎轮胎的组成
1-外胎；2-内胎；3-垫带

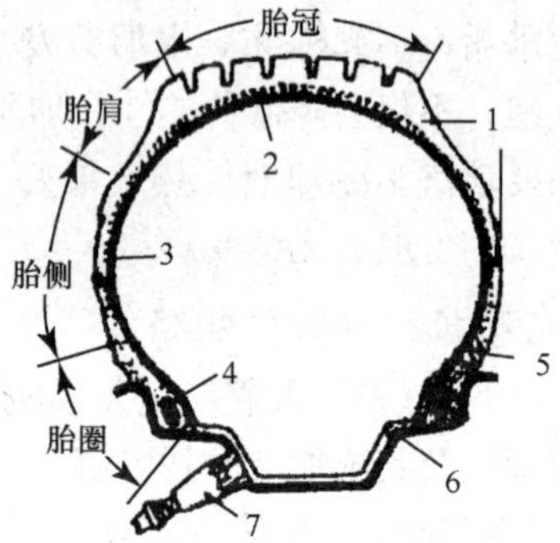

图8-2　有内胎轮胎的构造
1-胎面橡胶层；2-缓冲层或带束层；3-帘布层；4-钢丝圈；5-内胎；6-轮辋；7-轮胎气门嘴

胎面橡胶层指保护轮胎外部的橡胶层，具体分为胎冠、胎肩、胎侧等。胎冠是与路面直接接触的部分，胎肩是由胎冠到胎侧的部分，胎侧是由胎肩到胎圈的部分。

普通斜交轮胎缓冲层的作用是：由于帘布层较软，而胎冠较硬，设置缓冲层可防止轮胎工作时因胎肩帘布层变形而与胎冠相差过大导致其相互剥离，并且可缓和路面的冲击。子午线轮胎和带束斜交轮胎带束层，与胎面中心线交角较小，一般起缓冲作用，对子午线轮胎还对帘布层起箍紧约束作用。

帘布层由若干层帘线叠合而成，其作用是承受轮胎内部气压。帘布层帘线的排列方式对轮胎性能影响很大。

胎圈是轮胎与轮辋直接配合的部分，胎圈芯部包裹着经过防锈处理的钢丝圈。为防止外胎拆卸时被擦伤，在胎圈外层贴有胎圈芯包布。

二、充气轮胎的分类

1. 按照轮胎的组成分类

按照其组成，汽车轮胎分为有内胎轮胎和无内胎轮胎。

无内胎轮胎没有内胎和垫带，空气直接充入外胎中，因此，要求外胎和轮辋之间要有很好的气密性。

无内胎轮胎的外胎内壁上附加了一层厚度约为2～3mm的橡胶密封层，有的还在正对着胎面的密封层内壁上，黏附一层用未硫化橡胶的特殊混合物制成的自黏层。当轮胎穿孔后，自黏层能自行将刺穿的孔黏合，这种轮胎叫做有自黏层的无内胎轮胎。

无内胎轮胎的优点是：轮胎穿孔时压力不会急剧下降，能继续安全行驶；由于没有内胎，故摩擦生热少，散热快，工作温度低，使用寿命长，适宜高速行驶；另外，其结构简单，质量也较小。

无内胎轮胎的缺点是：自黏层只有在穿孔尺寸不大时方能黏合；另外，有自黏层的无内胎轮胎，当天气炎热时，自黏层可能软化而向下流动，从而破坏车轮的平衡。

无内胎轮胎必须配用深槽式轮辋，在乘用车上应用较多。

2. 按照充气压力分类

充气轮胎按充气压力的大小可分为高压胎（气压为0.5～0.7MPa）、低压胎（气压为0.2～0.5MPa）和超低压胎（气压为0.2MPa以下）。

目前，乘用车、载货汽车多采用低压胎。因为低压胎弹性好、断面宽，与道路接触面大，且壁薄，因而散热性良好。可提高汽车行驶平顺性和操纵稳定性，还可以延长轮胎和道路的使用寿命。

越野汽车常在坏路条件下行驶，使用超低压胎能提高汽车的通过性。

3. 按照胎面花纹分类

按照胎面花纹，可将其分为普通花纹轮胎、混合花纹轮胎和越野花纹轮胎。

1）普通花纹轮胎

普通花纹有纵向花纹和横向花纹两种，其特点是花纹细而浅，花纹块接地面积大，适用于较好路面。纵向花纹轮胎的滚动阻力小，防侧滑和散热性好，噪声低，高速性能好，乘用车和载货汽车均可使用。横向花纹轮胎的耐磨性能好，仅用于载货汽车。

2）越野花纹轮胎

越野花纹有无向的马牙形和有向的人字形等，其花纹沟槽深而宽，花纹块接地面积小，防滑性好，越野能力强，适用于在矿山、建筑工地以及其他一些松软路面上使用的越野汽车。安装人字形花纹轮胎时，花纹“人”字尖端的指向要与汽车前进时车轮旋转方向一致，以提高排泥性能。装用越野花纹轮胎的汽车在较好硬路面上使用时，不仅行驶阻力加大，油耗增加，而且加速花纹的磨损。

3）混合花纹轮胎

混合花纹是介于普通花纹和越野花纹之间的胎面花纹，其花纹较普通花纹粗，通常胎面中间为菱形花纹或纵向锯齿形花纹，两边为横向越野花纹。在良好沥青混凝土路面上行驶时，耐磨性比越野花纹好；在泥雪路面上行驶时，胎面两边的横向花纹沟有良好排泥性能，保证其良好的附着性。因此，混合花纹轮胎对不同路面的适应性强。

4）按照胎体中帘线排列方向分类

按照胎体中帘线排列方向，可分为普通斜交轮胎和子午线轮胎。

（1）普通斜交轮胎。普通斜交轮胎的胎体帘布层帘线呈斜交方向排列。帘布层的帘线与子午断面（即垂直胎面中心线的断面）的交角，叫做胎冠角。一般普通斜交轮胎的胎冠角为52°～54°。

普通斜交轮胎的胎体坚固，胎侧不易损坏，在低速行驶时乘坐舒适性好，价格较便宜。但其滚动阻力大，使用寿命短。

（2）子午线轮胎。子午线轮胎的胎体帘布层帘线相对胎面中心线呈垂直方向排列，即呈90°（或接近90°）。其结构特点是：

①胎冠角为0°时，帘线排列方向与受力方向一致，使帘线强度能得到充分利用。帘布层数比普通斜交轮胎减少约40%～50%。

②设有带束层，带束层的帘线与胎面中心线交角很小，一般在20°以内，对帘布起箍紧约束作用，并使胎面强度显著提高。

与普通斜交轮胎相比，子午线轮胎有以下几个特点：

①使用寿命长。子午线轮胎耐磨性好，比普通斜交轮胎使用寿命可延长30%～50%。

②滚动阻力小，节约燃料。由于胎冠具有强度较高的带束层，胎面的刚性大，轮胎滚动时弹性变形小，滚动阻力比普通斜交轮胎可减小25%～30%，油耗可降低8%左右。

③承载能力大。由于子午线轮胎的帘线强度能得到充分利用，故其承载能力大，比普通斜交轮胎提高约为14%。

④缓冲能力强，附着性能好。由于胎侧部分比较柔软，胎体弹性好，能吸收冲击能量，故缓冲能力强。附着性好，是由于轮胎接地面积大、胎面滑移小的缘故。

子午线轮胎的缺点是胎侧易裂口，制造技术要求高，成本高，翻新困难。

由于子午线轮胎的综合性能明显优越于普通斜交轮胎，因此应用前景将会越来越广阔。

三、汽车轮胎规格的表示方法

1. 基本术语

1）轮胎的主要尺寸

轮胎的主要尺寸（图8-3）是轮胎断面宽度 B、轮路名义直径 d、轮胎断面高度 H、轮胎外直径 D、负荷下静半径和滚动半径等。

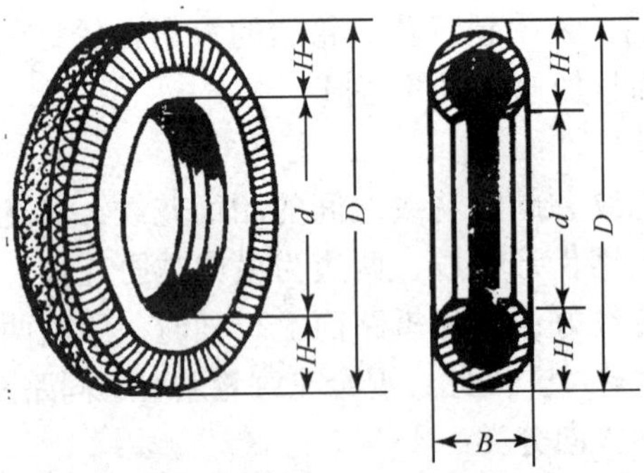

图8-3　轮胎的主要尺寸

2）轮胎的高宽比和轮胎系列

轮胎的高宽比是指轮胎的断面高度 H 与轮胎断面宽度 B 的百分比，表示为 H/B（用%表示）。轮胎系列用轮胎的高宽比的名义值大小（不带%）表示，例如“80”系列、“75”系列和“70”系列等。

3）轮胎的层级

轮胎的层级是表示轮胎承载能力的相对指数，主要用于区别尺寸相同但结构和承载能力不同的轮胎。

4)轮胎最高速度和速度级别符号

轮胎最高速度指在规定条件（路面级别、轮辋名义直径等）下，在规定的持续行驶时间（持续行驶最长时间为1h）内，允许使用的最高速度。

将轮胎最高速度分为若干级，用字母表示，称为速度级别符号，见表8-19。不同轮辋名义直径的乘用车轮胎最高速度，见表8-20。

轮胎速度级别符号与最高行驶速度（摘录） 表8-19

轮胎速度级别符号	轮胎最高行驶速度（km/h）	轮胎速度级别符号	轮胎最高行驶速度（km/h）
L	120	R	170
M	130	S	180
N	140	T	190
P	150	U	200
Q	160	H	210

不同轮辋名义直径的乘用车轮胎最高速度见表（摘录） 表8-20

轮胎速度级别符号	轮胎最高行驶速度（km/h）		
	轮辋名义直径25.4mm（10in）	轮辋名义直径30.5mm（12in）	轮辋名义直径≥33mm（13in）
Q	135	145	160
S	150	165	180
T	165	175	190
H		195	210

5)轮胎负荷指数和轮胎负荷能力

轮胎负荷指数是指在规定条件（轮胎最高速度、最大充气压等）下，轮胎负荷能力的数字符号。轮胎负荷指数用LI表示，轮胎负荷能力用TLCC表示。轮胎负荷指数目前有0，1，2，…，279共280个，表8-21仅摘录了一部分。

轮胎负荷指数和轮胎负荷能力 表8-21

轮胎负荷指数（LI）	轮胎负荷能力（TLCC）（N）	轮胎负荷指数（LI）	轮胎负荷能力（TLCC）（N）
79	4 370	84	5 000
80	4 500	85	5 150
81	4 620	86	5 300
82	4 750	87	5 450
83	4 870	88	5 600

2. 轮胎规格的表示方法

1)乘用车轮胎规格

GB 9743—2007《轿车轮胎》和GB/T 2978—2008《轿车轮胎规格、尺寸、气压与负荷》均规定了乘用车轮胎规格的表示方法。

①斜交轮胎。6.70-13-6 PR 是轮胎名义断面宽度 17mm（6.70in），轮辋名义直径 33mm（13in），轮胎层级 6 层级。

②子午线轮胎。185/70 R 13 86 T 是轮胎名义断面宽度 185mm，轮胎系列为 70 系列，子午线轮胎，轮辋名义直径 33mm（13in），负荷指数 86，速度级别 T。

2）载货汽车轮胎规格

①微型载货汽车普通断面斜交轮胎。4.5 – 12 ULT 是轮胎名义断面宽度 11.4mm（4.5in），轮辋名义直径 30.5mm（12in），微型载货汽车轮胎。

②轻型载货汽车普通断面斜交轮胎。6.50 – 15 LT 是轮胎名义断面宽度 16.5mm（6.5in），轮辋名义直径 38.1mm（15in），轻型载货汽车轮胎。

③轻型载货汽车普通断面子午线轮胎。6.5 R 15 LT 是轮胎名义断面宽度 16.5mm（6.5in），子午线轮胎，轮辋名义直径 38.1mm（15in），轻型载货汽车轮胎。

④轻型载货汽车斜交公制系列轮胎。215/70 14 LT 是轮胎名义断面宽度 215mm，70 系列，轮辋名义直径 35.6mm（14in），轻型载货汽车轮胎。

⑤轻型载货汽车子午线公制系列轮胎。215/70 R 14 LT 是轮胎名义断面宽度 215mm，70 系列，子午线轮胎，轮辋名义直径 35.6mm（14in），轻型载货汽车轮胎。

⑥中型、重型载货汽车轮胎普通断面斜交轮胎。9.00 – 20 是轮胎名义断面宽度 22.9mm（9in），低压轮胎，轮辋名义直径 50.8mm（20in）。

⑦中型、重型载货汽车普通断面子午线轮胎。9.00 R 20 是轮胎名义断面宽度 22.9mm（9in），子午线轮胎，轮辋名义直径 50.8mm（20in）。

⑧中型、重型载货汽车子午线无内胎公制系列轮胎。245/75 R 22.5 是轮胎名义断面宽度 245mm，75 系列，子午线轮胎，无内胎轮辋名义直径 57.2mm（22.5in）。

四、汽车轮胎的合理使用

为加强汽车轮胎的合理使用，交通部《汽车运输行业轮胎技术管理制度》、GB/T 9768—2008《轮胎使用与保养规程》、GB/T 21286—2007《充气轮胎修补》等技术标准和规范，规定了轮胎管理、使用和维修的基本原则和具体技术要求。

1. 汽车轮胎的工作特性和损坏形式

汽车车轮承受和传递汽车与路面的全部作用力，在各种外力作用下，产生复杂变形。因变形发生摩擦，产生大量内热，使轮胎温度升高，强度降低。轮胎的损坏是力和热综合作用的结果。

1）汽车静止时轮胎所受的负荷

汽车静止时，轮胎承受全车的总重力。因为汽车质心距离驱动轴较近，所以，驱动轴的轮胎负荷较大。

轮胎在静负荷作用下，会产生径向变形。即轮胎两侧弯曲，胎侧外层伸张，内层压缩，断面高度缩小，宽度增大，胎面展平。

2）汽车行驶时轮胎所受的负荷

汽车行驶时，轮胎除承受静负荷外，还传递转矩以及受路面的冲击，即承受动载荷。

动负荷的大小，取决于汽车的静负荷、行驶速度、道路状况和轮胎的类型。

3)离心力对轮胎的作用

车轮在转动时，产生的离心力。转速越高，轮胎质量越大，所产生的离心力也越大。离心力有使轮胎脱离轮辋、胎面胶脱离帘布层的趋势，在帘布层中产生附加应力。特别是：如果车轮不平衡，则离心力或离心力矩的作用将使车辆发生振动，降低汽车的稳定性，致使操纵困难，进而加速车轮组件尤其是外胎的损伤。

汽车在转弯时，产生的离心力。质量越大，车速越高，转弯半径越小，所产生的离心力就越大。离心力使外胎下部弯曲，并增大弯道外侧轮胎上的负荷，使其变形增大。如果轮胎与路面之间的附着力小于离心力，则车轮发生侧向滑移，造成胎面的严重磨损，且易发生事故。

4)轮胎内热量的产生

行驶中的轮胎，在负荷作用下，连续产生压缩与伸张变形，使轮胎内部橡胶与帘线之间、帘线与帘线之间、帘布层与帘布层之间，以及胎面与路面之间发生摩擦，产生热量，使轮胎的内部温度升高。

总之，轮胎受力变形时，帘线和橡胶在拉，压应力和高温的作用下，轮胎材料产生疲劳，使弹性和强度下降。当应力超过帘布层强度极限时，帘线就会折断。在轮胎受力变形时，帘布层间产生剪应力，当剪应力超过帘布层与橡胶间的吸附力时，就会出现帘线松散、帘布层脱层等现象。所以，轮胎的损坏形式主要是胎面磨损、帘布脱层等，帘线松散或折断，胎面与胎体脱胶以及由上述结果引起的胎体破裂。

2. 影响轮胎寿命的使用因素

轮胎气压、负荷、行驶速度、气温、道路条件、汽车技术状况、驾驶方法、维修品质和管理水平等因素，对轮胎使用寿命影响很大。

1)气压的影响

轮胎气压不同，所承受的负荷也不同。轮胎气压偏离标准是轮胎早期损坏的主要原因，尤其以气压不足对轮胎的危害最大。

轮胎气压越低，胎侧变形越大，使胎体帘线产生较大的周期性交变应力；还因摩擦加剧使轮胎温度升高，降低橡胶和帘线的抗拉强度。试验表明，轮胎气压降低20%，轮胎使用寿命约降低15%以上。

当气压过高时，轮胎接地面积减小，增大了单位面积上的负荷；同时，轮胎弹性也减小，因胎体帘线过于伸张，应力增大。由此造成胎冠的磨损增加，且易使胎面剥离或爆胎。

2)轮胎负荷的影响

超载时，胎侧弯曲变形大，胎体帘线承受更大的交变应力，使轮胎的使用寿命大大降低或使轮胎爆裂。

3)汽车行驶速度和气温的影响

汽车在高速行驶时，胎面与路面摩擦频繁，滑移量大，使胎体温度升高，结果导致轮胎气压增高；汽车在高速行驶时，其动负荷也大。因此，当汽车高速行驶时，轮胎的使用寿命缩短。

气温对轮胎使用寿命的影响也很大，尤其在气温和车速均较高时，轮胎使用寿命会明显缩短，其根本原因是轮胎气压急剧升高。

4）道路条件的影响

路面材料和平坦度影响摩擦力和动负荷的大小，由此，影响轮胎的使用寿命。

试验证明：若以汽车在柏油路面上行驶时，轮胎使用寿命为100%，则在非铺装路面上，轮胎的使用寿命约降低50%。

5）汽车技术状况的影响

汽车底盘的技术状况（尤其是行驶系）不良，会造成轮胎的异常磨损。如轮辋变形、轮毂轴承松旷、车轮不平衡等，轮辋偏心、轮毂与转向节轴偏心或转向节轴弯曲等，制动器拖滞等，都会导致轮胎异常磨损。

6）驾驶方法的影响

轮胎的使用寿命与汽车驾驶方法紧密相关，例如起步过猛、紧急制动频繁、转弯过急和碰撞障碍物等，都会加速轮胎的损坏。

7）轮胎维护品质的影响

对轮胎维护时，不认真执行强制维护的原则，或在汽车二级维护中，没有将拆检轮胎、进行轮胎换位等作为主要内容，就不能保持轮胎的良好技术状况。

8）轮胎管理技术的影响

轮胎保管条件不良或方法不当，也将引起轮胎的早期损坏。

轮胎与矿物油、酸类物质和化学药品接触，会使橡胶、帘布层等遭受腐蚀。保管期间受阳光照射，室温过高或空气过分干燥，会加速轮胎老化；空气中水分过多，轮胎受潮，会使帘布层霉烂变质。内胎折叠存放，会产生裂痕；外胎堆叠，将引起变形。

3. 延长轮胎寿命的使用措施

1）保持轮胎标准气压

轮胎气压是根据轮胎负荷等条件规定的，轮胎气压应符合该轮胎承受负荷时规定的压力。

2）防止轮胎超载

轮胎负荷不应超过轮胎的额定负荷。汽车设计时，在确定汽车总质量时就应考虑所选用轮胎的额定负荷，而且在汽车使用过程中不得超载。

3）掌握车速，控制胎温

汽车行驶速度与轮胎生热的关系很大，车速越高，挠曲变形速度就越快，轮胎生热量也就越大，轮胎胎体温度上升至100℃以上后，会导致轮胎分层、脱空、爆胎等。

所使用的轮胎应与最高设计车速相适应。设计车速较高的汽车须选用具有高速特性的轮胎。

4）保持汽车技术状况良好。

从延长轮胎的使用寿命的角度出发，汽车维护中要特别注意下列作业：

①前轮前束和外倾角应符合标准。

②行车制动器调整良好，不拖滞。

③轮毂轴承的间隙调整适当。

④轮胎螺母紧固，车轮应平衡。

⑤钢板弹簧的挠度应尽量一致，前、后轴平行。

⑥轮毂油封和液压制动轮缸无漏油现象。

⑦车轮总成的横向摆动量和径向跳动量应符和要求。

5)正确驾驶

汽车应起步平稳，加速均匀，选择良好的路面，少用紧急制动。

6)合理搭配

轮胎必须装配在规定规格的轮辋上，同一车轴应装配相同规格、花纹、层级和相同磨损程度的轮胎。为确保行车安全，翻新轮胎不能装在转向轮位置上。

7)强制维护，及时翻修

轮胎的磨损：乘用车和挂车轮胎的胎冠花纹深度不得小于1.6 mm；其他汽车转向轮的胎冠花纹深度不得小于3.2mm，其余轮胎的胎冠花纹深度不得小于1.6mm；轮胎胎面不得因局部磨损而暴露出轮胎帘布层；轮胎胎面或胎壁上不得有长度超过25mm或深度足以暴露出轮胎帘布层的破裂和割伤。轮胎花纹磨至极限后，应及时送厂翻新。

与整车维护一样，轮胎维护也应贯彻以预防为主，强制维护的原则。轮胎维护分为日常维护、一级维护和二级维护，维护周期按汽车规定的维护周期执行。

轮胎换位时应注意：轮胎换位方法选定后，不再变动；对有方向性花纹的轮胎，换位后不能改变其旋转方向；轮胎换位后，按规定重新调整轮胎气压。

第九章　汽车在特殊条件下的合理使用

汽车在不同气候条件、高原地区、山区等，以及在某些特殊使用阶段使用时，其工作状况和使用性能会发生显著变化。因而，必须根据这些特殊的使用条件或阶段的特点，采取相应的技术措施，以保证汽车使用的合理性。

第一节　汽车走合期及合理使用

一、汽车的走合期及其作用

新车或大修竣工的汽车在投入使用的初期称为汽车走合期。汽车走合里程取决于零件表面加工精度、装配质量、润滑油的品质、运行条件和驾驶技术等，通常为 1 500 ~ 3 000km，相当于 40 ~ 60 个工作小时。

汽车走合期是在使用初期对相互配合的摩擦表面进行磨合加工，以改善其表面几何形状和表面层物理机械性能的工艺过程。在汽车零件的加工过程中，零件表面间虽然经过了生产磨合加工，但仍存在微观和宏观几何形状偏差（粗糙度、圆度、圆柱度、直线度等）；在总成及部件的装配过程中也存在着装配误差。因此，配合零件表面间的实际接触面积比计算面积小得多，使得实际单位压力要比理论计算值大得多。因此，新车或大修竣工的汽车若以全负荷运行，零件摩擦表面的单位压力会很大，将导致润滑油膜破坏和局部温度升高，使零件迅速磨损和破坏。

经过走合期的使用，可以磨去零件表面的微观不平，形成比较光滑的、耐磨而可靠的工作表面，以承受正常的工作负荷。同时，走合期内暴露出的生产或修理中的缺陷得以排除，减小了汽车正常使用阶段的故障率。汽车的使用期限、使用可靠性、动力性和燃料经济性与汽车工作初期的使用情况有很大关系。

从配合副零件的磨损规律可以进一步深刻理解汽车走合期合理使用的重要意义。

汽车在使用过程中，零件的配合间隙 Δab 因磨损而随着行驶里程的增加而增大。根据磨损速率和特点可分 A、B、C 三个阶段，如图 9-1 所示。

初期磨损阶段 A 又称之为零件磨合阶段，其特点是工作初期磨损较快，但随摩擦副配合状况的改善，磨损速度逐渐减慢。磨合终了的间隙为 Δcd。

正常工作阶段 B 也叫做允许磨损期。经磨合阶段后，其磨损速率趋于稳定，磨损量随汽车行驶里程缓慢增长，在间隙达到 Δef 后，磨损将再度加剧。若配合零件磨损强度不同，其磨损曲线斜率也不同，如图 9-1 中曲线 1 和曲线 2 所示。

超过极限间隙的零件磨损期为逐渐加剧磨损阶段 C。Δef 是配合零件的极限间隙，

Δae 和 Δbf 为零件 I 和零件 II 的极限磨损量。在这个阶段，磨损加剧，故障增加（响声、漏气、漏油等），工作能力急剧下降，并迅速损坏。

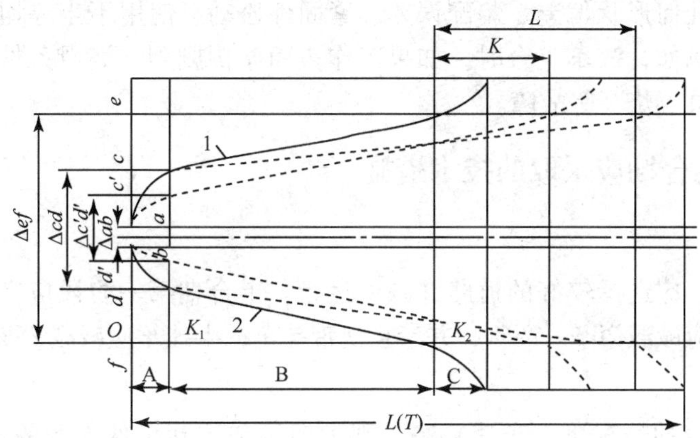

图 9-1　配合零件的磨损规律

Δ-磨损量，mm；L-里程，km；T-汽车工作时间，h

从配合零件的磨损规律可看出，减小磨合终了的间隙 Δcd 和给定的配合间隙 Δab 值可以延长正常磨损阶段 B，提高配合零件的使用寿命。如：把 Δcd 减小到 $\Delta c'd'$ 后，则阶段 B 可以延长里程 K。

配合副零件磨合阶段的磨损量与零件表面的加工质量以及磨合规范有关。在汽车走合期，如果使用不当，未正确地执行磨合规范（包括清洁作业、合理选用加有添加剂的专门润滑油等），将影响配合零件的工作期限。汽车走合期分为以下三个阶段：

第一阶段，即在走合期的前 2～3h 内，因为配合间隙较小，零件加工表面粗糙，形状和装配位置都存在一定偏差，因此，零件磨损和机械损失很大，零件表面和润滑油的温度也很高。

第二阶段，即走合 5～8h 时，零件开始形成较为光滑的工作表面，消耗在摩擦上的机械损失和产生的热量逐渐减少。

第三阶段，零件工作表面的磨合过程逐渐结束，并形成了一层防止配合表面金属直接接触的氧化膜，进入了氧化磨耗过程。

二、汽车在走合期的使用特点

汽车在走合期的使用特点如下：

1. 零件表面摩擦剧烈，磨损速度快

由于新配合件配合间隙小，表面较粗糙且表面间的单位压力大，因此，在相对运动中会产生很大的摩擦力；又因摩擦发热多，故润滑条件变差；同时，磨掉的金属屑进入或残留于摩擦表面间，形成摩料磨损，这都会使零件表面的摩擦非常剧烈，零件表面磨损速度加快。

2. 润滑油易变质

零件表面磨损后产生大量的金属磨屑；同时，零件表面和润滑油温度很高。因此，

润滑油易于被污染或因氧化而变质。

3. 行驶故障多

零件表面的几何形状偏差、装配误差、紧固件松动、使用不当等均会使汽车在走合期的故障增多。例如，汽车走合时，如果工作表面摩擦剧烈，润滑条件差，则发动机易过热，常发生拉缸、烧瓦等故障。

三、汽车走合期应采取的技术措施

1. 减载

在走合期内，应选择较好的道路并减载运行。走合期第一阶段应空载；在整个走合期内，载货汽车应减载20%~25%，并禁止拖带挂车；半挂车应减载25%~50%。

2. 限速

在载质量一定的情况下，车速越高，则发动机和传动机件承受的负荷越大。因此，在走合期内，发动机转速不应过高。在走合期内，汽车的最高行驶速度，一般不应超过40~50km/h。限速行驶是指各挡都要限速，通常各挡位的最大车速应下降25%~30%。不同类型的汽车，可根据其使用说明书的要求，确定最高的走合速度。

3. 正确驾驶

在走合期内，驾驶员必须严格执行驾驶操作规程。起动时，预热温度应升至50~60℃；行驶中，冷却系统冷却液温度不应低于80℃；起步、加速等应平稳；换挡应平稳、及时；行驶中要注意选择路面，不在凹凸不平的路面上行驶，以减轻振动和冲击；经常注意变速器、后桥、轮毂以及制动鼓的温度；尽量避免急促或长期使用行车制动器。

4. 选择优质燃料和润滑油

汽车在走合期使用时，应选择抗爆性好的优质燃油，以防汽油机爆燃；同时，应选择黏度较低的优质润滑油或加有添加剂的专用润滑油。润滑油的加注量应略多于规定量，并应按走合期维护的规定及时更换。

5. 加强维护

汽车在走合期实施的维护称为走合期维护。走合期维护作业的重点是检查、紧固、调整和润滑。要特别注意做好日常维护工作，要经常检查、紧固各部外露的螺栓、螺母等，注意各总成在运行中的声响和温度变化，应及时进行调整。走合期维护一般分为走合前期、走合中期和走合后期的维护。

汽车走合前期，应检查汽车外部的各种螺栓、螺母和锁销的紧固情况，检查润滑油、制动液的加注情况和轮胎气压，检查蓄电池的放电情况和汽车的制动效能，以防止汽车在走合期出现事故和损坏。汽车走合150km时，应检查有关机件的紧固程度和汽车的传动系统、行驶系统的温度状况，并消除漏水、漏油、漏气等现象；汽车走合500km左右时，清洗发动机润滑系统和底盘传动系统壳体，更换润滑油，对汽车上技术状况开始变化的部分进行维护。走合期满后，应进行一次走合维护，对汽车进行全面的检查、紧固、调整和润滑作业，使其达到良好的技术状况，其作业项目和深度参照制造厂的要求进行。

在走合期结束后，在投入正常使用的 3 000 ~ 4 000km 行驶里程内，仍应避免发动机高速运转，且车速不宜过高，载荷不宜过大，也不宜在很差的道路条件下运行。

第二节　汽车在低温条件下的合理使用

一、低温条件对汽车使用性能的影响

在寒冷季节，我国大多数地区的最低气温在零度以下，北方地区的最低气温一般可达 -25 ~ -15℃，而西北、东北以及边疆严寒地区的最低气温可降至 -40 ~ -35℃。在低温条件下，汽车使用的主要问题是发动机起动困难，总成磨损严重，燃料、润滑油消耗增大，机件易损坏、腐蚀，冷起动排气污染严重等。

1. 发动机起动困难

发动机的起动性能与发动机的类型、燃烧室的形式和设计制造水平有关。一般来说，当气温在 -15 ~ -10℃以下时，发动机冷车起动就会有一定的困难；而当外界气温在 -30℃以下时，没有冷起动装置的汽车，不经预热则无法起动。在使用过程中，发动机低温起动困难的主要原因有曲轴旋转的阻力矩大，燃料蒸发性差，蓄电池工作能力降低。

1) 曲轴旋转阻力矩增大

发动机起动的基本前提是曲轴必须达到一定的起动转速，发动机的起动性能通常用发动机在低温下的最低起动转速表示，并用发动机的最低起动温度表示其低温起动性能。图 9-2 为经试验得到的 4 种汽油发动机的最低起动转速与气温的关系。

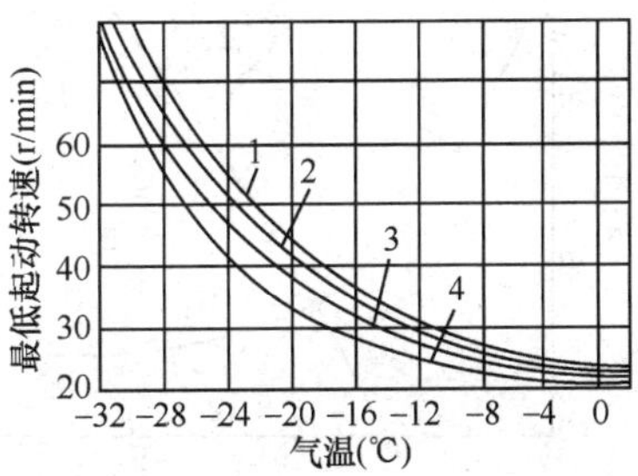

图 9-2　几种汽油发动机最低起动转速与气温的关系

起动转速主要受起动阻力矩的影响。曲轴在起动时的旋转阻力矩包括：汽缸内的压缩混合气（或空气）所形成的反作用力矩，运动部件对曲轴形成的惯性力矩，各摩擦副的摩擦阻力矩等。起动机输出的起动转矩应等于起动阻力矩。

研究表明：对于结构一定的发动机，压缩气体阻力矩和惯性阻力矩在温度降低时变化不大；而在低温条件下，摩擦阻力矩主要取决于润滑油的黏度，即发动机曲轴旋转阻力矩和起动转速在低温条件下，主要受润滑油黏度的影响。在摩擦阻力矩中，活塞与汽缸之间和曲轴各轴承的摩擦力矩是主要的，其大小约占起动摩擦力矩的 60% 以上。

随着温度降低，润滑油内摩擦力增加，曲轴旋转阻力矩增大，发动机起动所需要的功率增加，使发动机的起动转速下降而难以起动。润滑油黏度、起动温度与发动机起动功率之间的关系如图9-3所示，使用低黏度润滑油时所需要的起动功率相对增幅较小。图9-4中曲线1（发动机起动的最低起动转速）与曲线2（起动系统能带动发动机旋转的转速）的交点所对应的转速即为发动机的最低起动转速，随着温度下降，发动机起动的最低转速会上升。

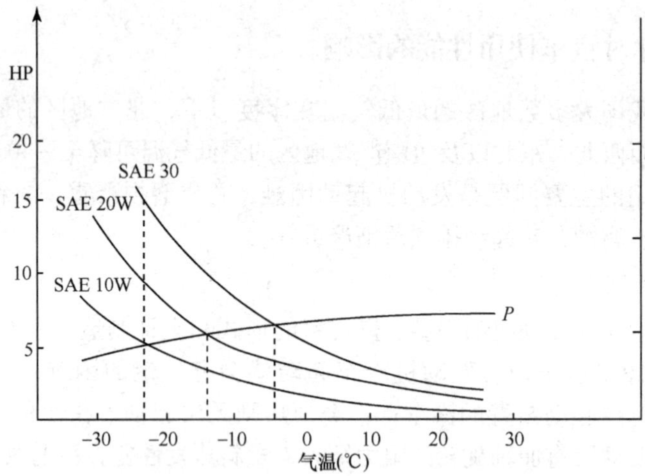

图9-3　发动机润滑油黏度、温度与起动功率的关系

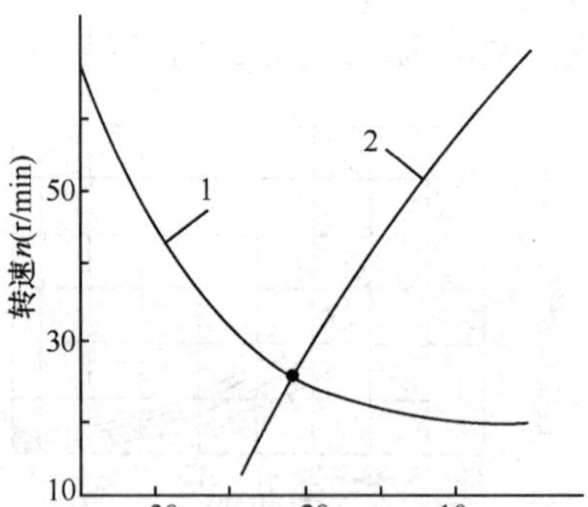

图9-4　发动机起动的最低转速

2）燃料难以蒸发

温度的降低会使燃油的黏度和密度增大（图9-5），流动性变差，表面张力增大，从而难以蒸发汽化；进气温度低使起动转速下降，因而，进气流速降低，使进气管和汽缸内的空气涡流的强度降低，燃油难以雾化和燃烧；同时，发动机机件的吸热作用影响混合气的温度，使燃油难以吸热蒸发。因此，在低温条件下，大部分燃油以液态进入汽缸，使得实际混合气过稀而不易起动。试验表明：气温在 -30℃和进气速度为40m/s（相当于发动机以最大功率工作）时，汽油汽化量为59.5%；气温为零度且进气流速为10m/s时，

汽化量只有31%；发动机起动时，流速一般不超过3～4m/s，气温在0～12℃时，只有4%～10%的燃油汽化。

3)压缩终了的汽缸压力和温度下降

在低温条件下，发动机的起动转速的下降，不仅使流经发动机进气管道的气流速度下降，影响了汽油的雾化，而且使压缩终了的汽缸压力和温度下降，混合气更难以点火燃烧。图9-6为汽缸压缩压力与发动机曲轴转速的关系曲线。由图可见，当起动机带动发动机在较低转速范围内运转时，即使是较小的转速差Δn，也能使汽缸压缩压力发生较大的变化Δp。只有当发动机曲轴转速超过某一值时，压缩压力受转速的影响才会较小。

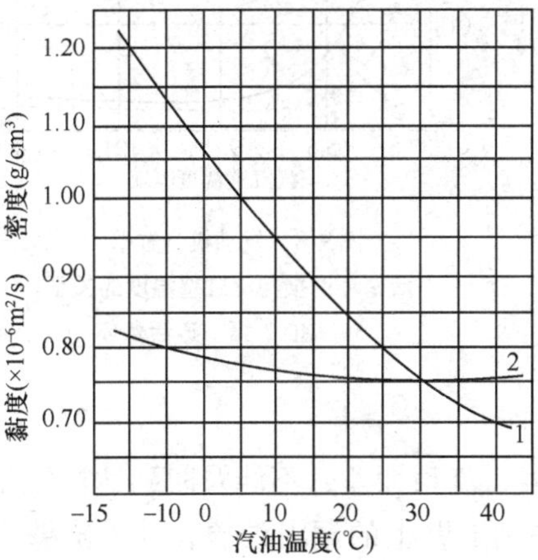

图9-5　汽油黏度、密度与温度的关系
1-黏度;2-密度

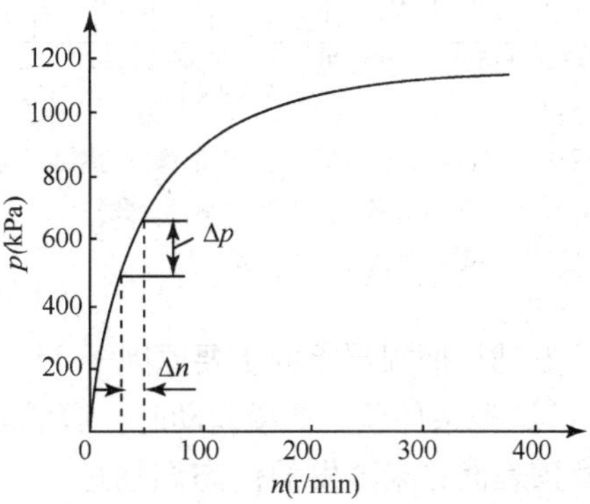

图9-6　汽缸压缩压力与曲轴转速的关系

4)蓄电池工作能力下降

在起动过程中，蓄电池主要影响起动机的起动转矩和火花塞的跳火能量。随着温度的降低，蓄电池的电解液黏度增大，向极板的渗透能力下降，内阻增加；同时，起动时的电流很大，从而使蓄电池的端电压以及容量明显下降。

蓄电池端电压和容量的降低对发动机低温起动性能的影响主要表现在两个方面。首先，低温起动时需要的起动功率大，而蓄电池输出功率反而下降，导致起动机无力拖动发动机旋转或不能达到最低起动转速（图9-7）；其次，蓄电池端电压降低时火花塞的点火能量小，发动机起动困难。此外，在低温条件下，点火能量降低的原因还有可燃混合气密度增大，使电极间电阻增大；以及火花塞电极间有润滑油、冷却液及氧化物等。

2. 总成磨损严重

汽车在低温条件下使用时，各主要总成的磨损强度都较大。在发动机的使用周期中，50%的汽缸磨损量发生在起动过程，而在冬季时的起动磨损量占总起动磨损量的60%～70%。其主要磨损部位是汽缸壁和活塞环、轴和轴承、传动系各总成等。试验表明：在气温为–18℃时，发动机起动时的磨损量相当于汽车正常行驶210km的磨损量。东风EQ1090型汽车发动机的汽缸壁温度对汽缸壁和活塞环磨损的影响，见图9-8。

由于工作条件不同，发动机和汽车底盘传动系磨损严重的原因有所不同。

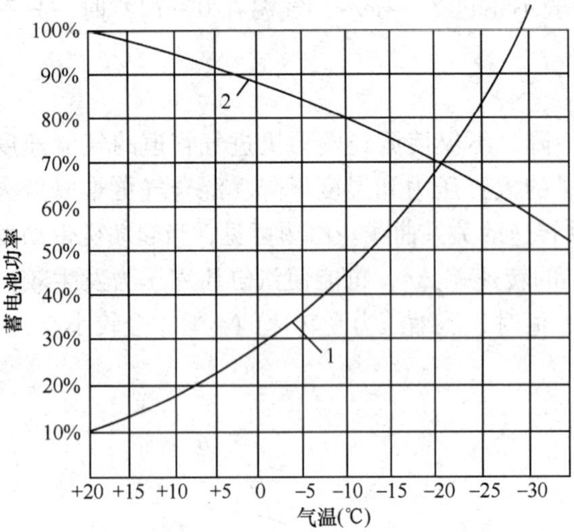

图 9-7　气温对起动功率、蓄电池输出功率的影响
1-起动功率（蓄电池功率百分数）;
2-蓄电池输出功率

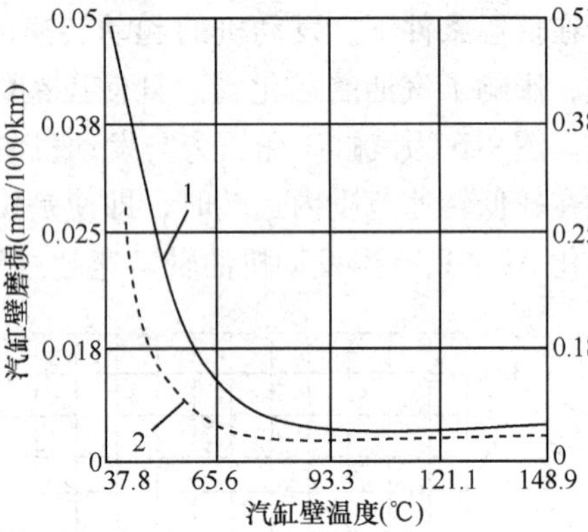

图 9-8　发动机汽缸壁、活塞环磨损与汽缸壁温度的关系
1-汽缸;2-第一道活塞环

1)发动机磨损严重的主要原因

(1)润滑条件差。低温起动时，润滑油黏度大、流动性差，不能及时到达汽缸壁、轴承等摩擦表面；未蒸发的液态燃油进入汽缸，冲刷缸壁上的润滑油膜，并沿缸壁流入曲轴箱，稀释润滑油使其油性减退；同时，燃烧不完全形成的碳化物随废气窜入曲轴箱后，使润滑油进一步污染。

(2)腐蚀磨损的形成。在低温条件下，燃烧过程中的水蒸气凝结于缸壁，并与汽油燃烧过程中产生的氧化硫化合成酸引起腐蚀磨损，使汽缸壁磨损加剧。汽油含硫量与汽缸壁磨损的关系如图 9-9 所示。

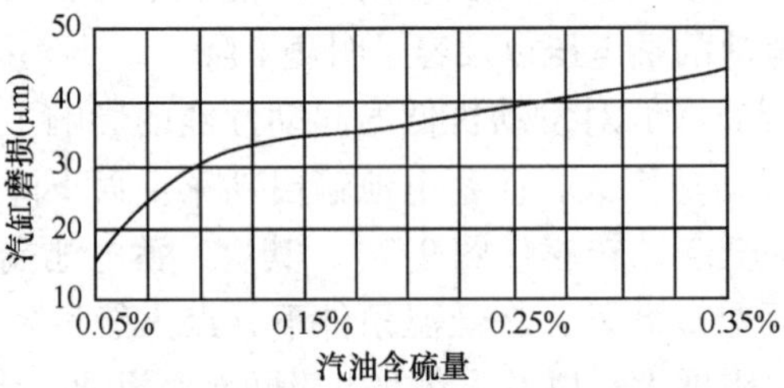

图 9-9　汽油含硫量与汽缸壁磨损的关系

(3)轴承配合间隙变小。曲轴和连杆轴颈与所用轴承的合金成分不同，因而膨胀系数不同。在低温条件下，配合间隙变小且不均匀，加速了轴颈与轴承的磨损。

2)传动系总成磨损严重的主要原因

(1)工作温度低，润滑条件差。传动系总成（变速器、主减速器和差速器等）的正常工作温度由零件摩擦和搅油产生的热量维持，温升速度很慢。例如，解放 CA1090 型汽车传动系总成中的油温为 −10℃时，行驶 6km 后油温才能升到 10 ~ 15℃。在低温时，齿轮和轴承得不到充分的润滑，零件磨损大。研究表明，与润滑油温为35℃时的磨损强度相比，润滑油温为－5℃时，汽车主减速器齿轮和轴承的磨损强度增大10～12倍。

(2)运动阻力大。低温时，传动系润滑油黏度增大，运动阻力相应增大；在起步后的很长一段时间内，各总成的负荷较大，使传动零件的磨件加剧。

3. 燃料经济性差

汽车在低温条件下使用时，燃料经济性差的主要原因是：

①发动机暖车时间长。

②发动机工作温度低，燃料汽化不良，燃烧不完全。

③润滑油黏度大，摩擦损失大，发动机输出功率下降，传动系统的传动效率下降，汽车的行驶阻力增加。

根据试验，当发动机（汽油机）冷却液温度由80℃降至60℃时，油耗增加3%；降至40℃时，油耗增加12%。

4. 机件易损坏

在低温条件下，材料的物理机械性能将变差。在－30℃以下时，碳钢的冲击韧性急剧下降，铸件变脆，塑料、橡胶变硬、变脆，从而使由这些材料制成的零部件在载荷作用下易于发生损坏。

另外，在低温条件下，蓄电池电解液易冰冻而不能正常工作；冷却液易结冰，导致散热器和缸体冻裂。

5. 冷起动排气污染严重

发动机冷起动指从冷态起动到暖车前的过程。在低温条件下，由于燃油雾化不好，因此，发动机在冷起动阶段HC和CO排气污染严重。

汽油机冷起动过程的不确定性因素多。现代的电子控制燃油喷射汽油机，在起动初期的一两个循环中，喷入的燃油量往往是实际燃烧需求量的5～6倍，以使发动机能够尽快点火。这时，进气管道内空气流速较慢，壁面温度较低，燃油蒸发性较差，因而，很多燃油以油膜的形式停留在气道壁面上、进气门处或进入汽缸。这些油膜在后续的暖机工况，以至正常工况将随着周围温度的升高而挥发出来，从而对这段时间内汽缸的实际空燃比产生很大的影响。

另一方面，在这段时间里，废气氧传感器不起作用，无法提供反馈信号以对燃油量进行有效控制。这是电控喷射汽油机冷起动排放污染大的另一个重要原因。

6. 行车条件差

在低温条件下，道路常被冰雪覆盖，致使轮胎与地面间的附着系数显著下降，在行车中使制动距离延长且车辆极易发生侧滑。在同等条件下，冰雪路面的制动距离比干燥路面的制动距离长2～3倍。汽车加速上坡时，驱动轮也易于滑转。

在特别严寒的情况下，橡胶轮胎逐渐变脆，受到冲击载荷时容易发生破裂。因此，在冬季行车时，在汽车起步后应，先以低速行驶，并要平稳起步和越过障碍物。

二、汽车在低温条件下使用时应采取的主要措施

根据汽车在低温条件下的使用特点，可以采取以下措施提高其低温使用性能。

1. 加强技术维护

在季节转换之际，应结合汽车的定期维护作业，附加作业项目，以使汽车适应气候变化后的运行条件。

汽车冬季维护的目的是为了提高汽车在低温、寒冷等条件下的适应能力，避免发生意外事故。其主要附加作业项目有安装或维护发动机保温以及起动预热装置（如将排气预热调到“冬”字位置），检查调整冷却散热装置（节温器、风扇皮带等）是否有效，更换冬季润滑油（脂）以及防冻液，检查调整供油系、点火系等，做好防滑保护措施的准备等。

2. 预热

起动前预热可以提高燃油的雾化性和蒸发性，改善混合气的形成条件，降低发动机的起动阻力，以利于发动机在低温条件下顺利起动。常用的预热方法有进气预热和发动机预热。汽车采用进气预热装置起动，称为“冷态起动”；采用发动机预热装置起动，称为“热态起动”，常用发动机预热方法有热水预热、蒸汽预热、热空气预热、电热器预热和红外辐射加热等。

1）进气预热

进气预热指利用进气预热装置通过加热进气气流以利于发动机起动的预热方法。按照热源不同，所用装置可分为电热进气预热装置和火焰进气预热装置两大类。电热进气预热装置采用装在进气系统中的电热塞对进气气流进行加热。电热塞的通电以及通电持续时间由计算机根据进气温度和冷却液温度来控制，并能在起动后自动切断电源。火焰进气预热装置是利用火焰来加热进气管内的气流，主要应用于柴油机。

2）发动机预热

(1)热水预热。热水预热是应用最广泛的预热方式。预热时，将热水加热至90～95℃，从散热器加水口注入冷却系，注满后把放水阀打开，使之边注边流，待流出的水温达到30～40℃后，关闭放水阀。若把热水直接注入汽缸体水套，使其完全充满后再流入散热器，则可充分利用热水的热能，迅速提高发动机的温度。

(2)蒸汽预热。蒸汽预热是预热发动机的有效方法。预热时，蒸汽通过蒸汽管导入散热器的下水管，进入发动机冷却系统，或直接引入发动机的冷却水套。蒸汽直接引入冷却液套时加热迅速，蒸汽浪费小，但需在缸体和缸盖上加装蒸汽阀。预热开始时，因发动机温度低，蒸汽进入冷却系统后会被冷凝，需打开放水开关排出积水；当缸体温度升高到一定程度时，放水阀处便排出蒸汽；预热温度升高到50～60℃时，可起动发动机并往发动机冷却系统加入热水。若在曲轴箱内加装蒸汽管或散热容器，则可预热润滑油，降低润滑油的黏度，使发动机更易于起动。

(3)电加热预热。把加热器直接插入冷却系或机油内，可方便地对发动机进行加热。常用加热器用绝缘体包裹螺旋电阻丝或内、外电极构成。用于发动机冷却系统的电极加热器采用24～36 V的低压电源，电极功率为3kW左右。蓄电池预热通常只有在严寒地区应用。预热方法是在蓄电池的保温箱底部安放200～300W的电加热器。

(4)红外线辐射加热器预热。利用煤气或液态煤气在陶瓷或金属网内燃烧时产生的红外线作为热源，可对发动机或传动系进行预热。预热时，加热器放在发动机或传动系总成的底部。

3. 保温

汽车在严寒地区使用时，应采取保温措施。其目的是使汽车在一定的热工况下工作，并保证随时出车。保温的主要部位是发动机和蓄电池。当气温很低时，或对于承担某些特殊任务的车辆，还应对油箱和驾驶室保温。

采用百叶窗或用改变风扇参数（叶片数目或角度）的方法可以对发动机保温，也可以用降低风扇转速或用断开风扇离合器的方法保温。后一种方法不但减少了热量耗散，而且还减少了发动机的功率损失；关闭百叶窗可减小流经散热器的空气流，但由于气流阻力大，风扇消耗的功率略大。

采用发动机罩保温套是保持发动机温度状况的重要措施。采用该措施的发动机在-30℃的气温下工作时，发动机罩内温度可保持在20~35℃；停车后，汽车发动机主要部位的冷却速度也比无保温套时降低近6倍。保温材料可以是棉质或毡质的，前者保温性能较好。用薄乙烯基带密封的发动机罩有良好的保温效果。

采用双层油底壳可以对油底壳以及润滑油保温，还可以在油底壳的内表面用一层玻璃纤维密封。

蓄电池保温的目的是保持蓄电池的温度或减缓温度下降速率，以使其容量、内电阻等变化不大。蓄电池在低温下工作时，电解液温度每降低1℃，蓄电池容量便减少1%~1.5%。温度过低时，电解液有冻结以致冻坏蓄电池的危险。常用的蓄电池保温方法是把其放在具有夹层的木质或玻璃钢制的保温箱内，夹层中充有导热系数很低的保温材料。在特别严寒的地区，可采用在箱体夹层内设有电加热器的加热保温装置。为了对加热温度进行控制，蓄电池的加热保温箱还必须具备自动恒温控制与自动断电两项功能。

4. 合理选用燃料和润滑油

为便于发动机低温起动并减轻磨损，低温下使用的燃料应具有良好的蒸发性、流动性、低含硫量等。

燃料的蒸发性对发动机的起动性能有重大影响。汽油的蒸发性用馏分温度表示，其中10%的馏分温度影响发动机的起动性。10%馏分温度越低，起动性能越好。随着温度的降低，汽油的黏度和相对密度增大，汽油的流动性变坏，雾化和汽化困难。从+40~-10℃，汽油的黏度提高76%，相对密度提高6%。90号、93号、97号车用无铅汽油的10%馏分温度均不高于70℃，在气温不低于-13℃、-20℃时，可以满足发动机直接起动的要求。

低温条件下使用的柴油机，要求柴油具有很好的流动性和较低的黏度。然而，夏季牌号的柴油在温度降低到-18~-20℃时，黏度开始明显提高。由于黏度增大，柴油雾化不良，使燃烧过程变坏。当温度进一步降低，则因燃料中的含蜡沉淀物析出，使燃料的流动性逐渐丧失。

汽车在低温条件下使用时，应选用黏温特性好的低黏度润滑油，以降低起动阻力并改善零部件的润滑条件。进入冬季前，发动机、变速器、主传动器等总成应换用冬季润滑油。因其具有良好的黏温特性，黏度随温度下降不显著，可使零件的润滑条件得以改善，并降低起动阻力。

5. 使用起动液

采用专门的起动燃料——起动液，可以保证发动机在低温条件下直接起动（冷起动）。起动液中的主要成分是乙醚（$C_2H_5OC_2H_5$），其沸点仅为34.5℃，其40℃时的饱和蒸气压为122.8kPa（车用汽油在38℃时的饱和蒸气压都不大于66.66kPa），因此具有很好的挥发性。同时，乙醚的闪点为－116℃，其蒸气在空气温度达到188℃时即可自行燃烧。

加注起动液时，应尽可能地将起动液呈雾状均匀地分配到各个汽缸中。通常另设一套起动装置，将其呈雾状喷入进气管，与从空气滤清器进来的空气（柴油机）和可燃混合气（汽油机）混合后进入各个汽缸。

没有起动装置的汽车，可以采用起动液压力喷射罐直接把起动液喷入进气管内，但应注意控制喷入量。喷入量过大时，会引起发动机起动粗暴。

采用起动液进行冷起动时，可使发动机在－40℃或更低的气温下可靠起动。应说明的是，这种起动方法应与稠化机油和低温蓄电池相配合，以便使起动机能把发动机驱动到起动转速。

6. 正确使用防冻液

在冬季，可以在发动机冷却系中使用防冻液，即可起冷却作用，又可防止冻裂缸体，并可避免每天加水、放水等，以减轻劳动强度并缩短起动前的准备时间。

防冻液的使用性能用凝固点、沸点、传热性和热容量表示。为了保证防冻液在冷却系中的流动性，要求其黏度要低。防冻液还不应引起金属腐蚀、橡胶溶胀等，并应具有一定的化学稳定性。防冻液的分类和使用要求见第八章。

7. 其他应注意的问题

在低温条件下，制动液、减振液的黏度增大，甚至出现结晶，影响汽车行驶的安全性与平顺性。因此，在严寒地区应选用适于在低温条件下使用的制动液和减振液，在必要时应拆下减振器的避振杆。

在特别寒冷的情况下，由于橡胶轮胎硬化、变脆等，在受冲击载荷的作用时易破裂。因此，在冬季行驶时，为了减轻冲击，汽车起步后几公里内应低速行驶，要缓慢起步以及越过障碍物。

驾驶室和车厢的温度过低会影响驾驶员的劳动条件和乘客的舒适感。风窗玻璃结霜会影响驾驶员的视野。为此，可将经过散热器的热空气引入驾驶室以及风窗玻璃上，以便采暖和除霜。乘用车和舒适性要求较高的客车上应装备采暖设备。

第三节　汽车在高温条件下的合理使用

一、高温条件对汽车使用性能的影响

在我国炎热的南方和西北高原的夏季，气温高、热辐射强。在高温条件下，发动机冷却系统的散热温差小，发动机易过热。由此，会导致发动机的充气能力下降、燃烧不

正常、润滑性能变差、供油系统气阻等现象，进而使发动机的动力性、经济性和可靠性变坏。由于发动机过热，汽车的动力性、经济性和行驶可靠性变坏。此外，汽车行驶过程中，由于散热能力差，驱动桥齿轮油温度可达120℃，轮毂轴承最高温度、轮胎胎面温度和制动液的最高工作温度可超过130℃。

1. 发动机充气能力下降

发动机工作过程中，每循环进入汽缸容积的新鲜工质量多，则发动机功率和转矩增大，动力性能好。

汽车在高温条件下工作时，发动机罩内温度高，空气密度大大下降而使发动机的充气量减小，从而导致发动机功率的降低。气温越高，发动机罩内温度越高，空气密度越小，充气能力越低，发动机功率下降越显著。当外界气温为32～35℃时，若冷却液不沸腾，发动机的最大功率仅是在该转速下所能发出的最大功率的34%～48%；在气温为25℃时，由发动机罩外吸气，可使发动机最大功率提高10%。

2. 燃烧不正常

汽车在高温条件下使用时，易产生发动机爆燃和早燃等不正常燃烧的情况。

发动机爆燃与很多因素有关。大气温度高，进入汽缸的混合气温度也高，发动机整个工作循环的温度上升；同时，由于冷却系统散热能力下降，从而导致发动机过热。发动机汽缸壁、燃烧室壁温度升高，燃烧室内末端混合气吸收热量多，使燃烧过程中产生的过氧化物活动能量增强，加剧了燃前反应，使其在爆燃敏感的条件下运转，容易产生爆燃。另外，过热的发动机易造成可燃混合气的早燃。

此外，温度过高还使窜入汽缸中的润滑油在高温缺氧条件下生成积炭胶质和沉积物，使积存于活塞顶部、燃烧室壁、气门顶部以及火花塞上的积炭增多，可使导热性变差并在此形成了炙热点，更易于导致早燃或爆燃的发生。

不正常燃烧使发动机零件的热负荷和机械负荷上升，容易导致零件的热变形甚至裂纹，并加剧磨损。

3. 润滑油易变质

发动机过热使燃烧室、活塞、活塞环和油底壳等易引起润滑油变质的主要区域的温度升高。发动机润滑油在高温、高压下工作时，其抗氧化安定性变差，加剧了热分解、氧化和聚合的过程。不正常燃烧所形成的不完全燃烧产物窜入曲轴箱，既污染了润滑油，又使其温度升高。由于润滑油温度高，因而黏度下降，油性变差。因此，发动机温度越高，润滑油变质越快。

在我国西北高原，夏季炎热而干燥，空气中的灰尘很多。而湿热带的南方地区，空气中的水蒸气浓度大。这些灰尘和水蒸气通过进气系统或曲轴箱通风口等处进入发动机，进而污染润滑油。

4. 零件磨损加剧

与汽车在低温条件下的使用特点比较，汽车在高温条件下使用时，在起动后达到正常工作温度前的暖车阶段，发动机和传动系统各总成的磨损减小。但由于温度高，润滑油黏度下降，油性变差，润滑油受污染后品质变差，使汽车在长时间的行驶过程中，特别是超载爬坡或高速行驶的大负荷使用过程中，或在不正常燃烧而形成的高温高压条件下，其零件磨损加剧。

5. 供油系统气阻

供油系统受热后，部分汽油蒸发成气体状态，形成气泡存在于油管以及汽油泵中；由于气体的可压缩性，使之随着汽油泵供油所产生的脉动压力，不断地压缩和膨胀，从而破坏了汽油泵吸油行程所产生的真空度，使发动机供油不足甚至中断，这种现象称之为供油系气阻。在炎热地区，特别是当汽车满载上坡或长时间大载荷低速行驶时，气阻现象时常发生。

影响气阻现象的因素如下：

①汽油的品质（挥发性）。汽油挥发性越好，液体汽油的挥发量越大，越易于产生气阻。

②供油系在发动机上的布置。汽油管道和汽油泵越靠近热源，越易产生气阻。

③汽油泵的使用性能。结构不同的汽油泵，尽管泵油量相同，但抗气阻的能力差别很大。汽油泵泵油压力高时，其抗气阻能力也强。

④发动机的罩内温度。气温越高或通风不良时，发动机的罩内温度越高，越易于产生气阻。

⑤大气压力。大气压力对供油系统气阻的影响很大。气压越低，汽油越容易挥发，产生气阻的趋势增大。

6. 制动效能下降

汽车在高温条件下工作时，制动器制动产生的热量不能及时扩散，使制动鼓和摩擦片的工作温度上升，二者之间的摩擦系数下降，制动效能下降。液压制动的汽车，制动液高温时可能发生气阻现象，同时可能导致制动皮碗膨胀，从而致使制动效能下降，影响行车安全。

7. 排放污染加剧

大气的温度通过空气密度、空燃比和燃料蒸发等因素对发动机排气污染物产生复杂的影响。CO、HC 和 NO_x 的浓度随气温的变化情况也受气温升高而引起的混合气浓度变化所支配。气温升高，混合气变浓，CO 和 HC 浓度增大；而 NO_x 的浓度则在某一空燃比时达到最大值。

8. 轮胎爆裂

在外界温度高时，轮胎散热慢，胎内温度升高而使气压增大；同时，橡胶老化速度加快，强度降低，因而容易引起轮胎爆裂。

9. 其他

在高温行车条件下，蓄电池电解液蒸发快，蓄电池电化学反应加快，极板易损坏，同时易产生过充电现象，进而影响蓄电池使用寿命。

汽车在高温环境中行驶时，因点火线圈过热而使高压火花减弱，容易产生发动机高速断火现象。

二、汽车在高温条件下使用时应采取的主要措施

根据汽车在高温条件下的使用特点，可以采取以下措施提高汽车在高温行驶条件下的使用性能。

1. 提高发动机冷却强度

每种汽车的冷却系统只能适应一定的使用条件。我国幅员辽阔，从严寒的北方到炎热的南方，其气候条件差异很大。汽车散热、冷却等系统的能力应与之相适应。

汽车在高温条件下使用时，在结构方面增大冷却系的冷却强度的主要措施是增加风扇叶片数、直径或叶片角度，提高风扇转速，采用形状过渡圆滑的护风圈等，尽量使气流畅流、分布均匀、阻力小、消除热风回流现象并避免散热器正面无风区，增大风扇对散热器的覆盖面积，采用通风良好的发动机罩、罩外吸气、供油系冷却等办法减小吸入的空气以及燃料的温度变化。

2. 加强技术维护

在夏季进行的日常维护中，要特别注意冷却系统的检查。如冷却系统的密封情况，散热器盖上的通风口和通气孔是否畅通，水温表以及温度传感器是否正常，风扇的技术状况，冷却液是否充足等。

为适应汽车正常运行的需要，汽车进入夏季使用之前，应结合定期维护，对汽车进行一次全面的检查和调整。在夏季进行的季节性维护中，应对汽车冷却系统、供油系统、点火系统进行检查和调整，并更换润滑油（脂）。

①为保证发动机冷却系统有良好的散热能力，在维护过程中应注意检查和调整冷却风扇传动带的松紧程度；定期检查节温器的工作状况；清除散热器和缸体水套内的水垢。水垢对冷却系统散热能力的影响很大。试验表明：水垢的导热率比铸铁小十几倍，比铝小10～20倍。

②在高温使用条件下，为保证汽车各总成能得到可靠的润滑，在技术维护过程中，要注意检查润滑油量是否充足，并适当缩短换油周期。应选用优质润滑油作为发动机的夏季用油；在高负荷连续行驶的情况下，大型载货汽车、大客车的变速器和差速器的润滑油温度逐渐升高，在炎热的夏季往往超过120℃，因此，在炎热季节连续行驶的车辆，应加装润滑油散热器；高温将使传动系统润滑油早期变质、黏度降低，应换用夏季齿轮油并适当缩短换油周期；轮毂轴承应换用滴点较高的润滑脂，并按规定周期进行检查和维护。

③对于在灰尘大的地区使用的车辆，应加强空气滤清器的维护。

④采用电子控制汽油喷射的发动机，可适当调整发动机的匹配参数，用以提高发动机的充气效率，保证混合气的品质和正常燃烧。由于高温条件下空气密度低，所以应调整发动机的供油系统，减小供油量，以防混合气过浓。

⑤高温时，由于混合气燃烧速率快，则应减小点火提前角；夏季蓄电池电解液蒸发快，电解液的密度应稍小，应经常检查电解液的平面高度，及时加注；夏季汽车用电量小，应调小发动机调节器充电电流，以避免蓄电池过充电，极板损坏。

3. 防止气阻

防止供油系气阻的措施是改善发动机的散热和通风，以及隔开供油系的受热部位。具体措施如下：

①行车中注意冷却汽油泵。若汽车行驶中发生气阻现象，可用湿布使汽油泵冷却或将汽车开到阴凉处，降温排除。

②改进汽油泵的结构。现代汽车汽油泵安装在燃油箱内，增大了供油并增设了回油管路，可有效防止供油系气阻。

③改变汽油泵的安装位置，由原来靠近排气管后侧，移至排气管前通风良好处，并在两者之间加装隔热板，防止受高温影响的汽油泵工作不正常。

④装用电动汽油泵。电动汽油泵具有结构简单、工作可靠、不受安装位置限制的优点。其安装位置远离热源时，可防止供油系气阻的产生。

⑤汽车制动液在高温下也可能因挥发而产生气阻。当制动频繁时，制动液温度可达80～90℃，甚至高达110℃。因此，为了保证行车安全，应选用沸点较高的（不低于115～120℃）的合成型制动液。

4. 防止爆燃

发动机爆燃与进气温度有关，因此，通过改进进气方式来降低进气温度，可以防止爆燃。例如，如果把东风EQ1090型汽车发动机的空气滤清器改成前吸式空气滤清器，使进气不受发动机热辐射的影响，可以减轻爆燃倾向。

在汽车行驶过程中，应注意保持发动机工作温度正常。

防止爆燃的措施还有：选用辛烷值较高的高牌号优质汽油；调整点火系，增强火花塞的跳火能量，适当推迟点火时刻，并调整点火系使火花塞产生较强点火能量的火花；及时清除积炭；也可根据需要安装爆燃限制器。

5. 防止轮胎爆裂

环境温度高时，轮胎散热差。当汽车长时间高速行驶时，轮胎发热后温度升高，承载能力下降，容易爆胎。

轮胎胎侧注有速度符号，在使用过程中不应超速行驶。且当长距离连续行车时，车速不宜过高。

超载是爆胎的重要原因。夏季路面温度高，轮胎因此升温；如果超载行驶，轮胎变形增大，产生的热量大，又因此时轮胎散热差，致使轮胎温度进一步升高。轮胎的橡胶材料和帘线在升温后承载能力下降。同时，较大的轮胎变形容易使胎面脱胶，从而使轮胎承载能力进一步下降。因此，汽车因超载使轮胎承受的载荷增大时，极易导致胎体爆破。轮胎的负荷能力以速度为基础，行驶速度提高，负荷能力应相应减少。轮胎负荷也用胎侧的相应标记标明。

胎侧符号注明的轮胎规定气压指常温下的轮胎气压。轮胎的实际气压与环境温度有关，随轮胎温度的提高而相应增高。因此，只有当胎内空气温度与环境温度相平衡时，所测得的轮胎气压才是准确的，仅凭轮胎外表温度来判断胎内空气温度是否冷却是很不可靠的。在炎热夏季，一般应在停驶4小时以后测量轮胎气压，应保持在规定的气压标准。轮胎气压过高，容易爆胎。

在载货汽车装用双胎时，由于受路面拱形、轮胎负荷和散热条件的影响，内侧轮胎的工作温度较外侧轮胎高 3～10℃。因此，应注意轮胎的定期换位。

6. 注意车身维护

试验表明：汽车漆涂层的主要损坏是老化、褪色、失光、粉化、开裂和起泡等；车身电镀层的主要损坏是锈斑、脱皮以及不耐汗手触摸而引起锈蚀等。高温条件大大加快了漆涂层和电镀层的损坏过程。因此，在夏季使用和维修过程中，应加强汽车外表养护作业，注意喷漆前的除锈并采用耐腐蚀、耐磨性高的涂层。

高温、强光、多尘和多雨均影响驾驶员的劳动强度、行车安全和乘坐舒适性。应加装空调设备、遮阳板或加强驾驶室、车厢的通风，并防止漏雨。

第四节　汽车在高原和山区条件下的合理使用

汽车在高原和山区条件下行驶时，由于海拔高、气压低、空气稀薄等，导致发动机动力性和燃料经济性下降；汽车低挡上长大坡时，发动机易过热；同时，在山区复杂道路条件下行驶时，换挡、制动和转弯的次数多，底盘特别是行驶系统的载荷大，轮胎磨损大，其制动系统的负荷也增大。

一、高原和山区条件对汽车使用性能的影响

1. 海拔高度对发动机动力性的影响

随着海拔高度的增大，大气压力和空气密度相应下降。当大气压力下降时，若进气温度和进气阻力不变，进气终了的压力与进气压力的比值基本不变，相对于进气状态而言，充气系数变化不大。但是，随着海拔升高，气压逐渐降低，空气密度减小（表 9-1），致使发动机的进气量减少，平均指示压力下降。

海拔高度、大气压力、密度以及温度的关系　　表 9-1

海拔高度（m）	大气压力（kPa）	气压比例	空气温度（℃）	空气密度（kg/m^3）	相对密度
0	101.3	1	15	1.222 5	1
1 000	89.9	0.887	8.5	1.112 0	0.907 4
2 000	79.5	0.784 5	2	1.006	0.831 5
3 000	70.1	0.691 8	−4.5	0.909 4	0.742 1
4 000	61.3	0.604 2	−11	0.819 3	0.668 5
5 000	54.0	0.533	−17.5	0.706 3	0.600 8

平均指示压力与发动机功率成正比。因此，对于一定型号的发动机而言，在转速不变的情况下，平均指示压力直接影响着发动机功率，即发动机功率随着海拔升高而下降。

随着海拔高度升高，气压降低，空气密度减小。海拔高度每升高 1 000m，大气压力下降约 11.5%，空气密度约减小 9%；发动机功率和转矩分别下降 12% 和 11% 左右（图

9-10）。其主要原因为：

①由于气压降低，外界与缸内的压差减小；又因空气密度小，使发动机充气量下降，混合气变浓。

②大气压力降低，使进气管真空度相应减小，真空点火提前装置的工作受到影响，点火推迟。

③因压缩终了的压力和温度降低，混合气的燃烧速度缓慢。充气量下降和燃烧速率降低均会使发动机动力性降低。

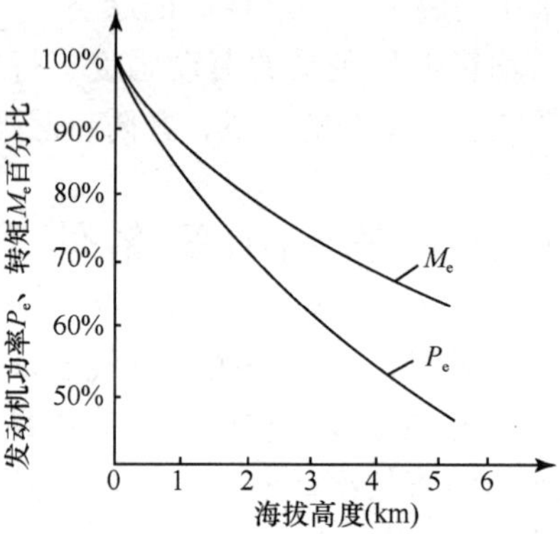

图9-10　汽车发动机功率、转矩与海拔高度的关系

2. 海拔高度对发动机运转稳定性的影响

随着海拔高度的增加，大气压力降低，空气稀薄，混合气变浓，严重时会由于混合气过浓而不能稳定运转或产生喘振现象；同时，大气压力降低使进气管真空度下降，进气量不足，发动机怠速转速下降。从图9-11可见，海拔每增高1km，怠速转速降低50r/min，而且怠速稳定性差。

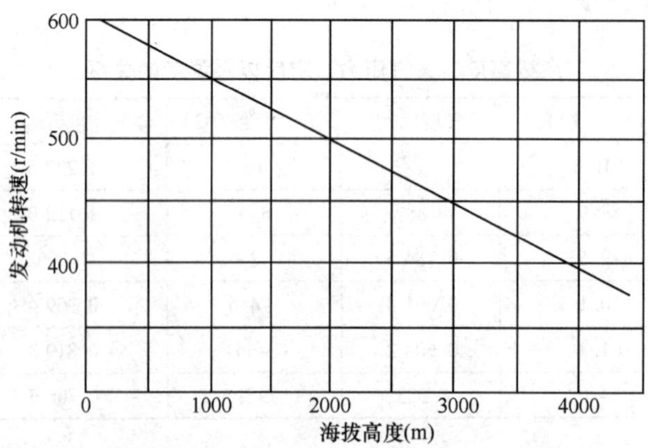

图9-11　海拔高度与发动机怠速转速的关系

3. 海拔高度对燃料经济性的影响

随着海拔高度的增大，汽车的行驶油耗量相应增大，如图9-12所示。其主要原因是：

①在高原行驶的汽车，由于空气密度下降，充气量将明显降低。若供油系统未经调整或校正，则随着海拔高度的增加，空燃比变小，混合气变浓，发动机润滑油耗增大。

②汽车运行在高原山区道路上时，道路行驶阻力大。

③由于发动机动力不足，且高原山区坡度陡而大，道路复杂，汽车经常用低挡大负荷低速行驶，也会使油耗增大。

④汽车发动机大负荷或满负荷工作的时间比例增大，发动机易过热，并易于引起发动机的不正常燃烧，油耗增大。

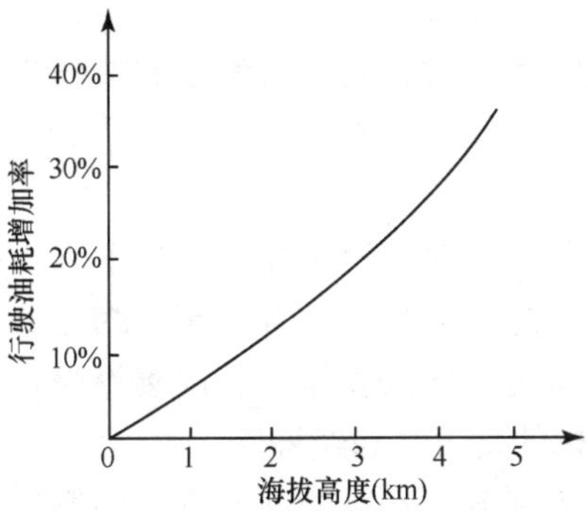

图 9-12　海拔高度对汽车行驶油耗的影响

⑤由于大气压力降低，燃料蒸发性提高。因此，高原行车易产生气阻和渗漏等问题，致使油耗增大。

4. 海拔高度对汽车制动性的影响

海拔高度对汽车制动性的影响如下：

①汽车在山区复杂道路条件下行驶时，因制动系制动频繁或长时间持续制动，致使摩擦片和制动鼓经常处于发热状态。制动蹄摩擦片温度可高达 400℃左右。摩擦片的摩擦系数急剧下降，制动效能下降甚至失效，磨损加剧并容易碎裂。

②汽车在山区复杂道路上制动时，前轮易于失去转向能力，后轴易于侧滑。前者经常发生在坡道、湿路面和超载的情况下，后者则常发生于平路、干路面和空载的情况下。这两个问题造成了汽车前、后轴制动力分配比例上的突出矛盾。此外，路面附着特性的变化（山区公路常见现象），道路曲率的变化等也会对汽车制动稳定性产生较大的影响。

③装用气压制动的汽车在高原和山区条件下使用时，因空气稀薄，空气压缩机的生产率下降，供气压力不足；同时，由于制动次数多，耗气量大，往往不能保证汽车，特别是汽车列车的制动可靠性。

④另外，制动器摩擦而生热使制动系统的温度升高。若所用制动液沸点低，制动液易于蒸发而产生气阻，引发制动失灵。

5. 润滑油易变质，磨损加剧

在高原行车时，由于发动机功率下降，且高原山区道路复杂，行驶阻力大，因此发动机满负荷工作的时间比例增大，发动机易过热。发动机工作温度升高，使润滑油黏度变小，氧化速度加快；同时，过浓的混合气不能完全燃烧，液体燃油窜入曲轴箱后，会稀释润滑油而加快润滑油变质。润滑油品质变差使发动机润滑不良，磨损加剧。

二、汽车在高原山区条件下使用时应采取的主要措施

根据汽车在高原山区条件下的使用特点，可采取以下措施改善其使用性能。

1. *改善发动机性能的措施*

在高原山区条件下使用时，发动机功率下降，油耗增多，磨损加剧。可采取以下技术手段提高在高原山区条件下使用的汽车的性能。

1)汽车选购

若汽车需经常在高原地区使用时，应购买汽车制造厂为高原地区专门设计、制造的高原型汽车。

2)提高发动机的压缩比

在高海拔地区使用的汽车，发动机的实际充气量下降，压缩行程终了时汽缸内压力以及温度相应降低，同时爆燃倾向减小，具有提高压缩比的有利条件。增大压缩比不但可以提高压缩终了的温度与压力，增大膨胀比，改善燃烧过程，减少热损失，而且可采用较稀的混合气，提高发动机的动力性和经济性。

压缩比的选定与汽油的辛烷值有直接关系。汽油的辛烷值越高，爆燃倾向越小，压缩比就可以相应地选大一些。

除上述使用因素外，压缩比还与大气温度、汽车负荷、发动机热状态等因素有关。因此，应根据具体的使用条件，合理选择压缩比。

可采用高压缩比汽缸盖提高压缩比，也可以通过采用较薄的汽缸垫，用缩小燃烧室容积的方法使压缩比有所提高。

3)合理选择配气相位

合理选择配气相位可以提高发动机汽缸的充气量，改善发动机的动力性和燃料经济性。配气相位的确定，应与发动机的实际转速范围相适应。发动机的转速不同，进、排气门开闭角对气流惯性的影响也不同，因而，进、排气门开闭的最有利角度应随之变化。在进、排气门开闭的四个时期中，进气迟关角和排气提前角的影响最大。

合理的进气迟关角可利用气流的惯性提高充气系数，在一定的气流惯性下，对应着一个最佳的迟关角。排气提前角主要影响作功行程中的膨胀功损失和排气行程中的排气功损失。试验表明，随着发动机转速的提高，排气提前角亦应增大。

4)调整油、电路

海拔高度增大后，充气量减小，因而，应据此对供油系统调整。否则，会使混合气变浓，燃料不能完全燃烧。为此，应按海拔高度调整燃油供给流量，并适当增大空气量，以改善混合气的形成，提高发动机的动力性和经济性。

随着海拔高度的增大，空气压力降低，真空提前装置的工作受到影响，其相同工况下的提前量减小；同时，因缸内压缩压力低，火焰传播速度减慢。因此，可将点火提前角提前 $1° \sim 2°$，并提高点火能量。

对于在高海拔地区使用的柴油发动机，应重新调整油泵的供油特性。除应减少循环供油量外，还因柴油喷入汽缸后的着火落后期延长，燃烧速率减慢，需适当使喷油角提前。

5)采用增压设备

增压设备的作用是可以通过压缩空气使压力提高，以增加进入汽缸的充气量。常采用的增压设备为废气涡轮增压器，增压器涡轮室内的涡轮由发动机排出的废气的能量推动，涡轮又带动同轴的叶轮旋转，压缩来自空气滤清器的空气使之增压后进入汽缸。发动机加快运转时，废气排出速度与涡轮转速也同步加快，叶轮使更多的空气压缩后进入汽缸，进而增大空气的压力和密度。

柴油机的工作过程无爆燃限制，使用增压器可增大充气量，压缩终点的压力和温度也相应提高，从而改善了发动机的动力性和经济性。柴油机采用增压技术后，能够有效地补偿因海拔增大而造成的动力损失。

因爆燃和涡轮热负荷过高等问题，废气涡轮增压技术在汽油机上的应用受到一定的限制。但是，对于在高原地区使用的汽车而言，仍是恢复发动机功率的行之有效的方法。

6)其他技术措施

①使用含氧燃料。在汽油中掺入酒精、丙酮以及其他含氧化合物的燃料。在燃烧过程中，理论上所需的空气量减少，从而补偿了因气压低而产生的充气量不足的问题。

②加强蓄电池维护。经常检查蓄电池电解液，调整其密度，以保证蓄电池的技术状况，提高点火系统的点火能量。

③改善润滑条件。所用发动机润滑油应具有良好的黏温特性，以保证其在低温时的起动性能良好，在高温时具有良好的润滑性能。应保持良好的曲轴箱通风，并采用机油散热器散热，以防止润滑油变质。

④加强维护。由于高原山区空气稀薄，发动机冷却强度有时显得不相适应；在低挡爬坡时，发动机易过热；停车时，发动机又很快冷却。因此，发动机应采取良好的冷却和保温措施。

2. 汽车行驶安全性的改善

高原山区地形复杂，坡大、路窄、弯多等，应采取相应的技术措施改善行驶的安全性，特别是改善其制动性能，对于汽车在高原山区条件下安全运行尤为重要。

1)采用ABS制动防抱系统

汽车在制动过程中，ABS制动系统可以防止车轮抱死，既可获得最大制动效能，又可避免危险的制动侧滑，从而提高汽车的制动稳定性。采用ABS制动防抱系统是提高汽车在山区复杂道路上行驶安全性的重要途径。

2)采用耐高温制动摩擦片

汽车下长坡连续制动或高速制动时，制动器会因温度上升而产生热衰退现象，制动力矩显著下降。制动器的抗热衰退性能主要与制动器摩擦副材料以及制动器的结构有关。因此，采用耐高温制动摩擦片是改善汽车制动器抗热衰退现象的简单易行的方法。耐高温摩擦片采用环氧树脂、三聚晴胺树脂等作为黏合剂或采用无机黏合剂，使石棉摩擦材料黏结、固化成形而制成。石棉摩擦材料中常加有金属添加剂，当温度高达400℃以上时，摩擦片尚可产生足够的制动力矩，可适应高原山区条件下的行车制动的需要。

3)采用辅助制动器

辅助制动器有电涡流、液体涡流和发动机排气制动器。前两种辅助制动器又称电力或液力下坡缓行器，多用于山区或矿用重型汽车上。排气制动一般是在发动机制动的基础上，在排气管内设置排气节流阀形成的。关闭排气节流阀，排气制动起作用，可达到降低汽车车速的目的。排气制动属于缓行制动装置，可保证各车轮制动均匀，制动功率可达发动机有效功率的 80% ~90%。

4）采用可调制动比例阀

现有的比例阀的前、后轴制动比例一般都是固定的，一般用于防止后轴制动抱死，不能解决前轮制动抱死问题；而一些进口矿用车的前轮制动减压阀，又只能用于防止前轮抱死。因此，均不适用于制动工况变化很大的山区复杂道路情况，这样有必要采用一种从前轮制动减压到后轮制动减压的大范围可调比例阀。

5）防止制动系统气阻

防止制动系统气阻的有效方法是采用不易挥发的合成型制动液。评价制动液高温抗气阻性能的指标是平衡回流沸点。平衡回流沸点越高，越不易产生气阻。合成型汽车制动液一般是由二乙二醇醚、三乙二醇醚等溶剂，蓖麻油、聚乙二醇等润滑剂和一些添加剂组成。根据 GB 12981—2003《机动车辆制动液》，JG_3 级合成制动液平衡回流沸点不低于 205℃，JG_4 级不低于 230℃，JG_5 级则不低于 260℃。

6）制动鼓降温

为防止制动器过热，在汽车下长坡前，可开始对制动鼓外圆淋水冷却降温；也可以在制动过程中，不断地对制动鼓淋水降温，以防制动器温度过高而使摩擦片烧蚀。

7）防止轮胎爆胎

海拔高度升高时，轮胎气压也会升高。在海拔 4km 时，轮胎气压比在海平面时增大约 50kPa；同时，轮胎传递动力较大或速度过高时，轮胎表面温度较高，橡胶强度变差。因此，在高原山区条件下行车时易爆胎而引发事故，需注意保持轮胎压力不超过规定值，同时注意轮胎的工作温度。

8）其他技术措施

①为了满足压缩空气制动的供气压力要求，可采用供气量大的双缸空气压缩机。

②注意检查和维护汽车转向机构，使之转向灵活、可靠。

③由于山区弯多路窄，前照灯应具有良好的技术状况。

④汽车在高原和山区使用时，因换挡、制动和转弯次数多，道路不平，底盘负荷大，轮胎磨损加剧，所以汽车的维护周期应适当缩短。

第五节　汽车在坏路和无路条件下的合理使用

坏路或恶劣道路指泥泞的土路、冬季的冰雪道路和覆盖砂土的道路等，无路指松软土路、耕地、草地和沼泽地等。

汽车在坏路和无路条件下使用时，平均技术速度和装载质量明显下降，影响了汽车的运输生产率，其通过性也是关键问题。

一、汽车在坏路和无路条件下的使用特点

汽车在坏路和无路条件下的使用特点是驱动轮与路面的附着力减小，车轮的滚动阻

力增大，从而使汽车的牵引—附着条件恶化；此外，突出的障碍物影响汽车通过性；汽车在坏路或无路条件下行驶，其燃油消耗量大幅增长。

汽车在松软的土路上行驶时，支承路面将出现残余变形，车轮在路面上形成车辙，滚动阻力增大。汽车在泥泞而松软的土路上行驶时，往往由于附着系数低，引起驱动轮打滑，使汽车无法通过。

土路的滚动阻力系数与土壤的强度、轮胎花纹和气压、汽车驱动轴上的负荷以及汽车的行驶速度有关。

附着程度的好坏主要取决于轮胎与路面的接触处在变形后的相互摩擦情况。在干燥平坦的土路上，附着系数约为0.5～0.6；在不平整的低级道路上，由于轮胎与路面的接触面积减少，附着系数会下降；而当路面潮湿或泥泞时，其表面坑洼都被泥浆填满，阻碍了轮胎与路面之间的接触，致使附着系数降低到0.3～0.4或更低。

砂路的特点是表面松散，受压后变形大。当轮胎花纹嵌入砂土后，因砂土的抗剪切能力差，抓着力小，附着系数降低；同时，车轮的滚动阻力增大。干砂路和流沙地容易使汽车打滑，在流沙地上，汽车车轮的滚动阻力系数可达0.15～0.30或更大，而驱动轮则由于附着系数小而空转，影响汽车的通过性能。

雪路对汽车通过性的影响主要取决于雪层的密度和深度。密度越大，其承受的压力也越大。雪层密度和硬度与气温和压实程度有关：气温低，雪层干而硬；气温高，雪层软而松。雪层的密度越小，车轮的滚动阻力增加，且附着系数下降，行驶条件越差。

雪层的厚度对汽车行驶也有一定的影响。当雪层、特别是松软雪层加厚时，汽车的通过性将明显下降，当雪层厚度大于汽车最小离地间隙的1.5倍、雪的密度低于0.45g/cm^{3}时，汽车便不能通过。

在冰路上行驶的汽车，路面附着系数可降低到0.1以下；但与刚性路面相比，车轮的滚动阻力的差别不大或略有增加。

二、汽车在坏路和无路条件下使用时应采取的主要措施

汽车在坏路和无路条件下使用时，改善驱动轮与路面之间的附着条件，提高附着系数，减少滚动阻力，可提高汽车的通过性。具体措施如下：

1. 合理使用轮胎

轮胎花纹和轮胎气压对附着系数的影响较大。

1）轮胎胎面花纹

轮胎胎面花纹可分为普通花纹、越野花纹和混合花纹，即纵向花纹、横向花纹和纵横混合花纹。越野花纹轮胎的特点是花纹横向排列、花纹沟槽深、凸出面积小、地面抓着力大、抗扎和耐磨性好，适合在坏路和无路条件下使用。在坏路和无路条件下行驶的车辆，适宜采用越野花纹轮胎，以提高轮胎与路面间的附着系数。采用低压、超低压轮胎或降低轮胎气压后，轮胎与路面的接触面积变大，单位压力减小，可增大轮胎与路面的附着能力。同时，轮胎对路面的单位压力下降后，在软土路上行驶时的滚动阻力也下降。

2）轮胎类型和气压

轮胎气压减小后，轮胎与路面的接触面积增大，单位压力减小，致使车轮的滚动阻

力减小，并改善了附着条件。但轮胎气压降低后，轮胎变形加大，使用寿命降低，因此不能使轮胎长期处在低气压下工作。

采用外径与普通轮胎大致相同而断面宽的特种轮胎，如拱形轮胎和宽断面轮胎，可以提高汽车通过性。特种轮胎行驶面宽度显著增大、气压低，因此与地面的接触面积大，压强减小，形成的车辙浅，在松软路面上有很高的抓地能力，同时滚动阻力小，可以大大提高汽车在松软路面上的通过性。

汽车装用调压轮胎时，驾驶员可以根据路面状况调节轮胎气压，使之在松软路面上行驶时，附着能力增大，滚动阻力降低；同时，在好路上行驶时，滚动阻力不致过大。

3)轮胎磨损情况

在使用中，要注意轮胎的磨损情况，轮胎花纹的剩余深度应符合标准要求，不应低于轮胎生产厂标在胎侧的磨损限度标志。磨损大的轮胎因附着力小且容易爆胎，而不适合在坏路上使用。

2. 使用防滑链

在汽车驱动轮上装防滑链是提高车轮与路面附着系数的有效措施。防滑链的形式主要取决于路面状况和汽车行驶系的结构。常用的防滑链有普通防滑链和履带式防滑链两类。

普通防滑链是带齿的（圆形、V形或刀形）链条，由专门的锁环装在轮胎上，在冰雪路面和松软层不厚的土路上有良好的通过性，而在松软层厚的土路上效果明显下降。

履带链能保证汽车在坏路上，甚至驱动轮陷入土壤或雪内行驶时仍可以通过，菱形履带还具有防侧滑能力。

防滑链的缺点是链条较重，拆装不方便；更重要的是装有防滑链的汽车，其动力性和经济性均下降；在硬路面上行驶的冲击大，使轮胎和后桥磨损增大。因此，仅在克服困难道路上行驶时，才应该装用防滑链。在克服难以通过但较短的道路时，宜使用容易拆装的防滑块或防滑带。

3. 采用他救和自救措施

汽车克服局部障碍或陷住时，可根据具体情况，采用他救或自救措施。他救指用其他车辆、拖拉机等，拖出不能自行通过的汽车。常用的自救方法是去掉松软泥土或雪层，在驱动轮前要驶出的路面上撒砂、铺石块或木板等，然后将汽车开出，也可以用绳索绑在树干（或木桩）和驱动轮上，如同纹盘那样驶出汽车。

4. 提高在坏路和无路条件下的驾驶技术

此外，驾驶方法对提高汽车的通过性也有很大作用。例如，汽车通过砂地、泥泞土路和雪地等松软路面时，应降低车速（低速挡），以保证有较大的牵引力，同时可降低车轮对土壤的剪切和车轮的陷入程度，提高附着力。还应避免换挡和加速，并尽量保持直线行驶，因为转弯会使前、后轮辙不重合而增大滚动阻力。

为了保证行车安全，汽车在低附着系数路面上行驶时，应采用较低车速，并应增大行车间隔。

第十章　汽车技术状况的变化及更新

第一节　汽车技术状况的变化

汽车使用过程中，随着行驶里程的增加，汽车的技术状况不断发生变化。其变化速率和原因除与汽车结构质量有关外，还与汽车运用条件、使用环境、汽车合理运用水平等因素有关。研究汽车技术状况变化的原因，掌握汽车技术状况变化的规律，是汽车合理使用的前提。

一、汽车的技术状况

汽车的技术状况指能定量测得的、表征某一时刻汽车的外观和性能的参数的总和。汽车的技术状况可用汽车的工作能力或运用性能来评价。

随着汽车行驶里程的增加，汽车的技术状况将逐渐变坏，致使汽车运用性能逐步低劣化。如动力性下降、经济性变坏、使用方便性下降、行驶安全性和使用可靠性变差，直至最后达到使用极限。运用性能变差的主要的外观症状有：

①汽车的最高行驶速度降低。

②加速时间与加速距离增长。

③燃料与润滑油消耗量增加。

④制动迟缓、失灵等。

⑤转向沉重。

⑥行驶中出现振抖、摇摆或异常声响。

⑦排黑烟或有异常气味。

⑧运行中因技术故障而停歇的时间增多。

二、汽车的运用性能及其变化

汽车运用性能包括动力性、经济性、行驶安全性、通过性、行驶平顺性、使用可靠性、载质量和容积等，其评价指标如表1-3 所示。

汽车运用性能下降会导致汽车运输生产过程中运输生产率下降、运输成本增加、经济效益变差等，同时对环境的污染加剧，并易于发生行车安全事故。表10-1 所列统计数据反映了载货汽车随使用时间增加，其运输生产率、维修工作量和运输成本的相对变化关系。

运输生产率、成本、维修工作量与行驶里程的关系　　表 10-1

汽车工作时间（年）	运输生产率（%）	维修工作量（%）	运输成本（%）
1	100	100	100
4	75 ~ 80	150 ~ 170	130 ~ 150
8	55 ~ 60	200 ~ 215	150 ~ 170
12	45 ~ 50	250 ~ 300	170 ~ 200

汽车运用性能分为初始性能和实际运用性能。汽车的初始性能取决于汽车的制造质量，由设计和制造工艺所确定。在汽车使用过程中，汽车的实际运用性能从汽车的初始性能开始，随着使用时间或行驶里程的增长而不断变化。汽车的实际运用性能除取决于汽车的初始性能外，其变化速率还取决于汽车的运用条件、运输工作情况和合理运用水平。因而，汽车整个寿命期的平均运用性能也与汽车的合理运用水平有关。在汽车制造方面，可以通过改进汽车的机构设计和完善汽车的制造工艺来提高汽车的初始性能；在汽车运用过程中，可以通过汽车的合理运用，采取必要的技术措施来提高汽车的运用性能。

图 10-1 反映了汽车运用性能随时间变化的关系。汽车实际运用性能（曲线 2、4）从汽车初始性能 1 开始，随着使用时间的延长而逐渐低劣化。在汽车使用过程中，通过合理运用可以使汽车的运用性能随使用时间的增长而下降的速率和程度减小，提高汽车使用到某行驶里程时的实际运用性能，从而使汽车在整个使用过程中的实际运用性能的平均水平有所提高，如图 10-1 中曲线 4 所示。由图可见，采取合理的使用措施降低汽车技术状况变坏的速率后，汽车技术状况的变化情况从曲线 2 转化为曲线 4，汽车在同一使用时期的平均运用性能由线段 3 表示的高度提高到线段 5 表示的高度。显然，由于汽车的合理使用，可使达到汽车极限运用性能所对应的使用时间或行驶里程增长，因而，延长了汽车的使用寿命。

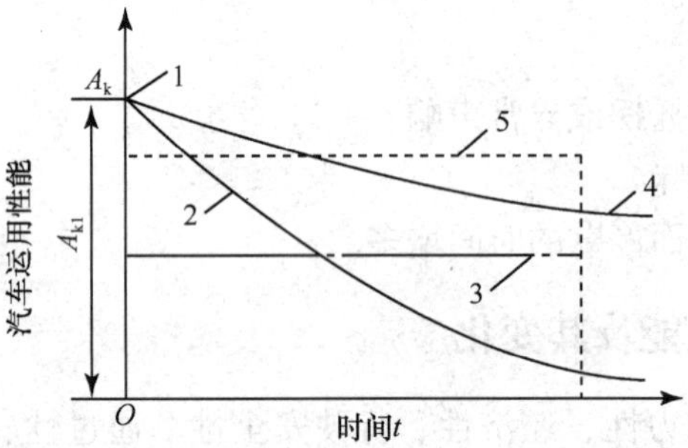

图 10-1　汽车运用性能随时间变化的情况

1-汽车初始性能；2-汽车运用性能随时间变化的曲线；3-汽车实际运用性能；
4-汽车合理运用对性能的影响；5-通过合理运用可提高汽车的实际运用性能

要实现汽车的合理运用，必须对汽车技术状况的影响因素和在各种运用条件下提高汽车技术状况的措施进行研究，依靠有一定技术专长的技术人员和对汽车技术状况进行管理组织等手段来保证汽车的工作能力；同时，要做好汽车运用技术管理的基础工作，在汽车运用过程中要经常按运用时间（或行驶里程）测量、记录汽车运用性能的变化情况，以作为分析汽车技术状况变化，并确定提高汽车技术状况相应措施的依据。

三、汽车技术状况变化的影响因素

在汽车使用过程中，汽车内部零件之间、零件与工作介质和工作产物之间、汽车与外部环境之间等均存在着相互作用，其结果是汽车零件在机械负荷、热负荷和化学腐蚀的共同作用下，引起零件磨损、发热、腐蚀等一系列物理的和化学的变化，使零件尺寸、零件相互的装配位置、配合间隙、表面质量等发生改变。如发动机汽缸活塞组的尺寸、曲柄连杆机构的尺寸、制动器制动蹄片的尺寸、制动蹄与鼓的间隙等，在汽车使用过程中时刻都在发生着变化。汽车是由机构、总成等组成的，而机构和总成又由零件组成，所以零件是汽车的基本单元。零件性能下降后，引起汽车工作品质下降，从而使汽车的技术状况发生变化。因此，汽车技术状况的变化取决于组成零件的综合性能，是汽车使用过程中诸多内在因素和外在原因综合作用的结果。

1. 汽车技术状况变化的基本原因

汽车零件损坏的常见原因有零件之间相互摩擦而产生的磨损，零件与有害物质接触而产生的腐蚀，零件在交变载荷作用下产生疲劳，零件在外载、温度和残余内应力作用下发生变形，橡胶以及塑料等非金属零件和电气元件因长时间使用而老化等。汽车在某种特定使用条件下，其零件各种损坏所占百分比如表10-2所示。

汽车零件各种损坏所占百分比 表10-2

零件表面特征		载货汽车	大型载货汽车和公共汽车
磨损		40	37
塑性变形与损坏	折断、破裂、脱离、剪断	20	19
	拉伸、弯曲、压缩	6	10
疲劳损伤	裂痕	12	7
	断裂	5	8
	剥落	1	1
高温损伤	烧毁	5	7
	烧损	4	3
	碳化	3	1
其他		4	7
总计		100	100

汽车零件的主要损坏形式有：

1）磨损

磨损是零件的主要损坏形式。磨损是相互接触的物体在相对运动中表层材料不断磨耗的过程，是伴随摩擦而产生的必然结果。磨损现象只发生在零件表面，其磨损速度的快慢既与零件的材料、加工方法有关，又受汽车运用中装载、润滑、车速等条件的影响。引起汽车技术状况变化的主要磨损形式有磨料磨损、分子—机械磨损和腐蚀磨损。

(1)磨料磨损是零件相互摩擦表面间有坚硬、锐利的微粒的作用下产生的磨损。微粒的来源有的来自外界，如尘埃、沙土等；而有的微粒是从零件工作表面上脱落下来的，如金属磨屑。在零件相互摩擦过程中，磨料的作用将加速零件的磨损过程。制动蹄摩擦衬片与制动鼓的磨损属于磨料磨损。

(2)分子—机械磨损也称为黏着磨损。当零件的接触面承受大载荷、滑动速度高、润滑又不良时，零件表面在摩擦过程中会产生大量的热，使材料强度降低并形成局部热点，而易使零件局部表面金属黏结在一起；而黏结点在零件表面的相对运动中又被撕开，使一部分金属从一个零件表面转移到另一个零件表面而造成零件表面的损伤。产生黏着磨损的典型实例是汽缸筒“拉缸”和曲轴“烧瓦”。

(3)腐蚀磨损是摩擦表面在酸、碱等腐蚀物质的作用下而产生的磨损。腐蚀物质对零件表面的腐蚀可使表面形成薄而脆的氧化层，在摩擦力的作用下，氧化层脱落，腐蚀作用进一步向零件深部发展，再形成氧化层。如此，氧化层不断生成，不断脱落，从而造成了零件表面的损伤。

2)疲劳损坏

疲劳损坏是由于零件承受超过材料的疲劳极限的循环应力时，而产生的损坏。通常，易于产生疲劳损坏的零件是承受交变载荷较大的零件，如齿轮齿面的疲劳点蚀、汽车钢板弹簧折断等。在交变载荷与零件内部所产生的循环应力作用下，零件表面产生疲劳裂纹，而且不断积累、加深、扩展进而产生零件的疲劳损坏。

3)腐蚀损坏

腐蚀损坏产生于与腐蚀性物质接触的零件表面。易于产生腐蚀损坏的主要部件有燃料供给系统、冷却系统的管道、车身、车架等。在汽车运动中，车身外表要受到风沙的腐蚀；而汽车使用环境中的空气湿度、尘埃等，对车身以及裸露的金属零件也都有一定的腐蚀作用。

4)塑性变形与损坏

零件所受载荷在内部产生的内应力超过零件材料的弹性极限，就会发生变形。零件在制造和加工的过程中产生的残余内应力和零件受热不匀而产生的热应力足够大时，也会导致零件变形或加剧变形过程。塑性变形与损坏的例子有汽车超载引起的车轴、车架变形、断裂等。

5)老化

零件材料受物理、化学、温度和光照等条件变化的影响，而逐渐变质或损坏的故障形式称为老化。汽车上的橡胶零部件（如轮胎、油封、膜片等）和电气元件（如晶体管、电容器等），长期受环境和温度变化的影响，会逐渐老化而失去原有性能，例如温度的冷、热作用，油类以及液体的化学作用，太阳光的辐射作用等。在汽车使用过程中，润滑油等液体的性能也会因氧化、污染而逐渐变坏。老化随时间的延长而逐渐发生，无论零件使用与否，老化损坏都难以避免，例如橡胶制品的零件即或不用，长期放置也会失去弹性或出现龟裂；长期闲置的塑料制品的零件，经过冬夏冷暖季节的交替变化，也会变硬、发脆或断裂。

因汽车零件和运行材料性能的变化，而使汽车技术状况逐渐变坏的现象，不仅发生于汽车使用过程中，也发生于储存过程中。例如橡胶、塑料等非金属因老化而失去弹性，强度下降，燃料、润滑油、制动液等氧化变质而产生沉淀，金属零件产生锈蚀，车身表面漆层剥落等。掌握零件损坏的原因，目的是为了改进汽车设计，改善使用条件，采取合理使用汽车的针对性措施，以便在汽车运用过程中，减少零件的损坏，防止故障的发生，保证汽车技术状况的完好。

2. 运用条件对汽车技术状况变化的影响

在汽车运用过程中，其技术状况变化的快慢不仅取决于汽车结构设计和制造工艺水平，还受到各种使用因素的影响。汽车的初始性能是由其结构设计和制造工艺来保证的，汽车结构设计与制造工艺是否合理以及零件材料选择是否适当，也影响着汽车使用过程中技术状况的变化，因此提高汽车结构设计与制造工艺水平和好的零件选材是提高汽车技术性能和使用寿命的重要途径。如果结构设计、制造工艺不合理或零件材料选择不当，汽车在使用过程中由于自身存在薄弱环节，就会经常出现同一类故障。影响汽车技术状况变化的使用因素有运用条件、燃料和润滑油品质、汽车运用的合理性等。

1)汽车运用条件

汽车运用条件主要包括：道路条件、交通状况、运输条件和气候条件。

(1)道路条件。汽车运行的道路条件对汽车技术状况的变化有重要影响。汽车运行的速度范围、发动机转速的控制范围、汽车承受的载荷、操纵（换挡、转向、制动等）次数和强度等汽车运行情况都与道路质量密切相关，因此，汽车总成、零件等的磨损强度也受到汽车运行的道路条件的极大影响。

道路条件的技术性能指标有道路等级，路面覆盖层的状况与路面等级，路面附着系数，道路的构成情况（如道路宽度、路线的曲率半径、路面的纵向与横向最大坡度等）。其中，路面覆盖层的状况不良会引起汽车在行驶中产生颠簸、振动等，进而直接关系到汽车行驶的稳定性，对汽车各总成、零件等的工作都有很大影响。表 10-3 反映了路面覆盖层对汽车工作的影响。

路面覆盖层对汽车工作的影响　　表 10-3

指　标	混凝土与沥青路面	沥青矿渣混合路面	碎石路面	卵石路面	天然路面
滚动阻力系数	0.014	0.020	0.032	0.040	0.080
汽车平均技术速度（km/h）	66	56	36	27	20
每公里行程发动机曲轴平均转速（r/min）	2 228	2 561	2 628	3 185	4 822
转向轮转角均方差（市区行驶）	8	9.5	12	15	18
每千米行程离合器使用次数	0.35	0.37	0.49	0.64	1.52
每千米行程制动器使用次数	0.24	0.25	0.34	0.42	0.90
每千米行程变速器使用次数	0.52	0.62	1.24	2.10	3.20
每百千米行程内垂直振幅大于 30mm 的振动次数	68	128	214	352	625

汽车在良好的道路上行驶时，行驶阻力小，承受的冲击和动载荷小，汽车的速度性能得以发挥，燃料经济性好，零件磨损速率小，汽车的使用寿命就长。汽车在坏路面上行驶时，行驶阻力大，低挡使用的时间比例大，因而汽车的平均技术速度低，但发动机转速和负荷却很大，汽缸内平均压力也很高，所以汽缸—活塞组件磨损严重。汽车在崎岖不平的道路上行驶时，汽车底盘各总成，如车轮、悬架、车桥等受到的冲击载荷加大，有时甚至遭到直接破坏和损伤。汽车在不良道路上使用时，由于操作次数增加和使用时间增长，离合器、变速器、制动器和制动鼓等部件的磨损增大。这都使得汽车在坏路面上行驶时，技术状况下降速度增大，汽车的使用寿命大大缩短。

(2)交通状况。交通状况的好坏对汽车技术状况的变化也有很大影响。在路面质量和交通状况良好的道路上行驶时，汽车能够经常采用高挡在经济工况下运行，操作次数减少，因而汽车运行平稳，所承受的冲击载荷大大减轻；而在不良交通状况下运行时，如在城市混合交通状况下，常因车多路窄、交通流量大、交叉路口多而不能以最佳工况运行。据统计，在同样路面条件下，载货汽车在市内的行驶速度较在郊区行驶时降低 50%左右，换挡次数增加 2 ~2. 5 倍，制动消耗的能量增加 7 ~7. 5 倍。显然，汽车在交通状况不良的道路上行驶时，汽车技术状况的恶化进程加剧。

(3)运输条件。在汽车的运输条件中，运距、行程利用系数、载质量利用系数、挂车利用系数以及货物种类等对汽车的运用过程都有很大影响，因而，也影响着汽车技术状况的变化过程。

(4)气候条件。气候条件包括环境温度、湿度、风力和阳光辐射强度等。气候条件通过影响汽车总成的工作温度，改变其技术性能和工作可靠性。

图 10-2 为环境温度与汽车以及总成故障率的关系曲线。在适宜的环境温度下，汽车以及总成的故障最低，可靠性最高。汽车上的每个总成都对应于一个最佳的工作温度，气候条件通过对汽车总成工作温度的影响而使汽车的技术状况发生变化，如发动机磨损最小时的冷却系统冷却液温度为 70 ~90℃（图 10-3）。当气温过低时，发动机散热多，发动机工作温度偏低，使润滑油黏度大、流动性差，起动时其到达润滑表面的所需时间较长；同时，由于燃油雾化不良，燃油以液滴状态进入汽缸后，会冲刷缸壁上的润滑油膜，使磨损加剧。试验表明，在 -15℃的条件下起动发动机时，润滑油经 2min 才能到达主轴承；在 5℃时起动并走热发动机一次，汽缸磨损程度相当于汽车行驶 30 ~40km 的汽缸磨损量；而在 -18℃时起动并走热发动机一次，汽缸磨损程度相当于汽车行驶 200 ~250km 的汽缸磨损量。而当气温过高时，发动机易过热，润滑油黏度降低，在摩擦表面不易形成油膜，磨损也将加剧。

另外，非金属材料制成的零部件在低温下易出现硬化、开裂、弹性下降或零件结构强度降低等现象；气温过高，则易使供油系统和液压制动管路产生气阻并易发生爆胎，导致汽车的工作可靠性下降。

季节交替使环境温度、湿度和道路情况发生相应变化，如夏季炎热、干燥，灰尘多；秋、冬季雨雪多，气候湿冷，道路泥泞。不同季节的气候条件通过对汽车工作过程的影响而影响着汽车零件的磨损强度和汽车技术状况的变化。

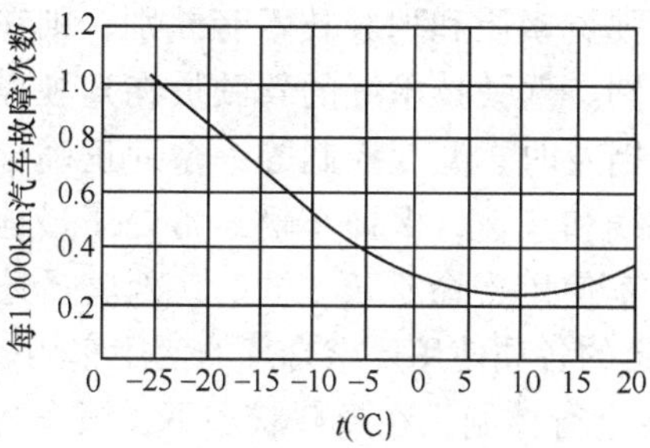

图 10-2 环境温度对汽车故障率的影响

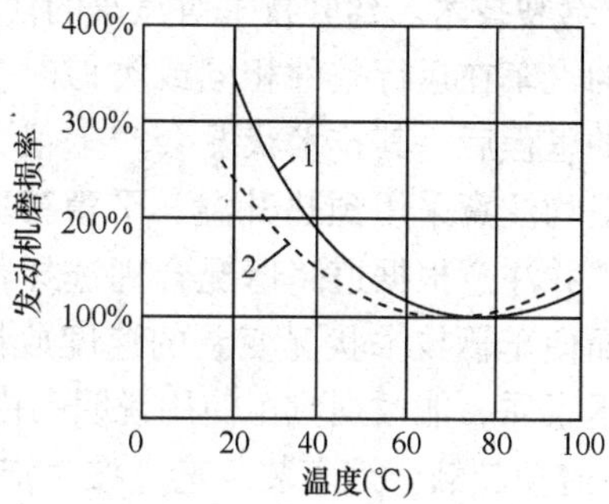

图 10-3 温度对发动机磨损的影响

1-汽油机;2-柴油机

2)燃料和润滑油的品质

燃料、润滑油等的规格和品质对保证汽车正常工作和技术状况变化的快慢具有重要影响。

汽油的蒸发性、馏分温度、辛烷值和含硫量是与汽车技术状况的变化有直接联系的指标。馏分温度的高低表示汽油中所含重馏分的多少。馏分温度越高，说明汽油中不易挥发、雾化和燃料的重馏分越多。重质馏分易以液滴状态进入汽缸，冲刷缸壁润滑油膜，有的窜入曲轴箱稀释润滑油，从而使润滑条件变差，磨损加剧。若所用汽油的辛烷值与发动机的压缩比不相适应，易于发生爆燃，使发动机承受的机械负荷和热负荷增大，同时，破坏缸壁上的润滑油膜，使磨损加剧，而且还会引起气门烧蚀、连杆变形，火花塞绝缘部分损坏等故障。燃料中的含硫量决定了发动机腐蚀磨损的强弱。

柴油的蒸发性、十六烷值、黏度、含硫量等对发动机工作过程有很大的影响。柴油中重馏分过多，会使燃烧不完全而形成炭粒，排放烟度增大，汽缸磨损增加，还易堵塞喷油器喷孔。十六烷值的高低对发动机工作的平稳性影响很大：柴油十六烷值选择不当，柴油机工作粗暴，所承受的载荷增大；或因其蒸发性差、低温流动性不良，发动机起动困难，从而加剧零件的磨损。柴油的黏度应适宜：黏度大，则柴油的低温流动性和雾化性差，燃烧不完全，积炭和黑烟排放多；黏度小，则柴油对于喷油泵柱塞偶件的润滑作用下降，磨损加剧。柴油中含硫量从0.1%增加到0.5%时，柴油机汽缸和活塞环的磨损量将增加20%～25%。

润滑油的黏度和抗氧化安定性是对汽车技术状况影响较大的性能指标。润滑油的黏度应与发动机转速、磨损状况和气候条件相适应。黏度大，则润滑油流动性差，低温时的润滑条件差，磨损加剧；黏度小，则润滑油流动性好，但油性差，润滑油吸附金属表面的能力差，易使工作表面出现边界摩擦或半干摩擦状态，也会使发动机的磨损增加。如果润滑油的氧化安定性不良，则易于在空气中的氧和热的作用下形成胶质沉淀物，使润滑油润滑性能下降；同时，会因胶质物在油管、油道和机油滤清器中的沉积而影响润滑系统的正常工作，从而加剧零件的磨损。

3)汽车的合理使用

驾驶技术、装载情况和行驶速度等因素对汽车技术状况的变化有很大影响。

（1）驾驶技术。驾驶技术对汽车的使用寿命有直接的影响。实践证明，相同型号和结构强度的汽车在运行条件相同或类似时，若驾驶员素质和驾驶技术有差别，则在汽车行驶一定的里程后，其技术状况会产生很大的差别。驾驶技术好的驾驶员在驾驶操作过程中，一般均注意采用预热升温、平稳行驶、换挡及时、温度控制等一系列正确合理的操作方法，并注意根据道路情况合理选择行驶路线和车速，保证车辆经常处于最佳工作状态，从而使车辆技术状况变差的速度放慢，汽车使用寿命延长。同时，驾驶员还应有一定的技术素质，能根据汽车使用说明书中所规定的各项使用要求合理的使用车辆。

（2）避免超载。汽车装载量应按额定装载量进行控制。在超载状态下，汽车各总成承受的负荷增大，发动机工作不稳定，低速挡的使用时间比例增大，冷却系统和润滑系统的工作温度升高，从而导致发动机和其他总成的磨损增大，汽车的使用寿命缩短。

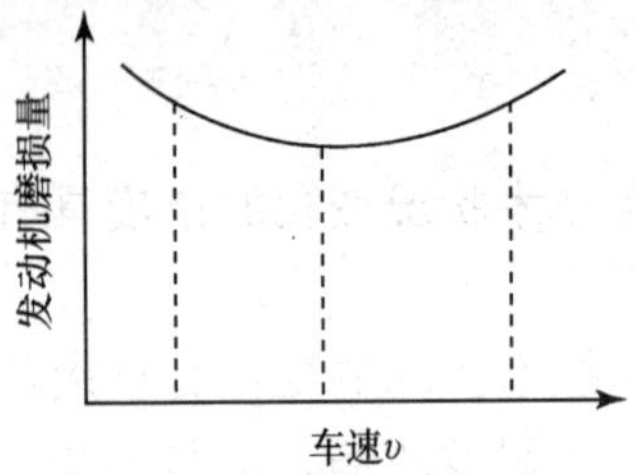

图 10-4　行驶速度对发动机磨损的影响

（3）车速。车速的高低对汽车技术状况的影响十分明显。汽车装载质量一定时，行驶车速对发动机磨损的影响如图 10-4 所示。汽车的行驶车速过高时，发动机经常处于高转速下运转，活塞在汽缸内的平均移动速度增大，汽缸磨损相应增大。高速行驶时，汽车底盘特别是行驶机构受到的冲击载荷增大，易使前、后桥发生永久性变形；同时，高速行驶时，制动器的使用更为频繁，汽车制动器的磨损加剧。因此，汽车经常高速行驶对汽车使用寿命有一定的影响。汽车的行驶车速过低时，低挡使用的时间比例增多，汽车行驶相同里程时，发动机平均运转次数增多，同时由于润滑条件变差，其磨损强度较大。

四、汽车技术状况的变化规律

汽车技术状况的变化规律指汽车技术状况与汽车行驶里程或行驶时间的关系。

汽车在使用过程中受到外部环境和内部条件多种因素的共同作用，其结构强度和使用条件的变化都有平稳变化的一面，同时又有不确定的一面。反映在汽车技术状况变化规律上，表现为渐发性和突发性两种变化规律。渐发性变化规律又称为汽车技术状况随行程的变化规律，指汽车技术状况的变化随行驶时间或行驶里程单调变化，即汽车技术状况的变化与行驶时间或行驶里程之间存在某种对应关系，从而可用函数式来表示其变化规律。突发性变化规律称为汽车技术状况的随机变化规律，表示汽车或总成出现故障或达到极限状态的时间是随机的、偶发的，没有必然的变化规律，对其变化过程独立地进行观察所得结果呈现不确定性，但在大量重复观察中具有一定的统计规律。突发性变化规律的特点是，汽车技术状况的变化与行驶时间或行驶里程之间没有相互对应的函数关系。

如果汽车运用合理，其主要技术状况参数的变化随使用时间或行驶里程逐渐变化，而汽车使用过程中出现的某些具体故障则是随机发生的。

1. 汽车技术状况逐渐变化的规律

在按要求合理运用汽车的前提下，汽车大部分总成、机构技术状况随汽车行驶里程平稳而单调地逐渐变化，如图 10-5 所示。其特点是汽车技术状况随行驶里程的变化过程可以用二者之间的函数关系式描述，一般可表示为 n 次多项式或幂函数两种形式：

(1) n 次多项式：

$$y = a_0 + a_1L + a_2L + \cdots + a_nL$$

式中：　　y——汽车技术状况参数值；

L——汽车行程或汽车工作时间；

a_0——汽车技术状况的初始值；

a_1，a_2，…，a_n——待定系数，表征 y 和 L 的关系。

(2) 幂函数：

$$y = a_0 + a_1 \cdot L^b$$

式中：a_1，b——确定汽车技术状况变化程度的系数。

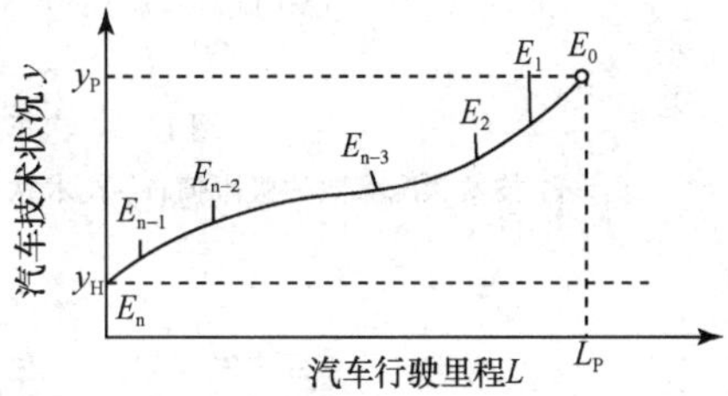

图 10-5　汽车技术状况随行驶里程逐渐变化曲线

E_n，E_{n-1}，…，E_0-汽车技术状况从初始值 E_n 到极限值 E_0

实践表明：用多项式表征汽车技术状况参数随行驶里程或工作时间的变化关系时，使用前四项，其精度已经足够；而对制动蹄与制动鼓之间的间隙、离合器踏板自由行程等参数变化规律的描述，用前两项，即用线性函数描述已足够精确。

若汽车技术状况参数变化主要因零件磨损所引起，其规律可用幂函数描述，如曲轴箱窜气量随行驶里程的变化过程等。

对于汽车技术状况随行驶里程或使用时间平稳变化的情况，原则上可以通过及时的维护和修理措施防止故障的发生；同时，由于汽车技术状况变化的单调性，可据此预测故障的发生。属于这种变化规律的技术状况参数类型有汽车零件磨损而导致的配合间隙的变化，冷却系统和润滑系统中沉淀物的积累，润滑油消耗率以及润滑油中机械杂质的含量等。

2. 汽车技术状况随机变化的规律

汽车技术状况的随机变化过程受汽车使用中的偶然因素、驾驶操作技术水平、零部件材料的不均匀性和隐蔽缺陷等因素的影响，汽车或某总成技术状况变坏而进入故障状态所对应的行程是随机变量，与故障前的状况无直接关系。其本质原因是在上述多种因素影响下，若机件所承受的载荷超过规定的许用标准，可使机件产生损伤，并迅速超过极限值而进入故障状态。

技术状况参数随机性变化的特点是各影响因素具有随机性的反映。当给定汽车技术状况参数的极限值时，该随机性变化表现为汽车技术状况参数达到极限值所对应的行程是多种多样的，如图 10-6 中的 L_{p1}，L_{p2}，…，L_{pn} 所示；而在同一行驶里程下，汽车技术状况也存在明显差异。

由于汽车技术状况的随机变化过程，不可避免地会引起汽车定期检测、维护作业超前或滞后进行。只有掌握汽车技术状况随机变化的规律，才能合理的制定汽车定期检测、维护等的作业周期，确定作业的工作量，提高汽车检测、维护等作业的品质，延长汽车的使用寿命。

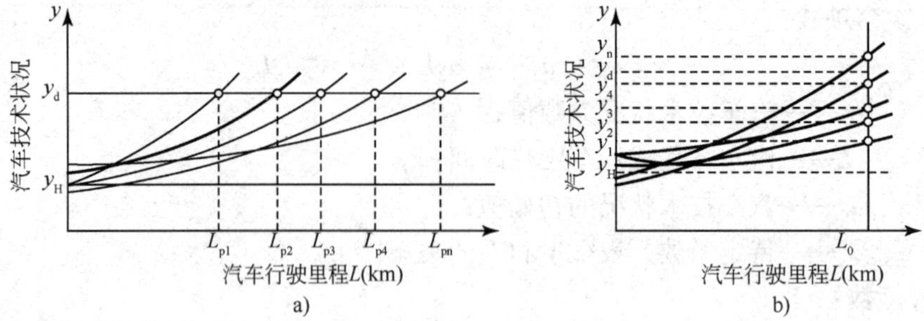

图 10-6 汽车技术状况的随机变化

y_d-技术状况参数的极限值；y_a-技术状况参数的许用值；y_H-技术状况参数的名义值

第二节 车辆的技术管理

车辆是公路运输的生产工具。采取科学的管理制度和手段，加强车辆的技术管理，可以保持车辆技术状况良好，保证安全生产，充分发挥运输车辆的效能和降低运行的消耗，取得良好的经济效益、社会效益和环境效益。

一、车辆技术管理的原则

车辆技术管理应坚持以预防为主和技术与经济相结合的原则，对运输车辆实行择优选配、正确使用、定期检测、强制维护、视情修理、合理改造、适时更新与报废的全过程综合性管理。

车辆技术管理应依靠科技进步，采用现代化的管理方法，建立车辆质量监控体系，推广检测诊断和计算机应用等先进技术，开展多种形式的职工教育和专业培训，提高车辆管理水平和技术水平。

车辆技术管理应以管好、用好、维修好车辆，提高装备素质，确保运输车辆在使用中的良性循环为核心。

二、择优选配

车辆择优选配指在车辆购置前就要首先考虑运输市场的具体情况，使本单位的运输车辆适应运输市场的需要，以便获得各种不同车型的最佳配比关系；在购置时，则要选择性能好、质量高、价格低的车辆。由此可见，车辆的择优选配包含两个方面的含义，即车辆的合理配置和车辆的择优选购。

1. 车辆合理配置

车辆合理配置指运输单位配置车辆时，应根据所承担运输任务的性质、运量、运距和道路、气候以及燃料供应等情况，优化其车辆的构成，如大、中、小型车辆比例，汽油车与柴油车比例，通用车型与专用车辆的比例等，从而提高车辆的利用率，满足运输市场的需要。

车辆配置时，首先应考虑运输市场的状况，掌握目前汽车市场中运输车辆的基本技术情况，使车辆配置满足下列要求：

①车型先进、安全可靠，装卸货物或上下旅客方便。

②车辆规格与客、货源的具体情况相适应，配比合理，吨位利用率或客位利用率高。

③应变能力强，具有一车多用的可能性。

2. 车辆择优选购

车辆择优选购指根据运输生产的需要和运行的条件，在选购车辆时，根据对车辆的适应性、可靠性、使用经济性、维修和配件供应方便性、使用寿命和售价等因素的综合考虑，择优购置车辆。

车辆适应性好指车辆能够满足运输需求并适应当地的道路、气候等条件；车辆可靠性一般用故障发生的平均里程或故障频率评价；车辆维修和配件供应的方便性好指易于早期发现故障并及时更换损坏的零部件，维修工时短、费用少，且配件购买容易；汽车的燃料经济性好坏对于汽车运行费用的高低具有很大影响，应对其进行比较；同时还应考虑汽车的使用寿命和售价，分析比较车辆的投入产出比。

三、正确使用

正确使用车辆，是发挥车辆效率、减少行车事故、降低维修费用、节约能耗和延长车辆使用寿命的重要环节。

车辆按核定的载质量装载是车辆正确使用的重要内容，是减少车辆故障和零件损坏、延长车辆使用寿命的重要技术措施。汽车超载、超负荷运行时，发动机处于高负荷的不稳定情况下工作，使冷却液温度和曲轴箱润滑油温度过高，热状况不良，发动机各部件的负荷加剧，从而导致早期损坏；同样，车架、传动机构以及轮胎都将因所承受的负荷增大而早期损坏。

燃料、润滑油品质是否符合车辆的使用要求，对车辆的正确使用有重要影响。所以在选用、运输、存放和使用燃料、润滑油时应特别注意。有关汽车运行材料使用的具体问题可参阅本书第八章。

汽车在走合期、低温、高温、山区或高原条件下使用时，应采取相应措施，合理使用，见第九章。

四、车辆的检测诊断

运用车辆的检测诊断技术，就是应用必要的仪器设备，准确、迅速地确定车辆的技术状况、工作能力等，查明故障的部位以及产生的原因。推广车辆检测诊断技术，是检查、鉴定车辆技术状况，强化安全管理，监督车辆正确使用和确保维修品质的重要手段，是促进维修技术发展，实现视情修理的重要保证。

根据检测项目和检测目的，车辆检测分为以下类别：

1. 安全性能检测

安全性能检测以涉及汽车安全与环保的项目为主要检测内容。对汽车实行定期和不定期的安全性能检测诊断，其目的在于确保汽车具有符合要求的外观、良好的安全性能和符合污染物排放标准的排放性能，以强化汽车的安全管理。

2. 综合性能检测

综合性能检测指对汽车的安全性、动力性、经济性、可靠性、噪声和废气排放状况等进行全面的检测。对汽车实行定期和不定期的综合性能检测诊断，目的是在不解体的情况下，确定运输车辆的工作能力和技术状况，对维修车辆实行质量监督，以保证运输车辆的安全运行，提高运输效能以及降低消耗，使运输车辆具有良好的经济效益和社会效益。

3. 汽车故障检测

对故障汽车进行检测诊断，目的是在不解体（或仅卸下个别小件）的情况下，查出故障的确切部位和产生的原因，从而确定故障的排除方法，提高排除汽车故障的效率，使汽车尽快恢复正常使用。

4. 汽车维修检测诊断

维修检测以汽车性能检测和故障诊断为主要内容。其目的是在维修前对汽车进行技术状况检测和故障诊断，据此确定附加作业、小修项目以及是否需要大修等，同时对汽车维修后的品质进行检测。

汽车定期检测诊断应结合维护定期进行，以此确定维护的附加项目，掌握汽车技术状况的变化规律，并通过对汽车的检测诊断和技术鉴定，确定汽车是否需要大修，以实行视情修理；同时，在汽车维修过程中，利用设置在某些工位上的诊断设备，可使检测诊断和调整、维修等交叉进行，以提高维修品质；对完成维护或修理的车辆进行性能检测和诊断，并对维修品质进行检验。

5. 特殊检测

特殊检测指为了不同的目的和要求对在用车辆进行的检验。在检验的内容和重点上与上述各类检测有所不同，故称为特殊检测。主要包括：

①改装或改造车辆的检测。为了不同的使用目的，在原车型底盘的基础上改制成其他用途的车辆后，因其结构和使用性能变更较大，车辆管理部门在核发号牌以及行车执照时，应对其进行特殊检验。包括汽车主要总成改造后的车辆的检测；有关新工艺、新技术、新产品等，以及节能、科研项目等的检测、鉴定等。

②事故车辆的检测。对发生交通事故并有损伤的车辆进行检测，一方面是为了分析事故原因，分清事故责任；另一方面是为了查找车辆的故障，确定汽车的技术状况，以保证再次行车的安全。

③外事车辆的检验。为保证参加外事活动车辆的技术状况，防止意外事故发生，必须对车辆的安全性能和其他有关性能进行检验。

④其他检测。接受公安、商检、计量、保险等部门的委托，进行有关项目的检测。

五、车辆的维护

汽车维护是保持车容整洁，及时发现和消除故障及其隐患，防止车辆早期损坏的技术作业。通过汽车的技术维护，应使车辆达到下列要求：

①汽车经常处于技术状况良好的状态，可以随时出车。

②在合理使用的前提下，不致因中途损坏而停车，以及因机械故障而影响行车安全。

③在运行过程中，降低燃料、润滑油以及配件和轮胎的消耗。

④各总成的技术状况应尽量保持均衡，以延长汽车大修间隔里程。

⑤减轻车辆噪声和排放污染物对环境的污染。

1. 车辆维护的原则

车辆维护应贯彻以预防为主、强制维护的原则，即车辆维护必须遵照交通运输管理部门规定的行驶里程或间隔时间，按期强制执行，不得拖延，并在维护作业中遵循车辆维护分级和作业范围的有关规定，保证维护品质。强制维护是在计划预防维护的基础上进行状态检测的维护制度，即在计划预防维护基础上增加状态检测的内容，以确定附加的维护作业项目，使计划维护结合状态检测一起进行。

2. 汽车维护的分级和作业内容

车辆维护作业，包括清洁、检查、补给、润滑、紧固、调整等，除主要总成发生故障必须进行解体外，不得随意对其进行解体。

车辆维护分为日常维护、一级维护、二级维护等。车辆进入冬、夏季运行时，应对其进行季节性维护，一般结合二级维护进行。

日常维护是日常性作业，由驾驶员负责执行，其作业的中心内容是清洁、补给和安全检视。日常维护是驾驶员保持车辆正常工作状况的经常性工作。

一级维护由专业维修工负责执行。其作业的中心内容除日常维护作业外，以清洁、润滑、紧固等为主，并检查制动、操纵等安全部件。也就是，要求车辆经过较长里程运行后，特别要注意对车辆的安全部件进行检视维护。

二级维护由专业维修工负责执行。其作业的中心内容除一级维护作业外，以检查、调整等为主，包括拆检轮胎，进行轮胎换位。这是因为车辆在经过更长里程运行后，必须对车况进行较全面的检查、调整，维持其使用性能，以保证车辆的安全性、动力性和经济性达到使用要求。车辆二级维护前，应进行检测诊断和技术评定，了解和掌握车辆技术状况以及磨损情况，据此确定附加作业或小修项目，一般结合二级维护一并进行。

每年4月至5月和10月至11月汽车进入夏、冬季运行时，应进行季节性维护，并更换润滑油（脂），一般结合二级维护一起进行。

车辆的维护必须遵照交通运输管理部门规定的行驶里程或间隔时间，按期强制执行。

六、车辆的修理

汽车修理是消除故障及其隐患，恢复汽车的工作能力和良好技术状况的技术作业。

1. 汽车修理的原则

车辆修理应贯彻视情修理的原则，即根据车辆检测诊断和技术鉴定的结果，视情按不同作业范围和深度进行，既要防止拖延修理而造成车况恶化，又要防止因提前修理而造成浪费。

“视情修理”是随着检测诊断技术的发展和维修市场的变化而提出来的。“视情修理”

必须经过检测诊断和技术鉴定，而不能只凭车辆所有者或者使用者的意见来随便确定修理的时间和项目。为实现“视情修理”，运输单位必须积极创造车辆的检测诊断和技术鉴定的条件。“视情修理”的实质是：

①由原来以行驶里程为基础来确定车辆的修理方式，改变为以车辆实际技术状况为基础的修理方式。

②车辆修理的作业范围是通过检测诊断后确定的，检测诊断技术是实现视情修理的重要保证。

③视情修理体现了技术与经济相结合的原则。

2. 汽车修理的分类

按作业范围，车辆修理可分为车辆大修、总成大修、车辆小修和零件修理。

车辆大修是新车或经过大修后的车辆，在行驶一定里程（或时间）后，经过检测诊断和技术鉴定，用修理或更换车辆任何零部件的方法，恢复车辆的完好技术状况，进而完全或接近完全恢复车辆寿命的恢复性修理。

总成大修是车辆的总成经过一定使用里程（或时间）后，用修理或更换总成任何零部件（包括基础件）的方法，恢复其完好技术状况和寿命的恢复性修理。

车辆小修是用修理或更换个别零件的方法，保证或恢复车辆工作能力的运行性修理，主要是消除车辆在运行过程或维护作业过程中发生或发现的故障或隐患。

零件修理是对因磨损、变形、损伤等而不能继续使用的零件进行的修理。

七、车辆改装、改造

为适应运输需要，经过设计、计算、试验等，将原车型改制成其他用途的车辆称为车辆技术改装；为改善车辆性能或延长其使用寿命，经过设计、计算、试验等，改变原车辆的零部件或总成，称为车辆技术改造。车辆改装、改造是指对在用车辆的改装、改造。

车辆改装和改造必须事前进行技术经济论证，符合技术上可靠、经济上合理的原则。改装、改造后的车辆应由主管部门组织鉴定。改装和主要总成改造后的车辆，必须经过一定里程的道路试验或综合性能检测站的检测，以检验改装或改造后的实际效果，如果发现存在问题需加以改进，最后由主管部门组织专家进行鉴定。对改装后的车辆，应到车辆监理部门办理车辆变更手续。

车辆改装一般不应增加车辆的总质量，车辆改造不可过多的改变原车结构。特别对于进口车，在索赔期内不得进行改装、改造。

八、车辆更新与报废

汽车是运输企业的主要生产工具，为实现高产、优质、安全、低耗等的目标，提高运输服务品质，应优先采用技术先进、性能优良的车辆，并适时更新与报废老旧车辆。

1. 车辆更新

以新车辆或高效率、低消耗、性能先进等的车辆更换在用车辆，称为车辆更新，不仅包含用同类型新车辆或性能优越的车辆（高效率、低消耗、性能先进的汽车或吨位构成更为合理的车辆）更换尚未达到报废条件的性能较差的车辆，也包含已达到报废条件的车辆的更新。

车辆更新应以提高运输经济效益和社会效益为原则。车辆更新应以更新理论（本章第四节）为指导。从原则上讲，车辆更新应以经济寿命为依据，但还要视国情考虑更新车的来源、更新资金、车辆保有量以及折旧率和成本等因素。车辆更新实际上是对运输单位车辆配置的调整，不能仅仅理解为以新换旧和原有车型的重复，更重要的是通过更新来保持和提高运输单位的生产力，优化车辆的配置，降低运行消耗。更新车辆选为原车型或新车型，要根据运输市场的情况和客、货源的变化情况来决定，同时还要考虑管理人员、驾驶员、修理工的培训、维修设备的更换等相关因素的变化情况。车辆更新还应与车辆改装、改造结合起来考虑，综合分析各自的优缺点以决定是对车辆进行改装、改造还是更新。

2. 车辆报废

汽车经长期使用，车型老旧，性能低劣，物料超耗严重，维修费用过高，继续使用不经济、不安全等的应予以报废。车辆报废应根据车辆报废的技术条件，提前报废会造成运力浪费，过迟报废则又增大运输成本，影响运力更新。

我国《汽车报废标准》规定，凡在我国境内注册的民用汽车，属下列情况之一的应当报废：

①轻、微型载货汽车（含越野型）、矿山作业专用车等累计行驶 30 万 km，重、中型载货汽车（含越野型）累计行驶 40 万 km，特大、大中、轻微型客车（含越野型）、乘用车累计行驶 50 万 km，其他车辆累计行驶 45 万 km 的。

②轻、微型载货汽车（含越野型）、带拖挂的载货汽车、矿山作业专用车以及各类出租汽车使用 8 年，其他车辆使用 10 年的。

③因各种原因造成严重损坏或技术状况低劣、无法修复的汽车。

④车型淘汰，已无配件来源的汽车。

⑤经长期使用，耗油量超过国家定型车出厂标准规定 15% 的汽车。

⑥经修理和调整仍达不到国家对机动车运行安全技术条件要求的汽车。

⑦经修理和调整或采用排气污染控制技术后，排放污染物仍超过国家规定的汽车排放标准的汽车。

除 19 座以下出租车和轻微型载货汽车（含越野型）外，对达到上述使用年限的客车或载货汽车，经公安车辆管理部门依据国家机动车安全排放的有关规定严格检验，性能符合规定的，可延缓报废，但延长期不得超过第②条规定年限的一半，即 4 年或 5 年。对于吊车、消防车、钻探车等从事专门作业的车辆，还可根据实际使用和检验情况，再延长使用年限。所有延长使用年限的车辆，都需按公安部门规定增加检验次数，不符合国家有关汽车安全排放规定的应当强制报废。

第三节　汽车技术状况的分级

汽车在使用过程中，随着行驶里程或使用时间的长短、运行条件、使用强度以及维修品质的不同，其技术状况发生改变的程度也各有差异。为掌握汽车的技术状况，合理地组织和安排运输能力，科学地编制汽车维修计划，应定期对运输车辆进行技术状况等级鉴定，核定其技术状况，并根据相关标准将车辆技术状况划分等级，以便于车辆的合理运行和科学管理。

一、汽车技术状况的等级划分

根据交通部颁布的《汽车运输业车辆技术管理规定》，车辆按技术状况分为一级车、二级车、三级车和四级车四类，各级车的基本标准如下。

1. 一级车——完好车

满足下列条件的车辆称为一级车或完好车

新车行驶到第一次定额大修间隔里程的三分之二以前和第一次大修后的汽车行驶到第二次定额大修间隔里程的三分之二以前，汽车各主要总成的基础件和主要零部件坚固可靠，技术性能良好；发动机运转稳定，无异响，动力性能良好，燃料和润滑油的消耗不超过定额指标，废气排放和噪声符合国家标准；各项装备齐全、完好，在运行中无任何保留条件。

概括而言，一级车应同时满足以下三条要求：

①技术性能良好，各项主要技术指标均满足定额要求。

②车辆行驶里程必须在相应定额大修间隔里程的三分之二以内。

③车辆状况完好，能随时投入使用，参加运输生产。

由此可见，一级车不仅受车辆技术状况和性能指标的制约，而且还应满足车辆行驶里程即新旧程度的要求。因为新车或第一次大修后的汽车，其行驶里程若超过其相应定额大修间隔里程的三分之二时，其技术状况和性能必然随行驶里程增加而下降，虽其下降程度尚未低于上述规定的技术性能要求，也不能核定为一级车。而对于已经过第二次大修的车辆，无论其技术状况如何，都不能核定为一级车。因为其行驶里程长，车辆老旧，其基础件和主要零部件的可靠性必然下降，车辆的技术性能难以全面恢复到较高的标准。

2. 二级车——基本完好车

二级车指主要技术性能和状况或行驶里程低于一级车的要求，但符合 GB 7258—2004/XG3—2008《机动车运行安全技术条件》（国家标准第 3 号修改单）的规定，能随时参加运输的车辆。二级车的技术状况处于基本完好的状态，因此，二级车也称为基本完好车。

3. 三级车——需修车

三级车指送大修前最后一次二级维护后的车辆和正在大修或待更新尚在行驶的车辆。满足以下三种情况之一的车辆，均可以列为三级车。

①凡技术状况和性能较差，不再计划作二级维护作业，即将送大修，但仍在行驶的车辆。

②正在大修的车辆。

③技术状况和性能变坏，预计近期更新但还在行驶的车辆。

实际上，三级车都是那些处于需要修理状态的车辆。

4. 四级车——停驶车

四级车指预计在短期内不能修复或无修复价值的车辆。其含义是指已经不能行驶，短期内又不能修复或无修复价值，但又尚未报废的车辆。因此，四级车又称为停驶车。

二、营运车辆技术状况等级的评定

1. 评定依据和评定内容

营运车辆技术状况等级的评定依据是JT/T 198—2004《营运车辆技术等级划分和评定要求》。该标准规定了营运车辆技术状况等级的评定内容、评定规则、等级划分、评定项目和技术要求，适用于营运车辆。

营运车辆技术状况等级的主要评定内容是整车装备以及外观检查、动力性、燃料经济性、制动性、转向操纵性、前照灯发光强度和光束照射位置、排放污染物限值、车速表示值误差等。

2. 评定原则

营运车辆技术状况等级的评定原则：

①营运车辆的综合性能要求和检测方法应满足GB 18565—2001《营运车辆综合性能要求和检验方法》的规定。

②以营运车辆综合性能的检测结果为依据，其技术等级评定项目和技术要求按JT/T 198—2004《营运车辆技术等级划分和评定要求》的规定执行。

3. 等级划分

营运车辆的技术等级划分为一级、二级和三级，四级车属于停驶车。

营运车辆各技术等级的划分的具体要求见JT/T 198—2004《营运车辆技术等级划分和评定要求》，本书从略。

三、运输企业车辆的平均技术状况

运输企业车辆装备的平均技术状况可以用车辆平均技术等级和新度系数来评价，是综合体现汽车运输企业的技术管理水平、技术装备素质和企业发展潜力的主要技术经济指标。

车辆技术等级评定后，企业所有车辆的平均技术等级可按下式求出：

$$\bar{S} = \frac{(1 \times S_1) + (2 \times S_2) + (3 \times S_3) + (4 \times S_4)}{S_1 + S_2 + S_3 + S_4}$$

式中：$\bar{S}$——车辆平均技术等级；

S_1——一级车的数量；

S_2——二级车的数量；

S_3——三级车的数量；

S_4——四级车的数量。

车辆新度系数 ρ_x 是综合评价运输单位车辆新旧程度的指标。可用下式计算：

$$\rho_x = \frac{C_e}{C_o}$$

式中：C_e——年末单位全部运输车辆固定资产净值；

C_o——年末单位全部运输车辆固定资产原值。

第四节　汽车更新理论

汽车更新理论主要研究汽车在使用过程中的损耗、性能低劣过程及其规律、汽车使用寿命等，并据此确定汽车更新的最佳时机，可作为汽车更新的理论基础。

一、汽车性能劣化的原因

汽车性能劣化的原因有多种，但可归纳为有形损耗、无形损耗和综合磨损。

1. 有形损耗

汽车运用过程中，由于载荷或周围介质的作用，使汽车实体发生损耗。这种发生于汽车实体的损耗称为有形损耗。有形损耗可分为以下两种：

1）第一种有形损耗

汽车在载荷作用下，因零部件摩擦磨损、变形和疲劳等损伤使汽车性能下降而引起的损耗称为第一种有形损耗。汽车发生有形损耗后，其零部件原有尺寸或几何形状发生改变，配合精度下降，甚至发生零件损坏，从而使汽车性能变坏，生产率降低，生产成本增大，故障增多，甚至失去工作能力。

2）第二种有形损耗

汽车在闲置过程中，由于零部件与外部介质发生化学、电化学等作用，使金属零部件腐蚀，非金属制品老化变质，甚至丧失工作能力，称为第二种有形损耗。管理不善或缺乏必要的维护，会使第二种有形损耗的速率加快。

2. 无形损耗

无形损耗也分为两种。

1）第一种无形磨损

第一种无形损耗指由于科学技术的进步，使生产同样结构汽车的再生产价值降低，致使保有的原型汽车价值降低。

由于汽车制造厂生产技术的进步、生产工艺的不断改进，成本的不断降低，劳动生产率的不断提高等，使生产该车辆的社会必要劳动耗费相应降低，但车辆的结构、动力性能和经济性能没变。在该过程中，所保有的原型汽车产生了第一种无形磨损。

2）第二种无形磨损

第二种无形损耗指由于科学技术的进步，生产出了性能更为完善的新型汽车，从而使保有的原型汽车的价值降低。

由于新的技术性能更好的车型出现，使原有车型显得落后，如继续使用原车型的车辆，就会降低运输生产的经济效益。从这个意义上讲，原车型产生了第二种无形磨损。

其主要特征是因此而引起旧车型局部或全部使用价值的损失，使旧车型在有形磨损发展到极限磨损之前，即出现用新车型代替现有陈旧车辆的必要性，即产生车辆更换问题。但是这种更换的经济合理性取决于现有旧型车辆的贬值程度，以及在生产中继续使用旧型车辆时其经济效益下降的程度。

例如，某单位5年前购进一批桑塔纳2000型乘用车，由于生产厂技术的进步和生产规模的扩大，使该车再生产的成本降低，价格下调，因此产生了第一种无形损耗；又由于桑塔纳3000型乘用车的问世，还使这批老桑塔纳乘用车发生了第二种无形损耗。

3. 综合磨损

综合磨损指车辆在有效使用期内发生的有形损耗和无形损耗的综合。汽车在使用过程中，有形损耗和无形损耗会同时发生，二者均会引起设备原始价值的降低。有形损耗严重时，会导致车辆在修复之前不能正常运行，而任何无形损耗却不影响车辆的正常运行。

二、汽车使用寿命

汽车从开始使用到不能使用的整个时期称为汽车的使用寿命。汽车使用寿命的长短直接影响到汽车的使用效益。研究汽车使用寿命的意义在于，保持再用汽车具有良好的使用性能，减少公害，节约能源，提高运力，充分提高车辆的社会效益和经济效益。

1. 汽车的物理寿命

汽车的物理寿命又称为自然寿命，指汽车从全新状态投入使用开始，直到不能保持正常生产的状态，在技术上不能按原有用途继续使用为止所经历的时间。物理寿命是由有形磨损来确定的，其长短与汽车的制造质量、运行材料的品质、运用条件、驾驶操作技术、维修品质等有关，可以通过恢复性修理延长其物理寿命。

2. 汽车的技术使用寿命

汽车的技术使用寿命指汽车从全新状态投入使用，到由于新技术的出现，因技术落后丧失其使用价值而被淘汰所经历的时间。技术使用寿命是由无形磨损来决定的，其长短与技术进步的速度有关，技术进步的越快，其技术寿命越短，技术寿命一般短于物理寿命，当更先进的汽车出现或生产过程提出更高的要求时，汽车在其物理寿命尚未终结前即被淘汰。但通过现代化技术改装，可以适当延长汽车的技术寿命。

3. 汽车的经济使用寿命

汽车的经济使用寿命指综合考虑汽车在使用中的各种消耗，以取得汽车使用最佳经济效果为出发点进行分析，保证汽车年平均总使用费用最低时的使用期限。随着汽车使用时间和行驶里程的延长，汽车的技术状况不断变坏，汽车维修费、燃料费等经营费用不断增加。当汽车使用到某一年限后，继续使用将使经济性变坏。根据汽车使用的经济效益所确定的汽车寿命，称为汽车的经济使用寿命。

汽车的经济使用寿命是确定汽车最佳更新时机的依据。超过该使用寿命年限后，汽车在技术上仍可继续使用，但年平均总费用上升，在经济上不宜继续使用。

年平均费用是车辆在使用年限内每年平均折旧费用与经营总费用之和。汽车使用时间越长，每年分摊的折旧费越少，但随着使用年限的增加，由于汽车有形磨损增加，汽车技术性能逐渐下降，使汽车所需要的运行材料费用、工时费用、维修费用等随之增加。延长使用年限使折旧费用的下降，会被经营费用的增加逐渐抵消。年均总费用是使用时间或运行里程的函数，汽车使用至一定年限后就会达到年均费用的最低值，该年限即为汽车的经济使用寿命，见图10-7。

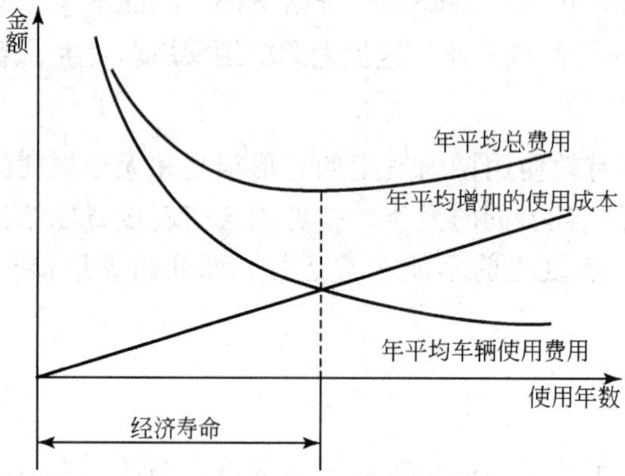

图10-7　汽车年均总费用曲线

4. 汽车折旧寿命

汽车折旧寿命指按国家规定或企业自行规定的折旧率，把汽车总值扣除残值后的余额，折旧到接近于零所经历的时间或里程。汽车折旧寿命一般介于汽车技术寿命或经济寿命与物理寿命之间，由国家或企业所采取的技术政策而定。

5. 合理使用寿命

汽车的合理使用寿命指以汽车经济使用寿命为基础，考虑整个国民经济发展和能源节约的实际情况后，所制定出的符合我国实际情况的使用期限。也就是说，汽车已经达到经济使用寿命，但是否更新应视国情而定，如更新汽车的来源以及更新资金等。

三、汽车经济使用寿命的主要指标

汽车在经济使用寿命时期内，汽车使用的经济效益最佳，是汽车用户更新车辆的主要依据，因此，得到了广泛的关注。研究表明，在汽车使用期内，汽车制造费用平均占总费用的15%，而使用和维修费则占85%。表10-4列出了几个主要国家的载货汽车的平均经济使用寿命。

主要国家的载货汽车的平均经济使用寿命　　表10-4

国别	美国	德国	英国	法国	日本	意大利	中国
平均经济使用寿命（年）	10.3	11.5	10.6	12.1	7.5	11.2	10

汽车经济使用寿命的主要指标有：年限、行驶里程、使用年限和大修次数。

1. 年限

年限指汽车开始投入运行到报废所经过的年度。年限不仅包括了车辆运行时间，还包括了车辆停驶期，但不能反映汽车的使用强度和使用条件，相同年限车辆的技术状况差别很大。

我国汽车的规定使用年限为三个等级，即 8 年、10 年和 15 年，各种汽车规定使用年限如表 10-5 所示。

各种汽车规定使用年限及其可延长年限　　表 10-5

车　型	使用年限（年）	延长年限（年）
总质量为 1.8t 以下的微型载货汽车（含越野型）	8	0
带拖挂的载货汽车	8	0
矿山作业专用车	8	0
各类出租汽车	8	0
营运车辆转为非营运车辆	8	0
非营运车辆转为营运车辆	8	0
营运大客车	10	≤4
总质量为 1.8t（含）以上的载货汽车	10	≤5
旅游载客汽车	10	≤10
9 座以上非营运载客汽车	10	≤10
吊车、消防车、钻探车等从事专门作业的车辆	10	≤5，还可根据实际使用情况和检验情况，再延长使用寿命
9 座（含）以下非营运载客汽车（包括乘用车、含越野型）	15	无限制

2. 行驶里程

行驶里程指从汽车开始投入运行到报废这一期间内的累计行驶里程数。行驶里程可以反映汽车的使用强度，但不能反映运行条件的差别和汽车停驶期间的自然损耗。汽车使用性质不同，相同年限汽车的行驶里程数相差很大。在汽车运输企业，大多以行驶里程作为考核车辆各项指标的基数。

3. 使用年限

使用年限是汽车总行驶里程与年平均行驶里程之比所得的折算年限。年平均行驶里程是用统计方法得到的，与车辆的技术状况、完好率、平均技术速度和道路条件等因素有关。

$$Y_n = \frac{L_n}{L_a}$$

式中：Y_n——折算年限，年；

L_n——总的累计行驶里程，km；

L_a——年平均行驶里程，km。

据统计，我国公路运输车辆年平均行驶里程一般为 5 ~ 6 万 km 左右。对于使用中的营运汽车，由于车辆的技术状况、平均技术速度和道路条件等因素的不同，年平均行驶里程差异较大，但车辆的年平均使用强度基本相同。因此，折算年限基本上可以在全国范围内取得统一指标。对社会零散车辆，由于管理水平、使用水平和维修水平一般较低，因此，不能按专业运输车辆的指标来要求。

用行驶里程作为使用寿命指标，反映了汽车的真实使用强度，但未考虑运行条件和第二类有形磨损；用折算年限作为使用寿命指标，则即考虑了汽车的使用强度，又考虑了运行条件和第二类有形磨损的影响。

4. 大修次数

大修次数指车辆报废之前所经历的大修次数。汽车经过几次大修后再报废最为经济，需综合考虑购买汽车的费用、旧车未折完的费用、大修费用和经营费用等。

四、汽车更新时刻的确定

确定汽车更新时刻的主要根据是汽车的经济使用寿命。汽车使用到经济寿命时，应适时更新，可取得最佳经济效果，提前或延迟更新，都会在一定程度上造成经济损失。确定经济使用寿命所依据的原则，是使车辆的一次性投资和各年度经营费用的总和最小。其确定方法有低劣化数值法、面值法、应用现值以及资本回收系数估算法、模式法、折旧法、判定大修与更新界限法。本书主要介绍低劣化数值法、面值法、判定大修与更新界限法。

1. 低劣化数值法

随着使用年限的增长和行驶里程的增加，汽车的有形损耗和无形损耗均加剧，其主要技术性能下降，汽车经营费用主要因燃料费和维修费的增加而增大，这种现象称为汽车的低劣化。汽车燃油消耗量、维修费与使用年限的关系分别如图 10-8、图 10-9 所示。

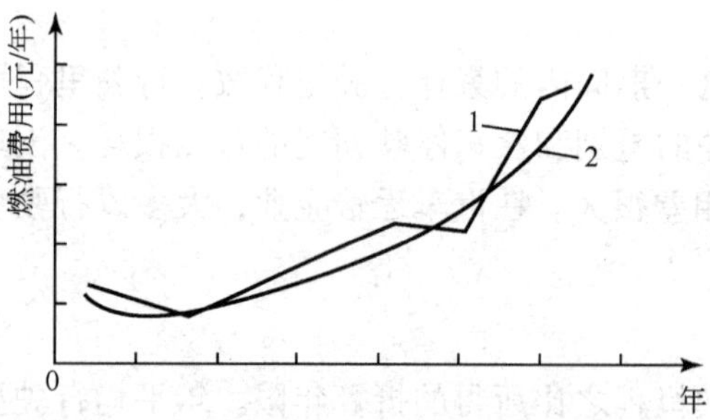

图 10-8　燃料消耗与使用年限的关系曲线

1-实际使用油耗曲线；2-理论曲线

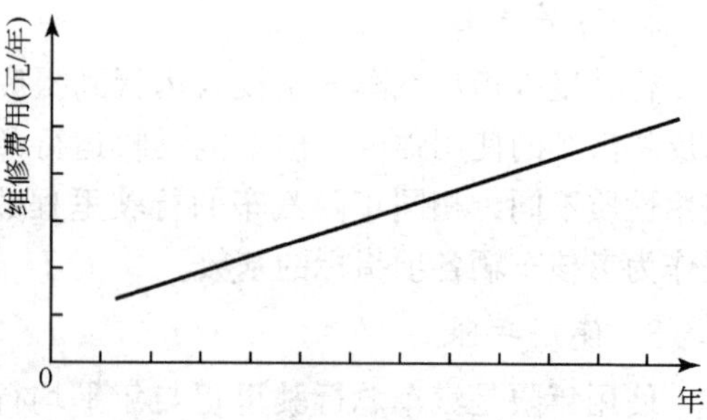

图 10-9　维修费用与使用年限的关系

在研究汽车更新问题时，所考虑的汽车使用总费用由三部分组成：劣化费、折旧费和投资利息。

劣化费是因汽车使用性能下降而引起的费用，包括经营费增加、停歇时间增加和工作品质下降引起的损失，其中维修费和燃料费增加最明显。

设 b 为年平均劣化费增加值，则第二年劣化费为 b，第三年为 $2b$，……，第 n 年为 $(n-1)\ b$。显然，各年的劣化费构成一个等差数列，年平均劣化费 b_m 为：

$$b_m = \frac{(n-1)\cdot b}{2}$$

用平均折旧法，年均折旧费 g 为：

$$g = \frac{I_0 - C}{Y_e}$$

式中：I_0——汽车的原值；

C——汽车的残值；

Y_e——汽车使用年限。

投资利息，即汽车占用资金的利息，其数值为每年的汽车净值与利率的乘积。各年汽车投资利息也构成一等差数列，其首项为末项为 $I_0 \cdot i$，末项为 $C \cdot i$，年均投资利息 I 为：

$$I = \frac{(I_0 + C)\cdot i}{2}$$

式中：i——年利率。

这样，年平均总费用 U 为：

$$U = \frac{(Y_e - 1)\cdot b}{2} + \frac{I_0 - C}{Y_e} + \frac{(I_0 + C)\cdot i}{2}$$

汽车的经济使用寿命应使年平均总费用最小，将上式对使用年限 n 求导数并令其为零，得：

$$\frac{dU}{dY_e} = \frac{b}{2} - \frac{I_0 - C}{Y_e^2} = 0$$

从中可解出汽车的经济使用年限，若记作 Y_0 。则：

$$Y_0 = \sqrt{\frac{2\cdot(I_0 - C)}{b}} \tag{10-1}$$

于是，只要了知道汽车的原值、残值和年平均劣花费增加值，即可求出汽车的最佳更新年限。

根据年平均行驶里程统计数据，可以把由使用年限表示的经济使用寿命折算成由行驶里程表示的经济使用寿命。

确定年平均劣化费增加值 b ，需根据历史统计数据进行回归分析。当已有汽车各年经营费的统计资料时，需要研究汽车经营费与使用年限间的关系，可采用一元回归分析，进而可求得年平均劣化费增加值。回归方程为：

$$y = a + bx$$

式中：y——因变量，此问题中为年经营费用；

x——自变量，此问题中为使用年度；

a——待定常数；

b——待定常数，此问题中为年平均劣化费增加值。

待定常数 a、b 表示为：

$$a = \frac{1}{n}\sum_{i=1}^{n} y_i - b\cdot\frac{1}{n}\sum_{i=1}^{n} x_i$$

$$b=\frac{n\cdot\sum_{i=1}^{n}x_i\cdot y_i-(\sum_{i=1}^{n}x_i)\cdot(\sum_{i=1}^{n}y_i)}{n\cdot\sum_{i=1}^{n}x_i^2-(\sum_{i=1}^{n}x_i)^2}$$

式中：n——数据统计年限。

利用上式解出 b 的大小，即可求出汽车经济使用寿命 Y_0。

若 n 为奇数，把坐标纵轴平移至中间，使 $\sum_{i=1}^{n}x_i=0$，则有：

$$a=\frac{1}{n}\sum_{i=1}^{n}y_i$$

$$b=\frac{\sum_{i=1}^{n}x_i\cdot y_i}{\sum_{i=1}^{n}x_i^2}$$

因此，只要求得 $\sum_{i=1}^{n}y_i$、$\sum_{i=1}^{n}x_i\cdot y_i$、$\sum_{i=1}^{n}x_i^2$，即可求出 a、b 的数值。把年平均劣化费的增加值 b 代入式（10-1），即可求出 Y_0，并据此确定汽车的最佳更新年限。

例如，某汽车原值 80 000 元，残值 8 000 元，使用前 7 年的经营费用历史数据如表 10-6 所示，该车的最佳更新年限为多少？

年经营费用历史数据 表 10-6

使用年限	1	2	3	4	5	6	7
经营费用（元）	6 000	6 000	7 000	8 000	9 000	12 000	15 000

以自变量 x 为使用年限，因变量 y 为经营费用，经计算列出（表 10-7）。

$\sum_{i=1}^{n}x_i$、$\sum_{i=1}^{n}y_i$、$\sum_{i=1}^{n}x_i\cdot y_i$、$\sum_{i=1}^{n}x_i^2$ 计算表 表 10-7

n	y_i	x_i	$x_i\cdot y_i$	x_i^2
第 1 年	6 000	−3	−18 000	9
第 2 年	6 000	−2	−12 000	4
第 3 年	7 000	−1	−7 000	1
第 4 年	8 000	0	0	0
第 5 年	9 000	1	9 000	1
第 6 年	12 000	2	24 000	4
第 7 年	15 000	3	45 000	9
$n=7$	$\sum_{i=1}^{n}y_i=63\,000$	$\sum_{i=1}^{n}x_i=0$	$\sum_{i=1}^{n}x_i\cdot y_i=41\,000$	$\sum_{i=1}^{n}x_i^2=28$

可得：

$$a = \frac{1}{n}\sum_{i=1}^{n} y_i = \frac{63\ 000}{7} = 9\ 000$$

$$b = \frac{\sum_{i=1}^{n} x_i \cdot y_i}{\sum_{i=1}^{n} x_i^2} = \frac{41\ 000}{28} = 1464.3$$

利用年平均劣化费的增加值，即可求得汽车最佳更新年限（经济使用年限）Y_0。

$$Y_0 = \sqrt{\frac{2 \cdot (I_0 - C)}{b}} = \sqrt{\frac{2 \cdot (80\ 000 - 8\ 000)}{1\ 464.3}} = 9.92\ 年$$

2. 面值法

面值法是一种仅以账面数值作为分析基础的经济分析法。与低劣化数值法相比，面值法可避免数据统计困难，适于在实际生产中分析和预估本单位车辆的经济使用寿命，通常用列表计算的方法。

假定以汽车的原值，即购置费用 I_0 = 30 000 元，预计可使用 10 年，其价值将随着使用年限的增加而降低，而运行成本则增加。相关数据列于表 10-8，并计算其总使用成本和年平均使用成本，则可以得到年平均使用成本最低的使用年限。

汽车年总使用成本　　表 10-8

使用年限	汽车残值	年折旧	运行成本	累计运行成本	总使用成本	年均使用成本
①	②	③ ③ = (I_0 − ②)/①	④	⑤ ⑤ = Σ④	⑥ ⑥ = ③ + ⑤	⑦ ⑦ = ⑥/①
1	25 000	5 000	3 200	3 200	8 200	8 200
2	20 000	5 000	3 850	7 050	12 050	6 025
3	15 000	5 000	4 300	11 350	16 350	5 450
4	10 000	5 000	4 700	36 050	21 050	5 263
5	8 000	4 400	5 200	21 250	25 650	5 113
6	6 000	4 000	5 600	26 850	30 850	5 142
7	4 000	3 714	6 100	32 950	36 334	5 238
8	3 000	3 375	6 500	39 450	42 825	5 353
9	2 000	3 111	7 000	46 450	49 561	5 507
10	1 000	2 900	7 200	53 650	56 550	5 655

由表 10-8 可见，第 5 年末为该车最经济寿命时期，可作为更新时的参考。

3. 判定大修与更新界限计算法

汽车使用一段时期后，需要在更新或大修两种方案之间作出判断。可修而不修，过早的更新，会因未达到折旧期而造成未折旧完的部分价值的损失。应该更新而未更新，则将增加维修费用，降低生产效率。因此，究竟是进行大修还是更新，需要进行判别分析后再行决策。

确定大修或更新方案时，常采用的判别式为：

$$R_i + S_e < \alpha \cdot \beta \cdot K_n + S_a$$

式中：R_i——车辆第 i 次大修的费用，元；

S_e——使用成本的损失，元；

α——大修后运输生产率与新车运输生产率的比例；

β——大修后车辆的大修间隔里程与新车大修间隔里程的比例；

S_a——更新产生的折旧损失，元。

其中：使用成本损失 S_e 的大小，等于大修后车辆与新购车辆的运输成本差值再乘以至下次大修期间的运输生产量（即经营损失）。

更新与大修两种方案耗费之差 B 为：

$$B = (I_0 \cdot \alpha \cdot \beta + S_a) - (R_1 + S_e)$$

式中：B——更新与大修两种方案耗费之差，元。

I_0——新车原值，元；

设 E_τ 为大修耗费效果系数，即：

$$E_\tau = \frac{B}{I_0 \cdot \alpha \cdot \beta + S_a} = 1 - \frac{R_1 + S_e}{I_0 \cdot \alpha \cdot \beta + S_a}$$

当 $E_\tau > 0$ 时，说明更新在经济上是合理的。

例如，假定某运输公司购进的汽车的车价为 $I_0 = 145\ 000$，汽车残值为 5 000 元，单车折算吨位为 3. 33t（考虑实载率、里程利用率、拖挂率等因素，由统计数据求出）。该公司汽车大修次数与大修间隔里程、费用以及完好率的关系如表 10-9 所示，试判定在汽车进行第几次大修前进行更新最为经济。

汽车大修次数与大修间隔里程、费用以及完好率的关系　　表 10-9

大修次数	大修间隔里程（1 000km）	大修费用（元）	大修间隔里程内的平均成本（元/1 000t · km）	大修间隔里程内的平均完好率（%）
0			1 394	89
1	90	30 000		
2	50	40 000		82
3	50	50 000	1 806	
4	40		1 991	74. 18
5	40			

(1)先判定是否需要进行第三次大修

根据表 10-9 经计算得到：

$$R_i = R_2 = 40\ 000 \text{ 元}$$

$$I_0 = 145\ 000 \text{ 元}$$

$$S_e = (1\ 806 - 1\ 394) \times 3.33 \times 50 = 68\ 598 \text{ 元}$$

$$\alpha = \frac{82}{89} = 0.921\ 3$$

$$\beta = \frac{100}{180} = 0.56$$

$$S_a = 145\ 000 - \frac{145\ 000}{400} \times 190 - 5\ 000 = 71\ 125 \text{元}$$

其中：折旧里程取400（kkm）。

大修耗费效果系数E_τ为：

$$E_\tau = 1 - \frac{R_i + S_e}{I_0 \cdot \alpha \cdot \beta + S_a} = 1 - \frac{40\ 000 + 68\ 598}{145\ 000 \times 0.56 \times 0.92 + 71\ 125} = 0.26$$

据$E_\tau > 0$可知，进行第三次大修在经济上是合理的。

（2）再判断是否需要进行第四次大修

$$R_i = R_3 = 50\ 000 \text{元}$$

$$I_0 = 145\ 000 \text{元}$$

$$S_e = (1\ 991 - 1\ 394) \times 3.33 \times 40 = 79\ 520 \text{元}$$

$$\alpha = \frac{74.18}{88.9} = 0.83$$

$$\beta = \frac{80}{180} = 0.44$$

$$S_a = 145\ 000 - \frac{145\ 000}{400} \times 230 - 5\ 000 = 56\ 625 \text{元}$$

计算得大修耗费效果系数E_τ为：

$$E_\tau = 1 - \frac{R_i + S_e}{I_0 \cdot \alpha \cdot \beta + S_a} = 1 - \frac{50\ 000 + 79\ 520}{145\ 000 \times 0.83 \times 0.44 + 56\ 625} = -0.182$$

据$E_\tau < 0$可知，进行第四次大修不经济，应在第四次大修前更新。

参考文献

[1] 余志生．汽车理论［M］．北京：机械工业出版社，2004.
[2] 陈焕江．汽车运用基础［M］．北京：机械工业出版社，2007.
[3] 鲁植雄．汽车运用工程［M］．南京：东南大学出版社，2008.
[4] 姜立标，张黎骅．汽车运用工程基础［M］．北京：北京大学出版社，2008.
[5] 许洪国．汽车运用工程（第四版）［M］．北京：人民交通出版社，2009.
[6] 许洪国．汽车运用工程基础［M］．北京：清华大学出版社，2004.
[7] 陈焕江．汽车检测与诊断［M］．北京：机械工业出版社，2007.
[8] 王海林，迟瑞娟．汽车运用技术［M］．北京：北京理工大学出版社，2007.
[9] 鲍香台．运输组织学［M］．南京：东南大学出版社，2009.
[10] 左付山．汽车维修工程［M］．南京：东南大学出版社，2009.
[11] 王耀斌，刘宏飞．汽车维修管理工程［M］．北京：机械工业出版社，2007.
[12] 王文辉．公路概论［M］．北京：人民交通出版社，2006.
[13] 骆勇．道路运输组织学［M］．北京：人民交通出版社，2006.
[14] 任科社．交通运输系统规划［M］．北京：人民交通出版社，2005.
[15] 张远．运输港站与枢纽［M］．南京：东南大学出版社，2008.
[16] 沈斐敏．道路交通安全［M］．北京：机械工业出版社，2007.
[17] 郎全栋，董元虎．汽车运行材料［M］．北京：人民交通出版社，2002.
[18] 杨兆升．智能运输系统概论［M］．北京：人民交通出版社，2003.
[19] 王毓民．实用汽车润滑技术手册［M］．北京：化学工业出版社，2005.
[20] 陈唐民．汽车运输学［M］．北京：人民交通出版社，1999.
[21] 王永凯，王耀斌．汽车运用优化技术［M］．北京：人民交通出版社，1998.
[22] 李卫平．汽车运用基础教程［M］．北京：人民交通出版社，1997.
[23] 韩敏．汽车与工程机械用油常识［M］．北京：人民交通出版社，1997．
[24] 张学敏．我国汽油车废气检测方法分析研究［J］．汽车技术，2004（7）：8－11.
[25] 刘平，等．基于工况机和 RS－485 的新型汽车性能测控系统［J］．公路与汽运，2004（8）：11－13.
[26] 何勇，等．汽车动力性现状分析［J］．公路交通科技，2001，18（2）：74－77.
[27] 王建强，等．汽车动力性检测模型的建立［J］．中国公路学报，2001，14（2）：109－112.
[28] 张增建，等．发动机瞬态油耗测量系统的研制［J］．天津大学学报，2001，4：27－29.
[29] 喻国平．全自动车辆检测网络管理系统研制［J］．南昌大学学报，2005，27（3）：83－85.
[30] 潘玉立，程珊珊．运行速度和发动机油耗预测模拟技术研究［J］．公路交通科技，2004，21（5）：96－99.
[31] 杨得军，等．汽车转向盘脉冲试验数据后处理方法［J］．汽车技术，2009（8）：43－48.
[32] 胡昌斌，等．长下坡路段货车毂式制动器摩擦片温升规律［J］．交通运输工程学报，2009，19（4）：49－55.
[33] 李孟良，等．不同排放法规阶段轻型汽油车排放控制技术特征［J］．汽车工程，2009，31（8）：741－745.